현대 트라우마 심리학의 이해와 적용

Understand and Applications of
Modern Trauma Psychology
with PTSD

심윤기 · 강소현 · 권소영 · 김성호 · 김소정 · 김현경
김현주 · 원석인 · 이우성 · 조현지 · 차보연 · 최봉희

* * *

본서는 현대적 관점에서 본 트라우마 이론과 PTSD의 기본 개념 및 진단 도구 등을 구조화하여 담았으며, 이를 바탕으로 심리상담과 심리치료 및 심리지원이 통합된 극복 방법론을 제시하고 있다. 트라우마 및 PTSD에 취약한 소방공무원, 군인, 경찰을 포함해 범죄/재난피해자, 스몰(Small) 및 빅(Bic) 트라우마 경험자, 대학(원)생, 교육전문가 등 다양한 독자들에게 여러모로 도움이 되길 기대한다.

法 文 社

머리말

우리가 살아가는 21세기의 하루는 상당히 짧은 시간임에도 불구하고 엄청난 변화들이 빠르게 일어난다. 산업혁명의 자본주의 시대가 도래한 이후 인터넷의 정보화시대가 우리를 놀라게 하더니, 작금에는 인공지능과 챗봇이 우리 일상의 패턴마저 바꾸어 놓고 있다. 현대 사회의 복잡성과 문화적 다양성을 마주하는 현실은 이제 생소하거나 낯설지 않은 모습이 된 지 오래고, 지구촌 곳곳에서 일어나는 충격적인 트라우마 사건과 재난 뉴스를 보는 일 또한 흔한 일상이 되고 있다.

하루가 멀게 지구촌에서는 크고 작은 재난을 비롯해 충격적인 스몰(Small) 및 빅(Big) 트라우마 사건들이 일어나 인간의 생명과 생존을 위협한다. 세계에서 유래를 찾아보기 힘들 만큼 빠른 성장과 발전을 이룬 우리나라도 그 위상에 걸맞지 않게 트라우마 국가라는 오명에서 벗어나지 못하고 있다.

현대의 트라우마 사건은 언론 매체와 미디어를 통해 순식간에 전 세계인에게 전파되어 간접 외상을 경험하게 한다. 2024년 발생한 무안 국제공항 제주항공 여객기 추락 사고를 비롯해 2022년 이태원 압사 사고, 2014년 세월호 참사 등 대규모 사상자를 낸 사건으로 인해 상당한 사람들이 현재도 트라우마의 고통 속에서 살아가고 있다.

그동안 우리나라는 한국전쟁(1950년대)과 월남전(1960～70년대)을 비롯해 트라우마를 유발한 여러 사건을 경험한 역사가 있다. 1900년대는 마포 와우 아파트 붕괴사고(1970)를 비롯해 대연각 호텔 화재(1971년), 현저동 지하철 공사장 붕괴(1982년), 성수대교 붕괴(1994년), 삼풍백화점 붕괴(1995년), 서울 지하철 붕괴(1998년), 인천 노래방 화재(1999년) 등과 같은 사회재난이 있었다.

2000년대는 대구 지하철 방화 참사(2003년), 연천 GP 총기 난사 사건(2005년), 이천 냉동창고 화재(2008년), 천안함 피격사건(2010년), 세월호 침몰사고(2014년), 제천 스포츠센터 화재(2017년), 밀양 세종병원 화재(2018년) 등이 일어났다. 2022년에는 대한민국 한복판인 서울 이태원에서 159명이 압사하는 도무지 믿기지 않는 사건이 일어났고, 2024년 12월에는 무안 국제공항에 착륙하던 제주항공 여객기가 추락하여 179명의 승객이 사망하는 비극적인 일도 발생하였다.

이 외에도 우리나라는 급격한 근대화와 민주화 과정에서 광주 민중항쟁(1980년)과 같은 끔찍하고 충격적인 역사적 사건을 비롯한 집단 트라우마 사건이 일어났으며, 이에 대한 대응체계와 인프라마저 제대로 갖추지 못해 PTSD 고위험 상황에서 살아왔다고 해도 과언이 아니다.

우리는 소소한 일상생활 속에서 작은 트라우마를 경험하며 살아간다. 자녀 양육 과정이나 학교생활, 직장생활, 사회적 대인관계 속에서 반복적이고 지속적인 작은 트라우마 경험으로 힘겹게 살아가는 사람들을 주변에서 쉽게 본다. 비록 작은 규모의 스몰(Small) 트라우마 사건이지만 개인이 지각하는 심리적 충격과 상처, 고통 등의 반응 수준은 개인마다 달라 큰 규모의 빅(Big) 트라우마 사건을 경험한 것처럼 삶을 뒤흔들어놓는다. 이렇게 작은 트라우마의 경험도 큰 규모의 트라우마와 같이 우리 몸의 신경계에 영향을 미쳐 심리·신체적 증상과 만성적 불안, 수면장애(불면증, 악몽), PTSD 등의 증상 발현에 영향을 준다.

다행히 크고 작은 트라우마 사건을 통해 ASD, PTSD, 우울 및 불안 장애, 수면장애, 자살 등과 같은 정신건강에 관한 국민적 관심이 높아진 것은 실로 다행한 일이다. 다소 늦은 감은 있지만 트라우마 기관인 국가 트라우마센터와 권역 트라우마센터가 전국 각 지역에 설립되어 체계적인 트라우마 심리지원이 이루어지고 있는 것도 큰 발전이 아닐 수 없다. 여성 폭력피해 트라우마 기관인 해바라기센터를 포함해 스마일센터와 같은 중범죄 피해 트라우마 기관이 설립되어 개인 트라우마에 관한 실제 대응과 치료적 접근이 한 단계 발전하게 된 것도 괄목할만한 성장이다.

본서는 현대적 관점에서 바라본 트라우마 이론과 PTSD 기본 개념 및 극복 방법에 주안을 두고 내용을 전개하고 있다. 심리상담은 개인이나 특정 집단을 대상으로 현재 경험하는 트라우마 증상을 탐색하고, 이를 해결하여 현실 적응에 도움이 되도록 하는 데 주안을 두고 있다. 심각한 정신장애 문제로 발전하기 전에 이루어지는 예방적 성격의 단기적 조치라고 할 수 있는 비대면 상담과 대면 상담, 집단상담 등의 방법론을 담았다.

심리치료는 심리상담과 달리 심층 깊이 존재하는 트라우마와 관련된 정서적 문제와 증상을 치료하기 위해 여러 심리학적 기법을 이용하며, 비교적 장기 과정으로 이루어진다. 트라우마로 인한 우울, 불안, PTSD 등의 증상 진단과 이를 해결하는 방법론을 담았다. 과거의 트라우마로 정서적 혼란과 고통, 갈등을 겪으며, 강박 행동이나 공황 등 특정 증상이 반복될 때 개입하는 인지행동치료, 지속 노출 치료, EMDR 등의 치료 기법과 프로그램 등을 자세히 설명하고 있다.

한편, 국가 트라우마센터와 해바라기센터를 비롯한 정부 협력 기관에서는 재난 피해자나 범죄 피해자를 대상으로 위기 대응 서비스와 심리지원을 제공한다. 주로 트라우마로 인한 정신건강 위험성의 고위험군을 진단하고 선별하여 심리상담 및 심리치료, 피해자 회복프로그램 등을 제공한다. 하지만 트라우마센터에서 제공하는 심리지원의 여력이 제한될 때는 재난 및 범죄 피해자의 트라우마 치유와 회복이 지연되어 만성화될 위험이 있다.

이 같은 경우를 대비하여 상담전문가를 포함한 심리치료사, 심리지원 전문가 등이 적시로 활용할 수 있는 트라우마 핸드북이 필요하다는 의견이 각계에서 제기되어 온 상황이다. 트라우마로 인한 심리 · 신체적 반응과 증상에 대한 자가 진단이 가능하고 진단 도구의 현장 활용이 가능하며, 전문 상담과 심리치료, 심리지원 방법론 등을 모두 담은 종합적인 트라우마 저서의 필요성이 요구되어 본서 집필을 추진하게 되었다.

이러한 배경을 바탕으로 본서는 독자들이 쉽게 이해하고 현장에서 실용적 활용이 가능하도록 많은 시간 뜻을 함께한 사람들이 모여 집필 작업이 이루어졌다. 21세기의 예기치 못한 다양한 사건 및 재난으로 나타나는 트라우마 증상을 살펴보고, PTSD의 원인과 증상 및 사례, 극복 방법 등을 집중적으로 다루고 있다. 다양한 프로그램이 수록된 트라우마 핸드북을 찾는 교육자와 상담 분야에서 일하는 분들에게 작은 도움이나마 되었으면 한다. 과거에 경험한 트라우마로 심리적 고통을 겪는 피해자를 비롯해, 현재 트라우마에 취약한 직군에서 일하는 군 · 경 · 소방 등 특수직 종사자와 소방학과 · 군사학과 · 경찰학과 · 간호학과 · 상담학과 등에서 공부하는 대학(원)생 및 일반 독자들에게도 여러모로 도움이 되길 기대한다.

본서는 총 4부로 구성되었다.

제1부는 21세기 현대적 관점에서 트라우마의 개념을 살펴본다. 개인 트라우마와 집단 트라우마를 비롯해 유형별 트라우마를 살펴보고 아동 · 청소년이 경험하는 트라우마의 특징과 트라우마 고위험 직군 및 트라우마센터에서 하는 역할 등을 살펴본다.

제2부는 PTSD를 집중적으로 다룬다. PTSD의 역사를 비롯해 PTSD 역학조사 결과 나타난 유병률, PTSD의 원인과 증상, 주요 사례 등을 고찰하고, PTSD의 진단체계에 대한 설명과 진단 도구 등을 소개한다.

제3부는 트라우마 극복을 위한 심리상담과 심리치료, 심리지원 등의 3가지 방법론을 통합적으로 다룬다. 비대면 상담을 비롯해 개인 및 집단상담 등의 대면 상담과 심리치료 방법 및 심리치료 프로그램 등을 담고 있으며, 범죄 피해자와 재난 피해자를 대상으로 이루어지는 심리지원 방법과 절차 등도 다루고 있다.

제4부는 부록으로 PTSD 진단 도구를 비롯해 개인 트라우마 진단 도구, 아동 청소년용 재난 트라우마 진단 도구 등을 소개한다. 다양한 여러 정신건강 척도와 PTSD 진단 도구를 제시하여 상담 및 심리치료, 심리지원이 이루어지는 현장에서 활용이 가능하게 하고 있다.

본서 출간을 준비하는 과정에서 많은 분들의 관심과 도움이 있었다. 집필 기간 내내 본서 발간의 의미와 가치를 상기하고 어려운 고비마다 힘을 실어준 분들에게 진정으로 감사한 마음을 드린다. 본서 출간에 필요한 각종 자료를 제공해 주신 경찰청, 소방청, 국방부 관계자들께도 감사를 드리며 그분들과 함께 본서 발간의 기쁨을 나누고자 한다.

집필 기간 내내 땀 흘리며 집필활동에 최선을 다해 주신 삼육대학교 웰빙건강심리 연구소의 원석인 님, 파인드 심리상담센터장 조현지 박사님, 김현경 그림 숲 치유아카데미 센터장님, 독서치료 연구소 알움 대표이신 최봉희 박사님께 감사를 드린다. 아울러 강북삼성병원 코호트연구소의 김현주 연구원님과 청소년 드림센터의 김소정 상담사님을 비롯해 삼육보건대학교 교수학습지원센터 이우성 연구원님께도 감사드린다. KCCI 한국위기상담협회의 강소현 님과 차보연 님, 육군교육사령부에서 인성 및 군상담 교관으로 재직하고 계신 권소영 박사님, 해와 달 심리발달센터의 김성호 박사님께도 진심으로 감사한 마음을 드린다. 끝으로 본서가 출간되도록 배려해 주신 법문사 대표님과 관계자분들께도 감사를 드린다.

2026년 1월

대표저자 심윤기

목 차

PART 1

트라우마의 현대적 개념

CHAPTER 01 이론적 배경 3

1. 개 요 3
2. 개인 트라우마(Individual Trauma) 8
3. 집단 트라우마(Group Trauma) 11
4. 가족 트라우마(Family Trauma) 14

CHAPTER 02 트라우마의 특징 17

1. 개 요 17
2. 트라우마 반응과 증상 18
3. 아동·청소년의 트라우마 23
4. 트라우마로 인한 정신장애 29

CHAPTER 03 트라우마 고위험 직군 37

1. 소방공무원 38
2. 경찰공무원 43
3. 군 인 49
4. 특수임무자 57

CHAPTER 04 트라우마센터의 역할 61

1. 국가/광역 트라우마센터 62

2. 여성 폭력피해 트라우마 기관 …… 67
3. 중범죄 피해자 트라우마 기관 …… 73
4. 외국의 트라우마센터 …… 77

PART 2

PTSD의 개념과 증상

CHAPTER 05 PTSD의 역사 85

1. 고대 기록 …… 85
2. 18, 19세기 …… 86
3. 1 · 2차 세계 대전 …… 88
4. 베트남전 이후 …… 89

CHAPTER 06 PTSD의 원인 고찰 91

1. 개인 특성적 관점 …… 91
2. 심리학적 관점 …… 94
3. 생물학적 관점 …… 104
4. 통합적 관점 …… 106

CHAPTER 07 PTSD의 증상과 사례 111

1. 외상(Trauma)의 개념 …… 111
2. PTSD의 특징 …… 112
3. PTSD의 역학조사 …… 114
4. PTSD의 증상과 사례 …… 116

CHAPTER 08 PTSD의 진단체계 133

1. 개 요 …… 133

2. DSM의 개정 과정 136
3. DSM－5 진단기준 139
4. PTSD 진단 도구 145

PART 3

트라우마 상담과 심리치료

CHAPTER 09 트라우마 심리상담 155

1. 비대면 상담 156
2. 대면 상담 166
3. 집단상담 180

CHAPTER 10 PTSD 심리치료 195

1. 이론적 모형 196
2. 인지행동치료 프로그램 204
3. 지속 노출 치료프로그램 214
3. EMDR 프로그램 252

CHAPTER 11 범죄 피해자 심리지원 271

1. 심리지원의 조건 271
2. 유형별 심리지원 276
3. 심리지원의 방법 282
4. 심리지원의 절차 287

CHAPTER 12 재난피해자 심리지원 291

1. 심리지원의 조건 291
2. 심리지원의 중점 299

3. 유형별 심리지원 303
4. 심리지원의 절차 308

PART 4

[부록] 진단 도구

1. PTSD 진단 도구 317
2. 개인 트라우마 진단 도구 341
3. 재난 트라우마 진단 도구(아동 · 청소년용) 348

PART
1

트라우마의 현대적 개념

CHAPTER 01 이론적 배경
CHAPTER 02 트라우마의 특징
CHAPTER 03 트라우마 고위험 직군
CHAPTER 04 트라우마센터의 역할

CHAPTER 01

이론적 배경

1. 개 요

1) 초기의 연구

트라우마(trauma)의 어원은 그리스어인 'τρυμα'에서 유래하고 있다. 원래는 피부나 몸의 자상 또는 상처를 의미하는 말로 1800년대 정신병리학에서 주로 사용한 것으로 전해진다. 1870년대 프랑스의 유명한 정신과 의사인 샤르코(Jean Martin Charcot, 1825–1893)는 히스테리(hysteria)를 연구할 때 이러한 트라우마 용어를 사용하여 환자의 일부 증상을 설명한 것으로 알려져 있다.

샤르코의 연구는 당시 세간의 주목을 크게 받았는데, 신경 마비를 비롯해 동작 및 반응 지연 등 외부 증상에 주로 초점이 맞추어져 있었다. 사르코는 환자의 내면세계에는 별로 관심을 두지 않았으나 제자 중 한 명이었던 프로이트(Sigmund Freud, 1856–1939)는 이와 다른 생각이었다. 그는 히스테리가 외부적 사건에 의해서만 발생하지 않는다는 사실을 알고 이를 주장하였으며, 그 이후로 트라우마의 개념이 신체적 손상에서 심리적 상처로 옮겨가기 시작하였다.

트라우마는 프로이트의 정신분석에서 가장 기본이 되는 개념이다. 그는 개인이 성폭력을 비롯한 전쟁, 지진, 화재 등과 같은 충격적인 사건을 경험하면 그 이후에 심리적 트라우마가 생긴다고 말하고 있다. 트라우마는 개인이 삶을 살아가는 과정에서 두려움, 불안, 심리적 갈등, 혼란, 고통 등으로 발현되어 오랫동안 영향을 주게 된다고 설명한다.

프로이트는 '히스테리에 관한 연구'에서 트라우마 사건 자체보다 과거의 외상 기억을 더 중요하게 다루고 있다. 두려움이나 공포 등의 부정 정서를 가져온 트라우마의 기억이 무의식 속에 억압된 채 남아 있게 되면 삶의 영역에 끊임없이 부정적 영향을 주게 된다고 주장하는 등 트라우마를 히스테리의 중요한 원인으로 지목하고 있다.

프로이트와 브로이어(Josef Brouer, 1842－1925)는 신경증에 관한 연구에서 트라우마 사건 자체보다 트라우마의 내재적 특징인 감정이나 기억이 개인에게 장기적으로 영향을 준다고 언급한다. 궁극적으로, 인간의 심리적 분열과 갈등, 고통을 초래하는 것은 트라우마 사건 자체가 아닌 개인에게 내재한 심리적 요인 때문이라고 주장하고 있는 것이다.

프로이트와 융(Carl G. Jung, 1774－1865)은 트라우마 사건을 경험한 후 개인은 그 사건을 잊어버린 것처럼 보이지만, 그 사건이 미치는 영향은 오랫동안 사라지지 않고 정신 내부에서 여러 모양으로 작동한다는 연구 결과를 발표하였다. 융은 개인이 억압과 망각의 자기방어 기술을 사용하여 부정적인 감정이나 스트레스를 무의식에 저장하는데 이 같은 잠재의식이 이후에 히스테리 증상으로 나타나 영향을 준다고 설명한다.

이후, 트라우마의 연구는 오랜 연구 과정을 통해 다양한 이론이 형성되는 데 영향을 주었다. 그 결과 문학을 비롯한 철학과 역사학, 인류학, 사회학 등의 분야로 확장되었으며, 방법론적 측면에서는 페미니스트, 후기 구조론, 후기 심리학 등 여러 연구와 통합되고 현대문화와도 융합되었다. 트라우마 연구의 초점도 히스테리로 고통받는 여성에서 심리·신체적 트라우마 증상으로 고통받는 참전군인, 억압받는 소수민족, 가정폭력과 학대받는 아동 등으로 확장되었다.

2) 현대적 관점의 트라우마

트라우마의 연구는 주로 유럽과 미국에서 이루어졌다. 그 이유는 시대적 상황과 무관치 않은데, 20세기는 인간이 만든 재앙으로 가득 찬 시대였기 때문이다. 1·2차 세계 대전과 베트남 전쟁, 유대인 학살, 중국인 학살 등이 벌어졌고, 이러한 비극의 참상은 전 세계인에게 심리적·문화적 상처를 안겨 주었다.

제1차 세계 대전은 트라우마의 관심을 수면 위로 떠 오르게 하는 계기가 되었다. 오랜 기간 지속되어 온 전쟁은 수많은 사람을 죽음으로 몰아넣었고, 참전 군인들은 계속된 죽음의 공포로 히스테리 증상을 겪었다. 그러나 군대는 군인들의 사기를 우려해 이러한 현실을 감추려 했고 나약하고 열등한 군인들의 꾀병으로 치부하기까지 하였다.

처음에는 군인들의 히스테리 증상이 전쟁 중에 입은 신체적 외상이 원인일 것으로 생각하였으나 영국의 심리학자 찰스 마이어스(Charles Myers)는 탄환 폭발의 충격에서 이러한 증상이 기인하는 것으로 보고 탄환 충격(shell shock)이라는 이름을 붙이기까지 하였다. 그러나 군인들의 이러한 증상이 전쟁의 참상과 죽음의 위협에 지속적이고 반복적으로 노출될 때 나타나는 정서적 스트레스로부터 기인한다는 사실을 알았다. 장기간 죽음의 공포에 노출되면 히스테리와 같은 증상인 전투 신경증이 유발된다는 사실을 알게 된 것이다.

그러함에도 불구하고 전통적 시각의 이론가들은 과거와 마찬가지로 참전군인들의 병적 소견을 인정하지 않았다. 정상 상태의 군인은 결코 그러한 증세가 나타날 수 없다면서 나약하고 열등한 겁쟁이 군인들한테서나 나타나는 증상으로 간주하였다. 정상적이고 강인한 남성이라면 전쟁에 나가서 용감하게 싸우는 게 당연하고, 전쟁을 즐기며 영광을 누릴 줄 알아야 한다고 주장하기까지 하였다.

심지어는 전투 신경증의 군인 환자에게 비인간적이고 위협적인 치료를 시도하였는데 군인이라면 용감해야 한다는 이유에서 전기 충격을 가하는 치료를 감행하였다. 그러나 일부 의학자들 주도로 전투 신경증은 정상적인 군인에게서도 발병한다는 것이 밝혀졌고 비인간적인 치료도 거부하였다.

이후, 트라우마 연구는 심리학을 비롯해 철학, 문학, 사회학과 관련된 사람들의 관심을 증폭시키며 다양한 분야로 확장되었다. 전쟁 중 신체적·정신적 충격을 경험한 장병뿐만 아니라, 가정폭력, 성폭력, 性的인 학대를 당한 여성과 아동, 인종차별과 억압당한 소수민족 등으로 확장되었고, 사회적 약자에 초점이 맞추어졌다.

연구를 통해 트라우마의 원인을 분석하고 당시의 사회정치적 환경 및 문화적 심리와 연결하여 트라우마 유발 요인을 비롯해 트라우마를 극복하는 방법을 알아내고자 하였다. 또한 단일한 트라우마 연구에서 복잡한 사회적 트라우마의 연구로 확장되었으며, 개인의 질환에 국한하지 않고 사회적 영역으로 넓어졌다. 트라우마 연구의 중심이 심리적 트라우마의 원인을 탐색하는 것에서 심리·문화·역사·인종 등 사회문화적인 방향으로 자연스럽게 옮겨갔다.

이 같은 트라우마 연구결과는 세계보건기구(WHO)의 국제질병분류인 ICD에 의학적 진단 내용으로 반영되는 결과를 가져왔다. 미국 정신의학 협회(American Psychiatric Association: 이하 APA)의 정신질환 진단 및 통계편람(Diagnostic and Statistical Manual of Mental Disorders, third edition: 이하 DSM)에는 외상 후 스트레스 장애(post-traumatic stress disorder: 이하 PTSD)와 급성 스트레스 장애(acute stress disorder: 이하 ASD)의 임상적 진단 내용이 명시적으로 포함되는 결과로 이어졌다.

현대적 관점에서 다루는 트라우마는 경험한 사건이 크건 작건 간에 사건 자체보다 사건을 경험한 개인의 주관적 지각을 중요하게 다루는 추세다. 트라우마는 한 가지 요인에 의해서만 발생하지 않는 다양성과 복합성의 특징이 있으며, 역사성과 시간성의 특성도 동시에 지니고 있다.

넓은 의미에서의 트라우마는 자신이나 세상에 대해 부정적이거나 비합리적인 믿음을 갖게 한 경험이다. 이러한 트라우마는 강력한 힘이 있어 개인이 쉽게 저항할 수 없게 하는 등 정상인을 무력하게 만든다. 개인의 잠재력을 충분히 발휘하지 못하게 할 뿐만 아니라, 극심한 불안과 두려움, 공포 등의 정신적 고통을 겪게 하여 만족스럽지 않은 삶을 살아가도록 하는데 영향을 준다.

◉ 트라우마 사건의 정의

트라우마 사건(trauma event)이란 삶을 뒤흔들 정도의 충격적이고 심각한 사건으로 인해 부정적인 심리적 결과를 유발하는 스트레스 사건을 말한다. 트라우마 관련 장애(trauma-related disorders)는 외상에 노출되어 나타난 심리적·의학적 질환으로 PTSD, 불안 장애, 정서장애, 물질 사용 장애, 해리성 장애, 신체형 장애 등이 있다.

삶의 환경이나 외상 경험에서 오는 고통스러운 감정을 동반하는 트라우마에 대해 『웹스터의 새로운 국제영어 사전』에서는 두 가지의 의미로 트라우마를 언급한다. 첫째는 외부적인 힘이나 폭력에 의한 생명체의 손상이라고 설명한다. 심리적 혹은 감정적 스트레스, 난잡한 감정이나 행동의 심리적·정서적 스트레스, 그리고 이러한 스트레스나 신체적 상해로 인해 나타난 정신적 혹은 정서적 충격의 상황으로 언급한다.

두 번째는 전쟁이나 집단 학살, 성폭행과 같은 잔혹한 행위로 나타나는 인간의 심리적 반응으로 설명한다. 정신적 고통으로 인해 꿈, 생각, 행동에 영향을 미치는 히스테리와 그 밖의 특별한 감정들로 기억상실을 비롯한 공포, 무력감, 우울증 등을 유발하는 증상으로 언급한다. 트라우마는 외부의 힘에 의한 직접적인 공격을 받아서 발생할 뿐 아니라, 단순히 어떤 사건을 목격하고 듣는 것만으로도 트라우마를 경험할 수 있다고 말한다.

미국 보건복지부 산하의 물질 남용 및 정신건강 서비스청(Substance Abuse and Mental Health Services Administration: 이하 SAMHSA)에서는 트라우마를 다음과 같이 설명한다. 개인에게 신체적·정서적으로 해롭거나 위협이 되는 단일 사건 혹은 여러 사건 및 일련의 상황으로 신체적·사회적·정서적·영적 안녕에 부정적 영향을 주는 경험으로 설명한다. 이 같은 언급은 임상적 기준보다 확장된 시각으로 바라보고 있음을 쉽게 알 수 있다.

스트레스, 트라우마, PTSD의 차이

- 스트레스는 일시적으로 낮아진 기능에 대하여 자기 스스로 대처하여 회복할 수 있지만, 트라우마는 스스로 대처하여 회복하는 데 어려움이 있다. 일반적으로 스트레스를 받으면 신경계 기능이 저하되고 어느 정도의 휴식을 취하면 정상으로 돌아온다.
- 트라우마는 신경계 기능이 저하 수준보다 크게 망가지거나 정지된다. 그래서 전문적인 치료 없이는 정상적인 기능 상태로 돌아오기 어렵다. 또한 오랫동안 그 후유증이 남아 일상생활의 어려움과 대인관계 갈등을 겪고, 작은 유발요인에 의해서도 강렬한 정서적 반응이 나타난다.
- PTSD는 큰 틀의 개념에서 트라우마의 범주에 포함되는 하나의 질병이다. 미 정신의학회의 정신장애 진단 및 통계 편람(DSM)에서는 PTSD를 하나의 독립된 질환으로 명명하고 있으며, 침습 증상을 포함해 4가지의 주요 증상을 다룬다.

출처: 심윤기(2018).

2. 개인 트라우마(Individual Trauma)

1) 정 의

현대적 관점에서 바라보는 트라우마는 두 가지의 사전적 의미를 내포한다. 하나는 신체적 상처를 의미하고, 다른 하나는 개인이 감당하기 힘든 심리적 충격을 뜻한다. 즉, 신체적인 상처와 심리적 손상으로 고통을 유발하는 충격(shock)을 트라우마로 본다. 이러한 심리·신체적 트라우마는 공포와 불안, 두려움을 높아지게 하고, 개인의 심리적 발달에 손상을 주어 대개 신경증을 유발하며, 일상의 삶을 힘들게 살아가도록 영향을 준다.

DSM-5(APA, 2015)에서는 트라우마 사건을 다음과 같이 설명한다. 첫째, 트라우마는 직접 경험한 사건이어야 한다. 전쟁에 노출되거나 혹은 신체적 폭력, 성폭력, 납치, 인질, 테러 공격, 고문, 감금, 교통사고 등을 포함하나 이에 국한된 것은 아니라고 언급한다. 트라우마에 해당하는 의학적인 사건은 수술 중 각성이나 과민성 쇼크 등 갑작스럽게 발생한 비극적인 사건 등을 의미하며, 일반적인 심각한 질병이나 의학적인 상태는 트라우마로 간주하지 않는다.

둘째, 트라우마는 직접 목격한 사건이어야 한다. 예를 들어, 위협적이거나 심각한 부상, 비정상적인 죽음, 폭력적인 폭행에 의한 타인의 신체적 또는 性的 학대, 가정폭력, 재난 등을 포함하나 이에 국한된 것만은 아니라고 말한다.

셋째, 트라우마는 듣거나 인지한 것이어야 한다. 가까운 친척 또는 친구에게 심각한 폭행, 자살 행동, 부상한 이야기 등을 듣거나 인지한 사건이어야 한다. 그러나, 자연적인 죽음은 이에 해당하지 않는다고 언급하고 있다.

세계보건기구(WHO)에서 발표한 국제질병분류(ICD-11)에서는 트라우마를 일으키는 사건을 다음과 같이 규정한다.

◉ ICD-11의 트라우마 사건

1. 지진, 홍수, 허리케인, 화재, 화산폭발과 같은 천재지변이나 자연재해
2. 기차, 자동차, 선박, 항공기 등의 교통수단에 의한 교통사고 또는 건물 붕괴, 화재 등 비교적 심각한 사고
3. 강도, 총격, 폭발, 성폭행, 학대, 전쟁, 기타 테러와 같은 인적 재난
4. 기타 중요한 생활사건(가족, 직장, 결혼 상실 등), 부당한 대우 또는 의료 사고 등

출처: ICD-11(2022).

2) 스몰(Small) 및 빅(Big) 트라우마

개인이 경험하는 트라우마를 스몰(Small) 및 빅(Big) 트라우마로 구분하여 설명하기도 한다. 현대적 개념의 트라우마는 환경 변화를 의미하거나 대규모 사건 사고의 개념에서 벗어나 일반적인 작은 생활사건 속에서 받는 심리적 고통도 트라우마 범주에 포함하고 있다.

질병이나 교통사고, 가족 갈등, 애정 결핍, 이혼, 사랑의 배신, 성폭력, 범죄피해, 학대 등 개인에게 고통을 주는 사건은 개인 트라우마에 해당한다. 개인 트라우마는 신체 상해와 생명의 위협을 주는 사건을 비롯해 직접 경험하거나 목격한 사건, 주관적으로 지각한 삶의 위기 등이 포함된다. 이러한 트라우마 사건에 노출되면 개인은 신체적 기능뿐만 아니라 일상에서 이루어지는 생활양식의 파괴를 가져온다. 개인 정서는 물론 정신세계까지도 붕괴시키고, 실존적 고통을 겪게 하는 등 심리·신체적 건강에 부정적인 영향을 준다.

빅 트라우마는 일상의 삶에서 자주 경험하는 사건이 아닌, 일상을 넘어서는 커다란 규모의 사건을 의미한다. 자연재해 및 사회재난을 비롯해 전쟁, 심각한 범죄사고, 성폭력 등 초기 DSM에서 규정한 사건이 대부분을 차지한다. 이러한 빅 트라우마 경험은 정서적으로 깊은 상처를 남기고 심리·신체적 고통을 유발하며, PTSD와 같은 정신장애로 이어지게 하는 특징이 있다.

한편, 스몰 트라우마는 각 개인의 삶에서 자신감이나 자존감을 잃게 만드는 일상의 경험이나 스트레스 사건으로 이를 지속해서 반복적으로 경험하면 심각한 심리적 고통과 정신장애를 유발한다. 어린 시절 자주 무시당하거나 인정받지 못한 경험, 자주 상처받는 말을 듣거나 놀림당한 경험, 부모나 선생님으로부터 계속된 비판과 오해받은 경험, 직장에서의 따돌림이나 모욕, 사회적 인정이나 대우받지 못한 경험 등이 스몰 트라우마에 해당한다.

유아 및 아동기 때 부모와의 관계에서 따뜻한 공감과 수용을 받지 못하거나 오히려 자녀가 부모를 정서적으로 돌봐야만 했던 경험 등도 스몰 트라우마이다. 이러한 부모 자녀 간 역할 전환은 감정적 부담으로 작용하여 자신의 감정표현이나 감정을 다루는 데 어려움이 있고 정서적 취약성으로 발전한다. 결국, 자녀는 자신의 정서적 요구를 무시하거나 억누르고, 자신의 감정을 돌보지 않게 되어 점차 우울과 불안, PTSD와 같은 정신건강의 문제로 이어진다.

직장에서의 불편한 대인관계를 비롯해 삶의 과정에서 오는 상실감과 무력감, 불안, 분노, 우울 등의 고통을 겪는 것이 과거에 경험한 스몰 트라우마 때문인지도 모른 채 살아가는 사람도 있다. 어린 시절 가정폭력이나 부모 사별과 같은 큰 어려움과 고통이 없이 평범하게 살아왔는데, 정서 불안이 만성화되고, 사람들과의 대인관계에서도 자신감이 없으며, 자신의 감정을 표현하는 것을 힘들어 하는 사람이 바로 그 주인공들이다.

이들의 대부분은 이러한 자신의 상태가 무엇으로부터 기인한 것인지도 모르고 방치한 채 세상 삶을 살아간다. 다행히 원인을 찾는다 하더라도 심리적 위약이나 낮은 자존감 등 자기 내면에서 원인을 찾으려는 경향이 있으며, 그 과정에서 자신을 책망하고 비난하며 자학하기까지 한다.

맥 에럴(2023)은 한 번의 빅 트라우마 경험으로 발생한 심리적 충격보다 스몰 트라우마의 경험이 반복적으로 지속될 때 오히려 더 깊은 상처를 남길 수 있다고 주장한다. 어린 시절의 애착 경험은 부모의 양육 상태가 나빠서가 아니라, 부모-자녀 기질의 어울리지 않는 조합으로 아이는 충분히 사랑받지 못한 경험을 할 수 있으며, 그 결과 아이는 이러한 경험을 평생 트라우마로 간직할 수 있다고 말한다.

이렇게 스몰 트라우마는 개인의 삶에서 자존감을 상실하게 만드는 작은 사건이나 약한 정서적 충격 등을 자주 경험함으로써 발생한다. 작은 일상의 스트레스 경험이 반복적으로 지속되면 자신에 대한 부정적인 믿음이 생성되어 위축되고 불만족스러운 삶을 살아가게 된다. 개인의 심리 상태와 자아상에도 부정적인 영향을 주고, 우리 몸의 신경계에도 영향을 주어 정신건강의 문제나 장애 등으로 이어진다.

과거의 DSM 진단기준은 규모가 크고 거대한 사건을 경험하면 트라우마 증상이 나타난다고 기술하였으나, 점차 외상 사건의 규모나 크기보다 개인의 심리적 주관성에 비중을 높게 두고 있다. 그 이유는 작은 규모의 외상 사건을 경험하였다 하더라도 개인에 따라 큰 충격과 위협으로 지각할 수 있기 때문이다.

3. 집단 트라우마(Group Trauma)

1) 특 징

정신질환 진단 및 통계편람 DSM-5에서는 죽음이나 심각한 상해, 개인의 신체 안녕을 위협하는 사건을 경험하거나 목격했을 때 느끼는 개인의 극심한 공포, 무력감, 고통을 트라우마로 명시한다. 의학적 진단은 주로 개인의 병리에 초점을 두지만 이러한 병리를 겪은 개인이 다수면 그 조직이나 공동체는 집단 트라우마를 경험하고 있다고 말할 수 있다.

21세기는 AI를 비롯한 첨단기술의 급속한 발달과 함께 끊임없이 발생하는 집단적 사건으로 인간의 삶이 큰 변화를 맞는다. 1·2차 세계 대전을 비롯해 베트남 전쟁, 나치 강제 수용소의 잔혹함은 유대인과 전 인류에게 지울 수 없는 정신적·문화적 충격을 주었다. 중국에서 30여만 명이 목숨을 잃은 난징대학살의 생존자들은 전쟁의 참화로 심각한 심리·신체적 트라우마를 겪었다. 일본의 쓰나미나 아이티 지진 등 각종 자연재해가 발생해 수없이 많은 사람에게 엄청난 심리적·생리적 트라우마를 안겨주었다.

집단 트라우마는 대부분 광범위하게 영향을 미치는 집단적 사건으로 인해 발생한다. 자연재해를 비롯해 전쟁, 학살, 테러 등과 같은 인간 행위에서 자행된 사회재난과 상대적 박탈이나 극심한 가난 등의 사회적 문제로 발생하는 트라우마 등을 포함한다. 대규모 조직이나 집단에 가해진 이 같은 집단 트라우마는 역사적 트라우마, 국가적 트라우마, 문화적 트라우마, 재난 트라우마 등 그 유형이 다양하며 대부분 개인 트라우마와 달리 역사성과 사회문화적 특징이 있다.

집단 트라우마는 개인 병리보다 집단에 가해진 충격으로 발생한 공동체 반응에 초점을 두고 집단 회복에 집중한다. 그렇지만 집단 트라우마에 대한 진단명과 진단기준, 진단 도구 등은 아직까지 마련되지 않고 있다. 개인 트라우마에 기초하여 집단 트라우마의 진단체계와 치료 방법을 적용하려는 시도가 있었으나 집단 트라우마에 대한 DSM 적용이 적절하지 않다는 다수의 의견으로 실행되지 못하고 있는 상태이다.

트라우마에 관한 초기의 관심과 연구는 주로 개인에게 집중되었으나, 1차 세계 대전 이후부터는 거시적인 집단적 차원과 사회적 문제로 확장되었다. 어떤 특정한 사건으로부터 개인 트라우마가 생긴다고 보았던 초기의 관점이 점차로 변화되어 사회에 의해 구성된다는 관점이 등장하였다.

화재나 교통사고 등의 사회재난, 생명과 직결되는 범죄 사건 등 사회 전반의 집단에서 겪는 트라우마가 사회적 트라우마이다. 사회적 트라우마에 노출된 사람은 불안과 공포 그리고 무기력감에 빠지며, 동시대의 모든 사회구성원에게 트라우마를 갖게 하는 특징이 있어 사회구성원의 심리적 안정에 주목한다.

역사적 트라우마도 집단 트라우마이다. 역사적 트라우마는 사건이 후대에 어떻게 영향을 미치는지에 관심을 두는데, 그 이유는 집단성과 관계성의 기초가 되는 사회적 영향이 크기 때문이다. 이 같은 역사적 트라우마는 충격적인 외상 사건 그 자체를 트라우마로 여기지 않고 사회적 합의 과정을 통해 트라우마로 인식될 때 성립한다고 본다. 따라서 트라우마 사건 자체에 초점을 두기보다 사건에 대한 해석과 가치 판단, 재생산의 과정을 중시하는 특징이 있다.

한편, 재난 트라우마는 지역사회의 조직을 와해하고 사람들의 연대감을 파괴하여 문화적·사회적 감각을 멍들게 하는 집단 트라우마이다. 재난 트라우마의 충격과 심리적 파급은 재난 자체의 물리적 속성에 의한 것뿐만 아니라, 재난이 일어난 지역의 공동체 요인과 맥락에 의해서도 좌우된다(Ramirez & Peek-Ase, 2005).

재난 트라우마는 개인 트라우마와 달리 지역 공동체 안에서 천천히 시간이 흘러가는 과정에서 발생한다는 특징이 있다. 집단 공동체의 합의된 규범이나 이해가 없을 때, 사회적 무질서 혹은 통제 불능의 혼란이 있을 때, 재난이 발생한 지역의 주민 간 갈등 등이 있을 때 주로 집단 트라우마로 발전한다.

재난 트라우마는 개인의 영역을 넘어 집단적 차원에서 준비해야 하는 특수성이 있다. 따라서 재난을 겪은 공동체 구성원의 강한 정서적 반응과 사물에 대한 가치 판단, 공동체적 특성과 파급효과 등을 고려하여 집단적이고 협동적인 차원에서 대응한다.

집단 트라우마와 개인 트라우마의 주요 개념을 비교해 보면 다음과 같다.

〈표 1-1〉 개인 / 집단 트라우마 비교

구분	개인 트라우마		집단 트라우마	
사건	DSM-5 (2016)	심각한 신체 상해, 생명의 위협 사건	UNDP (2014)	외부의 도움 없이는 극복할 수 없는 사건
		외상 직접 경험, 목격, 노출 등	WHO (2022)	피해지역의 대처 능력을 초과한 위기상태 등
	Tedeschi 등(2004)	주관적 지각한 삶의 위기, 사건 등	UNISDR (2015)	10명 이상의 사망, 100명 이상의 피해자 발생 경우 등
범위	Morris (1982)	성폭력, 질병, 학대 교통사고 등	재난안전법 (2016)	자연재해, 사회재난, 경제적 재산 피해 등
진단	Ruggiero (2001)	침습, 회피, 인지와 감정의 부정 변화 등	김도균 (2011)	지역 기반 와해, 공동체 갈등과 연대감 저하 등
	Cohen (1990)	ASD, PTSD 등	Plough 등(2013)	개인 치료의 총합 이상, 지역사회 유지 역량 등
	안현의 등(2013)	노출 수준, 해리 증상, 공포감, 무력감 EMDR	Picou 등 (2004)	자원 불균형, 이주와 정착, 구호와 보상 경쟁과 갈등 등
접근	Yule (2006)	증상 완화, 인지치료 EMDR 등	Pieper(2012)	재난 정보공유, 재난 정신건강의 넓은 개입, 집단의 성찰과 극복 등

2) 세대 전이

한 집단이 트라우마를 경험하면 트라우마 사건을 직접 경험하지 않은 후속 세대와 다른 지역에 있는 사람들에게까지 세대 전이와 공간 전이가 이루어진다. 켈러만 피터 펠릭스(2016)는 체르노빌에서 생존한 사람들이 트라우마 회복을 위해 어떤 노력을 하며 살아가는지 알아보기 위해 생존자를 중심으로 세워진 마을을 2005년 방문하게 되었다.

그에 의하면 성인 생존자들은 꾸준히 암 검진을 받는 등 건강 관리를 잘하고 있었으나, 그 부모 세대에서 태어난 아이들은 이상하리만큼 사건이 발생한 지 오랜 시간이 흘러갔음에도 불구하고 '불이 난 집' 그림을 계속해서 그리는 행위를 반복하였다고 전하였다.

체르노빌에서 생존한 사람의 후속 세대는 체르노빌 폭발을 직접 경험하지는 않았으나 사건 발생 당시 부모 세대가 경험한 공포와 두려움 등 부정 정서의 영향을 계속 받고 있음을 보여주는 증거이다. 이 같은 사례는 집단 트라우마를 경험한 부모 세대인 주 양육자의 트라우마 증상, 즉 과도한 긴장과 불안, 경직성, 특정 대상에 대한 공포, 두려움 등은 양육과정을 통해 그대로 자녀 세대로 전수되고 있음을 말해준다.

◉ 체르노빌 원자 전소 폭발사고

1986년 체르노빌 원자력 발전소 폭발은 많은 사상자와 이재민을 발생한 집단 트라우마 사건에 해당한다. 방사능 오염은 체르노빌 지역뿐만 아니라 북유럽과 북스웨덴까지 영향을 미쳐 암 환자와 백혈병 환자가 급증하였다. 유전적 영향으로 인한 피해자까지 포함하면 대략 600만 명 이상이 피해를 본 사건이다.

한 시대의 어느 특정 집단이 경험한 비극적인 집단 트라우마 사건은 가해자와 방관자, 저항자 그리고 이를 경험하지 못한 후속 세대에까지 폭넓게 영향을 준다. 집단 트라우마 사건을 겪은 세대뿐 아니라 그 후손에게까지 세대 전이가 이루어지고, 발생 지역을 비롯해 국가 전체로까지 영향을 미치는 공간 전이의 특성이 있다.

집단적 사건이 발생한 현장에 있던 사람들은 공통으로 심각한 트라우마 반응을 보이고, 매체를 통해 사건을 보고 들은 사람마저도 유사한 반응이 나타난다. 이렇게 집단 트라우마는 시간적·공간적 제약이 없어 트라우마를 경험하지 않은 다른 집단과 지역에까지 영향을 주고 있음을 알 수 있다.

4. 가족 트라우마(Family Trauma)

1) 특 징

가족 트라우마는 가정 내에서 발생하여 개인에게 영향을 미치는 부정적인 사건이나 경험을 말한다. 이러한 가족 트라우마는 신체적 또는 정서적 학대, 가족 구성원의 질병이나 사망, 정신건강과 관련한 문제, 가정폭력 등을 포함한다. 가정에서 일어난 충격적인 트라우마는 개인의 경험으로 끝나지 않고 친족 내 하향식으로 전이가 이루어진다. 부모와 자녀 간 직접적인 전이뿐 아니라, 여러 세대 간 전이도 이루어진다.

어린 시절 가족관계에서 트라우마를 경험한 아동은 자신의 의지와 상관없이 성인이 된 이후에 과거의 트라우마를 재경험한다. 이들은 불행한 가족관계에서 벗어나려고 시도하지만 실패하고 무의식적으로 병리 가족의 역동을 반복하면서 긴장과 불안 상태를 계속해서 가족 구성원에게 재생산한다(최광현, 2009).

이러한 가족 트라우마의 세대 전이는 부모가 자신의 트라우마를 자녀의 인격으로 외현화하고 자녀는 그것을 내면화할 때 이루어진다. 즉, 부모는 자신의 트라우마를 자녀의 문제로 인식하고, 자녀는 부모의 트라우마를 자신의 것으로 인식하는 경우 세대 전이가 이루어진다.

트라우마 세대 전이는 부모 세대가 경험한 트라우마 사건 자체보다 트라우마로 인한 부모의 심리적 기능이 자녀 양육과 발달에 영향을 미친다. 그 결과 자녀는 발달과 성숙을 위해 필요한 부모의 존재와 돌봄, 사랑을 얻는 데 실패하고 소외감, 외로움, 우울, 불안 등의 심리적 고통과 갈등, 혼란 등을 겪는다. 트라우마를 억압하거나 부인하고 회피하기 위해 중독 행동이 나타나기도 하며, 성격장애 및 사회적 부적응 등으로 이어지기도 한다.

만성적인 가족 트라우마 환경에 있는 아이들은 감정통제의 어려움과 수면장애, 플래시백 등을 반복하고, 평범한 일상생활에서도 과잉 반응과 공황 증상이 나타나는 것으로 알려져 있다. 그 결과 가족 구성원 간 갈등의 골이 깊어지고 의사소통 체계도 붕괴하여 트라우마 대응 능력을 상실한다.

〈표 1-2〉 개인 · 집단 · 가족 트라우마의 특징 비교

구분	특징	유발요인
개인 트라우마	개인차, 특수성	일상의 소소한 작은 사건 및 큰 트라우마 사건
집단 트라우마	세대 간 전이, 공통성	특정한 역사적 사건/시대적 배경으로 한 사건
가족 트라우마	가족 전이, 은폐성	가정환경에서 발생하는 부정적 사건이나 경험

출처: Herman(1992).

2) 감정전이

가족의 아픈 과거력과 심리 · 신체적 고통의 경험은 개인에게 오랫동안 트라우마로 기억된다. 이는 단지 개인의 성격과 기질의 차원보다 이전 세대로부터 전수된 정서적 유산과 관련이 깊다. 유기체적인 가족 구조는 이전 세대로부터

생물학적이고 사회적인 유산을 받아 다시 다음 세대로 전파한다.

가족 환경에서 발생한 가족 트라우마는 강한 반복성이 있으며, 대물림 현상의 직접적인 원인으로 작용되기도 한다. 가족 구성원들이 서로 다른 장소에서 살더라도 최소 3세대에서 4세대까지 하나의 정서 체계를 공유하며 가족 전체에 영향을 주는 등 가족 트라우마는 시간이 흐르면서 다른 가족 구성원에게 감정전이가 이루어진다(권석만, 2013).

특히, 가족 안에서 발생한 트라우마는 가족 비밀(Family Secret)을 확대 재생산할 뿐만 아니라, 가족 구성원 간 혹은 타인과의 관계에서 의사소통에도 문제가 생긴다. 가족 비밀은 자녀들에게 자신이 느끼고 지각하는 것을 암묵적으로 부인하도록 요구하여 자녀는 결국 감정 마비를 경험한다. 그 결과 자녀들은 아무런 통증을 못 느끼고 의심과 불안, 분노, 무기력 등 다양한 부정적 감정을 재생산한다. 이 같은 양상은 다시 가족 비밀로서 다음 세대로 이어지고, 자녀는 투사 메커니즘을 통해 희생양이 되며, 수치심과 죄책감 등으로 삶 전체가 망가진다.

CHAPTER 02

트라우마의 특징

1. 개 요

전 생애에 걸쳐 겪게 되는 트라우마는 개인의 기능이나 심리·신체적·사회적 안녕에 부정적 영향을 주고, 증상이 심할 때는 생명까지 위협한다. 정신건강 질환이나 장애로 이어질 수 있는 이 같은 트라우마는 신체적·性的·정서적 학대, 정신질환이 있는 가족과의 동거, 사랑하는 사람과의 갑작스러운 이별, 빈곤, 차별, 방임, 전쟁, 재난, 범죄피해 등을 경험하는 경우 발생한다.

트라우마는 그 종류도 다양해 직접 및 간접 트라우마로 구분하며, 단일·복합 트라우마, 심리적·신체적 트라우마, 대인관계 內·外 트라우마 등으로 분류되기도 한다. 이중 직접 트라우마는 차량 충돌사고, 테러, 인질, 폭력사건, 전방 GP 총기사고 등과 같이 매우 충격적인 사건을 직접 경험하여 발생한 트라우마로 DSM－5에서는 이를 1차 외상으로 기술하고 있다.

반면, 간접 트라우마는 충격적인 사건을 목격하거나 폭력 사건에 관련된 피해자, 학대당한 사람, 강간 피해자 등을 면담 혹은 조사하는 과정에서 발생한 트라우마로 이를 2차 외상으로 말하기도 한다. 이렇게 외부적 사건을 직접 경험하였는가 아니면 목격한 외상인가에 따라 1, 2차 외상으로 구분하는데, 1차 외상이 2차 외상보다 PTSD 유병률이 높게 조사되고 있다(심윤기, 2018).

단일 트라우마는 일회적으로 외상 사건을 경험해 나타난 트라우마를 의미한다. 포로수용소에서의 장기간 감금 경험이나 반복적인 가정폭력 혹은 性的 학대, 군대 상급자의 지속적인 구타 및 가혹행위, 경찰이나 소방관들처럼 업무 특성상 장기간에 걸쳐 반복적으로 경험하여 발생하는 외상은 복합 트라우마에 해당한다. 복합 트라우마의 후유증은 단일 외상보다 훨씬 심각하며, 정서 조절의 어려움이 있어 약물에 중독되거나 해리 증상으로 이어지기도 한다.

대인관계 內 트라우마는 전쟁, 신체적 폭력, 성적 폭력 등 관계적인 상황에서 발생하며, 대인관계 外 트라우마는 자연재해, 화재, 교통사고, 붕괴사고, 생명을 위협하는 질병 등 대인관계와 거리가 먼 상황에서 발생하는 외상을 의미한다. 대인관계 內에서 발생한 트라우마는 자연재해와 같은 대인관계 外에서 발생한 트라우마보다 PTSD 발병률이 높다.

2. 트라우마 반응과 증상

1) 트라우마 경험률

외상성 사건은 자연재해나 사회재난, 전쟁, 총기사고 등과 같은 빅(Big) 트라우마 사건으로부터 대인관계 갈등, 직장에서의 직무스트레스, 경제적 어려움 등 일상의 삶에서 쉽게 경험할 수 있는 스몰(Small) 트라우마 사건에 이르기까지 다양하다. 한국보건사회연구원(2021)에서는 2021년 20~59세의 성인 2천 명을 대상으로 22일간 트라우마 사건 경험 실태를 조사하여 발표하였다.

트라우마 경험 실태조사 전체 응답자 중 지금까지 트라우마 사건을 한 번이라도 직접 경험한 비율은 79.8%(1,596명)로 조사되었다. 외상을 직접 목격하거나 가까운 가족 혹은 친구에게 일어난 사건 이야기를 들어 인지하게 된 것과 같은 간접적으로 경험한 비율은 68.6%(1,371명)였다.

트라우마 사건 중 가장 높은 경험률은 교통사고(61.9%)로 조사되었다. 이 밖에 자연 재난(49.1%), 신체 폭력(48.3%), 급작스러운 사고사(34.3%), 직장생활 혹은 여가 활동 중 심각한 사고(33.4%), 기타 원하지 않거나 불편한 性的 경험(31.3%), 학교·직장·가족 내 괴롭힘과 따돌림(23.4%), 본인 혹은 가족의 이혼 및 별거와 같은 관계적 트라우마(20.4%) 순으로 나타났다.

반면, 심각한 인간적 고난(6.2%), 전투나 전쟁 노출(5.4%), 자기로 인한 타인의 심각한 부상이나 상해 혹은 사망(5.1%), 감금(3.2%) 등 일상적으로 경험하기 어려운 사건의 경험률은 낮은 수준으로 조사되었다.

직접 경험과 간접 경험을 구분하여 살펴본 조사에서는 직접 경험은 신체 폭력(36.5%)이 가장 높은 빈도를 보였고, 괴롭힘과 따돌림(23.4%)이 그 뒤를 이었으며, 이혼 혹은 별거(20.4%)는 가장 후 순위로 나타났다. 간접 경험은 전체 경험과 유사하게 사고 및 재해에 대한 경험이 상위를 차지하였고, 코로나19 확진 경험(15.2%)도 높은 비율로 조사되었다.

트라우마를 경험한 시기는 만 18세 이전의 아동기와 만 18세 이후의 성인기로 나누어 조사하였는데, 각 사건에 대하여 두 시기에 중복하여 응답할 수 있도록 허용하였다. 만 18세 이전의 아동기 외상 경험률은 66.3%였고, 만 18세 이후의 성인기 외상 경험률은 77.2%로 조사되었다.

성인기에 가장 많이 경험한 트라우마 사건은 교통사고(41.8%)였으며, 그다음으로 자연 재난(24.8%), 급작스러운 사고사(22.6%), 직장과 집 혹은 여가 활동 중 심각한 사고(19.1%), 급작스러운 변사(16.6%) 등의 순으로 나타났다. 성인기에 다수가 경험한 트라우마 사건은 재해의 범주에 속하는 사고가 대부분이었다.

아동기에 가장 많이 경험한 트라우마 사건은 신체 폭력(30.7%)이었으며, 자연재난(24.7%), 학교 · 직장 · 가족 내 괴롭힘과 따돌림(17.2%), 교통사고(16.8%), 기타 원하지 않거나 불편한 性的 경험(16.3%) 순으로 조사되었다.

화재 또는 폭발, 교통사고, 신체 폭력 등과 같은 사고나 신체적 위해와 관련된 트라우마 경험률은 남성이 여성보다 높았다. 성폭력 및 性的 경험과 같은 특정 트라우마를 비롯해 괴롭힘 및 따돌림과 같은 정서적 위험, 아동기에 정신적 문제를 가진 가족과의 동거, 정서적 돌봄과 관련된 트라우마 등은 여성의 경험률이 높게 조사되었다.

한편, 김지윤 등(2023)은 2021년에 20세~59세에 해당하는 성인 1천66명을 대상으로 자신이 경험한 가장 고통스러운 트라우마 사건을 조사하였는데, 조사에 응답한 815명에 관한 조사 결과는 다음과 같다.

① 매우 심각한 스트레스 사건 경험률: 72.1%(588명)

· 가까운 사람의 죽음: 86명(10.6%)

· 실업 또는 실직: 85명(10.4%)
· 심각한 스트레스를 일으킨 실패나 절망: 79명(9.7%)
· 심각한 경제적 위기 혹은 경제적 어려움: 51명(6.3%)
· 심각한 스트레스를 일으킨 대인관계 문제: 45명(5.5%)
· 별거나 이혼: 40명(4.9%)
· 낙태나 유산 경험: 35명(4.3%)
· 정서적 학대 또는 방임: 7명(0.9%)
· 중요한 무언가를 잃어버리거나 도난당함: 5명(0.6%)
· 법적 구속 및 수감: 2명(0.2%)
· 기타 사건: 36명(4.4%) 등

② 교통사고: 8.1%(66명)
③ 신체적 폭행: 3.4%(28명)
④ (교통사고 외) 기타 사고: 27명(3.3%)
⑤ 목숨이 좌우될 정도의 질병이나 부상: 3.3%(27명)
⑥ (자연) 재난: 2.3%(19명)
⑦ 급작스러운 사고사: 2.0%(16명)
⑧ 급작스러운 변사(예: 살인, 자살): 1.6%(13명)
⑨ 性的 학대나 폭행: 1.3%(11명)
⑩ 원하지 않은 불편한 性的 경험: 1.1%(9명) 등

트라우마 사건 중 가장 충격이 강한(impact strength) 정도를 조사한 연구에서는 원하지 않거나 불편했던 性的 경험이 가장 큰 충격을 받은 것으로 나타났다. 그다음은 정서적 학대와 방임, 심각한 경제적 어려움의 위기, 생명을 위협하는 질병 혹은 부상 등의 순서로 다음과 같이 조사되었다.

① 원하지 않았거나 불편했던 性的 경험
② 정서적 학대, 방임
③ 심각한 경제적 위기나 경제적 어려움
④ 생명을 위협하는 질병이나 부상
⑤ 매우 심각한 스트레스를 일으키는 대인관계 문제
⑥ 심각한 스트레스를 일으키는 실패나 절망

⑦ 심각한 재해(예: 자연재해, 비전염성 사회재난, 전염성 사회재난)
⑧ 교통사고
⑨ 급작스러운 변사
⑩ 실업 또는 실직 등

2) 트라우마 반응

정신건강에 관한 여러 역학조사 결과에 따르면 외상 사건을 경험한 사람 중 25~50%는 정신건강과 관련한 문제를 겪지 않은 것으로 조사되었다(Norris, 2009; Johannesson et al., 2015). 트라우마 사건을 경험한 후의 반응은 외상 발생 첫 주에 가장 뚜렷이 나타났으며, 이후에는 점차 회복되는 추세를 보인 것으로 보고되었다(Meewisse et al., 2011).

미국 보건복지부 산하에 있는 기관으로 정신건강 관련 공공 서비스를 제공하는 '약물남용 정신건강서비스국(SAMHSA)'과 우리나라 재난 정신건강 컨트롤타워 역할을 하는 '국가 트라우마센터'에서 공통으로 제시한 트라우마 경험자의 일반적인 반응은 대체로 다음과 같다.

(1) 신체적 반응

· 체중 변화
· 땀을 많이 흘리거나 오한
· 감기, 감염 등 면역력 저하
· 불면, 악몽, 만성 피로
· 생리주기의 변화, 탈모
· 통증(두통, 보통, 근골격계 등)
· 눈가, 입가의 근육 떨림, 근육 경련
· 식욕 변화(너무 많거나 적음), 소화불량, 설사 등

(2) 정서적 반응

· 예민, 짜증
· 죄책감, 수치심
· 지나친 자신감, 자아도취

· 불안과 공포, 압도적인 슬픔
· 분노(특히 사건이 폭력을 포함하는 경우)
· 단절감(아무도, 아무것도 관심이 없음)
· 과도한 에너지 또는 에너지가 전혀 없음
· 무감각함(즐거움도 슬픔도 느끼지 못함) 등

(3) 행동적 반응

· 분노 폭발, 잦은 다툼, 업무 회피
· 알코올, 약물 사용 증가(괴로운 감정을 감소시키거나 잊기 위하여)
· 에너지와 활동 수준 증가 혹은 감소, 도움을 받아들이거나 제공의 어려움
· 외상 사건을 연상시키는 상황 회피, 위축된 대인관계, 혼자 있고 싶은 행동
· 수면 문제(수면의 시작, 지속의 문제, 수면 과도 또는 긴장 완화의 어려움) 등

(4) 인지적 반응

· 기억력 감소
· 경직된 사고
· 반복되는 외상 사건의 기억
· 새로운 생각에 대한 저항
· 혼란스러움, 걱정의 증가
· 사고의 속도와 이해 저하
· 사고의 명확성과 집중의 어려움
· 우선순위, 의사결정의 어려움
· 외상 사건에 대해 듣거나 이야기의 어려움 등

(5) 영적 반응

· 소외감
· 자신감 상실
· 의미 상실, 회의감
· 가치관의 변화 등

3. 아동 · 청소년의 트라우마

1) 아동 · 청소년의 트라우마 특징

아동기의 트라우마는 만 18세 이전에 부모나 중요한 타인에 의해 심각한 심리적 충격과 신체를 비롯한 정서 및 성적 학대, 방임 등을 경험하는 경우 발생한다. 또한 정체성의 결여나 부족으로도 발생하는데 이러한 정체성의 상실은 가족 정체성과 사회 정체성의 부재에서 비롯되는 것으로 알려졌다.

심리 · 신체적으로 충분히 성장하지 못한 아동은 트라우마를 비롯한 정신건강 문제에 취약하고 그 후유증도 오래 지속되는 특징이 있다. 이는 성장 과정에서 발생해 인격 발달에 영향을 주고, 자신과 대상에 대한 내적 표상과 자기개념이 제대로 정립되지 못하게 하는 특징도 있다.

이렇게 아동기에 경험한 트라우마는 지속력이 있어 성인기에 발생하는 정신질환의 가능성을 높이는 위험성까지 있다. 아동기에 겪은 트라우마의 기억은 성인의 삶에 무의식적으로 큰 영향을 주지만 상당수는 이를 의식하지 못하고 방치한 채 살아 가기도 한다.

아동기의 트라우마가 남아의 경우는 학업 성취 수준이 저하되는 경향이 있고, 여아는 성인기에 정신적 문제를 호소한다는 연구가 보고된 바도 있다. 아동기에 학대받던 아동이 성인이 되어서 가학적인 배우자를 만나 살아가기도 하는데, 그 이유가 아동기의 트라우마 때문으로 주장하는 이도 있다. 학대적 환경에서 자라게 되면 뇌의 신경계가 학대적 환경에서만 반응하게 되어 나타나는 현상으로 그 이유를 설명한다.

아동기에 트라우마 사건을 경험한 상담자는 내담자를 상담할 때 역전이 관리 능력이 떨어지는 것으로 알려졌다. 또한 아동기에 심각한 트라우마 사건을 경험한 병사는 군 복무 과정에서 간부와 선임에 대한 두려움과 불안으로 복무 부적응에도 영향을 주는 것으로 알려졌다. 이같이 아동기에 경험한 트라우마는 성장과 발달과정에 지속해서 영향을 주고, 성인이 된 이후의 삶에도 영향을 주고 있다.

아동 · 청소년이 경험하는 트라우마는 그들의 삶에 깊은 상처를 남기는 충격적인 사건이 대부분을 차지한다. 트라우마 사건을 경험한 아동 · 청소년은 우울, 불안, PTSD 등 다양한 정신건강 증상을 보인다. 이러한 정신건강의 문제는 학업, 동료 관계를 비롯한 삶의 질 전반에 영향을 주는 등 성인과 다른 양상을 보이는 특징이 있다.

그 이유는 성인과 달리 발달 수준에서 큰 차이가 있고, 가족이나 학교와 같은 주변 환경에 대한 의존도가 높아서 나타나는 현상 때문이다. 따라서 아동·청소년의 트라우마에 대한 이해와 평가는 발달적 측면과 사회생태학적 측면을 동시에 고려하는 것이 적절하다.

아동·청소년이 트라우마 사건을 경험한 이후에 겪는 심리적 반응은 주로 행동으로 표현되거나 외현화(externalization)의 모습을 보이는데 이러한 반응도 발달 시기에 따라 다르게 나타난다. 예컨대, 유아기에는 더 어린 시기에 이미 달성했던 발달과제를 자주 실수하거나 퇴행의 모습을 보인다. 학령기에는 학교생활에서 두드러진 부적응의 모습을 보이고, 청소년기에는 음주나 약물 오남용 등의 위험한 행동을 한다.

한편, 트라우마를 경험한 아동·청소년의 정신장애 발병률은 사회적 지지와 주변의 가용자원에 따라 다르게 조사되고 있다. 외국의 경우를 보면, 쓰나미 발생 6주 후 아동·청소년의 57.3%가 임상적 수준의 트라우마 증상이 나타났으며(Piyasil et al., 2007), 허리케인을 경험한 아동·청소년의 경우는 3개월이 지난 시점에서 35.7%가 트라우마 증상을 보인 것으로 알려졌다(Lai et al., 2021). 미국 9.11 테러 발생 6개월 후에 이루어진 아동·청소년에 대한 연구에서는 우울, 불안, PTSD 등의 정신장애 중 임상적 수준의 장애를 한 개 이상 경험한 비율이 28.6%나 되는 것으로 보고되었다(Hoven et al., 2005).

트라우마 사건을 경험하기 이전에 정신장애 혹은 신경심리학적 문제를 가지고 있었던 경우는 트라우마의 경험이 정신건강 및 행동의 문제를 더 악화시키는 것으로 조사되었다. 특히, 정신건강과 관련한 서비스를 조기에 받지 못하면 기존의 심리적 어려움이 트라우마 증상을 더 악화시키는 것으로 나타났다(Moreno et al., 2020).

학습 문제가 있었거나 자폐 스펙트럼 장애가 있었던 경우는 COVID-19 이후 우울, 불안, 심리적 고통, 행동 등의 문제가 악화한 것으로 밝혀졌으며(Colizzi et al., 2020), 불안 장애 증상이 있던 아동·청소년 또한 트라우마 경험 이후 PTSD 증상이 높아진 것으로 조사되었다(Asarnow et al., 1999).

2) 아동 · 청소년의 트라우마 요인

개인 성장의 관점에서 볼 때 아동기의 의미 있는 긍정 기억은 삶의 출발 자원으로 개인의 발달 궤적에 좋은 영향을 준다. 반면, 어린 시절의 충격적인 트라우마 기억은 지속해서 정서적 균형을 심각하게 파괴하고 삶의 질 전반을 부정적으로 지배한다.

부모는 어린 아동의 가장 가까운 사람으로서 개인의 정신과 가치관, 정서 등에 영향을 준다. 옳고 그름의 개념이 정립되지 않은 아동은 트라우마를 다루거나 대처하는 경험이 부족하고, 트라우마 이면에 내재한 본질적인 문제를 해결하는 능력도 부족하다. 따라서 정신적 충격을 받은 아동을 부모가 제대로 보호하지 않고 돌보지 않으면 트라우마의 기억이 발달과정에 지속적으로 부정적인 영향을 준다. 청소년기 및 성인기의 삶에 지속적인 영향을 주어 평생 트라우마의 고통에서 벗어나지 못하게 한다.

페퍼바움 교수 등은 아동 · 청소년의 트라우마에 영향을 주는 가족적인 요인을 다음과 같이 설명하고 있다(Pfefferbaum et al., 2015).

첫째, 부모의 반응이다.

일반적으로 부모는 아동 · 청소년의 가장 가까운 일차적 지지체계이다. 부모의 스트레스 수준이 높을 때는 아동 · 청소년의 내재화 및 외현화 증상을 증가시키는 데 영향을 준다.

둘째, 양육방식이다.

수용적이고 지지적인 부모의 양육방식은 자녀의 불안을 완화하고 적응 기능을 유지하는 것과 밀접한 관련이 있다. 자녀가 지각하는 부모 신뢰도 및 의사소통 수준이 낮을 때는 외상 후 불안이 증가하고 PTSD로 이어지기도 한다.

셋째, 부모-자녀 관계 및 상호작용의 질이다.

트라우마 사건을 경험하기 전 부모-자녀의 관계가 좋을수록 트라우마 증상을 빠르게 완화하는 데 도움이 된다. 부모가 트라우마와 관련된 이야기를 전혀 나누지 않고 지켜보는 것만으로는 트라우마 증상 완화에 도움이 되지 않는다. 부모는 수시로 자녀와 트라우마 관련 이야기를 나누는 것이 바람직하다.

사회경제적 지위를 비롯한 양육자의 교육 수준, 직업, 수입 등이 낮을수록 트라우마로 인한 사회적 고립과 재정적 불안, 정신건강 등의 문제가 나타난다. 아동・청소년기 트라우마에 영향을 주는 사회적 요인을 살펴보면 다음과 같다.

〈표 2-1〉 아동・청소년기 트라우마에 영향을 주는 사회적 요인

구분	내용
사회적 지지	・아동・청소년기의 또래 친구의 지지는 중요한 자원이다. 또래와의 접촉이 어려운 상황은 PTSD 위험을 증가시킨다. ・학교, 지역사회의 관심과 지지는 폭력의 위험 행동을 감소한다.
미디어 보도	・트라우마 사건 발생 지역과 먼 곳에서의 거주도 미디어 보도, 특히 세부사항에 대한 보도는 간접 외상에 영향을 준다. ・트라우마 사건 경험 후 이를 격려하고 지원하거나 감동적인 내용의 보도는 아동・청소년의 PTG에 긍정적 영향을 준다.

출처: 심윤기 등(2025).

3) 아동・청소년의 트라우마 증상

트라우마 사건을 경험한 주체가 누구인지에 따라 또는 어떤 종류의 외상을 경험한 것인지에 따라 트라우마 증상이 다르다. 외상을 경험하면 일반적으로 다양한 심리・신체적 반응이 나타나는데, 아동・청소년은 성인과 다른 독특한 양상을 보인다. 그 이유는 성인과 달리 아동・청소년은 나이에 따른 발달 수준에서 큰 차이가 있고, 친구나 가족, 학교와 같은 주변 환경에 대한 의존도가 높기 때문이다(Peek et al., 2017). 따라서 아동・청소년의 트라우마 증상을 올바로 이해하기 위해서는 이 같은 발달적 측면과 사회생태학적 측면 등 다양한 요인이 고려되어야 한다. 아동・청소년의 발달단계에 따라 나타나는 트라우마 증상을 살펴보면 다음과 같다.

(1) 유아기

・수면 및 식이 문제
・분리 불안
・퇴행 행동
・과한 긴장
・행동 재연
・어둠에 대한 두려움, 악몽

· 매달리고 의존적인 행동 등

(2) 학령기

· 재경험 증상
· 신체 증상
· 각성 증상
· 파괴적 행동
· 불안 증상
· 학업 수행 감소
· 와해 또는 혼란된 행동
· 공격적, 위험한 행동 또는 놀이 등

(3) 청소년기

· 분노, 불안, 두려움, 죄책감, 우울
· 즐거움을 주는 활동으로 도피
· 미래가 없는 것 같은 느낌
· 알코올 또는 물질 사용
· 학업 수행 감소 등

아동·청소년의 신체기능 및 행동, 기분, 사고, 수행 등에 영향을 주는 트라우마 증상은 다음과 같다.

〈표 2-2 〉 아동·청소년의 트라우마 증상

구분	증상 내용
신체 기능	· 두통, 복통 · 심박수의 급격한 증가 · 가슴이 조여오는 증상 · 수면 및 식이 문제 등
기분	· 짜증, 예민함, 불공평한 느낌 · 사건의 재발생 혹은 끝나지 않을 것 같은 두려움 · 불안정감, 불안, 공포, 분노, 슬픔, 우울, 미래 걱정 · 가족과 친구, 사랑하는 사람의 안전에 대한 걱정 증가 등
사고	· 세상의 안전감과 안정성에 대한 불신

	· 성인의 보호 능력에 대한 신뢰의 상실 · 미래가 없는 것 같은 느낌 · 자신 때문에 사건이 발생했다는 왜곡된 신념 등
수행	· 동기 저하, 이전에 재미를 느꼈던 활동에 대한 흥미 저하 · 이전에는 완수할 수 있었던 과제를 해내지 못함(예: 말하기, 읽기, 쓰기). 이것이 학교 및 학업 수행 저하로 이어질 수 있음 · 가족/친구 관계에서의 변화, 급작스러운/급진적인 태도의 변화 등

출처: Shaw et al(2007).

이 외에도 행동적인 측면에서는 다음과 같은 증상이 나타난다.

· 사회적 고립, 철수
· 공포 및 혐오 증상
· 매달리는 의존적인 행동
· 파괴적 행동, 성마름, 과잉행동
· 폭력적 혹은 공격적인 위험한 행동 및 활동
· 퇴행 행동(배변 능력 상실, 언어 기술 감소)
· 사건과 관련된 이야기나 놀이를 반복적으로 회피
· 청소년의 경우 알코올 및 물질 오남용, 性的 행동 등

외상 경험 후 나타나는 아동·청소년의 트라우마 수준은 사회적 지지와 주변의 가용자원에 따라 다르게 나타난다. 일반적으로 트라우마 연구의 대부분은 나이, 성별과 같은 인구통계학적 특성을 비롯해 외상의 유형, 외상 경험의 강도, 심리적·사회적 요인 등이 아동·청소년의 트라우마에 영향을 준다고 말하고 있다.

심리·사회적 요인 중 중요하게 다루어지는 요인의 하나는 부모, 주 양육자와의 관계로 아동의 트라우마 회복에 중요한 역할을 하는 것으로 알려졌다. 주 양육자의 정신건강과 어머니-자녀 간의 유대감은 아동의 외상 경험 후 정서적 안녕에 긍정적 영향을 주며, 학교 교사 또한 아동이 외상 사건을 경험했을 때 트라우마 회복에 긍정적인 역할을 하는 것으로 보고되었다(Lowe et al., 2013).

외상 경험의 강도와 노출 수준은 정신건강 문제를 강력하게 예측하는 요인 중 하나이다. 9.11 테러 당시 아동과 그 가족 구성원의 높은 외상 노출 수준은 장애 진단 가능성을 1.6~2배 높아지도록 하는 데 크게 영향을 준 것으로 밝혀

졌다(Hoven et al., 2005). 쓰나미를 직접적으로 경험하거나 지진의 진원지 가까운 곳에 거주한 학생일수록 심각한 PTSD 증상을 보인 것으로도 조사되었다(Dogan, 2011).

나이와 성별 또한 트라우마 증상 발현과 관련이 있는 것으로 밝혀졌다. 나이가 어릴수록 그리고 여학생일수록 트라우마 증상 수준이 높았으며 특히, 아동의 경우 장소 애착이 영향을 주는 것으로 알려졌다. 외상 사건으로 아동의 애착 장소가 붕괴되면 아동의 안녕감, 정서 조절, 정체성, 자아존중감 발달 등에 부정적인 영향을 주는 것으로 보고되었다.

4. 트라우마로 인한 정신장애

트라우마는 개인에게 신체적 혹은 정서적으로 해롭거나 위협적으로 느끼는 일련의 사건과 상황으로부터 야기되어 개인의 기능과 심리·신체적 안녕에 부정적으로 작용한다. 우울증을 비롯한 성격장애, 알코올 및 약물 의존 장애 등 정신의학적 질병으로 치료받는 환자의 상당수는 트라우마를 경험한 과거력이 있는 것으로 알려져 있다.

트라우마가 개인의 정신건강에 영향을 미치는 대표적인 질환으로는 급성 스트레스 장애(Acute Stress Disorder: 이하 ASD), 외상 후 스트레스 장애(Post Traumatic Stress Disorder; 이하 PTSD), 우울장애, 불안 장애, 수면장애, 물질 사용 장애 등이 있다.

1) ASD / PTSD

트라우마 수준이 높은 경우 대체로 ASD로 이어진다. ASD는 트라우마 경험 이후 심각한 스트레스에 대한 반응으로 나타나는 정신장애로 사회적·직업적·심리적 기능이 일시적으로 제한을 받지만 대부분 1개월 이내에 자연스럽게 회복된다. DSM-5 진단기준에 의하면 생명의 위협, 심각한 상해, 性的 폭력 등에 노출되는 경우 ASD가 발생할 수 있다고 적시하고 있다. ASD는 지속 기간이 외상에 노출된 후 3일부터 1개월까지의 기간으로 한정되며, 1개월이 지난 후까지 증상이 계속 이어지는 경우는 PTSD로 진단한다.

ASD 진단기준

A. 개인은 다음 두 가지의 외상 사건에 노출되어야 한다.
  1. 개인은 실제적인 죽음이나 죽음의 위협 또는 심한 부상, 자신과 다른 사람의 신체적 온전성에 대한 위협을 경험, 목격하거나, 직접 직면한 적이 있다.
  2. 개인의 반응은 강한 두려움, 무력감, 혹은 공포를 포함한다.

B. 고통스러운 상황을 경험하고 있거나, 그 뒤에 개인은 다음의 세 가지(혹은 그 이상)의 해리성 증상을 가진다.
  1. 감정 반응의 둔화, 이탈 혹은 무반응을 주관적으로 느낌
  2. 주위 환경의 인식이 감소(예: 멍하게 있음)
  3. 비현실감
  4. 이인증
  5. 해리성 기억상실(즉, 외상의 중요한 면을 회상하지 못함)

C. 다음 중의 적어도 한 가지 방식 이상으로 외상 사건이 계속 재경험 된다. 반복되는 영상들, 생각들, 꿈, 착각, 플래시백, 혹은 경험이 되살아나는 기분 혹은 외상 사건을 회상하게 하는 사람을 만날 때의 고통

D. 외상을 회상시키는 자극을 과도하게 회피함(예: 사고, 감정, 대화, 활동, 장소, 사람)

E. 과도한 불안, 증가한 각성(예: 잠을 못 잠, 짜증을 잘 냄, 집중력 장애, 과도한 주위탐색, 증가한 놀람 반응)

F. 이 장애가 사회적, 직업적, 혹은 기능이 다른 중요한 영역에서 임상적으로 중요한 고통 혹은 손상을 일으키고 혹은 개인이 가족들에게 외상 경험을 이야기함으로써 조력을 구하거나 개인적인 자원을 동원하는 것 같은 몇 가지 필요한 임무를 수행하는 개인의 능력에 손상을 일으킨다.

G. 증상은 최소 2일 이상 최장 4주간 지속되며, 사고 후 4주 이내에 시작된다.

H. 이 장애는 물질의 직접적인 생리학적인 영향(예: 약물남용이나 처방) 혹은 일반의학적 상태에 의한 것은 아니다.

출처: DSM-5(APA, 2013).

한편, PTSD는 외상 경험 1개월 이후에 침습, 회피, 인지와 감정의 부정적 변화, 각성과 반응성의 변화 등의 증상이 나타나며, 이로 인한 현저한 심리적 고통과 사회적·직업적 기능 손상을 가져오는 질환이다. 상당수의 사람은 트라우마 사건을 경험한 직후 PTSD 증상을 보이기도 하지만, 대부분 몇 주 이내에 자연스럽게 반응의 강도가 완화된다. PTSD와 관련해서는 본서 PART 2에서 자세히 다루도록 하겠다.

2) 우울장애

트라우마 사건을 경험한 사람은 우울한 기분을 가질 수가 있는데 이는 지극히 자연스러운 현상이다. 자신의 생활에 지장을 줄 만큼 우울감이 지속되고 신체적 · 정신적 · 행동적 변화가 수반된다면 이는 트라우마로 인한 우울증일 가능성이 있다. 우울장애 증상은 하루 중 대부분을 우울한 기분으로 지내며, 최소 2주 이상 증상이 유지되는 특징이 있다. 흥미가 저하되고 식욕 및 체중 변화와 수면장애 증상을 동반하며, 자살 시도를 반복하기도 한다. 트라우마 사건을 경험한 후 나타나는 주요 우울장애 증상은 다음과 같다.

- 기분: 슬픔, 우울, 눈물 흘림, 불안, 작은 문제에도 화를 내고 분노 폭발
- 생각: 과거의 일을 후회하고 타인을 원망하며, 미래를 비관적으로 조망
- 흥미 저하: 취미, 스포츠 등의 활동에 대한 즐거움 상실, 관심 저하
- 식욕 감소 및 증가: 식욕이 줄거나 늘 때 체중도 줄거나 증가
- 에너지 부족: 피로, 작은 작업을 하더라도 상당한 노력이 필요
- 집중력 저하: 생각, 집중, 판단, 기억 등을 하는 데 어려움이 있음
- 불면: 불면증이나 과도한 수면
- 무가치감, 죄책감: 스스로 무가치하다고 느끼거나 죄책을 갖고, 자책에 빠짐
- 자살: 죽음, 자살 생각 및 자살 시도를 자주 반복함 등

어릴 적 경험한 트라우마 사건과 성인기에 겪는 우울감은 밀접한 관련이 있다. 다만, 사회적 지지나 관계의 질이 높은 경우 아동기의 트라우마로 인한 성인기의 우울 수준은 감소한 것으로 보고되었다(송리라 등, 2016). 국내 정신질환 실태조사에 따르면 부정적 생활사건 혹은 트라우마 사건에 노출된 빈도가 높은 경우, 우울 증상을 경험할 가능성이 큰 것으로 조사되기도 하였다(국립 정신건강센터, 2021).

사례

A씨는 50세 가정주부로 남편과 사별 트라우마를 경험한 후 외동딸과 함께 둘이서 살고 있다. A씨는 10년 전 남편 사업 부도로 극도의 스트레스를 받을 때 두통과 몸의 여러 곳이 아프면서 우울한 증상이 있어 약물치료를 받았다. 2년 전 남편이 교통사고로 사망하고 외동딸이 결혼을 앞두게 되어 심한 스트레스를 받자 목과 어깨가

아프고 머리 통증이 시작되었다. 이에 3개월 전 뇌 단층 촬영 및 자기공명영상 검사를 받아 보았으나 증상과 연관 있는 이상소견은 없었다. A씨는 터널이나 엘리베이터 안에서 숨이 막히는 것 같은 느낌이 들고, 심장이 조이는 것 같아 심장 내과에서 정밀검사를 받아 보았으나 이상이 없었다. 아침에 일어나면 기운이 너무 없고 눈물이 나며 살고 싶지 않은 마음이 든다고 호소하기도 하였다.

출처: 국가 트라우마센터(2024).

3) 불안 장애

불안은 스트레스나 트라우마 상황에서 누구나 경험할 수 있는 정상적인 반응으로 불안 증상이 있다고 해서 이를 모두 병리적으로 보는 것은 적절치 않다. 불안은 미리 대비하거나 위험한 상황에서 빠르게 대처하는 데 도움을 준다. 불안은 위험, 고통, 스트레스 등이 예상되는 사건이나 예상치 못한 다양한 트라우마 상황에서 발생하는 경향이 있다.

불안은 대체로 신체적 반응과 정서적 반응을 보이게 되는데, 신체적인 반응은 빠른 숨, 가슴 두근거림, 근육의 긴장, 땀 분비 증가, 두통, 소화장애 등이 나타나고 정서적 반응으로는 불쾌하고 모호한 두려움, 긴장, 불면, 우울감 등을 보인다.

(1) 신체로 나타나는 불안 증상

- 근골격계: 근 긴장, 통증(두통, 어깨통증, 요통 등)
- 신경계: 떨림, 오한, 손발 저림/차가움, 어지러움, 현기증, 쓰러질 것 같음 식은땀, 입 마름, 집중 곤란, 수면장애 등
- 심혈관: 심장이 빨리 뛰거나 벌렁거림, 가슴 통증, 답답함, 흉부 불편감 등
- 호흡기: 숨참, 호흡 곤란 등
- 소화기: 소화불량, 복통, 설사, 변비, 신경성 위염, 과민성 대장염 등
- 비뇨기: 소변이 자주 마려움, 소변을 본 후에도 시원하지 않은 느낌 등
- 생식기: 성욕 감퇴 등

(2) 감정으로 나타나는 불안 증상

- 안절부절
- 만사 걱정

- 쉽게 긴장됨
- 쉽게 편안해지지 않음
- 공포 또는 지나치게 놀람
- 공황발작(불안 발작)을 보임
- 짜증을 잘 내고 예민함 등

(3) 행동으로 나타나는 불안 증상

- 서성거림
- 불안이 일어날 만한 장소나 상황 회피
- 관심을 다른 것에 집중하면서 대처하는 주의 분산 방법 사용
- 안정감을 위해 물건(예: 약병, 돈, 애완동물 등) 가지고 다니기
- 불안감을 없애기 위해 술이나 담배 의존 등

정상적인 불안 반응은 앞으로 일어날 일을 대비하는 데 도움을 주고, 공포반응도 위협적인 상황에서 자신의 보호를 위해 기여한다. 하지만 불안이 통제할 수 없이 지나쳐 일상생활 유지가 어려울 정도면 전문가의 도움이 필요하다. 외상 경험 이후 불안 및 초조감을 호소하거나 심장마비 및 질식과 같은 위급한 증상을 호소하는 경우, 두려워하는 대상이나 상황에 노출될 때 다른 사람에 비해 지나치게 불안 증상을 보이면 전문가의 정확한 진단이 필요하다.

4) 신체화 장애

신체화는 신체질환처럼 보이는 정신장애 증상이다. 환자가 다양한 신체 증상을 호소하지만 이에 합당한 검사 소견이 발견되지 않아 설명하기 어려운 증상이기도 하다. 환자가 울렁거리고 소화가 안 되어 병원을 찾아 여러 검사를 했는데도 검사 결과상 아무런 이상소견이 나오지 않는 경우 신체형 장애 증상으로 진단한다.

이 같은 신체화는 외상 사건을 경험한 피해자의 심리적 상태가 뇌 기능에 변화를 주어 나타나는 증상으로 설명한다. 부정적 생활사건에서 스몰(Small) 트라우마를 자주 반복적으로 경험하는 경우, 감정적 고통이 신체 증상이나 기능 이상으로 표출되어 나타난다.

사례

> 52세 여성 B씨는 20살에 결혼했지만 알코올 중독자인 남편과 함께 사는 과정에서 자주 심리적 외상을 경험하여 불안 속에 숨죽이며 지냈다. 20대 후반부터는 식후 발생하는 소화불량, 메스꺼운 느낌, 가슴을 찌르는 듯한 통증, 두통, 팔다리 통증 등의 증상이 나타났으며, 남편과 심한 갈등이 있을 때는 증상이 더 심해졌다.
>
> B씨는 혹시라도 자신이 심장질환이 아닐까 하는 걱정에 여러 병원에 다니며 심장 검사도 해보았고, 부정맥이 아닐까 하는 걱정에 혈액검사도 받아 보았지만 특별한 이상이 발견되지 않았다. 병원에서 여러 검사를 하고 특별한 이상이 없다는 이야기를 듣고 난 직후에는 통증이 약간은 완화되는 느낌이었지만 얼마 지나지 않으면 통증이 또 발생하곤 하였다. 자신과 똑같은 증상이 있던 친구가 정신건강의학과 약을 먹고 많이 편해졌다는 이야기를 듣자 B씨는 정신건강의학과를 방문하기까지 하였다.

출처: 국가 트라우마센터(2024).

앞서 제시한 사례에서 보듯이 신체화 장애는 신체의 모든 장기에 걸쳐 다양한 증상을 호소하기도 하고 혹은 여러 증상 중 일부 증상만 호소하거나 시간에 따라 호소하는 증상이 바뀌기도 한다. 대체로 신체화 증상은 다음과 같다.

- 일반적 신체 증상: 근육통, 무기력감, 땀, 입 마름, 얼굴의 화끈거림
- 소화기계 증상: 구토, 메슥거림, 속쓰림, 복부 팽만감
- 신경계 증상: 두통, 어지럼증, 손발의 저림이나 떨림
- 심장 및 호흡기계 증상: 가슴 두근거림, 가슴 답답함, 숨 막힘, 가슴의 열감
- 비뇨생식기계의 증상: 생리불순, 생리통, 하복부 통증, 性 기능 이상 등

이러한 다양한 신체 증상을 가진 사람은 트라우마로 인한 신체질환이 있을 것이라는 생각에서 여러 검사를 받는다. 검사 결과 특별한 이상이 없다는 결과가 나와도 이를 믿지 않고 다른 병원에 가서 다시 검사받는 의료쇼핑(doctor shopping)을 반복한다. 뚜렷한 병명 없이 신체 증상이 지속되면 외상 피해자는 무력감과 좌절감을 느끼고 우울증을 동반하기도 하며 집중력 감소, 식욕부진, 짜증, 예민해짐, 결단력이 없어짐, 멍한 느낌, 불면 등이 나타나기도 한다.

5) 수면장애

수면장애는 트라우마 사건을 경험한 사람들에게서 흔히 나타나는 증상으로

심한 졸음, 불규칙한 수면, 수면 중 이상행동 등의 종류가 있다. 불면증은 잠들기까지 너무 오랜 시간이 걸리거나 잠든 후 자주 깨는 증상이다. 새벽에 너무 일찍 잠에서 깨어 다시 잠들기 어렵고, 자고 일어나도 개운치 않은 상태가 지속되는 특징이 있다.

트라우마 경험 후 수면−각성 주기 장애가 나타나기도 하는데, 이는 우리 몸의 생체시계 리듬이 환경의 밤낮 리듬과 일치하지 않아서 나타나는 증상이다. 이 증상은 적절한 시간대에 잠을 잘 수 없고, 깨어 있고자 하는 시간대에는 오히려 과도한 졸림 증상이 생긴다. 이러한 수면장애는 2005년 연천 총기 난사 사건을 비롯해 세월호 참사. 천안함 폭침 사건, 이태원 압사 사고 등의 생존자들에게서 공통적으로 나타난 것으로 알려졌다.

6) 자 살

2020년에 이루어진 국내 정신질환 실태조사에 의하면 트라우마 경험은 자살생각과 밀접한 관련이 있는 것으로 밝혀졌다. 우울증과 마찬가지로 트라우마 사건에 노출된 빈도가 높을수록 자살 생각의 빈도도 높아진 것으로 보고되었다. 만 18세 이상 일반 성인의 10.7%는 살아가는 동안 한 번 이상 자살에 대해 진지하게 생각해 보았고, 2.5%는 자살을 계획한 적이 있었으며, 1.7%는 자살을 시도했던 것으로 조사되었다(국립 정신건강센터, 2021).

장은량 등(2014)의 연구에서는 해당 연구에 참여한 트라우마 사건 경험자 중 86.6%가 여성이었는데, 이 중 28.3%가 자살 시도를 한 것으로 조사되었다. 여성 트라우마 경험자 중 62.2%는 자살 시도는 하지 않았으나 심각하게 자살을 생각해 보았다고 응답하였다. 자살 행동을 한 사람 중에는 상당수가 정신건강장애 증상이 있었으며 남성은 알코올, 니코틴 사용 장애 증상이 있었고, 여성은 우울장애 증상이 있었다.

CHAPTER 03

트라우마 고위험 직군

트라우마는 대체로 심각한 스트레스 사건을 본인이 직접 경험하거나 목격할 때, 가족이나 친구 등 가까운 사람에게 트라우마 사건이 일어나게 된 것을 알게 되었을 때, 특수한 직무 수행 과정에서 충격을 받을 때 주로 나타난다. 특수한 업무수행으로 높은 수준의 스트레스를 받는 직업은 다른 직업에 비해 트라우마를 경험할 가능성이 있는데, 이 같은 직업군은 대체로 소방관, 군인, 경찰, 응급 구조요원, 응급 수술 서비스 직업군 등이다.

소방관이나 구급요원은 화재 및 구조 상황 혹은 응급 구호 시간을 다투는 극한 상황에서 트라우마를 경험한다. 경찰이나 법 집행관 등은 범죄자를 체포하거나 수사하는 과정에서 주로 트라우마를 경험하며, 군인 및 파병지역에서 근무하는 장병은 전쟁터나 분쟁 지역에서 전장 스트레스를 경험한다.

의료 전문가인 의사나 간호사, 응급 구호인 및 의료인 등은 긴박한 응급 상황이나 증상을 다루는 과정에서 트라우마를 경험한다. 자연재해나 사회재난이 발생한 지역에서 재난 구호 작업에 참여하는 자원봉사 및 구호 단체 봉사자들은 재난 심리지원 상황에서 트라우마를 경험한다.

1. 소방공무원

누군가의 고통이나 죽음, 부상, 재난 등과 관련된 일을 하는 소방공무원은 행복과 기쁨을 주는 일을 하는 사람들에 비해 정신적 스트레스나 두려움, 불안 수준이 대체로 높은 편이다. 우리나라 소방공무원 중 상당수는 자신들의 직무를 만족스럽게 생각하는 반면, 무척 위험하고 육체적으로 힘들며, 높은 직무스트레스를 받고 있다고 하는 사람도 있다.

1) 직무 환경

재난과 관련한 소방 활동은 대부분 긴박한 상황에서 이루어진다. 이상 기후로 인한 재해와 지진 그리고 인재라 할 수 있는 화재, 붕괴, 교통사고 등을 처리하고 수습하는 소방공무원의 직무는 그야말로 힘든 어려움의 연속이다. 그 과정에서 사망자나 압사자, 익사자 등의 모습과 부상한 사람들의 모습을 자주 목격하게 되어 심리적 고통을 겪는다.

소방공무원은 위험한 곳을 직접 찾아가 임무를 완수해야 하는 직업적 특성으로 늘 생명의 위협에 노출된다. 화재진압 및 구조·구급 현장에 출동할 때는 그 순간부터 각종 위험한 상황에 맞닥뜨리며, 대형 화재나 재난 현장에서 일할 때는 추락 사고와 붕괴사고 등의 위험에 봉착되기도 한다.

지진이나 가스 폭발로 붕괴가 진행 중인 건물에 들어가 인명구조를 할 때는 2차 붕괴나 폭발 등의 예기치 못한 돌발 상황에 직면하여 크게 다치기도 하며, 불에 탄 시신과 붕괴 건물더미에 깔려 형체도 알아볼 수 없을 정도로 처참하게 죽은 사람의 시신을 수습하기도 한다.

소방 활동의 주요 대상자는 대부분 생사의 갈림길에 있는 사람들이다. 소방관은 인명구조를 최우선으로 하지만 특별한 경우는 인명구조 상황이 좋지 않아 구조 활동을 더 이상 진행하지 못하고 멈출 수밖에 없는 상황에 맞닥뜨리기도 한다. 이 같은 경우, 최선을 다했음에도 불구하고 요구조자를 구조하지 못한 죄책감과 자신만 살아남았다는 자괴감으로 힘든 나날을 보내기도 한다.

특히, 화재 현장에서 일할 때는 1,000℃의 높은 고온을 동반한 상태에서 임무를 수행할 수밖에 없어 그 과정에서 화상을 입으며, 진화작업 중 순식간에 화재 건물이 무너져 건물 더미에 깔리기도 한다. 화재 현장의 중증 화상을 입은 피해자들을 구조하고 아예 형체를 알아보기 힘들 정도로 손상된 시신을 수습하며, 화재 피해자의 임종 순간을 함께하는 경우도 있다(심윤기 등, 2022).

◉ 사례

"소방관 생활 20여 년을 하면서 많은 사람의 시신을 보았습니다. 몇 년 전에는 저희 관할 구역에 있는 한 건물에서 화재가 발생하였는데 안타깝게도 여러 명이 사망했습니다. 시신을 수습하러 건물에 들어갔는데 다 타서 형체를 알아보기 힘든 시신이 있는가 하면 얼굴 형태만 남은 시신도 있었고, 차마 눈 뜨고 볼 수 없을 정도로 심하게 훼손된 시신까지 보게 되었는데 정말 힘들었습니다.

이러한 시신이 한두 구도 아니고 여러 구인데 이를 수습하자니 정말 고통스럽고 힘들었습니다. 그 사건이 있고 난 후 한참이 지난 어느 날부터 그때의 일이 갑자기 떠오르는 겁니다. 밤에 자다가 벌떡 일어나 소리 지르기도 하고, 새벽에 일어나 밖을 돌아다니다 집에 들어오기도 하는 등 저는 기억에 없는 얘기를 아내에게서 자주 들었습니다.

지금은 몇 년의 시간이 지나서 좀 덜하기는 하지만 사건이 일어난 그때 당시에는 시도 때도 없이 매일 똑같은 일이 일어나는 느낌을 받았습니다. 이러한 경험이 지속되다 보니 일상생활 자체가 정상적으로 이루어지지 않았고, 작은 스트레스만 받아도 심하게 짜증이 났습니다."

출처: 심윤기(2018).

화재진압과 구조 활동 과정에서 참혹하고 끔찍한 장면을 자주 경험하는 소방관은 어느 직종보다 트라우마 및 PTSD에 취약하다. 처참하고 끔찍한 구조·구급 현장에서 받는 정신적 충격은 근무 의욕을 저하하고 심각한 직무스트레스를 받게 한다. 임무 수행과정에서 발생한 동료 소방관의 죽음과 동료의 부상을 목격할 때는 현장 활동에 대한 두려움, 공포, 스트레스 등으로 직장을 떠나고 싶은 마음이 들며 심지어는 자살을 생각하기도 한다.

소방관의 건강을 위협하는 또 다른 요소는 화재 현장에서 폐암 등 각종 암을 일으키는 유독가스를 마시며 일을 해야만 한다는 점이다. 일산화탄소와 다이옥신 등 인체에 치명적인 손상을 가하는 유독가스가 가득한 상태임에도 불구하고 공기호흡기와 방수(放水) 장비만을 지닌 채 그들은 화재 현장에 진입한다. 그러나 공기호흡기를 장착하더라도 유독가스의 완전한 차단은 불가능하다. 화재를 진압한 후 잔불을 정리하는 과정에서는 공기호흡기를 장착하지 않은 채로 일해, 유독가스가 여과 없이 기도를 통해 폐로 들어간다. 소방공무원의 이 같은 위험한 직무 특성으로 해마다 이들의 이직률과 자살률이 증가하고 있다.

응급구조사인 경우도 자연재해나 사회재난 현장에서 함께 일하던 동료가 예기치 못한 사고로 사망하거나 부상하는 모습을 자주 목격한다. 이 같은 경우, 자신도 그렇게 될 수 있다는 불안과 두려움, 공포 등으로 사고가 난 곳과 유사한 장소를 피하게 된다.

이들은 심정지 환자는 물론 출혈이 심해 온몸이 피범벅 된 상태이거나 신체 일부가 절단된 환자를 응급 구조하며, 일부 환자는 병원으로 이송하는 과정에서 생을 마감하기도 하는데 응급구조사들은 이러한 모습을 가까이에서 목격한다. 어느 현장에 출동해서는 목을 매어 죽은 시신을 수습하고, 어떤 장소에서는 방문을 여는 순간 부패한 시신에서 나오는 악취를 맡으며 임무를 수행한다.

교통사고가 발생한 현장에서는 자동차 밑에 깔려 처참하게 부상한 사람을 구조하는 과정에서 2차 사고를 당하기도 한다. 심정지 상태의 위급한 환자를 살려 보겠다고 온갖 응급처치를 통해 병원으로 이송했는데도 불구하고 그 환자가 사망할 때는 죄책감과 자괴감으로 괴로워한다. 병원으로 이송한 죽은 사람이 꿈에 나타나기도 하고, 유족들의 오열 소리가 들리는 환청으로 고통을 겪기도 한다.

◉ 소방관 심리평가 전수조사

2010년부터 2014년까지 5년 동안 자살한 소방관은 35명이나 된다. 이화여대 뇌융합과학연구원이 2014년 우리나라 소방관 3만7,093명을 대상으로 심리평가 전수조사를 한 바 있는데, 소방관들이 매년 참혹한 현장에 노출되는 건수가 평균 7.8회로 조사되었다.

이 중 14.4%는 연평균 15회 이상 끔찍한 장면을 목격하였으며, 매월 1번 이상 경험하는 비율도 17%나 되었다. 임무 수행 중 외상 사건을 경험한 비율은 사망사고가 27.1%로 가장 많았고, 시신 수습 24.4%, 신체 훼손자 구조 17.7%가 그 뒤를 이었다.

소방관은 일반인 대비 심리 질환 유병률이 약 4~10배나 높고, PTSD는 10.5배, 알코올성 장애는 6.6배, 우울증은 4.5배, 수면장애는 3.7배나 높은 것으로 조사되었다. 이들의 평균수명은 정년 60세보다 낮은 58세로 조사되었다.

출처: 심윤기(2018).

한편, 소방청에서는 전국 소방관을 대상으로 일정 기간 주기적으로 정신건강 상태를 조사한다. PTSD 선별 검사인 사건충격척도(IES-R, 본서 부록4 참조)를 이용해 소방관의 PTSD 조사와 정신건강 서비스 요구도를 조사한다. 2008년도 조사에서는 PTSD 유병률이 10.6%로 조사되었다. 직무를 수행하며 트라우마를 경험한 비율은 전체 조사대상자의 80%를 넘었으며, PTSD 위험군 조사에서는 36.8%가 고위험군으로 조사되었다.

소방관으로 근무한 지 10~19년 차 되는 경우와 연령상 40~50대에서 PTSD 고위험군이 가장 높은 비율로 나타났는데, 이는 누적된 트라우마 경험을 포함한 만성적 직무스트레스와 관련이 있는 것으로 보고되고 있다. 심리치료와 같은 정신건강 서비스에 대한 요구도 및 이용도를 알아본 조사에서는 서비스가 필요하다고 응답한 비율이 35.9%였으나, 실제 서비스를 이용한 비율은 6.2%에 불과한 것으로 조사되었다(심윤기, 2018).

이러한 조사 결과는 소방공무원이 직무를 수행하면서 느끼는 스트레스나 심리적 불편감이 높은 수준이고 도움을 받고자 하는 욕구도 상당하지만, 낙인이 걱정되고 염려되어 서비스 이용을 꺼리는 것으로 추정된다. 직무수행에 관한 조사에서는 구급의 경우가 타 직무에 비해 출동 빈도가 현저히 높아 제대로 휴식을 갖지 못하여 높은 수준의 스트레스를 받는 것으로 나타났다.

◉ 소방공무원 마음 건강 설문조사

소방청은 2023년 3~5월 간 분당서울대병원 공공의료사업단과 협력해 소방공무원 5만 2,802명을 대상으로 '2023년 소방공무원 마음 건강 설문조사'를 실시하였다. 설문에 응한 소방관 중 2만 3,060명(43.9%)이 PTSD, 우울증, 수면장애, 문제성 음주 등 주요 심리 질환 4개 중 적어도 1개 이상에서 관리나 치료가 필요한 위험군으로 조사되었다.

질환별(복수 응답)로 보면 PTSD 6.5%(3,412명), 우울 증상 6.3%(3,323명), 수면장애 27.2%(1만 4,297명), 문제성 음주 26.4%(1만 3,681명)로 나타났다. 자살 고위험군은 2,587명, '1년간 1회 이상 자살을 생각했다.'라고 밝힌 소방대원은 4,465명이나 되었다.

소방청이 국회에 제출한 자료에 따르면 2024년 7월까지 최근 10년간 극단적 선택을 한 소방공무원은 126명에 이르는 것으로 보고되었다. 특히 근무 연수 5년 미만 소방관의 자살 비중이 최근 5년간 절반을 넘은 것으로 알려졌다.

출처: 심윤기 등(2025).

2) 트라우마가 미치는 영향

세계보건기구(WHO)에서는 전쟁, 재난, 교통사고, 폭력 등과 같은 끔찍한 외상 사건에 노출되면 그것이 곧 장애로 발전하는 원인이 된다고 말한다. 충격적이고 끔찍한 외상성 사건 경험에서 비롯되는 트라우마는 조기 대처가 미흡할 때 주로 발생하게 되는데, 이 같은 트라우마는 직무뿐 아니라 개인 건강, 가족 기능 등 여러 분야에 부정적으로 작용한다.

심각한 직무스트레스와 외상 스트레스, 두려움, 공포 등의 증상을 겪는 소방관은 결근이 잦은 편이다. 일반 공무원과 비교해 대체로 조기 퇴직이 많고 직업 만족도도 낮다. 또한 예측 불가하고 위험한 외상 사건에 반복적으로 노출되어 음주 문제를 비롯한 약물남용 등 다양한 심리적·생리적 스트레스 수준도 높은 편이다.

1995년 미국 오클라호마시 연방정부 건물 폭파 테러 사건에 출동했던 소방관의 아내들을 조사한 바에 따르면 대략 50% 정도가 트라우마 증상으로 고통을 겪은 것으로 조사되었다. 911테러가 발생 되었을 시 구조작업에 참여했던 소방관의 아내들을 조사한 보고에서는 24%가 트라우마 증상을 경험하여 고통을 겪은 것으로 알려졌다(Mitani et al., 2006).

대만에서 이루어진 한 연구에 의하며 트라우마로 고통을 겪는 소방관의 직무 만족도는 일반공무원과 비교해 현저히 낮았으며, 스코틀랜드 구급대원의 33%도 일반 공무원과 비교해 문제가 될 정도의 심각한 정신건강 문제가 있는 것으로 보고되었다(Alexander & Klein, 2001).

한편, 가족은 소방관의 직무상 겪게 되는 정서적 충격과 부정적 외상 스트레스, 트라우마 등을 정화하는 중요한 원천이다. 가족의 격려와 지지, 관심은 트라우마를 극복하고 공공의 일을 지속하게 하는 정신 에너지이자 힘이다. 하지만 그렇지 못한 경우는 소방관이 겪는 스트레스가 오히려 가족에게 부정적인 영향을 주어 가정 내 분노와 냉소적 태도, 부정 감정이 지배한다. 이는 소방관 자신뿐 아니라 배우자와 자녀들에게도 스트레스로 작용한다(Regehr & Bober, 2005).

직무스트레스나 외상 스트레스 및 트라우마 증상이 있는 소방공무원에서 나타나는 가장 전형적인 행동은 폭력이다. 가정 내 폭력은 주로 배우자나 자녀에게 언어폭력과 신체적 학대의 형태로 나타난다. 트라우마 증상에 따라 발생하는 폭력의 정도는 차이가 있지만, 가장 먼저 일어나는 일반적인 특징은 언어폭력이다. 그다음으로 가족에 대한 신체적 피해를 야기하고 가구와 기물을 부수는 등의 물리적 폭력으로 이어진다.

이뿐만이 아니다. 소방관은 직무를 수행하는 과정에서 사람들이 죽거나 크게 다친 모습을 자주 목격하여 가족의 안전에 대한 지나친 걱정과 염려, 불안, 두려움, 공포심 등을 갖는다. 그 결과 가족을 과잉 통제하려는 경직된 가장의 역할로 가정 내 부정 정서가 지배되는 등 역기능적 가족 환경이 만들어진다. 소방관은 위험한 직무를 수행하는 트라우마 1차 희생자가 되지만, 정작 그들은 자기 가족을 2차 희생자로 만드는 가해자의 역할을 할 수 있어 주의가 필요하다.

2. 경찰공무원

1) 직무 환경

경찰공무원도 트라우마에 취약한 직업군 중 하나다. 경찰은 공공의 안전에 대한 위험을 예방하고 관리하며, 반사회적 범죄 현장에 가장 먼저 출동해야 하는 직업적 특성이 있다. 그들은 언제 어디서 어떤 일이 일어날지 모르는 예측 불가한 위험성과 돌발성을 안고 임무를 수행하는 관계로 직무스트레스가 상당히 높은 수준이다.

경찰은 수시로 경험하는 반사회적 범죄 현장의 잔혹함과 재난 현장의 충격에 쉽게 노출된다. 교통지도와 단속, 각종 사건 사고 처리 등 과중한 업무로 스트레스를 받을 뿐만 아니라, 112신고에 의한 긴급 출동으로 심신의 피로가 이만저만이 아니다. 연말연시나 설날, 추석 등의 연휴 기간에는 사건 사고가 급증해 비상근무를 하는 관계로 고향에 가지 못하고 휴식도 제대로 취하지 못한다.

우리나라 경찰조직의 직무 환경이 열악하고 직무스트레스가 높은 수준임에도 불구하고 경찰 한 명이 담당하는 인구수는 선진국에 비해 훨씬 높은 수준이다. 선진국에서는 경찰 한 명이 담당하는 인구수가 미국 205명, 프랑스 279명, 독일은 313명인데 반해, 우리나라는 2011년까지 줄곧 500명 선을 유지해 오다, 2020년부터 가까스로 400명 선으로 낮아졌고 2022년부터는 393명을 유지하고 있다.

〈표 3-1〉 경찰정원과 1인당 담당 인구수

구 분	2020년	2021년	2022년	2023년	2024년
경찰정원	12만6,227명	12만8,985명	13만1,004명	13만1,046명	13만1,158명
경찰 1인 담당 인구수	411명	400명	393명	393명	391명

출처: 경찰청(2024).

경찰은 범죄로부터 국민의 생명과 재산을 보호하고 사회질서 유지 업무를 이행하는 과정에서 생명의 위협에 자주 노출되는 직업적 특성이 있다. 범죄 사건을 수사하는 과정에서는 처참하게 훼손된 사망자의 모습을 목격하고, 업무 강도가 강한 강력 사건을 처리하는 과정에서는 급성 스트레스를 경험한다. 위험한 도로 위에서 교통법규 위반차량을 단속하는 과정에서는 2차 사고를 당해 부상하기도 한다.

경찰조직 내에서 생명의 위협을 가장 높게 받는 직군은 경찰특공대를 위시한 경찰 내 대테러 특수부대(SWAT)로 알려져 있다. 과학수사대와 같은 현장 조사요원도 끔찍하고 심각하게 훼손된 시신을 수습하고 수사하는 과정에서 심각한 트라우마를 경험한다(심윤기 등, 2023).

지구대와 파출소에서 근무하는 경찰들도 트라우마를 자주 경험하기는 마찬가지다. 지구대와 파출소는 국민의 일상과 가장 근접해 있어 취객의 난동이나 폭력, 싸움 등을 바로 잡는 일을 수행하며, 그 과정에서 폭력과 시비에 시달리는 일이 흔하게 일어난다. 살인 범죄나 흉기 난동이 일어나면 현장에 가장 먼저 출동해 초동 조치를 해야 하는 데 대부분 이곳에서 근무하는 경찰들이 그 임무를 수행한다.

범죄 용의자를 추적하는 과정에서 그들이 가진 칼이나 흉기에 찔려 부상하고. 전자 발찌를 끊고 도주하는 성폭력범을 쫓다 성범죄자가 쏜 총에 맞아 사망하는 일까지 발생되기도 하였다. 경찰의 순직 원인 중 과로사가 가장 많고, 경찰의 신체적 부상이 대부분 현장에서 일어나는 이유는 경찰이 수행하는 이 같은 직무 특성과 무관치 않다.

◉ 사례

"저희는 경찰업무 특성상 죽은 사람의 시신을 자주 보게 됩니다. 시신이 훼손되지 않은 죽은 사람인 경우는 문제가 되지 않지만 추락 사고, 열차 사고 같은 경우는 죽은 사람의 시신을 보기가 참으로 힘듭니다. 높은 건물에서 추락한 경우는 머리가 부서져 얼굴 형체를 알아볼 수가 없습니다.

하얀 골이 흘러나와 있기도 하고, 장기의 일부가 여기저기 흩어져 있기도 합니다. 지하철역에 진입하는 열차에 투신한 사람의 경우에는 팔과 다리와 몸통, 머리가 분리되고 산산조각이 나 있어 수습하기조차 힘듭니다. 아파트에서 죽은 사람의 시신 같은 경우에는 여러 날이 지나 시신이 발견되면 시체가 부패하여 악취가 진동하고, 거기다가 시신의 살을 파먹은 구더기가 온 방에 기어 다니는 모습은 정말 보기 힘듭니다.

그런데도 저희는 시신을 수습하고 수사합니다. 이러한 사건 현장에 다녀올 때는 정말 충격이 너무 큽니다. 사무실로 복귀해서 샤워도 하고, 퇴근해서는 사우나도 가고 옷도 갈아입고 합니다만 신경이 온통 예민해져 머리 안에 있는 핏줄이 터지는 느낌마저 들곤 합니다.

간혹 TV에서 열차에 뛰어드는 사고나 아파트 투신자살 사고 뉴스를 접하면, 보기 흉한 시신의 모습이 곧바로 연상되어 심리적으로 큰 고통을 받습니다. 그래서 언제부터인가 저는 TV 뉴스를 잘 안 보게 되었습니다." (중략)

출처: 심윤기(2018).

반사회적 범죄 피의자를 추적하던 경찰 차량이 전복되는 일이 발생하기도 하고, 범죄자를 검거하는 과정에서 피의자의 폭력과 물리력 행사, 공격 등으로 부상하기도 한다. 순찰지구대가 방화되는 일이 일어나고, 차량을 몰고 파출소로 돌진하는 일도 벌어지며, 심지어는 건설 장비로 파출소를 부수는 사건이 일어나기도 한다. 이렇게 경찰은 직무수행 과정에서 다양한 신체적 위험과 생명의 위협에 노출되어 높은 수준의 트라우마 증상으로 고통을 겪는다.

2) 역학조사 결과

경찰청에서는 2013년 전국에 있는 경찰(1만2,168명)을 대상으로 트라우마(PTSD)에 관한 역학조사를 자체적으로 실시한 결과를 다음과 같이 발표하였다.

〈표 3-2〉 트라우마(PTSD) 위험군 조사 결과

구분	계	고위험군	저위험군	참고군
인원수	1만2,168명	5,032명	1,717명	5,419명
비율	100%	41.35%	14.11%	44.53%

출처: 경찰청(2013).

역학조사 결과 고위험군으로 분류된 41.35%는 우리나라 일반 인구의 PTSD 평생 유병률 고려하면 매우 높은 수준이다. 경찰 계급별로 보면 현장 근무가 많은 경사 이하의 계급에서 PTSD 위험이 2~2.2배 높았다. 사무직에 비해 교통(1.4배), 수사(1.3배), 형사(1.4배), 지역 경찰(1.7배)의 위험 비율도 높았는데, 이는 현장 근무가 많고 민원인을 상대로 한 분야에서 직무스트레스를 심하게 받고 있다는 것을 간접적으로 말해주고 있다.

2년 뒤인 2015년에 이루어진 역학조사에서는 경찰관의 80% 정도가 직무 중 트라우마 사건을 경험한 것으로 나타났으며, 함께 직무를 수행하던 동료가 사건 현장에서 사망하거나 살해당한 시신을 목격할 때 가장 크게 심리적 충격을 받은 것으로 조사되었다.

한편, 경찰청이 집계한 2023년 통계에 따르면 경찰청 및 전국 18개 지방경찰청 소속 경찰 공무원들의 우울증 진료 인원은 2020년 1,104명에서 2021년 1,471명, 2022년에는 1,844명으로 3년 동안 67%가 증가한 것으로 나타났다. PTSD 진료 인원은 2020년 46명에서 2021년 57명, 2022년에는 67명으로 46%가 증가한 것으로 조사되었다. 정신질환은 없었으나 병원에서 상담 및 진료 등을 받은 인원은 2020년 219명에서 2021년 250명, 2022년 311명으로 그 수가 점점 증가하였다.

스스로 목숨을 끊은 경찰관의 수는 2017년 22명, 2018년 16명, 2019년 20명, 2020년 24명, 2021년에는 24명으로 조사되었다. 30대 경찰관이 서울의 한 오피스텔 주차장에서 극단적 선택으로 숨진 채 발견되기도 하였고, 파출소에서 근무하던 20대 경찰관이 스스로 총기 자살을 한 사건도 발생한 바 있다(경찰청, 2024).

3) 트라우마가 미치는 영향

생명을 위협하는 각종 사건 사고에 노출되기 쉬운 경찰이 트라우마로 고통을 겪는 것은 이제 놀랄 만한 일이 아니다. 앞서 언급한 바와 같이 경찰을 대상으로 이루어진 정신건강 진단 조사에서는 충격적인 외상성 사건을 경험한 경찰공무원에게서 대부분 트라우마 증상이 있는 것으로 조사되었다.

경찰의 트라우마에 영향을 미치는 요인은 다양하다. 사건 특성의 요인으로는 사건충격의 정도와 지속 기간, 노출 근접성 등이 영향을 미치고, 개인 특성으로는 기질, 성격특성, 자존감, 자아 탄력성과 같은 심리적 요인을 포함해 인지 대처 능력, 긍정·부정 정서 등이 영향을 준다. 트라우마를 경험하기 이전 요인으로는 정신질환의 가족력, 아동기 학대, 가정폭력의 과거력, 교육 수준 등이 영향을 주는 것으로 밝혀졌다(심윤기, 2018).

◉ 경찰 직무스트레스

경찰청(2013)에서는 2012년 12월부터 2013년 12월까지 1년 동안 전국의 경찰관 10만1,464명을 대상으로 내부 포털 사이트를 이용해 직무스트레스 조사를 벌였다.

스트레스: 경찰이 경험하는 스트레스는 여자 경찰관이 남자 경찰관보다 스트레스 수준이 유의미하게 높게 나타났다. 나이가 낮을수록 그리고 계급이 낮을수록 스트레스를 더 높게 인지하는 것으로 나타났다. 기능별로는 직접 대민서비스 업무를 담당하는 경우 스트레스 수준이 높으며, 직무별로는 형사, 수사, 생활 안전 순으로 스트레스 수준이 더 높게 나타났다. 경찰이 스트레스를 받는 이유는 여러 가지가 있는데, 그것은 스트레스에 대한 직접적인 노출, 직무에 대한 불만, 낮은 보수 등으로 분석되었다.

밤샘 근무와 같은 불규칙한 근무와 잦은 교대, 직장 내 상사 및 동료와의 대인관계 갈등 등이 주로 스트레스를 받게 하는 요인으로 나타났다. 직무를 수행하는 과정에서는 늘 자신의 생명이 위협받는 상황과 직면하게 되고, 폭력적이거나 잔혹한 장면에 자주 노출될 때 스트레스를 더 높게 경험하는 것으로 조사되었다.

우울: 우울 증상을 경험한 경찰의 비율은 35%로 일반 국민과 비교할 때 높은 수준으로 나타났다. 1년 동안 지속해서 2주 이상의 우울 증상을 느꼈는지에 대한 조사도 이루어졌는데, 조사 결과 대상자 7,420명 중 35.5%가 2주 이상의 우울 증상을 경험하였다고 응답하였다. 연령별로는 50대에서 36.3%로 가장 높았고, 계급별로는 경위(36.8%), 경장(36.1%), 순경(35.6%) 순으로 나타났다. 근무지별로는 경찰청이나 경찰서에 비해 지구대(37.1%)나 파출소(35.6%)에서 근무하는 경찰이 더 많은 우울을 경험하는 것으로 조사되었다.

수면 곤란: 수면은 정신건강에 지대한 영향을 미치는 요인이다. 경찰의 수면에 대한 조사에서는 대상자 중 수면하기가 어렵다고 응답한 자는 무려 42.6%나 되었다. 야간 근무를 시작한 이후 수면에 문제가 발생했다고 응답한 경찰은 45.9%로 나타났으며, 수면 문제가 한 달 이상 지속된 비율도 62.73%나 되었다. 계급별로는 계급이 낮은 순경이 수면 관련 문제를 가장 많이 경험하는 것으로 나타났으며, 계급이 높아질수록 이러한 문제는 줄어드는 것으로 분석되었다.

출처: 심윤기(2018).

경찰은 각종 스트레스에 자주 노출되는 직업적 특성으로 트라우마 사건을 경험하면 오히려 더 빨리 적응하여 스트레스를 덜 받을 것으로 생각하는 사람들도 있다. 그러나 연구 결과는 이와 정반대로 외상 사건을 자주 반복해서 경험할수록 그리고 외상의 충격과 생명의 위협이 크게 지각될수록 트라우마 증상이 더 심각하게 나타나는 것으로 밝혀졌다(Stephens & Long, 2000).

경찰이 경험하는 트라우마 사건은 통상 일반인이 경험하지 못하는 사건으로 사회적 피해가 큰 사건 사고가 대부분이다. 경찰이 경험하는 사건 사고는 주로 예상하지 못한 상황에서 갑자기 일어나 생명을 심각하게 위협하는 특징이 있고, 죽음과 같은 상실의 요소를 포함한다.

외국 경찰이 경험하는 외상 사건은 주로 총기사고, 사망사고, 처참한 시신의 목격 등 생명과 관련된 사건들이다. 외국 경찰은 이 같은 사건을 처리하는 과정에서 트라우마 증상을 경험하고 심리적 고통을 겪는다. Clair(2006)는 외국 경찰을 대상으로 직무스트레스를 연구하였는데, 동료 경찰이 직무수행 중 사망할 때 혹은 학대받거나 살해당한 아이를 발견할 때 극심한 스트레스를 받는다는 사실을 밝혔다.

한편, 2023년 우리나라 경찰청에서 이루어진 심리 서비스 조사에서는 경찰청이 운영하는 심리상담센터인 '마음 행동센터(전국 18개소)'를 이용한 경찰관의 수가 2019년 6,183명, 2020년 1만7,487명, 2021년 2만1,881명, 2022년 2만 5,974명, 2023년 3만 8,199명으로 해마다 그 수가 증가한 것으로 조사되었다.

〈표 3-3〉 경찰 정신건강 관리제도

구분	민간 위탁 상담 제도	마음 행동센터 제도
치료 선택	치료 희망자 자율	치료 희망자 자율
치료 대상	경찰공무원 전원	과학수사 경찰관 등 일부
치료자	용역상담업체 상담사	센터 전담 임상심리사
치료 장소	경찰관서, 외부 상담소	마음 행동센터 내

출처: 경찰청(2023).

경찰공무원의 퇴직자도 2020년 2,509명에서 2021년 3,048명, 2022년에는 3,543명으로 그 수가 점차로 늘어났으며, 특히 20~39세의 젊은 경찰관의 퇴직이 가파르게 증가하였다. 2030 퇴직 경찰관의 수는 2020년의 133명에서 2021년 216명, 2022년에는 209명으로 점진적으로 그 수가 증가하였는데, 이 같은 통계는 경찰의 직무스트레스와 무관치 않음을 알 수 있다.

3. 군 인

1) 개 요

군인도 트라우마의 위험성이 높은 직업군 중 하나다. 전쟁터를 다녀왔거나 혹은 전쟁터까진 아니더라도 총기 난사사고나 구타 및 가혹행위, 동성 성폭력 등과 같은 충격적인 사건을 경험할 경우 트라우마로 이어져 심한 고통을 겪는다. 전쟁에 참여했던 외국 군인 중에는 극심한 트라우마 후유증으로 정상적인 삶이 불가능해 자살이나 타인을 살해하는 끔찍한 일이 벌어지기도 하였다.

2010년 3월 26일 밤 9시 22분경 대한민국 백령도 남서쪽 약 1km 지점에서 우리 해군의 초계함인 천안함이 북방한계선(NLL) 해상 초계 임무를 수행하던 중 북한의 연어급 잠수정의 어뢰 공격으로 선체가 반파되고 배가 두 동강이 나는 충격적인 사건이 발생하였다. 군 생활을 동고동락하며 지냈던 전우가 적의 공격으로 자신의 눈앞에서 죽어가는 모습을 목격한 장병은 아직도 그때의 트라우마 기억으로 극심한 고통을 겪는 것으로 전해지고 있다.

군 장병은 긴박한 상황에 자주 노출되는 특수한 환경에서 임무를 수행하는 관계로 전장 스트레스를 경험한다. 장병의 전장 스트레스로 심리적 고통이나 갈등, 혼란을 겪게 되면 위험한 이유가 있는데 그것은 그들이 평소 총기와 폭탄류를 취급하고 있기 때문이다. 위험한 무기와 폭발물을 관리하는 장병이 정서 조절의 어려움과 대인관계 갈등, 트라우마 증상 등으로 악성 사고가 발생하면 부대뿐만 아니라 나라 전체로까지 그 피해가 확산될 수 있다.

군에서 전장 스트레스나 직무스트레스를 받는 주요 요인은 대체로 다음과 같다.

〈표 3-4〉 직무스트레스 요인

구분	내용
구조적 요인	과도한 위계적 통제 / 집단적 행동 통제, 독선적 의사결정 등
문화적 요인	과도한 권위주의, 폐쇄주의, 획일주의, 완전주의, 실적주의 등
직무적 요인	과중한 업무, 완벽한 직무수행 요구, 과도한 헌신과 희생 요구 등
관계적 요인	위계적 수직적 대인관계, 개인의 다양성 및 자율성 존중 제한 등
상급자 요인	상급자의 독선과 아집, 지시사항 모순, 비인권적 지시 등

출처: 심윤기 등(2023).

2) 군의 트라우마 관리

(1) 연천지역 GP 총기사고

2005년 6월 연천지역 전방 GP에서 총기사건이 발생하여 8명의 장병이 사망하는 안타까운 일이 발생하였다. 연천지역 GP 총기 난사사고에서 생존한 장병 27명을 대상으로 그들의 정신건강 상태를 진단한 결과, 14명이 심각한 불안 증상으로 고통을 겪은 것으로 조사되었다. 총기사고에서 살아남은 장병들에게서 나타난 공통적인 증상은 밤에 불을 켜야만 잠을 잘 수 있었는데, 그 이유는 캄캄하고 어두우면 불안하고 두려워서 잠을 잘 수 없었다고 한다. 그중에는 자기 몸을 자해하는 병사도 있었고, 전투복을 입은 군인을 보게 되면 갑자기 몸을 돌려 회피하는 장병도 있었다고 한다.

◉ 사례

연천 GP 총기사고에서 생존한 병사 진료를 담당한 서울 A 대학병원 정신건강과 교수는 그 병사가 왜곡된 인지를 보이는 경향이 있다면서 다음과 같이 말하였다.

"그 병사는 사건 직후 꿈에 자신이 본 동료 병사의 시신이 자꾸 나타나 잠을 잘 수가 없었다고 합니다. 이유 없이 계속 무서운 느낌이 들어 혼자서는 화장실에도 갈 수 없을 정도로 극도의 불안 증세를 보였습니다. 특히, 그가 호소하는 가장 큰 심리적인 고통은 동료가 죽게 된 원인과 결과가 자신 때문이라는 자책감에 시달리는 고통이었습니다. 사고 당일 자기 자리가 아닌 다른 장소에서 취침해 본인은 살게 되었지만 자기 자리에서 취침했던 동료 병사는 죽게 되었는데 결국 동료가 자신을 대신해 죽은 것이라는 생각 때문이었지요."(중략)

출처: 심윤기(2018).

사건 현장에 있었던 병사들은 체중이 평균 7kg씩이나 줄었고, 특히 부모와의 대화 과정에서 화를 내고 신경질적인 반응을 보인 것으로 전해졌다. 총기사건을 조사하는 과정에서는 생존 장병을 마치 죄인 취급하듯 대하였고, 잠자려는 생존 장병을 불러서 2~3시간씩 조사하기도 하였는데 이러한 일이 20일씩이나 지속되었다고 한다. 현장검증을 한다면서 총기사건이 일어난 생활관에 한 시간씩 머물게 하여 충격적인 사건을 다시 재경험하는 고통을 받게 하였다고 전해지고 있다. 이러한 사례는 그동안 우리 군이 장병들의 트라우마 관리를 평소에 어떻게 해왔는지 쉽게 짐작할 수 있게 하는 대목이다.

(2) 제2연평해전

트라우마 증상이 있는 장병이 외상 사건을 경험한 초기부터 적절한 치료를 받지 않으면 전역 후 정상적인 생활이 어렵다. 제2연평해전에 참여했던 해군 부사관 출신의 한 40대 남성을 그 예로 들 수 있는데, 그는 당시의 교전 충격으로 오랫동안 불안과 두려움, 공포에 시달려왔다고 한다. 그러던 중 그의 어머니가 안타까운 마음에서 "서해에서 있었던 일은 한참 오래되었으니, 이제는 그만 잊어버리는 것이 좋겠구나!."라고 한 말에 자신을 이해해 주지 못한다고 격분하여 자기 집에 불을 지르는 일이 발생하였다.

자기 집에 불을 지른 사건이 있기 전에도 그는 교전 당시 받았던 충격으로 TV에서 북방한계선 도발이나 북한 관련 뉴스가 나오면 극심한 정신적 고통을 호소하였다고 한다. 교전에 참전했던 6명의 장병도 앞서 말한 부사관과 같은 심각한 트라우마 증상을 보였지만, 전문적인 치료를 받거나 회복을 위한 어떠한 조치나 지원도 받지 못한 것으로 알려져 안타까움을 더해주고 있다.

(3) 천안함 폭침 사건

2010년 3월 천안함 폭침 사건이 발생했을 당시에도 군의 트라우마 관리는 허술하였다. 천안함 생존 장병과 사망한 장병들의 유가족은 사건이 일어난 그 당시의 하루하루가 폭침 사건이 발생한 날과 똑같이 힘들었다고 토로한 것으로 알려졌다. 당시 천안함의 조타수였던 예비역 하사는 천안함 폭침 12일 만에 국군수도통합병원에서 가진 생존 장병 기자회견을 하느라 환자복과 전투복을 하루에도 여러 번 갈아입었던 뼈아픈 경험을 잊을 수 없었다고 한다.

그 장병들은 전역한 지 오래되었지만 지금도 그날의 처참했던 상황이 반복되는 악몽을 꾼다. 파도 소리와 배 엔진 소리를 들을 때마다 그날의 기억이 되살아나 항상 불안하고 긴장된 삶을 살아가고 있다.

◉ 천안함 폭침 사건 생존자의 트라우마 조사

사단법인 호국보훈협회에서는 2016년 3월 5일부터 8일까지 천안함 폭침 사건에서 생존한 예비역 장병 22명을 대상으로 PTSD를 조사하였다. 조사 결과 16명의 예비역이 최근 6개월까지도 PTSD 증상을 겪은 것으로 나타났다. 22명 중 10명은 자살을 생각한 적이 있었으며, 5명은 실제 자살 시도와 자해를 했다고 보고되었다.

출처: 심윤기 등(2023).

3) 파병 장병의 트라우마 관리

우리나라는 월남전으로부터 현재에 이르기까지 세계 여러 나라에 장병들을 파병해 오고 있다. 소말리아와 앙골라, 동티모르에 파병된 상록수부대를 포함하여 아프가니스탄에는 동의부대와 다산부대를 파병하였다. 아이티에는 단비부대를, 이라크에는 서희 및 재마 부대와 자이툰 부대를, 레바논에는 유엔평화유지군의 임무를 수행하기 위해 동명부대를 파병한 역사가 있다.

그동안 우리나라는 1991년 9월 17일 유엔에 가입된 이래 세계 여러 나라에 군대를 파병하여 세계평화 유지와 의료 및 건설지원 등 다양한 임무를 성공적으로 완수하였다. 우리 군의 파병 역사가 이렇게 긴 기간 동안 이루어져 왔음에도 불구하고 파병 군인에 대한 전장 스트레스나 트라우마 후유증, PTSD 등과 같은 정신건강과 관련한 대처는 만족할 만한 수준에 미치지 못하였다.

파병부대는 수행하는 임무와 작전지역의 특징, 부대구조 등 여러 가지 면에서 일반 부대와 다르다. UN 헌정에 나와 있는 평화유지활동은 주로 관찰과 감시, 분리를 위한 완충지대 운용, 안전한 환경제공, 인도주의적 지원활동 등을 하는데 이 과정에서 심한 전장 스트레스를 받는다.

전장(Battle field)은 작전이 이루어지는 지역 또는 전투행위가 전개되는 장소를 일컫는 데 해상과 공중도 포함된다. 파병지역의 환경은 기상뿐만 아니라, 전개되는 작전상황이 시시각각으로 변해 항시 긴장과 불안을 느낀다. 특히, 전장에서 발생하는 예기치 못한 자살폭탄 테러나 지역주민의 의심스러운 행동, 무인기와 드론 등의 공격은 생명을 위협하여 두려움과 공포를 증가시키는 데 일조한다.

파병지역의 환경은 파병 군인의 전장 스트레스와 밀접한 관련이 있다. 파병지역은 우리나라 환경과 비교할 때 대부분 다른 점이 많다. 지형적 측면에서는 다수 지역이 사막 및 고지대의 험한 산악지형으로 작전을 수행하기 매우 어려운 지형이다. 국가 기반 시설 또한 매우 부족하여 도로 및 통신시설, 주거시설 등의 사용이 극히 제한된다.

기상 조건은 대부분 지역이 일교차가 크고 평균 기온이 43~49℃ 되는 고온 지역이다. 산악지형은 오히려 춥고, 건조해 생존의 위협을 느낄 정도다. 임무 수행과정에서 위협을 받을 때는 반군 및 테러 분자의 급조 폭발물 테러와 드론 및 미사일 공격 등을 받을 때인데 이때 불안과 공포가 최고조에 이른다.

파병부대는 통상 6~8개월 정도의 기간을 기준으로 본국에 있는 부대와 교대하게 되는데, 교대하기 전까지는 고국으로 돌아갈 수 없고 휴가도 갈 수 없어 오로지 전투지역에서만 생활한다. 이러한 요인들이 영향을 미쳐 파병 장병들을 불안과 두려움, 공포, 전투 피로 등의 전장 스트레스를 받을 수밖에 없다.

◉ 파병의 종류

파병의 종류는 크게 UN평화유지군(UN Peace Keeping Force:, UNPKF)과 다국적군, 국방협력 등으로 구분한다. 이 중 UN 평화유지군은 유엔안보리 결의안에 기초하여 권한을 위임받아 분쟁 지역에서 정전감시, 선거 지원 등 분쟁 확산 방지 및 평화정착을 지원하는 임무를 수행한다.

다국적군은 특정 목적을 위해 동맹 또는 연합형태로 2개 국가 이상이 모여 평화유지활동을 하는 것을 말한다. 그리고 국방협력은 말 그대로 국가 간 협력과 우호 증진을 목적으로 하는 활동을 의미한다. 아프리카 지역에서 발병한 에볼라 바이러스의 확산을 방지하기 위해 우리나라 의료진의 긴급구호대를 에볼라에 파견한 적이 있는데 이것이 바로 국방협력에 해당한다.

출처: 심윤기 등(2022).

전장 스트레스가 발생되는 요인은 전장 상황에 따라 다양하다. 전장 스트레스의 원인을 알아보기 위해서는 전장 스트레스가 어떤 원인으로 발생하고, 어떠한 과정을 거쳐 영향을 미치는지 이해할 수 있어야 한다. 어떤 직무이건 스트레스를 일으키는 일차적인 원인은 대부분 직무 그 자체에 존재하는 열악한 조건과 분명치 않고 명확하지 않은 역할 때문이다.

개인의 심리적인 특성이나 환경에서 비롯되는 요인은 성격적 특성, 경제 사정, 가정환경 등이 영향을 준다. 군 복무 중 받는 일반적인 스트레스나 외상 스트레스 역시 직무가 일차적인 요인으로 작동한다. 직무 자체의 내재적 원인으로 비롯된 스트레스가 개인 특성이나 조직의 외재적 요인으로 심화하고, 이것이 심리·신체적 트라우마 증상으로 이어진다.

파병 현장에서 겪는 전장 스트레스 역시 여러 요인이 존재한다. 전장 스트레스는 개인의 성격, 성장 과정, 대인관계, 현재의 당면문제 등에 따라 느끼는 정도가 다르고 해결 방법도 다르다. 전장 상황은 불확실성이 연속되는 특수한 환경이라 갑자기 예기치 못한 돌발적 상황이 발생할 때는 배운 교리나 전쟁의 원칙과 준칙, 훈련 경험 등으로 해결할 수 없는 한계가 있다.

전장 스트레스를 발생시키는 개인 특성 요인은 개인의 성격, 욕구, 건강, 종교, 가족 문제, 여자 친구와의 문제 등이 있다. 동료들과 대인관계가 원만하지 않을 때도 스트레스를 받는다. 가령, 전투에 함께 참여한 전우가 나를 위하고 나 또한 전우를 위하는 집단적 신념이 군건할 때는 전투의지가 고양되지만, 전우관계에 갈등이 존재할 때는 전투력이 약화되어 승리를 보장받지 못한다.

◉ PTSD에 시달리는 군견

전쟁터에서 군 복무를 한 군견(軍犬)도 PTSD 증상을 겪는다는 보고가 있다. 미국 텍사스 공군기지에 있는 군견병원의 월터 박사는 이라크와 아프간 전쟁에 참전한 650마리의 군견 중 약 5% 정도가 전쟁 경험에서 오는 신경과민 상태인 'Dog PTSD'를 겪는다고 뉴욕타임스를 통해 밝혔다. 월터 박사에 따르면 군견들은 전장에서 주로 폭발물을 탐지하거나 적을 찾아내는데, 일부는 임무 수행과정에서 총성이나 폭발, 폭력 상황에 노출된 후 행동 장애를 겪으며, 지나치게 공격적으로 변한다고 알려져 있다.

또 어떤 군견들은 주인과 떨어지지 않으려 하고 구석에 숨기도 하고, 훈련받은 행동을 하지 않으려고도 한다는 것이다. 그래서 가끔 정찰 활동에서 군견들을 열외 시켜 쉬게 하거나 가벼운 운동을 시키고, 재미있게 노는 시간을 주는 치료 방법을 사용하고 있다고 한다. 일부 군견은 PTSD를 겪는 사람에게 사용하는 똑같은 약물을 처방하고 있다고 한다.

출처: 심윤기(2018).

환경적인 측면에서 전장 스트레스를 받는 요인은 전쟁 양상의 변화를 들 수 있다. 현대전은 과거 한국전과 월남전 같이 대규모 정규군에 의한 전면전에서 소규모의 전문화된 특수 요원 및 드론과 같은 과학화된 새로운 무기체계가 지배한다. 이라크 전쟁 이후 이러한 전장 환경의 변화는 급속히 가속화되어 전투원이 느끼는 공포와 두려움, 전장 스트레스는 더욱 높아지게 되었다.

리더의 역할 부재도 스트레스를 받게 하는 요인 중 하나이다. 전장에서 지휘관이 용기와 자신감을 잃으면 그의 명령은 무용지물이나 다름없다. 지휘관의 합리적인 의사결정능력과 경험의 부족, 리더의 역할 부재 등은 전장 스트레스를 유발하여 단결력을 약화시키고 전투의지를 저하시키는 데 큰 영향을 준다.

4) 트라우마가 미치는 영향

평시 국내에 주둔하는 부대에서 복무하거나 해외 파병 시 혹은 전투 시 전장에서 받는 스트레스는 개인 심리에 가장 먼저 영향을 준다. 심리적인 안정과 조화를 깨뜨려 올바른 판단과 행동의 어려움을 가져오는데, 이러한 경향이 증대되면 정신건강이 점점 더 취약해진다. 군 조직의 관리적 측면에서는 비전투손실이 증가하고 부대 사기가 낮아지게 되며 군 기강이 약화한다. 이 같은 외상 스트레스의 부정적 영향을 제시하면 대체로 다음과 같다.

〈표 3-5〉 트라우마의 부정적 영향

구 분		일반적인 현상	특수적인 현상
개인	심리적 영향	· 근심, 걱정, 불안, 소외감 · 권태, 분노, 짜증, 우울, 흥분	· 공포, 공황, 전투피로증 · 유언비어의 심리적 동요
	정신적 영향	· 지각 능력 및 판단력 저하	· ASD, PTSD
	신체적 영향	· 입 마름, 피로, 감각저하 · 사망, 각종 질병	· 혈압 및 심장 이상 · 과도한 흡연 및 음주
	형태적 영향	· 약물 사용, 위험한 행동 · 자살, 공격적 행동, 파괴적 행동	· 착각, 환각, 전투 수행 능력 저하 · 전장 이탈, 전쟁범죄
조직의 영향		· 전투 회피 · 전투력 저하 · 상급자의 권한 불신 · 동료 간 불화	· 군기 문란 · 명령 불복종 · 집단적 무단 이탈 · 단결력 약화 등

출처: 심윤기 등(2023).

긍정적 관점에서 바라보는 적절한 스트레스는 인내심과 용기, 힘 등을 증진하고 헌신과 봉사, 유대감, 종교적 신념 등을 증가하는 등 조직 강화에 이로움을 준다. 하지만 과도한 스트레스는 명령 불복종, 폭행, 자살, 자해, 무단 이탈 등 부대 조직을 약화하고 전투력 강화에 부정적인 영향을 준다.

군은 평상시 장병의 복무 적응과 사고 예방, 인권과 복지 그리고 병영문화개선을 위해 전문상담제도를 운영하고 있다. 2005년 발생한 훈련소 인분 가혹행위 사건과 그해 6월에 발생한 연천지역 전방 GP 총기 난사 사건이 계기가 되어 전문상담제도를 군에 도입하였다. 그 결과 민간부문에서 제기한 장병의 전문적 정신 상담 청구권을 보장하고, 장병의 심리적 고충 처리와 복무 부적응 장병에 대한 상담 기능도 강화되었다.

현재 운영되는 전문상담관의 유형은 병영생활 전문상담관, 생명의전화 상담관, 병역 심사대 상담관, 성(性) 고충 상담관 등 크게 4가지의 형태지만 PTSD 심리치료 전문가나 트라우마 전문상담관은 아직도 채용되지 않고 있다. 미군의 정신건강 관리제도와 비교할 때 우리 군의 트라우마 관리제도는 부족한 점이 많다.

〈표 3-6〉 미군 정신건강 관리제도

<table>
<tr><th>구분</th><th>육군</th><th>해군</th><th>공군</th></tr>
<tr><td>명칭</td><td>CSCT
(Combat Stress Control Team)</td><td>NSPRINT
(Naval Special Psychiatric Rapid Intervention Team)</td><td>CIST
(Critical Incident Stress Team)</td></tr>
<tr><td>운영 제대</td><td>전투부대(사단급)</td><td>동・서해 해군병원</td><td>공군부대/비행장</td></tr>
<tr><td>편성</td><td>정신건강관리팀(10)</td><td>정신건강관리팀(11)</td><td rowspan="4">· 정신건강지원: 심리학자, 정신과 전문의, 사회복지사
· 의료지원: 외과 전문의
· 영적 지원: 군종장교, 군종 서비스요원
· 기타: 행정/가족지원요원</td></tr>
<tr><td>장교</td><td>· 정신과 전문의(1)
· 전문임상심리치료사(1)
· 사회복지사(1)</td><td>· 정신과 전문의(2)
· 임상심리치료사(2)
· 군종(1)</td></tr>
<tr><td>부사관</td><td>· 정신전문부사관(3)</td><td>· 사회복지사(1)
· 정신전문간호사(1)</td></tr>
<tr><td>병</td><td>· 정신전문의무병(4)
(심리학/사회복지사)</td><td>· 정신과 특기병(4)</td></tr>
</table>

출처: 한태근 등(2009).

4. 특수임무자

트라우마는 주로 스몰(Small) 및 빅(Big) 트라우마 사건에 노출된 후 발생한다. 군인과 소방공무원, 경찰 외에도 수의사, 장의사, 사망자 유품을 정리하고 청소하는 사람 등과 같은 특수임무를 수행하는 집단군이 트라우마에 취약하다.

1) 수의사

수의사는 크게 비임상과 임상 분야의 수의사로 구분한다. 비임상 수의사는 대체로 제약회사나 연구기관에서 실험 동물을 다루는 일을 수행하는 반면, 임상 수의사는 소・돼지・말・닭 등의 산업 동물과 반려동물을 진료한다. 이 같은 수의사는 동물을 자의적으로 죽일 수밖에 없는 사정이 있어 트라우마에 취약하다.

국가적인 정책으로 살처분 또는 안락사하는 일이 발생하는데 그 일을 주로 수의사가 한다. 유기견 보호소 시설에서 근무하는 수의사도 일정 보호기간이 지난 동물을 안락사하는 일을 한다. 이렇게 이들은 아무 죄가 없는 동물을 죽여야 하는 현실에서 심한 스트레스를 받는다.

동물실험을 하는 경우도 동물을 죽이는 일이 일상으로 일어난다. 마우스나 래

트와 같은 설치류를 포함해 토끼, 원숭이, 개 등이 동물실험의 주요 대상이다. 수의사가 시설책임자인 경우는 실험 동물 사육 과정에도 참여하게 되는데, 온갖 정이 든 동물을 죽일 수밖에 없는 현실에서 극심한 스트레스를 받는다.

동물실험이라는 것이 사람에게는 절대 하지 못하는 생체(In Vivo) 실험이다 보니 해당 질환을 의도적으로 유발하기 위해 동물에 약품을 주입한 후 화학약품의 안정성을 평가한다. 동물을 치료하는 것이 아닌 오히려 동물을 아프게 하고 병들게 한 후, 실험 목적을 달성하면 마치 못 쓰게 된 물건을 버리듯 안락사한다.

대동물 임상 수의사나 살처분 관련 공무원은 매년 발생하는 구제역(FMD), 조류 인플루엔자 AI 등으로 소, 돼지, 닭, 오리 등을 살처분한다. 동물을 산 채로 땅속에 파묻는 과정에서 동물이 내는 비명을 듣고, 살아나려고 구덩이에서 나오려고 발버둥 치는 동물을 다시 파묻는 과정에서 이들은 극심한 트라우마를 경험한다.

2) 시신 처리 종사자

시신을 처리하고 사망자의 유품을 정리하며 시신이 놓인 장소를 청소하는 사람들도 트라우마에 취약하기는 마찬가지다. 시신을 닦는 일을 하는 장의사는 종종 자신의 꿈에 사망자가 나타나는 경우가 적지 않다고 한다. 자살이나 타살, 사고 등으로 죽은 사람의 시신을 직접 목격하는 것만으로도 고통스러운 일인데, 시신을 직접 닦고 처리하는 일을 하는 사람이 받는 스트레스는 그 수준이 훨씬 높은 상태다.

단순히 병사한 경우의 시신은 그나마 시신의 형태가 온전히 보존되어 있지만, 옥상에서 투신하여 자살한 사람이나 극한 교통사고로 죽은 시신은 신체 일부가 분리되고 떨어져 있는 등 심하게 훼손되어 있어 이를 수습하는데 여간 고통스러운 일이 아니다.

고독사 현장을 청소하고 유품을 정리하는 사람 역시도 트라우마에 취약하다. 그들은 부패한 시신에서 나오는 악취가 진동하는 공간에서 오랜 시간 일을 한다. 시신에서 흘러나온 피가 방바닥에 흥건히 고여 있거나 말라붙어 있고, 구더기를 포함한 온갖 벌레가 득실거리는 참혹한 사망 현장을 청소해야 하는 이들은 그 과정에서 심한 심리적 고통을 겪는다.

3) 철도기관사

철도기관사도 트라우마에 취약하다. 그 이유는 열차가 운행하는 선로에 간혹 투신하는 사람들이 있기 때문이다. 열차는 자체의 육중한 무게와 운행속도가 굉장히 빨라 충돌에너지가 상상을 초월한다. 기관사가 전혀 예측하지 못하는 상황에서 자신이 운행하는 열차에 갑자기 뛰어들어 죽은 사망자의 처참한 모습을 보면서 이들은 큰 충격을 받고 트라우마로 고통을 겪는다.

투신자가 열차에 뛰어들 때 열차의 비상제동은 거의 불가능하다. 투신자를 피해 다른 철로로 변경하여 운행할 수도 없는 상황에서 기관사가 느끼는 무력감은 상상을 초월한다. 열차에 뛰어들 때 마주친 투신자의 눈빛, 얼굴 모습, 입고 있던 옷 색깔, 열차의 충격음 등과 같은 사고 순간이 기억되는 모습은 오랜 시간 사라지지 않고 기관사를 끈질기게 괴롭힌다.

사고 현장을 확인하러 내려가서 사망한 시신의 처참한 모습을 보고 난 뒤에는 트라우마 증상이 더욱 심각하게 나타나 PTSD로 이어지기도 한다. 열차 기관사 중 일부는 자신이 사람을 죽였다는 죄책감과 우울, PTSD 증상 등으로 다시는 열차에 오르지 못하고 이직한 기관사도 있다고 한다.

◉ 사례

서울에서 지하철 8호선을 운행하는 열차 기관사 E모(38)씨는 열차 근무를 시작할 때마다 다짐한다. 언제 다시 발생할지 모르는 지하철 투신자살에 대비하기 위해서 자기최면을 하는 것이다. 그는 2003년 9월과 2004년 2월 두 번이나 열차 선로로 뛰어든 자살사고를 경험한 바 있다. 그래서 그는 자살사고가 일어난 지하철역에 들어올 때면 긴장과 식은땀이 나고 심장이 쿵쾅거리며 신경이 온통 예민해진다고 한다.

출처: 심윤기(2018).

CHAPTER 04

트라우마센터의 역할

우리나라의 트라우마 관련 기관은 다양하다. 재난 피해는 보건복지부 소관으로 주로 국립 정신건강센터와 국가 트라우마센터가 그 일을 수행한다. 행정안전부와 광주광역시 협력으로 설립된 광주 트라우마센터에서는 국가폭력피해 일을 수행한다. 여성 폭력피해는 여성가족부가 담당하며 해바라기센터, 여성 긴급전화 1366, 가정폭력 · 성폭력 · 성매매피해상담소를 두고 있다. 중범죄 피해는 법무부와 민간단체에서 스마일센터와 범죄피해자지원센터를 두고 부여된 임무를 수행하는데 이를 종합해서 정리해보면 다음과 같다.

〈표 4-1〉 우리나라 주요 트라우마 관련 기관(총괄)

구분	소관 부처	기관
재난 피해	보건복지부	국립 정신건강센터 / 국가 트라우마센터
국가폭력피해	행정안전부	광주 트라우마센터
	광주광역시	
여성 폭력피해	여성가족부	해바라기센터
		여성 긴급전화 1366
		가정폭력 · 성폭력 · 성매매피해상담소
중범죄 피해	법무부	스마일센터
	민간단체	범죄피해자지원센터

1. 국가/광역 트라우마센터

1) 개 요

COVID-19를 겪을 때 우리나라 국가 트라우마센터는 공공 부문과 민간부문으로 나뉘어 국민이 안전하고 건강한 환경에서 생활할 수 있도록 체계적으로 대응하였다. 2022년 3월 발생한 강원도·경상도 산불 사고가 발생했을 때에는 중앙 재해대책본부를 중심으로 재난을 원만히 극복하였다. 산불 피해자인 지역주민을 직접 찾아가는 정신건강 심리지원 서비스와 정신건강의학과 전문의들과의 연계를 통해 질적으로 향상된 심리지원을 제공하였다.

재난 정신건강 서비스는 보건복지부와 행정안전부로 이원화되어 있고, 협력 네트워크가 잘 구성되어 있는 상태다. 행정안전부는 대규모 재난이 발생하면 이재민의 심리지원을 위해 중앙에 재난 심리회복지원단을 두고, 대한적십자사에 위탁하여 전국의 재난 심리회복지원단을 운영한다. 반면, 보건복지부는 2018년 국가 트라우마센터가 설립된 이후, 전국 5개 주요 권역에 광역 트라우마센터를 추가로 설립해 다양한 심리지원을 하고 있다.

우리나라는 그동안 지진과 같은 자연재해와 화재, 건물 붕괴 등 사회재난이 끊임없이 일어나 엄청난 국가적 피해를 가져다주었다. 2014년 세월호 참사와 2017년의 포항 지진, 2019년 강원도 고성의 변압기 폭발로 일어난 산불, 2020년 시작된 신종코로나바이러스(COVID-19), 2022년 발생한 이태원 참사, 2024년 12월 무안 국제공항 여객기 추락 사고 등이 이를 잘 말해주고 있다.

이렇게 크고 작은 여러 재난이 발생했을 때 국가는 국민의 심리·신체적 보호와 생활 안정을 돕기 위해 최선을 다한다. 국가 전체가 해결해야 할 공통과제라는 관점에서 국가 트라우마센터와 주요 5개 권역에 설립된 광역 트라우마센터를 주축으로 다양한 활동을 전개한다.

국가 트라우마센터는 재난 현장을 직접 찾아가는 위기 대응 활동을 펼쳤던 국립서울병원 심리 위기지원단을 모태로 2018년 4월에 개소하였다. 그다음 해인 2019년에는 국립부곡병원에 영남권 트라우마센터를 설립하였으며, 2021년 6월에는 충청권(국립공주병원), 호남권(국립나주병원), 강원권(국립춘천병원)에 트라우마센터를 설립하여 운영 중이다.

〈표 4-2〉 국가/권역별 트라우마 센터

구분	국가 트라우마센터	영남권 트라우마센터	호남권 트라우마센터	강원권 트라우마센터	충청권 트라우마센터
설립	2018년 4월	2019년 5월	2021년 6월		
운영 기관	국립 정신건강센터	국립 부곡병원	국립 나주병원	국립 춘천병원	국립 공주병원
해당 지역	수도권	부산, 울산, 대구, 경남, 경북	광주, 전남, 전북, 제주	강원도	대전, 세종, 충남, 충북
마음 안심버스	1대 운영	1대 운영	1대 운영	1대 운영	1대 운영

출처: 국립 정신건강센터 (2023).

2) 국가 트라우마센터의 역할

국가 트라우마센터는 재난 심리지원과 트라우마 치료프로그램 제공, 재난 정신건강 교육, 트라우마 연구, 인식개선 활동 등을 주로 한다. 재난의 심리적 충격을 완화하기 위해 통합 심리지원단을 구성하여 심리적 응급처치와 정신건강 고위험군 선별 등의 서비스를 제공하고, 찾아가는 '마음 안심 버스'를 운영하여 전문가 상담 서비스를 지원한다.

〈표 4-3〉 트라우마센터의 상담 서비스

전화상담	상담 전화(1577－0199) 24시간 운영
온라인 상담	센터 홈페이지를 통해 온라인 상담 가능
대면 상담	사전 예약을 통해 전문가와의 대면 상담 가능

국가 트라우마센터에서 다루는 트라우마의 범위는 개인이나 지역사회의 자원만으로 해결하기 어려운 외부의 도움이 필요한 '재난 사건'으로 규정한다. 재난안전대책본부나 중앙재난안전대책본부를 구성해 대응하는 중·대규모 재난을 비롯해 사회적 파장을 부를 수 있는 사건에 개입하여 재난피해자를 돕는 일에 한정하여 도움을 주는데 국가 트라우마센터에서 하는 일을 살펴보겠다.

(1) 재난 위기 대응

국가 트라우마센터의 재난 위기 대응부서는 재난 대응 매뉴얼과 지침 등을 표준화하는 동시에 재난 발생 시 현장에 출동하여 지원체계를 구축하고 심리지원을 한다. 재난 현장에서 재난 심리지원본부를 운영하고 상담소를 가동하며, '찾아가는 마음 안심 버스'를 지원할 뿐 아니라, 재난 직후 재난 현장에 신속히 개입하여 트라우마 후유증을 예방하는 일을 한다.

재난이라는 특수한 위기 상황에서는 회복력을 갖춘 건강한 사람이라 할지라도 심리적 충격과 혼란, 상실에 빠질 수 있다. 따라서 재난 현장에서 가이드 역할을 하는 것이 무엇보다 중요한데, 그와 같은 일을 재난 위기 대응부서에서 한다.

(2) 트라우마 회복 지원

재난 심리지원은 단순히 상담 서비스만 제공하는 것이 아니며, 재난피해자가 회복되도록 도울 수 있는 모든 행위를 포함한다. 가령, 재난피해자의 가까운 옆에서 심리적 불안, 두려움 등의 상태를 충분히 이해하고 공감하며, 사실적 재난 정보와 정서적 지지 등의 일을 한다. 또한 재난 현장에서 피해자에게 필요한 물품을 조달하고 의료기관에 동행하는 등 정상의 기능 상태로 돌아오도록 서비스를 제공하는 일을 한다.

재난피해자의 상당수는 재난 발생 즉시 현장에서 이루어지는 심리지원을 통해 상태가 호전된다. 하지만 더 다양한 회복 지원이 필요한 고위험군은 국가 트라우마센터 혹은 광역 트라우마센터에서 지원하는 치료프로그램에 참여토록 안내한다.

트라우마 회복프로그램은 재난 발생 시점과 장소를 구분하지 않고 재난피해자라면 누구든지 이용할 수 있도록 문을 열어 놓고 있다. 예컨대, 세월호 참사나 천안함 폭침 사고, 이태원 압사 사고처럼 발생한 지 오랜 시간이 지났거나 해외에서 발생한 재난이라 하더라도 피해자가 센터를 방문하면 프로그램 참여가 가능하다.

〈표 4-4〉 트라우마센터의 프로그램

치료프로그램	개인 및 집단 심리 치료 프로그램 제공
재난 대응 교육	재난 상황에서의 정신건강 대처법 교육
정신건강 캠페인	정신건강 인식 제고, 트라우마 예방 촉진

재난 심리지원 프로그램은 앱을 통해 다양한 트라우마 증상을 완화하는데 주안을 둔다. 안정화 기법을 다루는 마음 프로그램, 대처 기술 중심의 마음 플러스 프로그램, 외상 후 스트레스 증상을 다루는 프로그램, 재난 대응 인력의 스트레스를 관리하는 소진관리 프로그램 등을 구축하여 도움을 준다.

(3) 트라우마 연구 및 교육 훈련

재난 트라우마와 관련한 교육은 재난 심리지원인력을 양성하기 위한 것으로 임상 전문가, 정신건강 관련 업무종사자, 정신건강의학과 전문의 및 전공의 등을 대상으로 단계별 교육 프로그램을 가동한다. 재난 트라우마 연구는 재난 정신건강 서비스 지표 마련, 재난 대응을 위한 다학제 다부처 연구 협력체계구축, 재난 정신건강 문제 해결을 위한 연구 수행 등 재난 정신건강 서비스의 고도화를 위한 활동을 한다.

국가 트라우마센터에서 수행하는 심리지원 활동을 종합적으로 정리해보면 다음과 같다.

〈표 4-5〉 트라우마센터의 심리지원(종합)

업무	내용
재난 정신건강 위기 대응체계 운영	· 재난 통합심리지원단 운영 · 재난 시 필요 물품 및 기술지원 · 재난 대비 매뉴얼 지침 개정보급 · 지역별 재난 정신건강 서비스 현황조사 등
재난 정신건강 지원인력 양성	· 재난 정신건강 지원인력 정기 및 비정기교육 운영 · 근거 기반 교육 프로그램 운영 등
트라우마 회복 프로그램 운영	· 트라우마 회복프로그램 운영 · 신체 기반 정서 조절 프로그램 시범운영 · 재난 대응 인력 소진관리프로그램 운영 · 마음 쉼표, 찾아가는 심리상담 등
재난 정신건강 관리 체계 구축 및 홍보	· 트라우마 치유주간 행사 개최 · 대국민 소진관리 콘텐츠 활용을 위한 온라인 홍보 강화 · 다양한 협의체 구성으로 전문가 및 관련 기관 의견 청취 · 정신건강 문제 요인 파악 및 서비스 효과성 검증 등

출처: 국가 트라우마센터(2024).

3) 광역 트라우마센터의 역할

우리나라 주요 권역에 설치된 광역 트라우마센터는 해당 권역 내 재난이 발생하면 정신건강복지센터 및 보건소 등과 협력하여 재난피해자를 돕는다. 국가적 재난 또는 대규모 사고 발생 시 신속하고 전문적인 개입을 통해 재난 현장에서 위기 대응을 지원한다. 재난 트라우마 고위험군을 선별하여 상담 및 재난 회복프로그램을 제공하여 피해자가 일상의 삶을 영위하도록 돕는다.

'마음 안심 버스'는 재난 발생 시 신속하게 현장에 투입하여 심리지원을 제공하는데 평상시는 취약계층인 노인, 장애인 등을 대상으로 현장을 직접 찾아가 도움을 준다. 전국적인 재난 발생 시에는 지역자원과 연계 및 협력을 통해 체계적으로 대응하는데 주요 역할을 소개하면 다음과 같다.

- 중규모 재난 발생 시 재난 심리지원 서비스 업무 총괄
- 권역별 재난 심리지원협의체 구성 등 대응체계 마련
- 권역별 재난 정신건강 지원인력 양성
- 권역 내 재난 심리지원 담당 인력 관리
- 권역별 재난 심리지원 담당 인력 직무교육
- 지역 재난 발생에 대한 정보 수집 및 심리지원 계획 수립
- 재난 정신건강 고위험군 대상 의학적·심리학적 회복 지원
- 재난 대응 인력 소진 예방 및 관리 등

우리나라는 일제강점기로부터 현재에 이르기까지 민간인 학살, 의문사, 고문, 폭력 등의 국가 폭력 트라우마를 경험한 역사가 있다. 광역 트라우마센터 중 광주 트라우마센터는 국가가 자행한 폭력의 생존자와 그 가족의 트라우마를 치유하기 위해 2012년 10월 행정안전부와 광주광역시가 협력하여 설립한 최초의 국가 폭력 트라우마 기관이다.

광주 트라우마센터는 심리상담과 더불어 예술, 인문학을 트라우마 치유 방법으로 활용해 도움을 주고 있다. 임상/상담심리 전문가, 정신보건 사회복지사, 간호사, 정형 도수 물리치료사 등이 포함된 연구기획팀과 치유 재활팀, 사회적 치유팀 등 3개 팀을 구성해 치유 재활을 비롯한 역량 강화, 인권옹호 사업 등을 수행한다.

트라우마 치유는 치유 재활팀과 사회적 치유팀이 도움을 주고 있는데, 이들은 개인의 심리·신체적 회복과 사회적 재활을 돕고 공동체 트라우마를 치유하기 위한 프로그램을 운영한다. 심리적 건강증진은 트라우마로 인한 심리·신체적 반응을 이해하고 정상의 상태가 되도록 정서적 안정감을 도모하기 위한 다양한 프로그램을 가동한다. 심리교육을 비롯해 상담, 원예 치유, 몸동작 치유 등과 같은 예술 치유프로그램, 치유 워크숍, 유가족 방문 상담, 기념일 반응에 대한 심리지원 등 민족민주열사 유가족에 대한 치유프로그램으로 도움을 준다.

국가 폭력피해자는 사건의 특성상 심리·신체적 고통과 기능장애를 갖고 있다. 그래서 광주 트라우마센터는 정형 도수 물리치료 프로그램, 정신-체성 건강 체조 교실, 건강 점검 및 의료기관 연계와 같은 신체적 건강증진을 통해 회복과 건강 관리를 돕는다. 심리적 트라우마는 심리검사를 통한 진단과 심리평가를 지원하고, 이를 바탕으로 서비스 계획을 수립하여 시행하며, 예술·인문학 치료와 상담을 병행한다.

개인 내적 성장을 돕고 사회와 연결감을 회복하기 위해 증언 치유프로그램(My Day), 상처 입은 치유자 프로그램(오월 소나무 합창단), 사진 치유, 자조 모임 등의 활동으로 건강증진을 돕는다. 국가 폭력의 직접적인 피해자뿐 아니라 사건을 경험한 지역 공동체를 대상으로 치유 활동을 한다. 트라우마에 대한 이해를 돕기 위해 치유 인문학 강의, 오월 심리 치유 이동센터, 워크숍, 각종 홍보 활동 등도 하고 있다.

이러한 다양한 프로그램과 건강증진 활동에 참여할 수 있는 대상자는 5·18 민주화운동 관련자, 고문 생존자, 부당한 공권력 행사로 인해 발생한 사망·상해·실종 사건 및 그 밖의 중대한 인권침해 피해자와 그 가족이며, 이들은 광주 트라우마센터를 방문하여 맞춤형 도움을 받을 수 있다.

2. 여성 폭력피해 트라우마 기관

여성가족부에서는 여성과 아동 폭력에 적극적으로 대처하고 이들의 인권을 보호하기 위해 지자체, 경찰, 피해자 지원 기관, 한국여성인권진흥원 등 여러 기관과 협력체계를 구축하여 일을 한다. 가정폭력과 성폭력, 성매매 등과 관련된 여성 폭력 트라우마는 여성 폭력 사건의 특성상 심리, 의료, 법률, 경제 등 다분야에 걸친 통합적 차원의 도움이 필요하다. 여러 기관과 밀접하게 연계해야 폭력피해 사실확인과 응급처치, 상담, 보호, 자활 등에 이르기까지 피해자를 도울 수 있다.

1) 해바라기센터

2003년 겨울에 한 초등학교 여자 어린이가 성인 남성에게 성폭력을 당하는 사건이 일어났다. 다행히 범인은 바로 검거되었으나 피해 어린이의 심리·신체적 고통은 오랫동안 이어졌고, 심지어는 사건 이후 3일 동안 경찰서와 상담소, 병원 등을 전전하며 피해 사실을 반복해서 진술해야 하는 어려움을 겪었다. 이에 각계각층에서 성폭력 피해자에 대한 원스톱 지원 시스템이 필요하다는 의견을 강하게 제기하여 해바라기센터를 설립하게 되었다.

해바라기센터는 여성가족부, 지방자치단체, 경찰청, 위탁 운영 기관인 전국의 민간/공공 의료기관 등이 협력하여 4자 협약으로 일을 추진한다. 병원과 경찰을 전전하는 피해자를 보호하기 위해 경찰청은 2005년 서울시 경찰 병원에 '여성/학교폭력 피해자 ONE-STOP 지원센터'를 가동하여 성폭력 피해자와 그 가족에게 도움을 주었으며, 이후 센터는 전국적으로 확대되면서 2015년 1월 '해바라기센터'로 이름을 바꾸었다. 성폭력 피해자가 센터 방문 및 도움을 통해 해바라기처럼 활짝 웃음을 지을 수 있기를 바라는 의미에서 붙여진 명칭이다.

센터는 365일 24시간 상담 및 의료, 법률, 수사, 심리지원 등을 원스톱으로 제공하여 2·3차 피해 예방과 인권을 보호한다. 피해자가 성폭력 피해로 인한 위기 상황에 잘 대처하도록 도움을 주고, 성폭력 피해 후유증을 진단하기 위한 심리검사와 심리평가 등도 지원한다. 2차 피해 예방과 피해자가 필요로 하는 것을 통합적으로 지원할 뿐만 아니라, 피해자가 아동·청소년인 경우는 보호자 심리평가도 동시에 지원하고 있다.

심리검사는 인지기능, 정서, 기질, 성격 등의 심리적 특성과 트라우마 후유증을 알아보기 위해 다양한 진단 도구를 활용하고 그 결과를 치료에 반영한다. 이후 성폭력 후유증 감소와 정서적 치유, 적응력 증진 등을 돕기 위해 성폭력 피해자의 특성과 범죄 사건의 내용을 고려하여 인지행동치료, EMDR, 미술치료, 놀이치료, 성폭력 재발 예방 교육 등을 지원한다.

2024년 12월 기준으로 전국 각 지역에는 40개소의 해바라기센터가 운영 중이며, 이 중에는 위기 지원형 17개소를 포함해 아동형 7개소, 통합형 16개소가 있다.

〈표 4-6〉 해바라기센터의 유형

유형	대상자	이용 시간	내용
위기 지원형	성폭력 · 가정폭력 · 성매매 피해자 및 가족(모든 연령, 성별 포함)	365일 (24시간)	위기 상담, 의료, 법률, 수사 지원
아동형	성폭력 피해 19세 미만 아동 · 청소년 및 지적장애인(모든 연령, 성별 포함)	평일 (9:00 ~ 18:00)	일반 상담, 의료, 법률, 출장 수사 지원 심리평가 및 치료
통합형	성폭력 · 가정폭력 · 성매매 피해자 및 가족(모든 연령, 성별 포함)	365일 24시간	위기 및 일반 상담 의료, 법률, 수사 지원 심리평가 및 치료 등

출처: 여성가족부(2025).

해바라기센터의 위기 지원형은 가정폭력을 비롯해 성폭력, 성매매 피해자와 그 가족이라면 나이 제한 없이 이용가능하다. 아동형 센터는 2000년대 들어 아동성범죄가 증가하여 사회적 문제로 등장하자, 성폭력 피해 아동 중심의 종합지원체계 구축에 대한 필요성이 제기되어 2004년부터 전국 각 지역의 종합병원과 대학병원에 위탁하여 운영되고 있다.

아동형 센터에서 하는 일은 성폭력을 당한 19세 미만의 아동 · 청소년 및 지적장애인과 그 가족을 대상으로 심리치료를 무료로 제공하며, 성폭력 피해 아동의 심리 · 신체적 피해에 대한 심리지원을 한다. 소아정신과 의사를 비롯해 아동심리학자, 임상심리사, 놀이치료사 등 전문가 그룹에 의한 트라우마 후유증 치료를 포함하여 성폭력 피해 아동의 건강한 성장과 부모 및 보호자의 정신건강 증진을 돕는 일도 하고 있다.

통합형 센터는 위기 지원형과 아동형이 통합된 센터로 다양한 종류의 서비스를 제공하며, 위기 지원형과 마찬가지로 365일 24시간 운영된다. 해바라기센터의 근무 인력은 부소장, 상담원, 간호사, 행정원, 파견 경찰관 등으로 편성하고 있다. 심리치료 프로그램을 제공하는 아동형과 통합형 센터는 임상심리사, 심리치료사 자격증을 취득하고 근무 경력이 있는 전문가가 상주하여 일을 한다.

해바라기센터 이용자는 센터를 직접 방문해 도움을 신청할 수 있으며, 경찰서나 여성 긴급전화 1366, 가정폭력·성폭력·성매매 피해상담소와의 연계를 통해서도 도움을 받을 수 있다. 이때 센터 이용은 등록 주소지 및 사건 발생지와 상관없이 자신의 편의에 따라 가까운 센터 방문이 가능하다. 그리고 이용자가 첫 방문 시에는 상담사가 포함된 간호사, 파견 경찰관 등 3인이 1팀이 되어 초기 사정을 지원한다.

전국의 모든 해바라기센터는 다른 지원 시설과 달리 의료와 수사, 상담을 한 기관에서 한다는 점이 특징이다. 최초 성폭력 피해사례를 접수하면 피해자의 심리와 건강 상태에 따라 지원순서와 방법을 달리 적용하여 돕는다. 가령, 피해자의 신체에서 증거를 채취해야 하는 위급 상황에서는 접수와 동시에 증거채취 응급키트를 사용한 의료지원이 가장 먼저 이루어진다.

피해자가 초기 지원을 마친 뒤 귀가하거나 귀가하기 어려운 경우는 1366 여성 긴급피난처, 경찰청 임시숙소 등으로 연계하며, 이후 심리상담과 치료, 의료비 지원 등 사후 지원을 제공한다.

2) 여성 긴급전화 1366

여성 긴급전화 1366은 「가정폭력방지 및 피해자 보호 등에 관한 법률」에 따라 가정폭력, 성폭력, 성매매, 데이트폭력, 디지털 성폭력, 성희롱, 스토킹 등의 위기에 처한 여성이 전화를 이용해 365일 24시간 언제든지 구조와 보호, 상담 등을 받을 수 있도록 한 특수전화 서비스이다.

여성 긴급전화 1366은 2024년 12월 기준 전국 17개 시도에 모두 19개소가 설치되어 운영 중이다. 가정폭력을 포함한 성폭력, 성매매, 스토킹, 디지털 성범죄 등의 긴급구조 및 보호, 상담 활동으로 여성들을 돕는다. 언제라도 전화를 이용해 피해상담을 받을 수 있도록 24시간 Hot-Line을 설치해 운영되며, 전국적으로 국번 없이 똑같은 「1366」 번호를 사용한다.

여성 긴급전화 1366은 여성 폭력피해자가 트라우마에서 회복되도록 지속적으로 도움을 제공하는 것은 아니다. 사건이 발생한 초기 시점에서 위기 상담과 긴급 보호 및 타 기관에 연계하는 일을 주로 한다. 도움을 주는 내용은 여성 폭력피해 신고 접수, 긴급상담, 피해자 긴급구조, 기관 연계 등이다.

디지털 성범죄 피해 영상물(성적 허위영상물, 피해 촬영물, 아동·청소년 성 착취물 등)의 긴급 삭제도 지원하며, 전문상담소와 연계해 특정 시간(야간·휴일 등)

에 1차 긴급상담 후 전문상담소로 연계하는 일도 한다. 폭력피해자에 대한 적절한 위기 개입과 상담 활동, 긴급구조를 위한 112 및 119와 연계하고, 의료시설과 보호시설에 관한 정보를 제공한다.

폭력피해 여성을 대상으로 찾아가는 현장 서비스 뿐 아니라 스토킹, 교제 폭력피해자에 대한 긴급상담과 임시 보호도 지원한다. 긴급피난처 운영을 통한 임시 보호는 최대 7일간 지원하며, 타 보호시설로 연계가 어려운 경우는 30일 동안 연장하여 도움을 주고 있다.

◉ 여성 긴급전화 1366 이용 방법

여성 긴급전화 1366을 이용하려면 국번 없이 '1366'을 누르거나 지역 번호를 함께 누르면 전국 17개 시도에 설치된 19개 지역 센터로 연결된다. 중앙 센터는 전화상담뿐만 아니라 1:1 실시간 채팅, 게시판, 카카오 플러스 친구를 통한 사이버 상담 서비스도 받을 수 있다. 공식 홈페이지에서 채팅 상담을 이용하려면 성별, 관계(본인, 가족, 그 외), 피해자 나이(10대 미만~70대 이상), 지역, 내용(가정폭력, 성폭력, 성매매, 데이트폭력, 스토킹, 디지털 성범죄, 그 외 상담)을 기재한다. 카카오 플러스 친구로 상담하려면 메신저 애플리케이션 카카오톡에서 'women1366'을 친구로 등록하면 가능하다.

3) 가정폭력/성폭력/성매매 피해상담소

가정폭력・성폭력・성매매 피해상담소는 사회복지법인이나 비영리법인, 단체, 개인 등이 특별자치 도지사 및 특별자치 시장을 비롯해 시장・군수・구청장 등에게 신고하면 시설 설치기준 및 종사자 기준을 심사받은 뒤 운영할 수 있다. 2024년 12월 기준으로 전국에 가정폭력 상담소 123개소, 성폭력 피해상담소 179개소, 디지털 성범죄 지역특화상담소 14개소, 성매매 피해상담소 28개소 등이 운영 중이다(여성가족부, 2025).

가정폭력 상담소는 가정폭력, 데이트폭력, 스토킹 사건 피해자를 상담하는 일반상담소가 있고, 성폭력 피해자에게 서비스를 제공하는 가정폭력・성폭력 통합상담소로 구분되어 있다. 가정폭력 상담소에서는 상담 업무와 긴급 보호 관련 의료기관 및 보호시설에 연계하고, 대한변호사협회와 지방변호사회, 법률 구조법인 등과 협조하는 일을 한다. 또한 수사・법정 동행을 통한 법률지원과 홍보 활동 등 피해자를 보호하는 일을 한다. 2025년 1월 기준 가정폭력피해자 보호시설은 전국에 64개소가 운영 중이다.

가정폭력 피해자의 치료 및 회복프로그램 기관으로 선정된 상담소는 피해자를 대상으로 치료 및 회복프로그램을 운영한다. 치료 및 회복프로그램은 자존감 회복과 온전한 사회인으로 복귀하는데 필요한 전문 상담 및 심신 회복 치유를 지원하며, 일부 상담소는 폭력 가해자 교정 및 치료프로그램을 지원한다. 가해자의 성품과 행실을 교정하고 재범 방지를 위해 전문가를 초빙해 개인 상담과 부부 상담, 가족 상담, 집단상담 등 다양한 상담 프로그램도 지원하고 있다.

한편, 성폭력 피해상담소는 성폭력, 데이트폭력, 스토킹 피해 신고를 접수하고 성폭력 사건과 관련한 상담 업무를 한다. 성폭력 피해자 상담은 자격을 갖춘 전문가를 초빙해 개인 상담과 집단상담, 심신 회복 캠프 등을 운영한다. 또한 수사기관의 조사를 비롯해 법원 증인신문 동행, 대한법률구조공단 등 관계 기관에 협조 지원을 요청하고, 성폭력 예방을 위한 홍보 및 교육, 의료기관 및 보호시설 연계 등의 서비스도 제공한다.

성매매 피해상담소는 성매매 피해자와 性을 파는 행위를 한 사람을 대상으로 현장 상담, 법률 및 의료지원, 관련 시설 연계 등을 통해 인권 유린 상황에 개입하여 피해자를 보호하고 탈성매매를 돕는다. 상담소를 이용하고자 하는 대상자의 접근성이 편하도록 성매매업소가 집결된 지역이나 역 주변, 버스터미널, 관광·유흥지역에 우선 설치하여 운영한다.

성매매 피해상담소는 주로 상담 업무와 관련 기관에 연계하는 일을 한다. 피해자가 직접 상담소를 찾아오거나 혹은 방문하기 어려운 경우는 전화상담이나 현장 방문 상담으로 전환하여 돕는다. 성매매 피해 여성은 노출된 환경에서 자발적으로 나오거나 탈출하기 어려운 경우가 대부분이어서 피해자의 직접적인 요청이 없더라도 성매매업소 밀집 지역을 방문해 현장에서 상담한다.

상담 과정에서는 성매매 종사 여성들과 관계를 형성하거나 홍보물을 배포해 탈성매매를 유도하고 경찰, 소방관 등 관련 공무원과 함께 현장 실태를 조사하기도 한다. 구조를 요청한 피해자는 건강한 사회인으로 자립할 수 있도록 자활(직업훈련)과 의료, 법률지원 등을 받을 수 있으며, 치료 및 회복프로그램에 참여해 상담 및 심리치료, 정서 치료 등의 도움을 받을 수 있다. 성매매 피해자 구조

지원 사업과 관련한 비용은 신청하여 지원받을 수 있다.

3. 중범죄 피해자 트라우마 기관

범죄로 인해 발생한 트라우마 피해자는 법무부나 민간단체가 주로 지원한다. 법무부는 범죄 피해자의 신변 보호와 정신적 지원, 경제 · 법률 · 형사 절차상 정보제공 등 다양한 도움을 주기 위해 '범죄 피해자 지원제도'를 운영하고 있다. 본 절에서는 심리 및 신체, 재산상의 피해 지원을 위해 운영되는 스마일센터를 비롯해 범죄 피해자지원센터, 민간단체인 한국 피해자지원협회(KOVA)의 역할을 살펴보겠다.

1) 스마일센터

범죄 피해자는 정부와 사회로부터 도움을 받아 심리 · 신체적 손상을 치유하고 회복할 권리가 있다. 법무부는「 범죄피해자 보호법」 제정을 계기로 강력범죄 피해자의 회복 지원을 위해 범죄피해 트라우마 통합지원기관인 '스마일센터'를 설립하여 운영 중이다.

스마일센터는 PTSD, 우울증, 불안 장애 등 범죄피해 트라우마로 인한 심리적 고통을 겪는 피해자와 그 가족을 위해 심리평가 및 치료, 법률 상담, 사회 지원 연계 서비스 등을 제공하며, 신변 보호가 필요하거나 본인 집에서 생활하기 곤란한 피해자에게는 임시 주거가 가능한 쉼터를 제공한다.

2010년 7월 서울에서 동부스마일센터가 설립된 이래 2024년 12월 기준 전국에 17개소의 스마일센터가 운영 중이다. 스마일센터는 비상근직 센터장과 부센터장을 포함해 사례지원팀과 심리지원팀, 행정지원팀 등으로 조직을 구성하고 있다. 이중 사례지원팀은 사회복지사(1급) 또는 정신건강 사회복지사를 두며, 심리지원팀은 임상 심리 전문가 또는 정신건강 임상심리사 등을 편성하여 일을 한다. 보안요원과 조리원을 두고 있는 행정지원팀은 생활관 입소자의 보안과 식사를 담당한다.

스마일센터 이용 대상자는 살인, 강간, 방화, 강도, 폭행 등 주로 강력범죄 피해자와 그 가족들이다. 센터 방문 접수와 전화상담은 24시간 가능하지만 대면상담과 심리치료는 평일 오전 9시부터 오후 6시까지만 가능하다. 스마일센터는 지역마다 관할지역을 지정해 운영되는 관계로 범죄피해 사건 발생 지역 혹은 거주지역 중 방문하기 편리한 센터를 선택하여 이용할 수 있도록 하고 있다.

센터 이용자는 주로 다른 기관에서 연계된 자가 대부분이다. 경찰의 의뢰로 방문한 피해자도 있고, 범죄 피해자 보호 전담 경찰관이 지원이 필요한 피해자를 안내해서 온 피해자도 있다. 센터 이용자는 주로 임시적 단기 지원이 필요한 피해자와 심리적 안정이 필요한 사람이 대부분이나 간혹 자살 또는 자해 위험이 있는 피해자인 경우는 선별적 심리평가를 통해 의료기관에 연계한다.

센터에서는 심리평가 및 심리치료, 정신건강의학과 진료 연계, 회복프로그램 등으로 구성된 서비스를 모두 무료로 제공한다. 임상심리사 혹은 이와 동등한 임상 전문가 자격이 있는 자가 주 1회 심리치료를 지원하며, 피해자의 상태와 치료 방법에 따라 주 2회 이상 지원하기도 한다. 센터는 주거 공간이 필요한 피해자를 대상으로 생활관 입소자 프로그램도 운영한다. 개인 또는 가족이 머무를 수 있는 시설이 센터 내에 마련되어 있으며, 1개월 이내의 단기 입소를 원칙으로 한다.

스마일센터는 다양한 심리치료 서비스를 제공할 수 있어 다른 기관보다 범죄로 인한 트라우마 치유기능이 특화되어 있다는 점이 특징이다.

〈표 4-7〉 스마일센터의 주요 서비스

서비스	내용
심리지원	범죄피해의 영향과 후유증 및 치료에 대한 전문적인 지식과 경험을 갖춘 전문가가 심리평가와 치료, 사회적 자원 연계 및 법률지원
사례 지원	범죄 피해자와 그 가족들이 적절한 서비스를 필요한 시기에 받을 수 있도록 서비스 제공, 필요시 외부 자원 연계
기관 연계	트라우마 지원 효과를 극대화할 수 있는 기관 간 네트워크를 구축하여 최적의 서비스 제공
범죄피해연구	범죄피해 관련 연구를 통해 후유증으로부터의 회복 증진 및 예방대책 수립을 위한 활동, 정책제언
교육 및 홍보	피해자와 가족, 관련 전문가, 기관, 지역사회 등을 대상으로 범죄피해의 영향력을 알리고 회복을 위한 다양한 활동 지원

출처: 스마일센터 총괄지원단(2020).

스마일센터에서 이루어지는 주요 활동을 소개하면 다음과 같다.

첫째, 피해사례 관리다.

범죄피해 사례가 접수되면 담당자가 정해진다. 범죄 피해자가 적절한 시기에 최적의 서비스를 받아 조기에 회복되도록 센터 내·외부 자원을 탐색한 후 연계한다. 관할검찰청을 통한 구조금 지원과 범죄 피해자지원센터를 통한 경제적 지원, 관할경찰서를 통한 신변 보호, 지자체를 통한 사회·경제적 지원 및 통합 사례관리지원, 기타 관련 기관을 통한 사회·경제적 지원 등의 도움을 준다.

둘째, 심리평가다.

범죄 피해자의 심리 상태를 진단하고 치료 계획을 수립하기 위해 편안하고 안정된 분위기 속에서 임상 전문가 주도로 심리평가를 한다. 심리평가는 자기 보고식 검사, 정서 평가, 인지기능 평가, 종합심리평가 등을 주로 하며 사례에 따라 선택적으로 지원한다.

셋째, 심리치료다.

심리치료 전문가는 범죄피해로 인한 트라우마 후유증을 감소하고 심리적 안정과 빠른 회복을 돕기 위해 범죄 피해자와 그 가족을 대상으로 개인 상담 및 집단상담으로 조력한다. 종합 사례 회의를 통해 피해자의 증상이나 자원, 예후 등의 요소를 면밀하게 검토하여 치료 방법과 기간 등을 정한다. 심리치료는 주 1회를 기본으로 하지만 피해자의 상태와 치료 방법에 따라 주 2회 이상 이루어지기도 한다.

넷째, 연계 지원이다.

스마일센터에서는 범죄피해로 인해 정신건강의학과 진료가 필요하다고 판단되면 협력병원에 연계하여 진료 및 약물치료, 입원 치료 등의 도움을 받을 수 있도록 지원한다.

다섯째, 사회적 지원이다.

재산 손실과 학업 중단, 주거지 이전 등의 도움이 필요한 피해자에게는 지역 내 교육 및 복지 관련 기관과 연계하여 손실되고 중단된 삶의 영역이 조기에 회복되도록 지원한다.

◉ 생활관 입소 지원

방화로 인해 거주지가 소실되었거나 범죄피해 충격을 잊기 위해 피해 장소에서 벗어나 안정된 곳에서 심리적 안정을 취할 필요가 있는 경우 임시 거주지를 제공하는데, 1개월 이내의 단기 입소를 원칙으로 한다.

주거지에 범죄의 흔적이 남아 있어 현장 정리를 위해 일시적으로 별도의 주거 공간이 필요한 경우와 범죄피해로 인해 거주지에서 생활하기 곤란한 경우에도 피해자를 위한 임시 거주지를 지원한다. 생활관에 입소하면 개별 입소자에 맞추어 상담, 심리치료, 회복프로그램 등을 운영한다.

여섯째, 사후관리 지원이다.

범죄 피해자에 대한 서비스가 모두 종결된 이후에도 정기적인 사후관리를 하며, 그 과정에서 추가 서비스가 필요하다고 판단되는 경우 적절한 도움을 준다. 트라우마 고통을 겪는 피해자들이 함께 모여 이야기를 나누고, 서로 격려하며, 다양한 활동을 통해 빠른 회복이 이루어지도록 프로그램을 운영한다. 주요 프로그램은 원예 치유를 포함해 난타, 명상 요가, 숲 체험, 사이코드라마, 문화예술 체험 등 다양한 방법으로 이루어진다.

2) 범죄 피해자지원센터

범죄 피해자지원센터는 범죄로 고통받는 피해자를 돕기 위해 2004년 설립된 민간단체이다. 이후 법무부 범죄 피해자 지원법인으로 등록되면서 2007년부터 검찰청 내에서 피해자 지원과 관련된 일을 하고 있다. 범죄 피해자지원센터는 2024년 12월 기준 전국에 60개 센터가 운영 중이며, 센터 대부분이 각 지방 검찰청 내에 위치하여 피해자의 접근성이 좋은 이점이 있다.

센터 이용자는 살인, 강도, 방화, 강간, 폭행, 상해 등 생명 또는 신체적 피해가 있거나 사건이 발생한 지 3년이 지나지 않은 범죄 피해자가 그 대상이다. 단, 사기, 횡령 등 금전 피해 관련 사건, 뺑소니, 무보험, 도난 차량 사건 등은 지원 대상에서 제외된다. 센터는 심리, 경제, 의료, 법률, 주거개선, 취업 등 다양한 분야에서 범죄 피해자에게 도움을 주는데, 이 중 심리지원은 상담과 자조모임 중심으로 이루어진다. 상담은 전화상담을 비롯해 방문 상담, 인터넷 상담, 서면 상담 등 다양한 상담 서비스로 도움을 주고 있다.

경제 및 의료지원 분야는 생계비, 학자금, 치료비, 장례비, 심리치료비, 간병

비 등을 실비로 지급하거나 혹은 비용을 감면해주는 기관으로 연계하는 방식으로 이루어진다. 성폭력 피해자는 여성부에서 치료비를 지원하고 있음을 알려주고 기타 궁금한 사항은 여성 긴급전화 1366으로 문의하도록 안내한다. 범죄 피해자지원센터는 심리치료 중심으로 피해자의 정신적 트라우마를 치유하는 스마일센터와 달리 생계비, 의료비, 환경 개선 지원 등 경제적 지원을 한다는 점이 특징이다.

3) 한국 피해자지원협회

한국 피해자지원협회(Korea Organization for Victim Assistance: 이하 KOVA)는 2010년 법무부로부터 범죄 피해자지원 등록법인으로 허가받은 민간 피해자지원 단체로 2024년 12월 기준 현재 전국에 15개소가 운영 중이다. KOVA는 사회 전체의 범죄 피해자 지원의식을 고양하고 범죄 피해자와 그 가족이 정신적·경제적 피해에서 회복되도록 상담을 포함한 의료, 법률, 경제 지원 등의 도움을 주고 있다.

강도 및 상해와 같은 단순 범죄로부터 강간, 살인, 방화 등 강력범죄에 이르기까지 피해 정도에 따라 경제적 지원과 법률적 자문, 의료기관과 상담 기관에 연계하는 일 등을 한다. 대부분 경찰이 의뢰하여 피해자지원이 이루어지지만, 간혹 피해자가 직접 협회를 방문하여 도움을 받기도 한다.

KOVA는 국가등록 민간자격증을 취득한 상담사가 직접 위기 상황에 개입하여 상담하거나 정신건강의학과 및 심리치료 전문기관에 연계하는 방식으로 이루어진다. 의료와 경제적 지원, 생계비, 교육비(학자금) 등의 지원금을 지급하고 있지만, 다른 기관의 중복 지원은 허용되지 않는다. 스마일센터와 범죄 피해자지원센터가 각각 심리와 경제 영역을 분담해 지원하는 반면, KOVA는 한 기관에서 심리지원과 경제적 지원을 동시에 한다는 점이 다른 특징이다.

4. 외국의 트라우마센터

1) 미 국립 PTSD 센터

미 국립 PTSD 센터는 PTSD 연구와 교육, 과학에 근거한 훈련, 다양한 트라우마와 스트레스 등을 연구하며, 재향군인의 의료복지를 지원한다. 미국의 PTSD

관련 기관으로는 국가보훈처 산하의 국립 PTSD 센터(National Center for PTSD: 이하 NC-PTSD), 국립 정신건강기관(National Institute of Mental Health: 이하 NIMH), 국립 범죄피해자 센터(National Center for Victims of Crime: 이하 NCVC) 등이 있다.

미국의 PTSD 관리는 사립기관인 대학병원을 비롯해 협회 산하의 PTSD 관련 기관이 각각 독립적으로 대응하지 않고 우리나라의 경우처럼 국가가 직접 나서서 관리한다. 국가가 운영하는 기관과 지역사회에서 운영하는 기관이 서로 유기적으로 연계하여 통합적 방식으로 관리되고 있다.

미 국립 PTSD 센터를 건립하게 된 배경은 베트남전으로부터 기인한다. 참전 군인의 약 30%가 PTSD를 겪고, 종전 후 10년이 지난 시점에서까지 10%에 가까운 군인들이 여전히 PTSD로 고통받는다는 미 의회 보고서가 국립 PTSD 센터 건립에 일조하였다. 미 의회는 1989년 의회 보고서를 기반으로 미 연방의회 인준을 거친 다음, 곧바로 보훈처 산하에 국립 PTSD 센터 건립을 추진하였다.

국립 PTSD 센터는 총 7개 부서로 구성되어 있으나 센터에서 직접 임상 치료는 하지 않고 있다. 주로 연구와 교육 훈련을 하면서 PTSD에 관한 조정·통제 기능을 하고, 국내·외 대학 및 연구기관과 공동으로 PTSD 프로그램 등을 연구하는 일을 주로 한다. PTSD의 원인과 진단 및 치료 지원을 위해 다양한 인프라를 구축하여 활용하는 등 정신적·의학적 문제의 최고 연구기관이자 교육기관의 위치를 점하고 있다.

미군의 PTSD 관련 기관

① 국제 중대 재해 스트레스 재단(International Critical Incident Stress Foundation, ICISF): 비영리 재단으로 모든 응급서비스 전문가들을 위한 교육과 훈련을 담당한다. 세계 여러 기관과 단체를 위한 위기 및 재난 대응 프로그램을 UN과 함께 전개하고 있는 기관이다.

② 군 의료 운영기구(Air Force Medical Operations Agency, AFMOA): 공군 내 의학 지원 기구로 군 스트레스, PTSD, 자살 등의 문제를 주로 다루는 기관이다.

③ 이동 건강 임상센터(Deployment Health Clinical Center, DHCC): 육군 의학센터에 속하는 기구로 치료 대상은 군인과 재향군인 및 필요에 따라 가족까지 포함하여 치료를 지원하는 기관이다.

④ 국립 군의관 의과대학교(Uniformed Services University of the Health Sciences,

USUHS): 국가 연구기금과 군 연구기금으로 운영되는 기관으로 PTSD에 대한 기초, 임상, 신경 과학을 연구하는 기관이다.

미 국립 PTSD 센터는 군인들의 PTSD 치료를 위해 최초로 설립된 기관이지만 현재는 군인뿐 아니라 PTSD 위험성 직군 종사자를 비롯한 성폭력 피해자, 학대 아동, 재난피해자, 대형사고 등으로 트라우마 증상이 있는 사람들까지 관리한다. 각 분야의 전문가는 지역별 대학병원을 포함해 협회 산하의 PTSD 기관과 연계하여 연구에서부터 예방에 이르기까지 다양한 활동을 전개한다.

PTSD에 대한 세계적 교육기관이라는 비전을 갖고 PTSD 관련 과학적 연구와 임상적 경험이 조화된 광범위한 연구와 프로그램 등을 개발하며, 과학적 지식을 실용화하여 임상적으로 미해결된 문제에 대한 실험적 프로토콜을 제시하는 등의 일을 하고 있다.

국립 PTSD 센터에서 제공하는 정보는 PTSD와 관련된 기초적인 것으로부터 전문 치료자를 찾는 정보에 이르기까지 다양하다. PTSD 정보는 그 내용을 쉽게 이해할 수 있도록 주요 개념과 외상 후 나타나는 반응과 증상 등을 구체적으로 설명하고 있다.

치료 방법에 대한 정보는 자가 진단 및 평가, 전문가에 의한 치료법을 소개하며 치료자를 찾는 기능을 자세히 알려준다. 한 번의 클릭으로 본인이 필요한 정보를 모두 얻을 수 있도록 간편하고 실용적인 방법도 동시에 제공하고 있다. PTSD 전문가는 정신과 의사, 전문의, 사회복지사 등으로 구성되어 있으며, 이들은 개인 병원과 지역사회 건강 보건센터에서 임상 치료를 담당하는 사람들로 이들을 쉽게 찾는 방법을 알려주고 있다.

가족이나 친구로부터 소개받는 방법을 비롯해 전화로 지역 건강 보건기관 또는 주치의에게 연락하는 방법, 각 주의 정신과 협회에 연락하는 방법, 대학병원의 정신과에 연락하는 방법 등도 알려주며, 인터넷을 이용한 검색으로 본인이 주거하는 인근 지역의 전문가를 쉽게 찾는 방법도 알려주고 있다.

2) 일본 트라우마 스트레스 연구소

일본은 지진과 해일 같은 자연 재난이 많아 자연스럽게 재난관리시스템이 잘 구축되어 있다. 트라우마 관리는 미국처럼 국가적 차원에서 통합적 방식으로 지원하는 것이 아니라, 각 지방자치 단체와 기관 등이 각각 별도로 하고 있다. 미국과 같은 통합방식이 아닌 분산형의 관리시스템을 운영하고 있는데, 이 같은 방식을 채택하는 이유는 지진이 자주 일어나는 지역 특성을 고려하기 때문이다.

일본은 1995년 발생한 한신・아와이 대지진을 계기로 재난피해자의 정신건강을 관리할 기관이 필요하다는 것을 인식하여 2004년 고베시의 효고현(縣)에 트라우마 스트레스 연구소(Hyogo Institute for Traumatic Stress: 이하 HITS)를 최초로 건립하였다.

HITS는 이후 외상 스트레스와 PTSD를 중점적으로 다루는 일본의 최고 트라우마 기관으로 발전하는 데 공헌하였으며, 이곳에서는 주로 PTSD와 재난피해자의 트라우마 증상, 외상 스트레스 등의 연구를 비롯해 재해 및 범죄 피해자의 정신건강을 돌보는 일을 한다.

이 연구소는 3층 건물에 상담실, 연구실, 치료실 등을 갖춰 놓고 정신과 의사, 임상심리사, 심리상담사, 사회복지사 등이 직무를 수행한다. 다른 기관에서 HITS에 지원 요청이 오면 직접 현장을 방문하여 진단, 교육, 홍보, 예방 등의 서비스를 제공하고 있다. HITS에서는 재난 트라우마, 범죄 트라우마, PTSD 치료프로그램을 포함하여 다음과 같은 연구를 한다.

- 위험성 직무스트레스와 관련된 연구
- 재난 생존자의 외상과 외상 스트레스에 관한 연구
- 단일 외상에 노출된 개인의 트라우마와 외상 스트레스에 관한 연구
- 반복 외상에 노출된 개인의 트라우마와 PTSD에 관한 연구 등

치료는 심리치료와 약물치료를 어떻게 할 것인지를 먼저 결정한 후, 정신과 의사가 진료 및 치료를 모두 담당하고, 전문상담사와 임상심리사는 도움이 필요한 대상자를 직접 상담하고 돌보는 일을 한다. 상담소는 임상 치료가 가능하며 필요에 따라 의학적 약물치료와 심리치료를 동시에 제공하기도 한다.

HITS에서는 건강, 의학, 그리고 사회복지 분야에 대한 교육세미나도 진행한다. 세미나는 정신건강과 관련한 제반 문제와 증상을 이해하고 관련 지식을 습득시키기 위한 세미나, 재난 예방 및 지역사회의 정신건강과 관련한 문제, 범죄 피해자, 아동학대, 가족 내 폭력, 직업 관련 스트레스 등의 주제를 다룬다.

HITS는 외상 스트레스와 재난에 대한 다양한 정보를 수집해서 제공하는 일과 심포지엄을 비롯한 웹페이지 작성, 안내 책자 및 교육자료 작성, 배포 등 다양한 방법을 활용한 홍보 활동도 전개한다. 소방 공무원에게는 스트레스 및 PTSD 홍보 책자를 이용해 재난 트라우마에 대한 이해와 도움을 요청하는 방법을 교육한다.

니가타 대지진이 발생하였을 때와 같이 마음 케어 센터를 설치하여 진단과 상담 활동을 지원하며, 전화상담 및 심리지원 프로그램을 개발하여 보급하는 등 다양한 활동을 하고 있다.

[그림 4-1] 일본의 트라우마 스트레스 연구소

PART
2

PTSD의 개념과 증상

CHAPTER 05 PTSD의 역사

CHAPTER 06 PTSD의 원인 고찰

CHAPTER 07 PTSD의 증상과 사례

CHAPTER 08 PTSD의 진단체계

CHAPTER 05

PTSD의 역사

PTSD의 역사는 용어 변천의 과정이라고 해도 틀린 말이 아닐 것이다. 베트남 전쟁 이후 PTSD라는 공식 명칭이 사용되기 전까지는 여러 가지 다양한 이름으로 불렸는데 그 이유는 아주 간단하다. PTSD 증상을 정확히 이해할 수 없었기 때문인데, 의학이 점차 발달하면서 트라우마와 관련한 연구들이 이어졌고, 그 결과 비로소 PTSD라는 공식 명칭이 DSM에 반영되어 현재에 이르고 있다.

1. 고대 기록

1) 수메르 문명

트라우마에 대한 가장 오래된 기록은 기원전 2,000년대 점토판에 기록된 고대 수메르 왕조 시대의 길가메시 서사시(Epic of Gilgamesh)일 것이다. 그 점토판에는 길가메시 왕이 절친한 친구 엔키두(Enkidu)의 죽음을 맞이하면서 경험한 증상을 기록하고 있는데, 정신이 혼미하고 두려움과 절망감을 느낀 이야기를 묘사하고 있다. 이러한 길가메시의 증상은 PTSD와 유사한 반응인 두려운 기억, 불면, 불안, 분노 등을 기록하고 있다.

2) 그리스 · 로마 문명

트라우마에 대한 첫 문헌은 기원전 약 700년경에 호메로스(Homeros)가 저술한 일리아드(Iliad)를 꼽을 수 있다. 이 문헌에는 전쟁 상황 속 군인들의 공포와 두려움에 대한 심리 상태가 잘 기술되어 있다. 전쟁 중 정신적 상처가 제대로 치료되지 않았을 때 인간이 처할 수 있는 극한 상황을 묘사하고 있고, 아킬레우스가 분노로 자기통제를 잃은 이야기를 기록하고 있다.

일리아드 후편에 해당하는 오디세이(Odyssey)에서는 오디세우스가 트로이 전쟁 후 귀향하기 전까지 10년을 방랑하면서 겪은 경험을 서술하고 있는데, 그 내용이 만성적인 PTSD를 묘사하고 있다. 그리스 · 로마 역사에서는 마라톤 전투(B.C. 490년)에서 병사들이 겪은 PTSD 증상을 기록하고 있다. 베수비오 화산 폭발(A.D. 79년)이 발생했을 때는 사람들이 해리와 같은 급성 스트레스 반응을 보였다고 기록하고 있다.

2. 18, 19세기

영국 런던에서 발생한 1666년의 대화재 이후 러시아는 PTSD 관련 증상을 '철도 척추(railroad spine)'라는 이름으로 불렀다. 프랑스 나폴레옹 군대의 군의관이며 구급차 이송체계를 확립한 장 라레(Dominique Jean Larrey)는 전쟁터 부상자를 치료하는 과정에서 최초로 PTSD 증상을 기록하였다. 처음에는 강한 흥분이 일어나다가 열감 및 소화기 증상이 나타나고 좌절감과 우울 증상이 나타나는 과정을 기록하고 있다. 이렇게 18세기가 되어서야 비로소 트라우마에 대한 묘사가 기술적으로 이루어지기 시작하였다.

1) 러시아의 철도 사고

러시아는 1800년대 후반에 철도 사고를 당한 근로자와 일반인을 위한 정부 보상법을 시행하였다. 이 법이 시행되자마자 엄청난 사람들이 철도 사고로 인한 신체적 고통과 후유증에 시달리고 있다고 주장하며 보상을 요구하였는데, 그 증상이 PTSD와 매우 유사한 것으로 기록되어 있다.

신경계통과 호흡계통 그리고 혈액순환계에 장애를 보이고, 심한 우울증을 보일 뿐만 아니라 언어와 사고의 불일치까지 보인 사람들도 있었다고 기록하고 있다. 뚜렷한 신체 증상이 없이 트라우마 증상을 보이는 철도 사고 희생자 수가 많아지면서 '철도 척추(railroad spine)'라는 이름으로 널리 알려지게 되었다. 어떤 학자는 철도회사에 대한 배상을 요구하는 사람의 수가 급증하면서 철도 사고로 인한 보상을 받기 위해 증상을 꾸며낸 것이라 하여 '보상신경증(compensation neurosis)'이라고 부르기도 하였다.

2) 미국 남북전쟁

군인을 대상으로 한 PTSD의 초기 개념은 미국 남북전쟁으로부터 형성되기 시작하였다. 미국 남북전쟁은 1861년부터 1865년까지 4년간 이어진 전쟁으로 남부군이 패하고 북부군이 승리하면서 미국 전역에 노예제도가 폐지되어 노예들에게 시민권이 주어졌다. 남북전쟁 당시 전투에 참여한 군인들이 심장이 아픈 증상을 호소하면서 '과민성 군인의 심장(irritable soldier's heart)'이라는 이름을 붙이게 되었는데, 이것이 군인에 대한 PTSD 적용의 첫 계기가 된다.

심장전문의였던 제이콥 멘데즈 다 코스타(Jacob Mendez Da Costa)는 이러한 병명을 붙인 이유에 대해, 전투에 참여한 군인들이 이유를 알 수 없는 트라우마 증상을 호소하기 때문이라고 설명하였다. 그는 전사자가 62만 명에 달했던 남북전쟁 당시 신체 부상의 유무와 관계없이 불안과 공포, 두려움 등으로 고통받는 군인들의 증상을 최초로 학계에 보고하기도 하였다.

◉ 성경 속의 PTSD

성경 사무엘하 13장의 '다말'에 대해 기록된 내용은 전형적인 PTSD 증상이라고 할 수 있는데 이를 소개한다. 유대의 다윗 왕 시절에 이복 오빠인 암논에게 근친상간적 희생자가 된 다말(Tamar)에 대해 성경에서는 그의 고통에 대해 다음과 같이 기록하고 있다. 다말이 재를 그 머리에 무릅쓰고, 채색옷을 찢고, 손을 머리 위에 얹고 크게 울며... 이에 다말이 그 다른 오라비 압살롬의 집에 있어 처량히 지내니라(구약성경, 사무엘하 13장, 19–20절).

3. 1 · 2차 세계 대전

1) 제1차 세계대전

제1차 세계대전은 4년 동안 8백여만 명의 사상자를 낸 전쟁이자, PTSD를 수면으로 떠 오르게 한 전쟁이기도 하다. 전쟁에 참전한 군인들은 포탄이 쏟아지는 참호 속에서 죽음의 공포와 두려움으로 히스테리 환자처럼 되어 갔다고 기록하고 있다. 군의관들은 장병을 치료하는 과정에서 전쟁 중에 혹은 전쟁이 끝난 후에도 멍해지거나 자아가 상실되는 상태를 보였다고 전하였다.

찰스 마이어(Charles Myers)는 이 같은 증상에 대해 포탄이 그 원인이라고 생각하여 '포탄 충격(shell shock)'이라는 이름을 붙이게 되었다. 포탄이 떨어지면 그 주위의 공기밀도가 낮아지고 일산화탄소가 증가해 나타나는 증상이라고 생각해 붙인 이름이다. 그러나 포탄 충격을 경험하지 않은 군인들조차도 이와 비슷한 증상을 보이고, 신체적 외상에 노출되지 않은 군인들도 이와 유사한 증상이 나타나자, 비로소 전쟁신경증(war neuroses)이 실재한다는 사실을 알게 되었다.

당시에는 환경적 요소보다는 내면의 무의식적 갈등으로 정신질환이 생긴다는 정신분석학의 영향으로 심리적 증상들이 대체로 무시되는 시대였다. 하지만 직접적으로 포화에 노출되지 않은 군인들까지 이런 증상이 관찰되면서 이는 단순한 신체질환이 아닌 정서적인 원인에 의해 생긴다는 사실을 새로이 인식하게 되었다.

2) 제2차 세계대전

제2차 세계대전이 일어났을 때는 전쟁 중 정신적 피해를 받는 군인들의 수를 줄이기 위해 전쟁 수행 부적합자를 찾아내기 위한 검사가 별도로 이루어졌다. 그 결과 100만 명 이상의 남자들이 전쟁 수행 부적합자로 판명되어 병역의무에서 면제되었다. 그러나 전쟁에 참여한 군인의 10%는 전쟁이 끝난 후에도 불안감, 공격성, 우울증, 기억장애, 알코올 중독, 악몽, 공포 등의 증상이 나타났으며, 이러한 증상을 '전투 피로(combat fatigue)'라고 명명하였다. 특이한 점은 전투 피로를 개인의 정신적인 문제로 여겼는데, 그 이유는 전쟁으로 인해 나타난 증상이라고 여기게 되면 정부에서 막대한 보상을 해주어야 되었기 때문이다.

제2차 세계대전은 전쟁신경증 연구를 활발히 이루어지도록 한 전쟁이기도 하였다. 전장 스트레스에 노출된 군인들에 대한 체계적인 처치가 이루어진 시기로 '전투 스트레스 반응(combat stress reaction)'이라는 새로운 용어가 생겨나기도 하였다.

아브람 카디너(Abrahm Kardiner)는 그의 저서 '전쟁의 외상 신경증(The Traumatic Neuroses of War)'에서 PTSD 증상을 자세히 설명하면서 히스테리, 꾀병, 간질 등으로 잘못 진단한 사례를 소개하기도 하였다.

◉ 소설 속의 PTSD

베트남 전에 참전한 작가의 체험적 소설이라고 할 수 있는 하얀 전쟁(안정효, 2009)에서 주인공이 털어놓는 고백을 소개한다. "나는 거의 매일 밤 구더기 꿈을 꿔요. 이 꿈을 처음 꾼 건 베트남에서 돌아오는 귀국선을 탔을 때부터였어요. 물론 그 전에도 온갖 악몽을 자주 꾸곤 했지만, 이렇게 끈질기게 똑같은 꿈이 자꾸만 반복되기는 구더기가 처음이었어요. 귀국선에서, 그 미군 수송선에서 쓰던 식기 생각나세요? 반쯤 투명하고 새하얀 사기그릇 말이에요. 그 새하얀 그릇에 담은 새하얀 쌀밥이 꿈속에 나타났는데, 갑자기 그 밥알들이 하나씩 구더기로 변해서 스멀거리며 밥그릇 안에서 천천히 뱅뱅 돌며 행군했어요."(중략)

4. 베트남전 이후

PTSD가 급격하게 알려지게 된 것은 베트남 전쟁이 끝난 이후부터였다. 1955년부터 1975년까지 20여 년 동안 지속된 베트남 전쟁은 PTSD의 현대적 개념 정립에 큰 영향을 주었다. 베트남전에 참전한 미군뿐만 아니라 일반 시민들도 베트남 전쟁을 통해 PTSD에 대한 인식을 새롭게 하는 계기가 되었으며, PTSD라는 공식 명칭이 사용된 것도 이때부터였다.

처음에는 '베트남 전쟁 후 증후군'이라는 명칭을 사용하였다가, 이후 몇 년의 연구 끝에 1980년 미 정신의학회의 『정신장애의 진단 및 통계편람』 제3판(DSM–Ⅲ)에 PTSD라는 이름을 명기하였다. PTSD는 개인이 감당하기 힘든 트라우마 사건을 겪고, 정신적인 충격을 받은 후 나타나는 여러 가지 심리·신체적 증상으로 자세하게 기록하였다.

베트남 전쟁은 참전군인을 치료하는 과정에서 심리적 위축이나 정신장애 등의 증상을 호소하는 심리적 트라우마에 대해 하나의 독립된 증상으로 여겼다는 점에서 큰 의미가 있다. 특정 질병이나 비정상적인 상태의 특성을 집합적으로 나타내는 용어인 증후군(syndrome)에서 질병 자체를 나타내는 독립된 하나의 장애(disorder)로 전환되었으며, 이후 1990년대 일어난 1차 걸프전쟁 이후부터는 PTSD에 대한 이해의 영역이 넓게 확장되어갔다.

〈표 5-1〉 PTSD 명칭의 변화 과정

구분	명칭
미국 남북전쟁(1861~1865)	과민성 군인의 심장(irritable soldier's heart)
1차 세계대전(1914~1918)	피로증후군, 포탄 충격, 전쟁신경증(war neurosis)
2차 세계대전(1939~1945)	전투피로증, 전투 스트레스 반응(combat stress reaction)
베트남 전쟁(1965~1973)	베트남 전쟁 증후군, 외상 후 스트레스 장애(PTSD)

출처: 심윤기(2018).

CHAPTER 06

PTSD의 원인 고찰

1. 개인 특성적 관점

PTSD는 외상 사건 자체가 일차적인 원인이 되기도 하지만 외상 사건을 경험했다고 해서 모든 사람이 PTSD 증상이 나타나는 것은 아니다. PTSD는 충격적인 외상 사건이라는 직접적인 발병 요인이 존재하지만 그렇다고 외상 사건을 경험한 모든 사람이 심리적 고통과 혼란을 경험하지는 않는다. 똑같은 외상을 경험했다 하더라도 외상 이후에 잘 적응하는 사람이 있는가 하면, 수년이 지났음에도 불구하고 심리적 고통으로 힘겹게 살아가는 사람이 공존함을 볼 때 개인차가 있는 것은 분명해 보인다.

개인 특성의 관점에서는 보호 요인과 위험요인으로 구분하여 PTSD 원인을 설명한다. 보호 요인은 기질과 성격, 자존감, 탄력성 등과 같은 요인으로 극한 상황에서도 잘 적응하게 하고, 심리·사회적 기능을 안정되게 유지하게 하는 등 PTSD 예방에 긍정적이다. 반면, 위험요인은 신경증, 낮은 외향성, 낮은 성실성, 낮은 자존감, 우울증과 편집증, 성격장애 등과 같은 요인으로 PTSD 발현을 촉진하는 것으로 알려졌다.

1) 보호 요인

PTSD 보호 요인은 트라우마 증상 발현을 예방하고 막아주는 역할을 한다. 보호 요인으로는 높은 교육 수준, 직업, 사회적 지지, 친밀한 가족관계, 원만한 대인관계 등의 사회적 요인을 두루 포함한다. 그리고 내적 통제감, 희망, 낙관성, 감사, 영성 등 긍정적인 심리적 요인이 관여한다. 이 중 사회적 지지는 외상을 경험한 이후 질병으로 발전할 가능성을 감소시킨다는 연구 결과가 공통으로 보고되고 있다.

PTSD 대처 방법으로는 적응적인 방법과 부적응적인 방법이 있다. 적응적인 대처는 건강 관리 서비스를 이용하는 등 스트레스에 적극적으로 대응하는 행동으로 심리적 고통의 장기화를 예방하는 긍정적인 결과를 가져온다. 상황을 통제할 수 있다고 인식하거나 긍정적·낙관적으로 대응하는 방법은 일관되게 트라우마 경험 이후의 심리적 고통을 경감시키는 것으로 보고되었다.

최근에는 PTSD 대처에 자기효능감이 매우 중요하다는 연구 결과가 보고되는 추세다. 자신에게 어떤 일이 발생하든지 관계없이 그 일에 대처할 수 있다고 믿을 때, 실제로 외상 사건 이후에 더 나은 바람직한 행동으로 이어져 스트레스 반응이 감소된다고 주장한다(Augustin, 2014).

기타 보호 요인으로는 독서(Storr et al., 2007), 교육(Schnurr et al., 2004), 강한 정신력(Kobasa, 1982), 낙관적 대응(Augustin, 2014) 등이 보고되고 있다. 흡연과 음주, 약물 사용 등은 단기적으로는 스트레스 반응을 포함한 심리적 고통을 낮아지도록 하는데 도움을 주지만, 장기적으로는 만성으로 이어지게 하여 중독과 같은 또 다른 질환을 가져오는 결과를 초해한다(Vlahov et al., 2002).

◉ 긍정 정서 / 부정 정서

긍정 정서는 일상생활에서 행복, 기쁨, 만족감, 흥미와 즐거움을 경험하는 데 도움을 준다. 생각과 행동의 다양성을 넓혀주고 수용성을 높여 유연한 대처를 촉진함으로써 외상 경험 시 심리적 고통을 경감시킨다(Bonanno, 2004).

반면, 분노, 충격, 불안, 절망, 슬픔, 수치심, 무력감, 죄책감 등의 부정 정서를 지속해서 경험하는 경우는 경험의 부정적 측면에 몰두하게 되고 경험을 극단적으로 해석하여 다시 부정 정서를 경험하는 등 악순환을 반복하여 심리적 고통을 증가시킨다.

이러한 부정 정서 반응은 충격적인 사건을 경험하면 나타나는 자연스러운 반응이다. 그러나 회복을 위한 어떤 도움도 받지 못하여 장기간 지속되면 일상생활을 하는 데 심각한 어려움에 직면하며, 자해나 자살 같은 행동으로 이어지기도 한다(Brewin, Andrews, & Valentine, 2000; Walsh, 2007).

2) 위험요인

PTSD는 어떤 단일한 요인에 의해서만 발생하지 않고 여러 요인이 상호작용하여 나타나는 특징이 있다. 과거에 경험한 빅(BIG) 외상이 PTSD에 큰 영향을 주지만 최근에는 외상 사건의 규모나 크기보다 개인의 주관적인 반응에 더 주목한다. PTSD에 영향을 주는 개인 특성 요인으로는 정신장애의 유전적 또는 기질적 취약성 요인과 의존성이나 정서적 불안정과 같은 성격특성이 존재한다.

이는 외상 사건을 경험하기 이전부터 개인마다 다른 유전적 요인과 개인적 특질이 PTSD에 영향을 주고 있음을 의미한다. 즉, 경계성 · 편집성 · 반사회성 · 의존성과 같은 유전적인 취약성과 주관적인 반응성이 PTSD에 영향을 주고 있다. 예전부터 불안 증상을 가진 사람은 불안 증상이 없던 사람보다 PTSD 위험이 훨씬 높게 나타나는 것도 이와 같은 이유라고 볼 수 있다.

외상 사건을 경험하기 이전의 위험요인을 살펴보면 다음과 같다.

- 생명의 위협이 되는 충격적인 외상을 직접 경험한 경우
- 정신질환에 취약한 유전적 특질이나 가족력이 있는 경우
- 외상 충격적인 사건을 경험하기 이전부터 기능 수준이 낮은 경우
- 어렸을 때의 경험한 방임, 학대 등으로 트라우마가 존재하는 경우
- 성격장애, 우울장애, 불안 장애, 알코올 중독의 질환이 있는 경우
- 아동기 부모가 별거하거나 이혼하여 애착 관계 형성이 되지 않은 경우
- 사회적 지지를 제공해 줄 수 있는 가족 구성원이 존재하지 않은 경우
- 최근 극심한 스트레스를 받는 삶의 변화가 존재하는 경우
- 여성, 25세 미만의 나이, 범죄와 관련된 가족력이 있는 경우 등

위험요인 중에는 2차 스트레스 원도 PTSD에 영향을 준다. 2차 스트레스 원은 외상 사건 이후에 뒤따라 발생하는 부정적인 사건으로 개인의 신체 상해, 주

거 피해, 재산 손실, 재정적 스트레스, 실직이나 실업 등 직업과 관련된 스트레스 등을 포함한다. 이러한 2차 스트레스 원은 외상 그 자체로 인한 스트레스만큼이나 개인의 트라우마 반응에 부정적인 영향을 미치며, 정신건강 문제를 더 오랫동안 지속시키는 데 영향을 준다.

◉ 외상 경험 이전의 위험요인

외상 사건을 경험하기 이전의 신체 건강 문제는 외상 이후의 질병뿐만 아니라 신체화 증상, 우울, PTSD 등에서 심리적 고통의 수준을 예측하며, 특히 외상 후 증상 중에서 과각성과 관련이 크다는 연구 결과가 보고되었다(Norris et al., 2005; Woods & Wineman, 2004). 외상 이전 정신과적 문제 역시 외상 후 심리적 고통을 증가시키는 요인으로 밝혀졌다. 사회재난 피해자를 대상으로 이루어진 연구에서는 외상 전 정신과적 장애가 있는 사람이 정신과적 장애가 없는 사람보다 PTSD 발병률이 20%나 더 높게 조사되었다(North et al., 1999). 자연재해 피해자도 재난 전 우울 수준이 높은 사람이 재난의 영향을 더 많이 받는다는 연구 결과가 보고되었다(Phifer, 1990).

2. 심리학적 관점

1) 정신분석적 입장

프로이트가 창시한 정신분석은 PTSD가 발생하는 원인을 자아의 손상과 외상의 재현 등 두 가지 요인으로 설명한다. 정신분석은 어린 시절의 경험이 성격 형성에 지대한 영향을 미친다고 주장하며, 정신적 결정론과 무의식적 동기를 중요하게 다룬다. 인간의 마음을 원초아(id)와 자아(ego), 초자아(superego)로 구분하여 이들 간의 균형이 트라우마 사건으로 깨어질 때 나타나는 심리적 문제가 곧 PTSD라고 말한다. 다른 하나는 외상의 재현 때문이라고 주장하는데 과거에 억압되었던 심리적 갈등이 어느 특정 사건으로 인해 PTSD로 재현되는 것이라고 설명하고 있다.

구체적으로, 원초아는 본능적인 욕구를 추구하고 이를 즉각적으로 충족시키고자 하는 쾌락의 원리에 따라 움직인다. 그렇지만 초자아는 이와 정반대로 바람직하고 이상적인 것을 추구한다. 이렇게 원초아와 초자아는 추구하는 것이 달라 이 둘 사이의 균형을 자아가 조절한다. 즉, 자아는 원초아의 욕구를 고려하면서도 초자아의 압력을 수용하는 방법을 찾아내, 이 둘 간의 갈등을 적절한 수준에서 해결하고자 한다.

그러나 이러한 갈등을 중재하는 자아의 힘이 부족하면 원초아 또는 초자아 중 어느 한쪽으로 에너지가 쏠려 심리적 갈등이 일어나게 된다고 주장한다. 즉, 트라우마 사건을 겪음으로써 자아가 손상되고, 자아의 힘이 약해져 자아가 제 기능을 수행하지 못할 때 PTSD 증상이 나타난다고 본다.

어릴 적 성(性)과 관련된 심리적 외상이 존재하는 경우, 현재 경험하는 사건으로 과거의 외상 기억이 재현된다고 여긴다. 본래 어린아이들은 약한 존재라서 따뜻한 돌봄과 관심, 애정과 보호가 필요하나 방임되거나 학대 혹은 性的 외상을 겪게 되면 현재 경험하는 외상 사건으로 인해 이전에 정지되어 해결되지 못한 여러 심리적 혼란과 갈등, 고통 등이 PTSD 증상으로 나타나게 된다고 말한다.

즉, 무의식에 억압된 감정을 표출하지 않아서 나타나는 증상으로 보고 있는 것이다. 의식 중에 있던 위험한 기억과 감정, 생각 등이 무의식 안으로 들어가고, 이것이 다시 의식 밖으로 나오지 못하게 하는 데서 PTSD 증상이 발현된다고 주장한다. 그래서 정신분석의 관점에서는 외상 사건 이후에 감정표현을 제대로 하지 못하고, 감정을 제대로 조절하지 못하면 PTSD 증상으로 이어진다고 여긴다.

2) 행동주의적 입장

행동주의 이론은 인간의 모든 행동이 환경과의 상호작용에서 학습된 것이라고 본다. 정신분석과 같이 개인 내부에서 일어나는 보이지 않는 정신 요소를 다루는 것을 지양하고, 객관적 관찰이 가능한 눈에 보이는 행동을 연구해야 한다고 주장하는 제2세대 이론이다.

PTSD가 발생하는 원인을 설명하는 행동주의 관점은 다양하다. Mowrer(1960)는 PTSD가 발생하는 원인을 고전적 조건형성과 조작적 조건형성의 두 가지 원리를 적용하여 2요인 학습이론(two-factor theory)을 주장하였다. 20세기 초 러시아의 생리학자인 파블로프(Ivan Pavlov)는 개의 소화과정에 대한 실험을 통해 '고전적 조건형성' 원리를 제안하였으며, 이후 스키너(Skinner)의 실험 연구를 통해 행동에 대한 보상이 학습을 가능케 한다는 '조작적 조건형성' 이론이 창안되었다.

고전적 조건형성은 PTSD 증상이 있는 사람의 두려움과 공포 현상을 잘 설명하며, 조작적 조건형성은 PTSD 증상이 있는 사람의 회피 행동을 잘 말해 준다. 다시 말해, 고전적 조건형성은 외상 경험과 비슷한 자극에 반응하는 연합의 원리를 잘 보여주며, 조작적 조건형성은 트라우마와 관련된 자극이 없더라도 회피 행동의 강화 원리를 잘 설명하고 있다.

행동주의 이론에서는 PTSD 증상 발현을 2단계로 설명한다. 첫 번째 단계는 공포반응을 유발한 충격적인 외상 사건이 고전적 조건화 반응을 통하여 조건적 자극과 짝을 이룬다고 말한다. 두 번째 단계는 도구적 학습을 통해 조건화된 자극이 최초의 외상과는 무관하게 공포반응을 일으켜 조건화된 자극과 비 조건화된 자극을 모두 피하는 회피 행동이 나타난다고 주장한다.

(1) 고전적 조건형성

러시아의 생리학자인 파블로프는 1900년대 초 개의 침샘 일부를 외과적으로 수술하여 개가 먹이를 먹을 때마다 분비되는 침의 양을 측정하는 연구를 시도하였다. 연구가 진행되는 과정에서 파블로프는 실험 개에게 먹이를 주기 위해 다가오는 사람의 발소리를 듣거나, 밥그릇만 보아도 개가 침을 흘린다는 사실을 발견하였는데 여기에서 고전적 조건형성의 개념이 출발한다. 개는 사람의 발소리와 밥그릇이 먹이와 함께 나타나는 일종의 '연합'을 학습한다는 것을 알게 되었다. 즉, 침 분비와 아무 상관이 없는 사람 발소리와 밥그릇이 먹이와 같은 효과를 가져오는 원리를 발견하게 된 것이다.

이를 보다 구체적으로 알아보기 위해 파블로프는 먹이를 주기 전에 불빛을 비추어 불빛도 먹이와 같은 효과를 가져올 수 있는지를 살펴보았는데 그 결과도 마찬가지였다. 충격적인 재난이나 끔찍한 외상 사건을 경험한 사람도 이와 같은 행동주의 원리 적용이 가능하다. 가령, 군인으로부터 성폭력을 당한 여성은 군복을 입은 사람만 봐도 두려움을 갖고, 세월호 사고를 경험한 사람은 바다만 보아도 두려움을 느끼는 것은 성폭력과 군복이 연합되고, 세월호 침몰과 바다가 연합되었기 때문이다.

[그림 6-1] 고전적 조건형성 원리

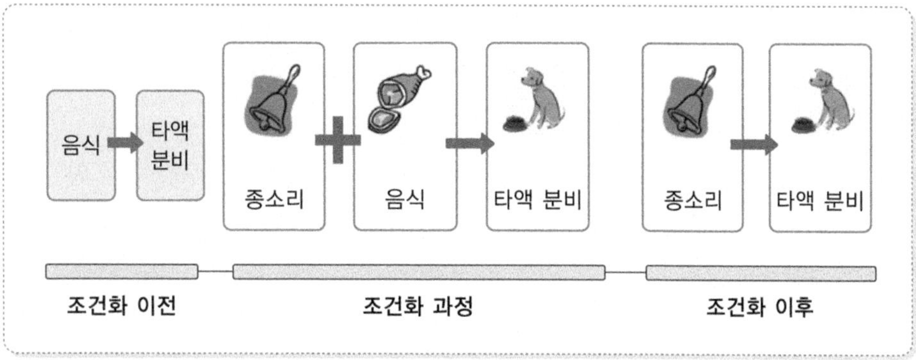

출처: 심윤기(2016).

행동주의에서 말하는 연합은 외상 사건에서 발생한 불안, 공포와 연합되는 것만이 아니며 특정한 생각이나 냄새도 연합이 가능하다. 이러한 연합은 유사한 자극에도 공포와 두려움을 느끼는 자극일반화를 경험하게 만든다. 예컨대, 화재 현장에서 불에 탄 시신을 수습한 소방관은 공통으로 단백질이 타는 냄새를 맡는다고 말한다. 화재를 진압하면서 맡은 이 같은 불쾌한 냄새는 일상생활에서 맡을 수 있는 커피, 음식 등과 같은 냄새에도 두려움과 불안, 공포를 느낀다.

휴식 시간에 마시는 커피 냄새, 식당에서 먹는 음식 냄새에도 불안을 느끼게 되는데, 그 이유는 화재 현장에서 맡은 냄새가 점차 유사한 냄새로까지 확장되었기 때문이다. 집에서 햄버거를 먹다가도 혹은 전통 시장을 둘러보다가도, 집에서 누워있다가도 문득문득 화재 현장에서 맡은 것과 같은 유사한 냄새가 나면 화재 현장에서 목격한 불에 탄 시신이 떠올라 그 냄새를 피하려고 집 밖으로 나가기도 한다.

(2) 조작적 조건형성

스키너는 조건반사의 원리에 입각한 학습을 연구하여 발전시킨 학자로 우리가 알고 있는 스키너 상자(Skinner Box)로 유명하다. 스키너는 몇 가지 도구를 설치한 상자 속에 쥐를 넣고 관찰하였다. 지렛대와 전등, 먹이통 등을 상자 안에 설치하고 쥐가 지렛대를 누를 때 먹이가 나오도록 장치하였다. 상자에 들어간 쥐는 온갖 행동을 시도하다 우연히 지렛대를 누르자 먹이가 나오는 것을 알고 같은 행동을 반복하였다. 지렛대를 누르는 횟수는 먹이가 나오는 경우가 그렇지 않은 경우보다 훨씬 증가해 나타났다.

이러한 현상은 먹이가 행동을 반복하게 하는 강화물(reinforcement)의 역할을 하였기 때문인데, 스키너는 쥐가 강화물에 의해 특정 행동을 반복한 것처럼 사람도 이와 마찬가지라고 주장하였다. 조작적 조건형성의 원리는 이러한 PTSD 증상이 있는 사람의 회피 행동을 잘 설명해준다. 일반적으로 사람들은 외상 사건을 경험하면 사건과 관련된 장소와 상징적인 대상들을 피하려고 한다. PTSD 증상이 심한 자는 이에 더하여 외상 사건과 관련한 고통스러운 기억, 생각, 감정까지도 피하려는 경향을 보인다.

[그림 6-2] 조작적 조건형성 원리

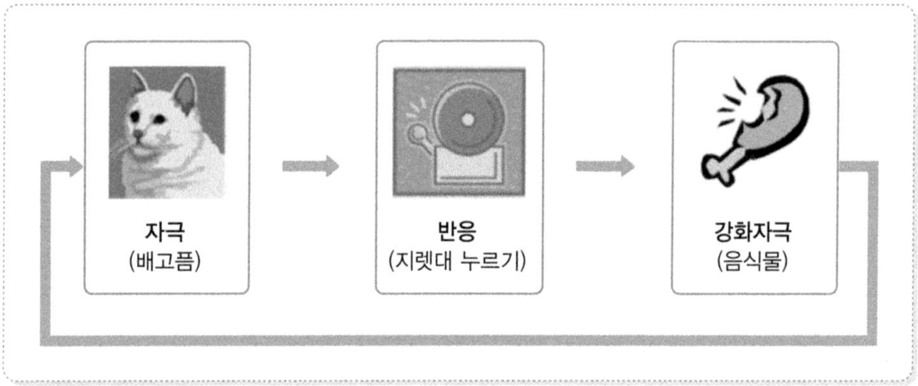

출처: 심윤기(2018).

이러한 회피 증상은 외상 경험을 기억하지 못하는 것에서부터 사고와 지각, 감정, 언어 반응이 멈추는 경우까지 다양하게 나타나게 되는데 이 모든 것은 심리적 고통을 피하기 위해서다. 두렵고 고통스러운 외상 당시의 경험을 생각하지 않으면 잠시나마 불안과 두려움, 공포 등이 떠오르지 않기 때문이다.

필자는 어릴 적 가정환경이 남들과 비교가 안 될 정도로 빈곤하였다. 아버지는 꼽추 장애인이셨고 어머니는 몸이 아주 작고 가녀린 분이셨는데 두 분 모두 일찍 세상을 떠나셨다. 의지의 대상이었던 큰 누나마저 세상이 힘들어 스스로 목숨을 끊으셨고, 네 분의 형들은 뿔뿔이 흩어져 제 살길을 찾아 고향을 떠났다. 혈혈단신 홀로 남겨진 나는 학교에서 불우이웃 돕기로 지원되는 물자로 근근이 끼니를 이어갈 수 있었으며, 고등학교 때는 마을 인근에 있는 골프장에서 주말 남자 캐디를 하며 스스로 학비를 벌며 학교를 다녔다.

그때 필자를 가장 힘들고 고통스럽게 했던 것은 가난하다는 이유로 이웃들이 보여주었던 차가운 시선과 멸시였다. 50여 년이 지난 지금도 고향에 내려가는 것이 마음에 썩 내키지 않는 것은 그때 느꼈던 차가운 시선과 멸시, 무관심, 외로움 때문이다. 옛 친구들은 직장에서 은퇴 후 고향에 내려가 살고 싶다고들 말하는데 나는 그러고 싶은 생각이 별로 없다. 어릴 적 경험들이 다시 떠오를 것 같은 두려움 때문이었는데, 다행히 심리학이라는 새로운 학문을 접하고 다양한 학습 과정과 연구를 통해 스스로 그 원인을 찾을 수가 있었으며 그 결과 과거의 트라우마를 극복할 수 있었다.

아프고 힘들었던 외상 경험을 덜 느끼고자 피하려는 것은 어찌 보면 당연한 일이다. 승강기 안에서 성폭력을 당한 여성은 승강기 타는 것을 피하려고 하고, 운전하다 교통사고를 경험한 사람은 차를 타는 것을 꺼린다. 이러한 회피 증상은 조작적 조건형성의 강화 원리가 작동되기 때문이다. 정적 강화는 긍정적 자극을 보상으로 주어 행동을 강화하는 것이라면, 부적 강화는 부정적 자극을 제거하여 행동을 강화하는 것을 의미한다.

자녀가 아침에 일찍 일어나 좋아하는 장난감을 사주는 일은 정적 강화이지만, 평소 가기 싫은 학원에 가지 않도록 허락하는 것은 부적 강화에 해당한다. 트라우마 회피 행동은 부적 강화에 해당한다. 고통을 주는 단서를 회피하는 행동은 단기간은 불안과 두려움을 감소시켜 주고 심리적 고통에서 벗어나게 하는 효과가 있지만, 장기적으로는 증상이 더 지속되게 만드는 부작용을 가져와 근본적인 치료를 어렵게 만든다.

◉ 외상 이전의 부정적 사건 연구 결과

외상 이전의 부정적인 사건 경험이란 일상에서 발생하는 스트레스 사건과 충격적인 사건을 모두 포괄하는 개념이다. 재난이나 충격적인 외상을 경험하기 이전, 이미 스트레스 사건이나 트라우마의 경험은 외상 이후의 정신건강 문제를 악화시키고, 외상 충격을 회복할 수 있는 역량을 감소시킨다는 연구 결과들이 보고되었다(Bonanno & Gupta, 2009; Maguen, Neria, Conoscenti, & Litz, 2009; Neria, Nandi, & Galea, 2008). 이는 부정적 사건을 반복해서 경험하면 신체 내 자율신경계가 스트레스에 민감하게 반응하여 작은 스트레스에 의해서도 쉽게 자극되는 스트레스 민감화(stress sensitization)가 이루어져 발병률이 높아진다고 말한다(Smid, et al., 2012).

3) 인지주의적 입장

행동주의자들은 학문의 연구 대상을 의식(意識)보다 인간의 행동에 초점을 두고, 오직 자극과 반응의 관계 및 그 관계로 구성되는 체계를 중요하게 다룬다. 반면, 인지주의자들은 인간을 사고하는 존재로 전제하고, 인간 내부에서 일어나는 능동적인 사고 과정과 인지구조를 중시한다. 정보가 뇌 속에서 어떠한 처리 과정을 통해 저장되는지와 인지 도식을 중요하게 다룬다.

호로비츠(Horowitz, 1986)는 일찍이 외상 경험의 정보가 본인의 인지 도식에 배치되면 정상적인 처리가 어렵다고 말한다. 호로비츠의 주장을 이해하기 위해서는 도식(schema)과 완전 경향성(completion tendency), 정보과부하(information overload)의 개념을 알아야 하는데 이를 살펴보겠다.

(1) 인지 도식

인지 도식(cognitive schema)은 개인이 가진 고유한 생각의 틀이자 공식과 같은 것이다. 사람은 이와 같은 인지 도식을 통해 생각하고 행동하는 패턴을 조직화하여 움직인다. 또한 인지 도식은 비슷한 상황에서는 항상 비슷하게 생각하도록 기능하고, 주변 환경이 변화되어도 생각하는 틀을 바꾸기보다 원래의 방식대로 생각하도록 이끄는 특징이 있다.

예를 들어, '여군은 남군보다 우월하지 않다'라는 인지 도식을 가진 병사가 있다고 가정해 보자. 그 병사는 여자 친구가 면회를 와서 듣기 싫은 말을 자주 하게 되면 '여자가 알면 얼마나 안다고 이렇게 말을 많이 하는 거지? 라는 식으로 생각할 수 있다. 부대에서 함께 일하는 여군 상관이 내리는 지시와 명령에도 같은 패턴으로 생각할 수 있다. 인지 도식은 이런 방식으로 정보를 받아들인다. 만약, 어느 한 개인이 정보를 받아들이는 도식이 가령 원통형으로 생겼다면 사각 모양으로 생긴 것을 보아도 원통형으로 보는 이유가 이 같은 인지 도식 때문이다.

개인이 인지 도식을 형성하는 이유는 정보처리를 최대한 신속하고 빠르게 해야 생존전략에서 유리하기 때문이다. 인지 도식이 사전에 만들어져 있으면 정보를 빠르게 받아들이고 신속하게 처리하는 데 매우 효과적이다. 만약, 인지 도식에 맞지 않는 정보가 들어오면 기존 도식의 틀에 부합될 때까지 계속해서 정보를 처리하려고 시도한다.

때로는 새로운 정보를 처리하려고 해도 해결하지 못하는 상황이 되면 이를 무시하거나 억압한다. 때로는 왜곡하거나 잊어버리려고까지 하지만 완전 경향성(completion tendency) 때문에 그러지도 못하는 상황이 계속된다. 충격적인 외상을 경험하면 이렇게 기존 개인의 인지 도식에 부합될 때까지 사건과 관련한 정보를 처리하는 과정에서 생각, 이미지, 감정, 느낌 등이 뛰쳐나오게 되는데 이것이 침습 증상이다.

(2) 정보과부하

충격적인 외상 사건을 경험하면 새로운 정보량이 엄청나게 인지 도식에 들어온다. 하지만 그 정보들은 대부분 개인의 도식에 부합되지 않은 상태라서 시간이 지나도 처리되지 않은 채 그대로 남아 있게 되는데, 이를 정보과부하(information overload) 상태라고 말한다.

일상적인 생활스트레스 사건이나 새로운 환경 변화에도 이를 받아들이고 소화하기까지 많은 시간이 걸리는 이유가 바로 여기에 있다. 충격적이고 끔찍한 외상 사건을 경험하면 정보과부하 상태는 더 높아진다. 외상 경험은 사건이 주는 정보량이 많을 뿐 아니라, 이를 개인의 도식에 부합되지 않아 정보과부하가 일어나며 그 과정에서 침습과 회피 증상이 나타난다.

외상을 경험한 사람의 반응은 다양하다. 충격적인 외상 사건을 경험하더라도 이를 성공적으로 극복한 사람이 있는 반면 실패한 사람도 있다. 본인의 의지와 주변인의 도움으로 심리적 어려움을 이겨내고 삶의 의미를 새롭게 찾은 사람이 있는가 하면, 스트레스와 심리적 불안감으로 외상 이전의 모습으로 회복하지 못하고 불안한 모습으로 살아가는 사람도 있다.

이렇게 트라우마 사건을 경험하면 적응과정으로 발전해 가든가 혹은 부적응의 과정으로 이어지게 되는데 이를 그림으로 제시하면 다음과 같다.

[그림 6-3] 정보처리 분기점

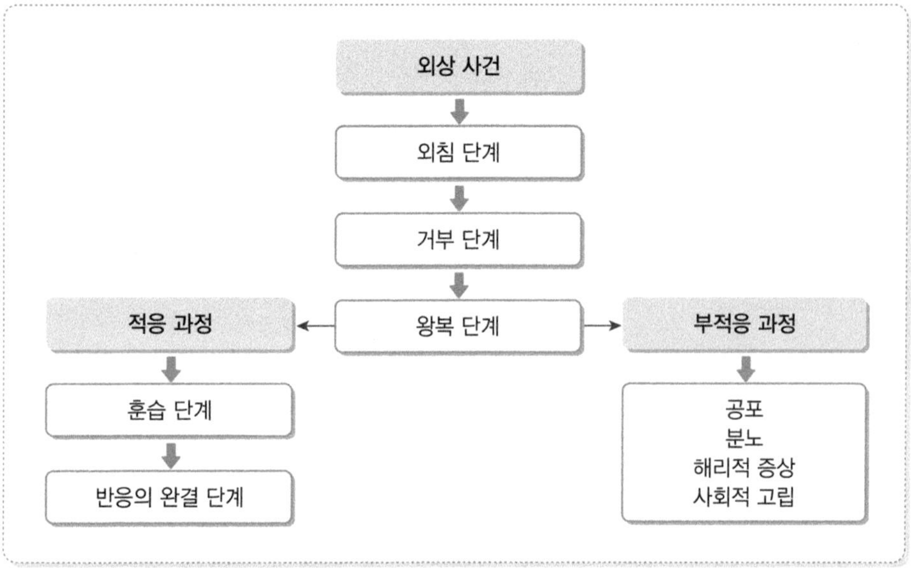

출처: Horowitz(1986).

(3) 신념의 붕괴

야노프-불맨(Janoff-Bulman, 1989)은 호로비츠의 이론을 보완하여 인지 도식의 특징에 관해 언급하였으며, 사람은 누구나 쉽게 흔들리지 않는 자기 자신 및 세상에 대한 기본적인 신념이 있다고 말하고 있다. 그는 안정성에 대한 가정, 의미 있고 통합적인 세상에 대한 가정, 긍정적인 자기 상(positive self-image)에 대한 가정 등을 중시한다.

트라우마 사건은 나에게 일어나지 않을 것이라는 안정감, 이 세상은 의미 있고 공정하다는 믿음, 나는 외상 사건을 겪지 않을 만큼 소중한 사람이라는 가치감 등이 트라우마 사건으로 철저히 붕괴되면 PTSD 증상이 나타난다고 말한다. 그가 주장한 신념 체계의 붕괴를 살펴보면 이렇다.

첫째, 외상은 나에게 일어나지 않을 것이라는 신념의 붕괴다.

필자의 예로 들어보겠다. 필자는 군 생활 33년 중 지휘관 생활을 무려 17년 동안이나 경험하였다. 지휘관을 시작할 때마다 내 부대에서는 절대 부하들이 죽는 인명사고만큼은 발생하지 않게 할 것이라는 자신감과 신념이 있었다. 그러던 어느 날 주둔지 영내에서 중장비 정비를 하던 중 전혀 예기치 않은 큰 사고가 발생해 부하 한 명이 응급 군 헬기로 국군수도통합병원에 후송되는 일이 발생하였다.

다행히 병원에 긴급 후송된 부하는 생명에는 지장이 없었으나 그날 이후로 나의 신념은 크게 흔들렸다. 내 부대에서는 절대 인명사고가 발생하지 않을 것이라는 신념이 약해져 극도의 불안 상태로 지낸 날이 헤아릴 수 없이 많았다. 내 부대는 항상 안전할 것이라는 믿음이 철저히 붕괴하여 결코 안전하지 못하다는 신념 체계로 바뀌어 불안과 긴장 등으로 지냈다. 이렇게 충격적인 트라우마 사건을 경험하면 자신의 신념이 흔들리고 바뀌게 된다.

둘째, 세상은 의미 있고 공정하다는 신념의 붕괴다.

사람들은 일반적으로 자신이 사는 세상을 의미 있게 바라보고 공정하다는 신념을 갖고 살아간다. 그러나 학교에서 성폭력을 당한 학생은 학교를 참된 교육의 현장으로 바라보지 못하고, 軍에서 구타 및 가혹행위를 당한 병사는 군대가 정의롭지 않은 조직이라고 생각한다. 극한 교통사고를 경험한 사람은 왜 이런 일이 자신에게 발생하였는지 의문을 가진다. 이렇게 충격적인 트라우마 사건을 경험하면 기존 개인이 지니고 있던 세상에 대한 기본신념이 바뀐다.

셋째, 나는 외상을 겪지 않을 만큼 소중한 사람이라는 신념의 붕괴다.

사람은 자신을 소중하고 가치 있는 사람으로 여기지만 충격적인 외상 사건을 경험하면 자신의 가치감에 대한 신념이 급격히 붕괴한다. 외상 경험 후 무력감과 죄책감이 생기는 이유는 바로 이런 자기 가치감이 무너지기 때문이다.

한편, 랑(Lang, 1979)은 충격적인 사건을 경험한 사람의 기억 속에는 하나의 공포구조(fear structure)가 형성된다고 말한다. 그 공포구조 안에는 트라우마 사건의 감각과 자극뿐만 아니라 심리적·생리적 반응까지도 저장된다고 주장한다. 포아와 그의 동료(Foa & Riggs, 1993)들은 이러한 랑의 공포구조 개념을 기반으로 기억 속에 저장된 공포구조가 광범위한 그물망처럼 엮여 처리된다고 주장하기까지 하였다. 외상을 떠올리게 하는 작은 사건이나 단서조차도 광범위한 네트워크 전체를 활성화하여 개인을 혼란에 빠지게 한다고 말한다.

3. 생물학적 관점

생물학적 관점에서는 뇌세포의 파괴로 뇌가 전체적으로 축소되고 해마와 편도체를 비롯한 변연계의 발달이 손상되면 손상된 뇌에서 호르몬 분비에 이상이 생겨 PTSD 증상이 나타난다고 설명한다. 뇌의 신경 체계와 시상하부－뇌하수체－부신 축에 외상으로 인한 기능 이상이 생기면 PTSD 증상이 나타난다고 말한다. 생물학적 관점을 지지하는 학자들은 PTSD 환자에게서 자율신경계 반응이 과도하게 증가했다는 연구 결과를 보고하였으며, 혈압 및 심장박동수 증가와 정상적이지 못한 수면 구조를 그 증거로 제시하기도 하였다.

1) 해 마

생물학적 관점에서는 PTSD의 원인을 작은 해마(hippocampus)로 여긴다. 해마는 우리 뇌에서 정보를 처리하여 전달하거나 기억을 저장하고 인출 하는 중추 기관으로 편도체(amygdala) 옆에 붙어있다. PTSD 환자는 상대적으로 작은 해마를 가지고 있다는 연구 결과가 보고되었다(Astur et al., 2004). PTSD 환자에게서 발견된 작은 해마와 만성적 스트레스를 받는 동물의 해마에서 뉴런(neuron)의 상실이 있다는 보고는 해마가 작아질 수 있다는 가능성을 보여주는 증거다.

부모의 자궁 속에 있을 때 산모의 호르몬 불균형이 있거나 유아기 영양 부실에 의한 뇌 발달이 저하되면 상대적으로 작은 해마를 갖고 태어날 수 있으며, 이는 PTSD 발병률이 높아질 수 있는 연관성을 추측해 볼 수 있다. 그렇지만 PTSD 증상 발현으로 해마가 축소될 수 있다는 가정은 아직까지 과학적으로 입증되지 않고 있다.

2) 편도체

생물학적 관점에서는 PTSD의 원인을 편도체의 과활성화로 보기도 한다. 우리의 뇌는 생존과 관련된 일은 망각하지 않고 기억하도록 프로그램되어 있다. 우리가 위험을 감지하면 가장 먼저 편도체가 활성화하고, 이어 시상의 명령으로 부신에서 아드레날린을 분비한다. 그 결과 심장박동이 증가하고 각 근육에 혈액이 빠르게 공급되면서 힘이 생겨난다. 우리는 이것을 싸우기 아니면 도망가기 반응이라고 말하는데, 위급한 상황에서 생각지도 못한 힘이 나오는 이유가 바로 이와 같은 생존 반응 때문이다.

감정과 관련된 기억이 잘되는 이유는 편도체가 기능하기 때문이다. 특히, 불안과 두려움, 공포와 관련된 일은 다시 반복하지 않도록 예방하기 위해 장기기억에 저장한다. 그러나 편도체가 지나치게 활성화되면 감정 기억이 장기기억에 저장되지 않고 두려운 상태로 그대로 편도체에 남아 있게 된다. 위험한 상황이 종료되었다는 전전두엽의 명령을 편도체가 듣지 않은 채, 아직도 계속 위험하다고 판단하여 불안을 느끼도록 만드는 것이다.

3) 코르티솔 결핍

생물학적 관점에서는 PTSD 증상이 나타나는 원인을 코르티솔 결핍으로 여기기도 한다. 이 같은 원인을 이해하기 위해서는 교감신경계와 시상하부-뇌하수체-부신 축(HPA axis)이라는 두 가지 기능의 생물학적 시스템을 이해할 수 있어야 한다.

교감신경계는 충격적인 사건을 경험하면 에피네프린, 노르에피네프린 등을 분비하여 투쟁 도피 반응(flight or fight reaction)을 일으킨다. 그 결과 동공이 확장되고 심장박동수와 혈압 및 혈류가 증가하며, 근육에서는 혈당 소비를 증가시킨다. 이때 부신 축에서는 시상하부와 뇌하수체, 부신 등이 복잡한 상호작용을 한다. 시상하부에 위험 신호가 전달되면 그것은 뇌하수체에 작용하여 부신피질을 자극하는 호르몬 분비를 증가시키며, 이는 다시 부신에 작용하여 코르티솔(cortisol)이라는 호르몬 분비를 감소하게 만든다.

코르티솔은 콩팥의 부신피질에서 분비되는 호르몬으로 신체의 스트레스 반응을 가라앉히는 뇌의 화학물질이다. 외부의 스트레스와 같은 자극에 맞서 몸이 최대의 에너지를 만들어 내는 과정에서 분비되어 혈압과 포도당 수치를 높이는 일을 한다. 즉, 극한 스트레스 상황이 다가오면 몸은 그러한 위협에 대항하기 위해 에너지를 생산하도록 돕는다. 결국, 트라우마 증상 발현은 코르티솔 호르몬이 결핍되어 나타나는 현상으로 본다.

일반적인 생활사건에서 스트레스를 받는 경우는 코르티솔 감소가 미미하지만, 생명의 위협을 느낄 정도의 스트레스 상황에서는 코르티솔 감소가 크게 높아진다. PTSD와 같이 충격적인 외상 사건에 노출되는 경우는 일반적인 스트레스에 노출될 때와 다르게 코르티솔 분비 수준이 낮은 상태로 유지된다.

4. 통합적 관점

PTSD 증상이 나타나는 원인을 규명하려는 노력은 개인 특성의 관점을 비롯해 심리학적 관점, 생물학적 관점 등 각기 다른 입장에서 설명한다. 올트만스 등(Oltmans & Emery, 2001)은 이러한 각기 다른 관점에서 설명하는 PTSD의 원인을 통합해야 한다는 주장을 제기하고 있다. 통합적 관점을 반영한 모델로는 주빈과 스프링(Zubin & Spring, 1977)이 제안한 취약성-스트레스 모형, 그린 등(Green, Wilson, & Lindy, 1985)이 제안한 심리 · 사회적 모형 등이 있다.

1) 취약성-스트레스 모형

취약성-스트레스 모형에서 설명하는 취약성(vulnerability)은 위험요인을 말한다. 이 모형의 주된 내용은 취약성과 스트레스를 주요 요인으로 보며, 어느 한쪽의 이유만으로는 병리가 발생하지 않는다고 주장한다. 즉, 개인의 취약성과 스트레스가 동시에 충족되어 비로소 병리로 발전한다고 말하고 있다.

가령, 어떤 한 질병에 취약한 유전자를 가진 남성이 있다고 가정해 보자. 그는 성인이 되어 평소 건강 관리를 잘하는 배우자를 만나 결혼하게 되었다. 결혼해 함께 살아가면서 운동과 식이요법 등을 포함한 건강 관리를 잘하여 질병에 걸리지 않았다면 그는 신체적 취약성이 있음에도 불구하고 이를 잘 극복한 경우다. 주빈과 스프링의 취약성-스트레스 모델을 그림으로 설명하면 다음과 같다.

[그림 6-4] 취약성-스트레스 모형

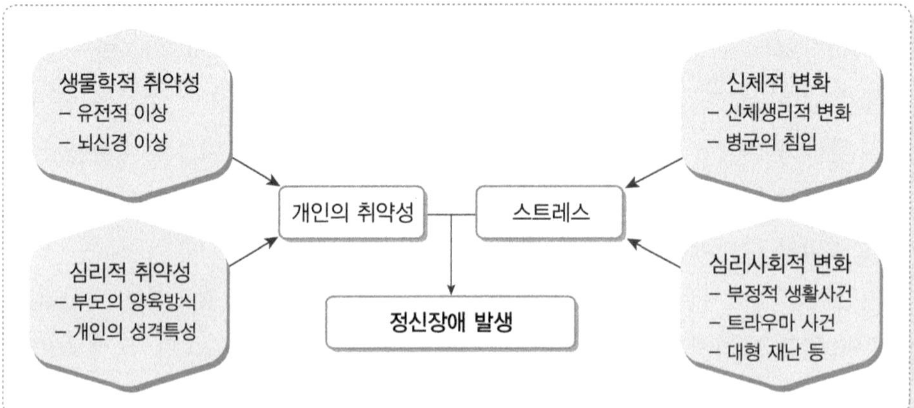

출처: Zubin & Spring(1977).

뉴질랜드의 더니든 연구에서도 이와 비슷한 연구 결과를 발표한 바 있다. 살인 및 폭력성과 관련된 유전자를 갖고 태어났어도 이를 개인이 명확히 인지하고 또한 이를 극복하기 위한 노력을 하게 되면 살인을 저지르지 않을 확률이 높아진다는 종적 연구 결과를 발표하였다.

이 외에도 유사한 연구들이 여럿 발표되었는데 모두 같은 맥락에서 설명하고 있다. 생물학적 취약성은 유전과 뇌 신경의 이상에 초점을 두며, 심리적 취약성은 개인의 성격특성과 부모의 양육방식에 두고 있다. PTSD에 취약한 요인은 대체로 다음과 같다.

- 낮은 사회경제적 자원
- 아동기 부정적인 사건 경험
- 직접 외상을 경험하였거나 목격한 경우
- 심각한 신체적 부상을 경험한 경우
- 불안정한 가족관계와 부정적 정서 반응
- 이전 트라우마에 노출된 경험이 있는 경우 등

외상 사건에 노출되는 정도는 외상 경험자의 정신건강을 잘 예측하는 것으로 알려졌다. 외상 사건 현장에 가까이 있는 사람과 멀리 있는 사람의 트라우마 수준이 같지 않다는 연구 결과도 보고되었으며, 자연재해 피해자를 대상으로 한 보고에서는 재난 현장에 근접해 있었을 때 PTSD가 높게 예측된다는 연구결과를 발표하였다(Norris et al., 2005).

나이와 외상 노출 수준의 예측력을 비교한 연구에서는 나이에 상관없이 신체적 위험을 경험했거나, 사건을 직접 목격하는 등의 노출 수준에 따라 증상에 유의한 차이를 보인 것으로 나타났다. 일반적으로 재난이 발생한 현장에 가까이 있을수록 노출 수준 역시 증가하였지만, 외상 사건을 얼마나 위협적으로 경험했는지는 이런 물리적 근접성과 반드시 일치하지 않았다. 그 이유는 외상 사건이 발생한 현장으로부터 상당히 먼 거리에 떨어져 있었다 하더라도 주관적으로 매우 큰 위협감과 두려움, 공포를 지각할 수 있기 때문이다.

이처럼 외상 사건이나 재난의 노출 수준은 심리적 거리와 물리적 근접성이 영향을 미치고 있다. 심리적 거리는 외상 사건 당시 경험한 생명의 위협감, 죽음에 대한 공포, 두려움 등과 같은 주관적 지각 요인을 말하며, 물리적 근접성은 외상 현장으로부터 얼마나 떨어져 있는가에 대한 거리를 의미한다.

2) 심리 · 사회적 모형

심리 · 사회적 모형은 개인의 성격특성과 사회문화적 환경이 어떻게 PTSD에 영향을 미치는지 밝히려는 입장이다. 윌리엄스 등(Williams et al., 2002)은 개인 특성과 트라우마 특성, 환경 특성에서 이를 찾고자 노력하였다.

〈표 6-1〉 PTSD 심리 · 사회적 요인

개인 특성	사건 특성	환경 특성
· 이전의 과거력 · 아동기 트라우마 · 교육 수준, 성격장애 · 개인의 심리적 특성 등	· 외상 사건 자체의 특성 · 외상 형태 및 강도 등	· 사회적 지지 · 2차 스트레스 원 · 사회경제적 자원 등

출처: Williams & Poijula(2002).

PTSD 증상 발현에 영향을 주는 개인 특성은 정신장애에 대한 유전적 또는 체질적 취약성, 아동기의 외상 경험, 의존성이나 정서적 불안정성과 같은 성격 특성을 포함하며, 자신의 운명이 외부의 요인에 의해서 결정된다고 생각하는 통제 소재의 외부성 등이 있다.

가족 중 불안 장애 증상을 가진 사람이 있으면 PTSD 발병률이 높다는 연구 결과가 보고되기도 하였는데, 이것은 생물학적 취약성을 가져오는 유전적인 기여가 장애 발병에 중요한 역할을 한다는 점을 알 수 있다. PTSD 증상 발현에 영향을 주는 또 다른 개인 특성으로는 성별 및 인종적 배경을 비롯해 본인과 가족 구성원이 가진 이전의 과거력, 교육 수준, 나이 등을 포함한다.

이러한 개인 특성은 앞서 개인 특성적 관점에서 설명하였듯이 외상 사건에 성공적으로 대처할 수 있는 긍정적인 요인이 있는가 하면, 증상 발현을 촉진하는 위험요인이 동시에 존재한다. 외상 사건이 어떠했는가에 따라서도 증상이 다르게 나타난다. 외상 사건의 특정한 경험은 위험요인으로 작용하여 증상 발현의 위험을 증가시킨다. 가령, 性的인 학대나 가정폭력, 잔인하고 비인간적인 감금이나 고문 등이 아동 성장기에 발생한 경우는 그 위험성이 증가한다(Julian, 2012).

외상 사건이 개인에게 직접적으로 일어나거나 중대한 물리적 부상 및 심각한 고통을 수반하는 경우는 PTSD 위험이 훨씬 높아진다. 목격한 사건도 가족과 가까운 지인에게 자행되거나 생명을 위협한 경우는 발병위험이 증가한다. 어린 시절 경험한 트라우마는 현재 사건의 스트레스 증상을 촉진하는 것으로 밝혀졌다. 이렇게 PTSD 관련 연구들은 과거 외상 경험이 있는 사람이 이후의 외상 사건을 겪게 될 때 더 취약하다는 것을 공통으로 말하고 있다.

윌리엄스와 포이줄라(Williams & Poijula, 2002)는 이러한 외상 경험의 특성을 사건 전 요인과 사건 자체 요인 그리고 사건 이후의 요인으로 구분하여 살펴보는 것이 중요하다고 말한다. 그들이 주장한 증상 발현에 영향을 주는 외상 경험의 특징은 다음과 같다.

- 어린 나이에 외상 사건을 겪을 때
- 외상 사건에 노출된 수준이 높을 때
- 외상 사건이 발생한 위치가 지리적으로 가까울 때
- 복합적인 외상 사건을 반복적으로 경험할 때
- 외상 사건을 오랫동안 지속해서 겪을 때
- 고의적이고 계획적으로 저지른 외상 사건에 연루될 때
- 충격적인 외상 사건에 가해자나 목격자로 참여할 때
- 개인이 경험한 외상 사건의 의미를 부정적으로 인식할 때 등

PTSD의 원인을 설명하는 심리·사회적 모델은 어떠한 외상 사건이라 하더라도 실제적 적용이 가능한 일반적인 모형이다. 개인의 취약한 성격특성과 생물학적 요인, 충격적인 외상 사건의 경험과 사회적 지지 등의 부족은 PTSD 증상 발현과 높은 상관을 가진다. 외상 사건을 경험한 후 회복과정에서는 다음과 같은 사회적 지지를 포함한 환경적 요인의 결여가 트라우마 극복을 저해한다고 강조한다.

- 사회적 지지의 결여
- 외상 사건과 관련해 아무것도 할 수 없는 무기력한 상태
- 될 대로 되라는 식의 수동적이고 자포자기의 상태
- 2차 스트레스 원이 복합적으로 발생하는 경우

· 극심한 심리적 고통으로 의미를 상실한 경우
· 자신을 돌보지 않고 소중히 여기지 않는 경우 등

앞서 언급한 여러 요인 중 외상 사건을 경험한 후 회복하는 과정에서 사회적 지지가 결여된 경우는 PTSD 증상 발현을 가장 잘 예측한다. 다시 말해, 여러 외상 사건에 노출된 이후 PTSD 위험을 감소시키는 가장 강력한 보호 요인은 사회적 지지다. 외상 사건을 경험한 후의 사회적 지지는 정서 통제의 회복에도 도움을 주고, 정서적 고통과 불신의 부정적 감정을 감소시키는 데에도 도움을 준다. 따라서 외상 사건을 경험한 사람의 주위에 강한 사회적 지지 그룹이 형성되어 있으면 외상 경험 후 PTSD로 이어질 가능성은 그만큼 훨씬 줄어든다.

CHAPTER 07

PTSD의 증상과 사례

1. 외상(Trauma)의 개념

DSM에 기술된 외상의 개념은 PTSD 진단기준을 마련하기에 앞서 정의한 내용으로 시대적 흐름에 따라 조금씩 변화되었다. 최근에는 외상 사건의 객관적 측면뿐 아니라, 개인이 그 사건을 얼마나 심각하게 받아들이는지의 주관적인 지각적 측면이 강조되고 있다. 실제든 목격한 것이든 죽음과 심각한 상해 또는 성적(性的) 폭력 등과 같은 외상 경험 방식은 다음의 4가지 유형에 포함되어야 한다고 명시하고 있다.

첫째, 외상 사건을 직접 경험해야 한다. 둘째, 다른 사람에게 외상 사건이 일어나는 것을 직접 목격해야 한다. 셋째, 가족이나 친구에게 외상 사건이 일어났다는 것을 알게 되어야 한다. 넷째, 외상 사건의 끔찍한 세부 내용에 반복적으로 혹은 지나치게 노출되어야 한다. 다만 직업상 관련된 일이 아니라면 전자매체, 텔레비전, 영화, 사진 등에 노출되는 것은 제외된다고 명시하고 있다. 이같이 DSM의 외상 개념은 사건을 목격하거나 전해들은 것, 노출로 인한 대리 외상을 포함하는 개념으로 확대되었다. 이는 여전히 병리적 진단을 목적으로 하고 있으며, 외상 경험 이후의 증상에 초점을 두고 있는 개념임을 알 수 있다.

외상에 관한 연구가 계속되고 개인의 주관적 반응을 강조하는 흐름에 따라 외상의 개념도 확장되었다. 외상의 개념이 개인의 지각과 반응을 중시하는 포괄적이고 주관적인 개념으로 수정되었다. 이는 외상의 개념이 사실상 이전의 DSM 진단체계에서 정의하고 있는 병리적인 측면을 넘어서 개인에게 매우 큰 고통과 상실을 가져다주는 강력한 스트레스 사건을 두루 포함하는 개념으로 확대된 것이다. 외상의 개념이 개인의 주관적 지각이 강조되고 경험하는 방식이 구체화되는 것은 최근 외상의 유형에 따라 서로 다른 연구 결과가 계속해서 보고되고 있기 때문이다.

한편, 학자들이 분류하는 외상의 유형은 사건 외상과 진행 외상으로 구분한다. 사건 외상은 제한된 시간이나 공간에서 의도치 않게 갑작스러운 스트레스 사건을 겪는 것을 의미하는 것이고, 진행 외상은 학대나 방임과 같이 스트레스 사건에 계속해서 노출되는 것을 의미한다. 발생 횟수에 따라 일회적 외상과 반복적 외상으로 구분하기도 하고, 대인관계 관여도에 따라 대인 관계적 외상과 비 대인 관계적 외상, 발생 원인에 따라서는 자연적 외상과 인위적 외상 등으로 구분하기도 한다.

대인 관계적 외상 중에서 특히 유아기나 아동기에 정서적 의존도가 높은 관계에서 가정폭력, 학대, 방임 등을 경험하는 것을 애착 외상이라고 말한다. 애착 외상은 비 대인 관계적 외상이나 일회적 대인 관계 외상보다 영향력이 더 광범위하다는 특징이 있다. 또 다른 외상의 범주로 아동기뿐만 아니라, 성인기에 발생한 폭력 및 性的 학대 등을 포함해 장기간에 걸쳐 다중적으로 경험한 대인 관계적 외상을 복합 외상으로 설명하기도 한다.

본서에서는 외상의 개념을 대인 관계적 · 비 대인 관계적 사건, 일회적 · 지속적 사건 등을 모두 포함하여 실제적이든 목격이든 죽음, 상해, 신체적 혹은 정서적 폭력 등 개인에게 매우 큰 스트레스를 주는 사건 경험으로 다룬다. 사건 자체보다는 사건에 대한 개인의 지각 및 부정적 심리 반응을 포괄하는 일련의 경험으로 바라본다.

2. PTSD의 특징

PTSD는 자신의 생명을 위협하는 사건이나 죽음 또는 심각한 장애 등을 경험하거나 목격한 후 나타나는 질환으로 극심한 두려움, 불안, 공포, 무력감 등을 느낀다. 이와 관련되어 나타나는 증상으로는 수면장애를 비롯한 과민함과 집중의 어려움, 지나친 경계심, 극도로 놀라는 반응 등이 있다. 이에 더해 정서 반응의 마비와 소외 및 결핍에 대한 주관적 느낌, 주변 자극에 둔감해지고 멍한 상태에 있거나 현실감 등이 없어진다. 이인증을 비롯해 외상 경험의 중요한 부분을 기억하지 못하는 해리성 기억상실의 증상을 보이기도 한다(심윤기, 2018).

고통스러운 외상 경험은 환각, 환상, 환청, 꿈 등으로 나타나며, 외상 경험을 떠올리게 하는 자극이나 대상을 피하게 만든다. 이러한 증상 때문에 외상 피해자는 직장생활을 포함한 직무와 사회적 관계 형성, 일상생활의 정상적인 기능을 수행하는 데 어려움을 겪는다.

세상을 살아가면서 누구나 한 번쯤은 죽을 뻔한 상황이나 이와 비슷한 충격을 경험한다. 놀란 마음은 며칠씩 가슴을 두근거리게 하고 위험했던 상황이 불쑥불쑥 떠오르며 꿈에 나오기도 한다. 대부분은 시간이 지나면서 무서웠던 기억이 사라지고 점차 안정을 찾아가지만, 외상 경험자 중에는 한 달 이상 악몽에 시달리는 사람도 있다. 충격적인 외상으로 인한 불안과 두려움으로 작은 소리에도 놀라는 극도의 예민한 반응을 보이기도 하고, 무기력한 상태에 놓이기도 한다.

PTSD는 정신적으로 약하거나 의지가 약해서 나타나는 질환이 아니다. 대개 전쟁이나 재난 혹은 성폭행, 극한 교통사고와 같은 생명을 위협하는 큰 사건을 포함해 개인 삶에서 자신감이나 자존감을 잃게 만드는 일상의 작은 경험, 스트레스 사건 등을 지속적이고 반복적으로 경험하면 PTSD를 유발한다.

PTSD 환자는 심한 불안감에 사로잡혀 외상 사건을 떠올리게 하는 자극을 피하려고 신경을 곤두세우고 생활한다. 성폭력 피해자들은 건장한 남자의 뒷모습만 보아도 위협을 느껴 외출하는 것을 꺼리고, 화재 사고 피해자들은 골목에 놓인 가스통만 보아도 폭발하지 않을까 하는 두려움으로 발길을 돌린다. 이러한 과도한 불안은 집이나 사무실 밖으로 나가지 못하게 만들어 일상생활을 어렵게 하고 삶의 기능에 제한을 준다.

개인의 기질이나 외상의 반복 경험은 PTSD 발현에 큰 영향을 미치는 것으로 보고되고 있다. 과거에 위험한 일을 당해 심한 충격을 받은 적이 있거나, 재난 상황(지진, 홍수)과 같이 생명을 위협하는 불안한 상황을 경험한 경우는 PTSD로 이어질 위험성이 크다. 신체 손상을 동반한 교통사고를 비롯해 성폭력 피해처럼 신체적 통증이 심각하거나 혹은 계속되는 재판 진행으로 외상 사건을 반복해서 떠올릴 수밖에 없는 상황에서는 증상이 더 악화한다. 그러나 외상 경험 초기에 대응을 잘하면 이런 심각한 상황이 되지 않게 예방할 수 있으며, 외상의 충격과 불안에서 빠른 회복이 가능하다.

◉ 사례

45세의 A씨는 공사장에서 휘발유 통이 엎어지면서 옷에 불이 붙어 화상을 입고 입원하였다. 통증과 불안으로 수일째 잠을 제대로 자지 못하고 밤마다 사고 장면이 떠올라 소리를 지르며 놀라 일어나는 일이 반복되었다. 다른 환자들 말로는 일주일이면 좋아진다고 하는 데 오히려 점점 더 불안해하고 병실 문 닫히는 소리에도 소스라치게 놀라 벌떡 일어나기도 한다. 이렇게 사소한 소리에도 놀라는 자신이 남자답지 못하고 한심하다고 생각되어 화가 났으며, 통증과 불면으로 자주 짜증을 내었다.

치료는 잘 진행되었지만 때로 상처 부위에서 처음 불붙던 당시의 느낌이 들기도 해서 놀라기도 하였으며, 화상으로 인한 상처를 볼 때마다 사고 당시의 일이 더 떠올라 그런 날은 여지없이 밤에 무서운 악몽을 꾸곤 했다.

회사 동료들이 병문안을 오면 사고 기억이 더 선명히 떠올라 아무도 만나고 싶지 않았을 뿐만 아니라, 화가 조절되지 않아 사람을 피하고 혼자만 있다 보니 더 우울하고 불안한 상태로 지내게 되었다.

출처: 국가 트라우마센터(2024).

3. PTSD의 역학조사

우리나라 국립 정신건강센터에서 2021년에 실시한 정신질환 실태조사에 의하면 우리나라 국민의 PTSD 평생 유병률은 1.5%(남성 1.3%, 여성 1.8%), 1년 유병률은 0.5%(남성 0.2%, 여성 0.8%), 1개월 유병률은 0.4%(남성 0.2%, 여성 0.7%)로 조사되었다(국립 정신건강센터, 2021).

2016년에는 PTSD 1년 유병률이 여자 0.7%로 남자보다 3배 이상 높게 나타났으나, 2020년 조사에서는 여자 유병률이 0.3%, 남자 유병률은 0.2%로 큰 차이를 보이지 않았다. 30대 남자의 1년 유병률은 0.9%로 다른 연령 집단에 비해 상당히 높게 조사되었고, 여자는 20대와 30대에서 모두 0.4%였다.

남자와 여자 미혼 집단에서의 1년 유병률은 각각 0.5%, 0.6%였고, 교육상태에 따른 1년 유병률의 경우 남자는 대졸 이상 집단에서 0.3%, 여성은 중졸 이하 집단에서 0.5%로 조사되었다. 취업상태에 따른 1년 유병률은 남자는 무직·학생·주부 집단에서 0.6%였고, 여성은 비정규직 집단에서 0.7%로 다른 집단에 비해 높게 보고되었다.

거주지역에 따른 1년 유병률은 동(洞)에 거주하는 남자의 경우 0.3% 정도였으나, 여자는 읍면(邑面) 거주자의 경우 0.8%로 높은 수준이었다. 소득수준에서는 남자 여자 모두 기준중위소득 미만 집단에서 0.4%로 보고되었다. 장기간 외상에 노출된 집단을 대상으로 이루어진 조사에서는 산업재해로 신체 손상을 입은 환자 중 25.5%가 PTSD 증상이 나타났고(최경숙 등, 2002), 광주민주화운동 피해자의 경우는 25.7%가 PTSD 환자로 보고되었다(오승수 등, 2006).

이렇게 우리나라에서 이루어진 역학조사마다 결과가 차이 나는 것은 경험한 외상 사건의 특성이 다르고 진단기준도 상이하며(DSM-III, DSM-IV-Text Revision, DSM-5), 사용하는 PTSD 진단 도구도 달라서 나타난 현상으로 볼 수 있다. 따라서 유병률의 차이와 발병률의 높고 낮음을 단순 비교하는 것은 큰 의미가 없다.

한편, 국외에서 이루어진 연구 결과를 보면 참전군인 및 범죄 피해자와 같은 고위험군을 대상으로 이루어진 조사에서는 PTSD 유병률이 3~58%로 조사되었다. 고문 생존자를 대상으로 이루어진 연구에서는 59.7%, 난민 연구에서는 50%로 보고되었다(Tol WA et al., 2007).

미국에서 자국민을 대상으로 한 역학조사에서는 전체 인구의 8~9%가 PTSD로 고통받고 있었으며, 이중 남자 유병률 5%, 여자 유병률은 10%로 알려졌다(Kessler et al., 1995). 2017년 미국에서 18세 이상의 성인을 대상으로 시행된 National Comorbidity Survey에서는 PTSD 1년 유병률은 45~59세에서 5.3%로 가장 높게 조사되었다. 재해 및 사고를 비롯해 폭력, 상실 등 다양한 외상 사건을 경험한 5천여 명을 대상으로 이루어진 조사에서는 남성의 경우 41~45세, 여성의 경우는 51~55세에서 가장 높은 PTSD 유병률이 보고되었다(Ditlevsen et al., 2010).

일반적으로 성별은 PTSD에 영향을 미치는 중요한 요인으로 알려져 있다. 외상 사건의 노출 빈도는 남성이 높고, PTSD 유병률은 여성이 높다. 이는 남성의 경우 전쟁과 같은 큰 사고와 관련된 외상 사건에 노출되는 빈도가 높고, 여성의 경우는 성폭력이나 아동기 성적 학대와 관련된 외상에 노출되는 빈도가 높아 나타난 결과로 보고 있다(Haskell et al., 2010). 미혼인 경우는 배우자와 함께 거주하는 경우와 비교할 때 PTSD 위험성이 대략 2.6배 높았으며, 이는 기존의 선행 연구와도 일치하는 결과이다(Sadat et al., 2015).

4. PTSD의 증상과 사례

1) 침습 증상

DSM-5에 명기된 침습(Invasive)은 '스며들다'라는 뜻을 지니고 있다. 아무리 의식적으로 노력한다고 해도 자신의 의지와 상관없이 불쑥불쑥 자기 안으로 들어오는 외상 사건의 충격적인 장면과 끔찍한 생각, 느낌, 이미지 등을 의미한다. 이러한 침습 증상은 개인 스스로 통제하기가 어려운 것이 특징이다. 따라서 침습적인 사고나 정서, 기억이 떠오를 때마다 심리적인 고통과 불안, 공포 등을 느끼며 공황 상태를 경험한다. 침습 증상의 주요 내용은 다음과 같다.

(1) 외상 사건에 대한 고통스러운 기억의 반복적이고 침습적인 경험

PTSD와 관련한 침습 증상의 가장 일반적인 형태는 외상 사건경험이 자신이 의도하지 않았음에도 불구하고 반복적으로 떠오른다는 것이다. 의식 안으로 자꾸 밀고 들어오는 외상 사건의 생각과 감정, 불쾌한 이미지, 기억 등은 심한 고통을 느끼게 하는 특징이 있다. 강렬한 불안과 공포가 갑작스럽게 밀려오듯이 경험되는 상황에서는 호흡 곤란과 혈압상승 증상이 나타나며, 답답하고 죽을 것 같은 공황 상태에 빠지기도 한다.

여러 연구에서는 PTSD 환자들에게서 공통으로 심각한 침습 증상을 경험한 것으로 보고하고 있다. 2008년 6월 28일 쇠고기 수입 반대 시위 도중에 있었던 한 경찰 대원의 사례가 침습 증상을 잘 말해준다. 또 다른 경우는 1981년 7월 17일 미국 하얏트 리전시 호텔에서 발생한 화재로 114명이 죽고 200여 명이 부상한 사례이다. 호텔 화재 사고에서 살아남은 생존자를 대상으로 PTSD 조사가 이루어졌는데 조사대상자 중 85% 이상이 침습 증상을 경험한 것으로 나타났다(wilkinson, 1983). 베트남전 참전 장병과 캄보디아 난민을 대상으로 이루어진 조사에서는 난민 중 75% 이상이 반복적인 침습 증상을 경험한 것으로 조사되었다

(Kinzie, 1986).

◉ 사례

2008년 6월 28일 서울 광화문 일대에서 벌어진 쇠고기 수입 반대 시위를 해산하기 위한 작전이 벌어졌다. 작전을 수행하던 중 투입된 2개 중대 경찰 대원들이 순식간에 시위대에 포위되어 쇠 파이프와 돌, 망치, 의자 등으로 무차별 폭행당하는 상황이 벌어졌다. 이 과정에서 70여 명의 경찰대원이 피를 흘리며 부상하고, 실신하였지만 시위대의 폭력은 멈추지 않았다. 그때 작전에 투입되었다가 시위대의 공격을 받고 3개월 동안 입원 치료받아야 했던 한 경찰 대원은 그날의 기억을 이렇게 전하였다.

"공포 그 자체였습니다. 그 공포를 어찌 잊을 수 있겠습니까. 주먹과 발이 사정없이 내 가슴과 옆구리로 파고들었죠. 머리를 안 맞으려고 발버둥 쳤습니다. 그러나 폭력이 난무하던 그때보다도 죽을 것 같은 고통이 더 느껴질 때는 그때의 모습들이 불쑥불쑥 찾아올 때였습니다. 쇠 파이프를 휘두르는 사람의 얼굴을 포함해서, 그때의 일이 기억될 때는 정말 숨쉬기조차 힘들었습니다. 특히, 쇠 파이프로 나를 때렸던 사람의 얼굴을 생생히 기억하고 있는데, 그 얼굴은 유독 잠을 자다가도 떠오르고, 밥을 먹다가도 불쑥불쑥 떠오르곤 했는데, 그때는 정말 두렵고 떨려 아무것도 할 수 없었습니다."(중략)

출처: 조선일보(2010. 5. 11.).

(2) 외상 사건과 관련된 고통스러운 꿈의 반복적인 경험

꿈으로 PTSD를 진단하기 위해서는 경험한 트라우마 사건을 그대로 보여주는 꿈과 악몽이 반드시 있어야 한다. 이러한 꿈과 악몽은 몇 년에 걸쳐 계속되기도 하고 사건이 발생한 지 수십 년이 지난 뒤에도 나타난다. 이와 관련한 6·25전쟁 사례를 살펴보겠다.

◉ 사례

미국 참전용사인 82세 엘 오티즈는 6·25 전쟁의 악몽을 61년째 꾸고 있다고 한다. 한국전쟁에 참전했던 사람들은 자신이 피 흘려 싸운 한국을 방문하고 싶어 하지만, 2011년 6월 18일 미국 버지니아에서 만난 참전군인 엘 오티즈는 그것이 또 하나의 편견임을 말해주고 있었다. 그는 6·25 전쟁이 발발한 지 61년째를 맞은 지금까지도 당시의 전쟁 기억으로 아직도 고통을 받고 있다고 말하였다. 적탄에 사랑하는 전우를 잃어 본 적이 없는 사람, 자신의 공격에 적이 고통스럽게 죽어가는 모습을 본 적이 없는 사람이 전쟁의 비극을 논하는 것은 비현실적이라는 사실을 그는 힘주어 말하였다.

"한국에 다녀온 참전용사들이 한국이 엄청나게 발전해서 뉴욕과 같이 변했다는 이야기를 내게 들려줬지만, 나는 한국에 가고 싶지 않았어요. 사랑하는 전우들을 잃은 기억이 떠오를까 봐 두려웠기 때문이었지요. 내가 이끌던 40명 중에서 33명이 전사했어요. 그것은 너무 고통스러운 기억입니다." 그의 목소리는 떨렸고 눈가에는 눈물이 맺혔다. 그는 "같은 참전용사라도 나처럼 치열한 전투에 참여한 사람은 고통스러운 기억을 지우기가 매우 힘이 듭니다. 61년이 지난 지금도6 · 25 전쟁에 대한 꿈과 악몽을 꾸고 있어요. 육박전에서 내가 찌른 적이 죽어가던 그 표정이 꿈에 생생하게 떠오르곤 합니다."(중략)

출처: 서울신문(2011. 6. 20.).

윌머(Wilmer, 1982)는 PTSD 증상을 보이는 환자들에게서 나타나는 악몽을 네 가지로 분류하였다. 첫 번째는 실제 경험한 일이 나타나는 반복적인 악몽, 두 번째는 실제 경험은 하지 않았지만 일어날 수 있었던 사건의 악몽, 세 번째는 원래 트라우마 사건과 다르고 비슷하지도 않지만 불가능하지 않은 사건에 대한 악몽, 네 번째는 현실과 유리된 악몽 등이다. 이 중 PTSD 환자가 보고한 꿈 중에서 첫 번째에 해당하는 악몽의 비율이 45%나 되는 것으로 보고되고 있다.

(3) 외상 사건이 실제로 일어난 것처럼 느끼고 행동하는 해리 반응

일반적으로 PTSD 환자들은 마치 예전에 발생한 외상 사건이 현재에 똑같이 재발하고 있는 것처럼 느끼는 플래시백(flashback)을 경험한다. 플래시백은 매우 갑작스럽고 강렬하게 과거 경험이나 그 일부를 다시 경험하는 현상으로 현재 상황과는 무관하게 발생하며 강렬한 정서를 경험한다. 이러한 플래시백은 의식적으로 만들 수 있는 것이 아니며, 너무 강렬하고 생생하여 그것이 과거에 일어났던 일이라고 인식하지 못하고 기억도 못 하는 경향이 있다.

한편, 해리(dissociation)는 흔히 감각이나 지각 또는 기억이 의식과 분리되는 현상을 말한다. 몸에서 정신이 빠져나가는 느낌이 들거나 사물이나 상황이 비현실적으로 느껴지고, 현재 이 장소에 있으면서도 뭔가 동떨어진 느낌이 드는 증상이다. 해리 반응은 의식과 기억, 정체감, 환경 등을 지각할 때 급격한 붕괴가 일어나는 특징이 있으며, 기본적으로 외상 경험에 대한 방어기전으로 나타난다. 일반적으로 해리는 플래시백 이후에 자주 나타나며, 자신이 무엇을 했는지 잘 기억하지 못한다. 다음의 사례는 한 소방관에게 나타난 전형적인 플래시백의 경험과 해리 반응을 잘 보여주고 있다.

◉ 사례

"소방관 생활 20여 년을 하면서 여러 시신을 보았습니다. 몇 년 전에는 저희 관할 구역에 있는 한 건물에서 화재가 발생하였는데 안타깝게도 여러 명이 죽었습니다. 사신을 수습하러 건물에 들어갔는데 다 타서 형체를 알아보기 힘든 시신이 있는가 하면, 얼굴 형태만 남은 시신도 있고, 차마 눈 뜨고 볼 수 없을 정도로 심하게 훼손된 시신까지 보게 되었는데 정말 힘들었습니다. 이러한 시신이 한두 구도 아니고 여러 구인데 이를 수습하자니 정말 고통스럽고 힘이 들었습니다.

그 사건을 경험한 후, 한참이 지난 어느 날부터 그때의 일이 갑자기 떠오르는 겁니다. 밤에 자다가 벌떡 일어나 소리를 지르기도 하고, 새벽에 일어나 밖을 돌아다니다 집에 들어오기도 하는 등 저는 기억에 없는 얘기를 아내한테 듣게 되었습니다. 지금은 몇 년의 시간이 지나서 좀 덜하기는 하지만 사건이 일어난 그때 당시에는 시도 때도 없이 매일 똑같은 일이 일어나는 느낌을 받았습니다. 이러한 경험이 지속되다 보니 일상생활 자체가 정상적으로 이루어지지 않았고 작은 스트레스만 받아도 심하게 짜증을 내기도 하였습니다."(중략)

출처: 심윤기(2018).

(4) 외상 사건과 유사하거나 상징적인 내·외적 단서에 노출될 때 심리적 고통

PTSD 환자들은 트라우마 사건을 상징하거나 유사한 단서에 노출될 때 비슷한 심리적 고통을 느낀다. 가령, 군 병영생활관에서 총기 난사 사건을 경험한 생존자는 군복을 입은 군인을 만나거나 혹은 군부대 옆을 지나가는 경우에 외상 사건을 연상할 수 있다. 해외 파병 활동 중 적이 설치해 놓은 급조장애물의 폭발로 가까스로 생명을 건진 장병은 더운 날씨가 외상 사건을 연상시킬 수 있다.

지하철 참사를 경험한 생존자에게는 지하철을 이용한다든지 혹은 숨이 막히는 검은 연기와 타는 냄새를 맡게 되면 외상 사건이 연상되어 심리적 고통을 느낄 수 있다. 다음에 소개하는 한 경찰관의 고백은 트라우마 사건과 유사하거나 상징적인 단서에 노출될 때의 심리적 고통을 잘 보여주는 사례이다.

사례

"저희는 경찰업무 특성상 죽은 사람의 시신을 자주 보게 됩니다. 시신이 훼손되어 있지 않은 죽은 사람인 경우는 별문제가 되지 않지만, 추락사와 열차 사고 같은 경우에는 죽어 있는 사람의 시신을 보기가 참으로 힘듭니다. 높은 건물에서 추락사의 경우에는 머리가 부서져 얼굴 형체를 알아볼 수가 없습니다. 하얀 골이 흘러나와 있기도 하고, 장기의 일부가 여기저기 흩어져 있기도 합니다.

지하철역에 진입하는 열차에 뛰어든 사람의 경우에는 팔다리와 몸통, 머리가 분리되고 산산조각이 나 있어 수습하기조차 힘듭니다. 아파트에서 죽은 사람의 시신 같은 경우에는 여러 날이 지나서 발견하게 되면, 시체가 부패하여 악취가 진동하고, 거기다가 시신의 살을 파먹은 구더기가 온방에 기어 다니는데 그 모습은 정말 보기 힘듭니다. 그런데도 저희는 시신을 수습하고 수사해야 합니다.

이러한 사건 현장에 다녀올 때는 정말 충격이 너무 큽니다. 사무실로 복귀해서 샤워도 하고, 퇴근해서는 사우나도 가고 옷도 갈아입고 합니다만 신경이 온통 예민해져 있어서 머리 안에 있는 핏줄이 터지는 느낌마저 들곤 합니다. 간혹 TV에서 열차에 뛰어드는 사고나 아파트 투신 자살사고 뉴스를 접하게 되면, 보기 흉한 시신의 모습이 곧바로 연상되어 심리적으로 큰 고통을 받습니다. 그래서 언제부터인가 저는 TV 뉴스를 잘 안 보게 되었습니다."(중략)

출처: 심윤기(2018).

(5) 외상 사건을 상징하거나 유사한 내·외적 단서에 노출되었을 때 생리적 반응 보임

미국 하얏트 리전시 호텔 화재 사고 생존자를 대상으로 한 PTSD 조사에서는 생존자 중 약 35% 정도가 화재 사건을 상징하거나 유사한 단서에 노출되었을 때 다양한 생리적 반응을 보였다고 밝혔다(Wilkinson, 1983).

우리나라의 경우 1996년 경기도 양평군 강상면에서 발생한 버스 추락 사고에서 생존한 사람들이 이와 비슷한 증상을 경험한 것으로 알려졌다. 버스가 추락했던 사고는 1996년 4월 3일 오후 5시 30분에 발생하였다. 사고가 난 버스는 양평 버스터미널과 강하면 성덕리를 잇는 노선버스였다. 이날은 양평 장날이 되어 장을 보고 집으로 가는 주민과 학교 수업을 마치고 귀가하는 중·고등학생들이 유난히 버스에 많이 탑승했다.

버스는 사람을 잔뜩 태우고 양평군 강상면 병산1리 속칭 벼루 고개(308번 지방도)에 다다랐을 때 버스 기사의 무리한 핸들 조작으로 50미터 낭떠러지인 남한강으로 추락하였다. 이 사고로 사망 22명, 부상 37명 등 총 59명의 사상자가 발생하였으며, 사망자는 93세의 고령에서부터 5세에 이르는 어린아이까지 다양했다. 심지어 부부가 동시에 사망한 가정도 포함되어 있었다.

사고피해 가족이나 생존자 중 일부는 사고의 충격으로 지금까지도 고통을 겪는 것으로 전해지고 있다. 버스를 이용하는 경우는 가슴이 답답하고 두근거리며, 땀이 나고 긴장되어 말수가 적어진다고 한다. 그러다가 문득 신경이 예민해져 사소한 일에도 화를 내는 일이 자주 발생한다고 한다. 이렇게 PTSD를 경험한 사람은 외상 사건과 비슷하거나 상징적인 사건을 경험하면 공통으로 심리적 고통과 함께 다양한 생리적 반응이 나타난다.

2) 자극 회피

PTSD의 두 번째 증상은 외상 사건과 관련한 자극의 회피를 다룬다. 사람들은 고통을 느끼는 자극을 받으면 이를 회피하기 위해 점점 더 정서적인 자극을 피하는 경향이 있다. 회피는 처리되지 않은 정보를 억압하려고 과도하게 통제하려는 데서 나타나는 증상인데, 회피 반응이 점점 더 광범위해지면 심리적 마비로까지 이어진다. DSM-5에서는 자극을 회피하는 증상만 별도로 진단기준 C에서 다루고 있다.

(1) 외상 사건과 관련한 고통스러운 기억, 생각, 감정 회피

일반적으로 사람들은 외상 사건을 경험하면 사건과 관련된 장소와 상징적인 대상을 피하려는 특징이 있다. PTSD 증상이 있는 사람은 이에 더하여 외상 사건과 관련한 고통스러운 기억과 생각, 감정까지도 회피한다. 회피는 몇 가지의 사건 경험을 기억하지 못하는 가벼운 것에서부터 심하게는 사고와 지각, 감정, 언어 반응이 멈추는 경우까지 다양하다.

PTSD 증상이 있는 사람은 이와 같은 고통의 기억과 생각, 감정을 회피하기 위해 향정신성 약물을 남용하는데, 그 이유는 약물이 PTSD의 다양한 증상을 경감시켜주기 때문이다. 그러나 알코올과 같은 약물은 초기에는 증상을 감소시켜 주는 효과가 있지만, 장기적으로는 알코올 중독으로 이어져 또 하나의 질환이 추가될 수 있다. 음주와 같은 회피 방법도 일시적으로는 고통을 줄여주는 효과가 있지만, 시간이 흐를수록 오히려 회피 행위가 증가하고 강화되어 근본적인 치유를 더 어렵게 만든다.

◉ 사례

"제가 근무하고 있는 안전센터 근처 사거리에서 교통사고가 난 일이 있어요. 유치원에 다닐 만한 어린 애가 차에 치여 사망했는데 저의 딸 나이 또래나 되었을까 싶었는데 시신 훼손이 너무 심했어요. 시신을 수습하는데 어른 시신을 수습할 때와는 사뭇 다르게 떨리고 눈물이 나오더군요. 그런데 그 사거리를 지날 때마다 그 어린 애 얼굴이 자꾸 생각나는 거예요. 그래서 출근할 때 일부러 그곳을 지나가지 않으려고 빙 돌아서 출근해요. 그 사거리를 지나가게 되면 또 그 아이 얼굴이 떠올라서 기분이 가라앉게 되고 안 좋거든요. 이렇게 저희는 항상 끔찍하고 처참한 그리고 가슴 아픈 모습들을 보고 충격을 받으며 살아갑니다.

119안전센터에 돌아와서는 가능하면 서로 좋지 않은 이야기를 하지 않으려고 해요. 동료들한테 얘기해봐야 충격이 덜어지는 것도 아니고, 또 다 같이 힘든 상황인데 나만 힘들다고 엄살 부리는 것 같아서 그렇습니다. 또 마음 약한 나약한 놈으로 소문나서도 안 되고요. 퇴근하고 집에 들어가서도 절대 이야기를 안 합니다. 얘기하면 가족들은 걱정할 게 뻔하니까요. 또 가족들은 직접 경험하는 게 아니니까 100% 이해를 못 할 수 있어 이야기를 안 하게 됩니다."(중략)

출처: 심윤기(2018).

(2) 외상 사건 관련 고통스러운 기억, 생각, 감정을 유발하는 단서 회피

PTSD 증상이 있는 사람은 외상 사건과 밀접히 관련된 고통스러운 기억, 생각, 감정을 유발하는 단서를 회피한다. 또한 트라우마에 노출된 후 그 사건에 관한 이야기를 하는 것도 피하는 경향이 있다. 화재 현장에서 불에 탄 시신을 수습한 소방관은 공통으로 단백질이 타는 냄새를 맡는다고 한다. 화재를 진압하면서 맡은 이 같은 불쾌한 냄새는 일상생활 중 마시는 커피 냄새와 식당의 음식 냄새에도 외상 사건의 기억이 되살아나 그 장소를 피하게 된다.

◉ 사례

> "오물이나 이런 냄새가 아니고요! 그러니까 악취는 아니에요. 이상한 단백질 타는 냄새라고 해야 할까요? 아무튼 그런 독특한 냄새가 있어요. 집에서 햄버거를 먹다가 아니면 시장을 보다가도, 또는 집에서 그냥 누워있다가도 문득문득 그 냄새가 날 때가 있어요. 그 냄새가 나면 화재 사고 현장에서 목격한 불에 탄 끔찍하고 처참한 시신의 모습이 다시 기억납니다. 그래서 뭔가 이상한 냄새가 난다 싶으면 그 냄새를 피하려고 밖에 나가게 됩니다."

출처: 이나윤 등(2012).

3) 인지와 감정의 부정적 변화

PTSD의 세 번째 증상은 인지와 감정의 부정적 변화를 다룬다. DSM-5가 나오기 전 DSM-Ⅳ에서는 회피 증상을 포함하여 인지와 정서 변화에 관련된 사항까지 모두 진단기준 C에 포함시킨 관계로 제시된 증상이 많았다. 그러나 DSM-5에서는 인지와 감정의 부정적 변화 증상을 별도로 분리하여 진단기준 D에서 제시하고 있다.

(1) 외상 사건의 중요한 측면을 기억하지 못함

DSM-5의 진단기준 D에서 제시하는 인지와 감정의 부정적 변화 중 첫 번째 항목은 외상 사건의 중요한 측면을 기억하지 못하는 증상을 다룬다. 이것은 뇌의 손상으로 인해 나타나는 기질성 기억상실이 아닌 심인성 기억상실의 일종인데, 이를 다른 말로 해리성 기억상실이라고 말한다.

기억상실증은 크게 뇌 손상으로 인한 기질성(organic)과 심리적 충격으로 인한 심인성(psychogenic) 등 크게 두 가지다. 심인성 기억상실은 재해, 교통사고, 성폭력과 같은 끔찍한 외상 사건을 경험했을 때, 해당 사건의 중요한 측면을 기억하지 못하는 형태로 나타난다.

이렇게 PTSD 환자는 심리적 고통을 유발하는 감정이 실린 외상 사건의 여러 측면을 기억하지 못한다. 외상 사건의 중요한 측면을 기억하지 못한다는 의미는 과거의 기억을 잊었다기보다는 잠시 억압해 두는 것으로 볼 수 있다. 마음이 사건 경험을 감당할 수 없어 잠시 마음 저편에 묻어두는 것이지, 기억이 완전히 지워진 것은 아니다. 그래서 시간이 지나거나 적절한 치료를 받으면 다시 외상 사건을 기억하는 경우를 종종 보게 된다.

(2) 자신과 타인, 세상에 대한 과장된 부정적 신념이나 기대를 지님

진단기준 D에서 제시하는 인지와 감정의 부정적 변화 중 두 번째 항목은 자신과 타인, 세상에 대한 과장된 부정적 신념이나 기대를 다룬다. 자신과 타인, 세상에 대한 신념이나 기대를 지닌다는 의미는 세상을 살아가는 자신만의 독특한 도식(schema)을 지칭하는 것으로 해석할 수 있다. 충격적인 외상 사건을 경험하면 기존에 가지고 있던 긍정적인 신념이나 기대, 희망 등의 도식이 흔들리고 무너지며, 부정적인 다른 도식이 생겨난다.

기존에 부정적 신념이나 기대가 존재하는 경우는 외상 사건의 경험이 부정적인 도식을 더 확장하고 강화하는 계기로 작용한다. 극단적인 외상 사건에 노출된 아동을 대상으로 이루어진 연구에서는 아동들이 미래를 바라보는 관점이 매우 부정적이고 비관적이며, 전쟁과 같은 이유로 인생이 빨리 끝날 것으로 생각하는 경향이 있다고 보고하고 있다. 미래에는 직업도 가질 수 없고 결혼도 하지 못하며, 자식도 낳지 못할 것으로 생각한다는 연구까지 보고되었다(Terr, 1991).

(3) 외상 사건의 원인이나 결과에 대한 왜곡된 인지를 지님

진단기준 D에서 제시하는 인지와 감정의 부정적 변화 중 세 번째 항목은 외상 사건의 원인이나 결과에 대한 왜곡된 인지와 이러한 인지로 인해 자신이나 타인을 책망하는 증상을 다룬다.

2005년 6월 19일 오전 2시 30분경 경기도 연천군 ○사단 최전방 GP에서 발생한 총기 난사 사건에서 생존한 병사들에게서도 이러한 증상이 나타났다. GP 총기 난사 사건은 군 생활에 불만을 느낀 김 일병이 생활관에 수류탄을 던지고, 뒤이어 총기를 난사하여 잠자던 동료 병사 25명 중 6명을 사망하게 한 사건이다. 총기를 난사한 김 일병은 생활관을 빠져나와 휴게실에 있던 소초장 김 중위와 취사장에서 물을 마시고 있던 동료 병사 1명에게도 총기를 난사하여 총 8명이 사망하고 2명이 중상을 입었다. 상황실에 있던 후임 소초장 이 중위를 향해서도 총기를 난사하였으나 즉각 대피하여 다행히 이 중위는 화를 모면할 수 있었다.

건물 밖으로 나온 김 일병은 GP 북쪽에 있는 초소로 가서도 근무병을 향해 방아쇠를 당겼지만 이미 총알은 다 발사된 뒤였다. 이를 모르는 초소 근무병이 "긴급 상황이 발생한 것 같으니 빨리 네 초소로 돌아가라"라고 말하자, 이에 태연하게 자신의 근무 초소로 돌아가 경계근무를 하는 척 행동했던 것으로 알려졌다. 하지만 상황실에서 화를 면한 이 중위가 자신에게 총을 쏜 사람이 군복을 입었었다는 점을 상기해, 전투복을 입고 있었던 5명의 병사를 연병장에 불러 모아 조사를 벌였다. 그러던 중 김 일병이 다른 병사의 소총을 들고 있음을 확인하고 이를 추궁하여 범행을 자백받게 되었다.

이 사고에서 다행히 목숨을 건진 한 병사는 전역 후에도 총기사고 후유증으로 정신병원 치료를 계속 받고 있었는데, 그의 사례를 소개한다.

사례

연천 GP 총기사고에서 생존한 병사 진료를 담당한 서울 A 대학병원 정신건강의학과 교수는 그 병사가 왜곡된 인지를 보이는 경향이 있다면서 다음과 같이 말하였다. "그 병사는 사건 직후 꿈에 자신이 본 동료 병사의 시신이 자꾸 나타나 잠을 잘 수가 없었다고 합니다. 이유 없이 계속 무서운 느낌이 들어 혼자서는 화장실에도 갈 수 없을 정도로 극도의 불안 증세를 보였습니다.

특히, 그가 호소하는 가장 큰 심리적인 고통은 동료가 죽게 된 원인과 결과가 자신 때문이라는 자책감에 시달리는 고통이었습니다. 사고 당일 자기 자리가 아닌 다른 장소에서 취침해 본인은 살게 되었지만, 자신의 자리에서 취침했던 동료 병사는 죽게 되었는데, 결국 동료가 자신을 대신해 죽은 것이라는 생각 때문이었지요!" (중략)

출처: 조선일보(2005. 8. 18.).

(4) 부정적인 정서 상태를 보임

부정 정서를 보인다는 것은 상대적으로 긍정 정서 수준이 저조하다는 것을 의미한다. DSM-5에서 제시하는 인지와 감정의 부정적 변화 중 네 번째 항목은 분노, 죄책감, 수치심과 같은 부정 정서를 다룬다. 분노는 위협당하거나 해를 입는 것에 대한 개인 지각 반응으로 일반적이고 정상적인 감정이다. 따라서 분노는 자기 내적 혹은 외적일 수도 있고 강하거나 약할 수도 있으며, 의식적이거나 무의식적일 수도 있다. 그러나 충격적인 외상 사건을 경험한 사람은 직접적인 위협의 근원이 없더라도 분노 수준이 높은 모습을 보인다.

한편, 전쟁과 재해, 끔찍한 사고 등의 충격적인 사건에서 생존한 사람은 자신만 살아남은 것에 대한 죄책감을 느낀다. 생존자 죄책감이라는 말은 제2차 세계대전 당시 나치 수용소에서 구출된 생존자의 심리에 관한 연구 결과가 나오기 시작한 1960년대부터 사용되기 시작하였다. 당시 이들의 심리치료를 맡았던 전문가들은 홀로코스트 생존자들이 자신만 살아남은 것에 대해 책망하고 죄책감을 느끼며 우울과 악몽, 대인 기피 등의 정서적 고통에 시달렸다고 전하고 있다.

충격적인 트라우마 사건을 경험한 사람은 수치심도 느낀다. 수치심은 종종 자신을 받아들일 수 없거나 자기를 비하하는데, 이는 완벽해야 하는 자신에게 결점이 있다는 것을 인식해서 생겨나는 감정이다. 결국 세상이 자신을 나쁜 사람으로 인식한다고 느끼도록 해 스스로 자신을 공격하며, 동시에 열등감·당혹감·실망감 등의 감정을 느끼도록 만든다.

(5) 중요한 활동에 관한 관심이나 참여가 감소함

인지와 감정의 부정적 변화 중 다섯 번째 항목은 중요한 활동에 관한 관심이나 참여가 현저하게 감소하는 증상을 다룬다. 예전에 참여했던 활동에 관심을 보이지 않거나, 좋아하던 취미활동에도 흥미를 상실하여 참여하지 않으려는 특징이 나타난다.

◉ 사례

2014년 4월 발생한 세월호 침몰사고와 관련하여 환자 이송 업무를 수행한 구급요원에게도 트라우마 고통은 심했다. 수도권의 한 소방 지역대에서 근무하는 박모(35) 대원은 언제부턴가 눈을 감으면 파견 나갔던 진도 팽목항의 참상이 떠오르는 고통으로 그해 7월부터 정신과 치료를 받았다. 박모 대원은 단원고 학생의 시신을 구급차에 싣고 학생 아버지와 함께 안산까지 올라간 일이 있었다. 희생된 학생의 얼굴과 오열하는 아버지의 목소리가 연일 자신의 머릿속에 맴돌았고, 꿈도 여러 번 꾸었다.

그 후 언제부터인가 자신이 무척 좋아하던 조기 축구도 관심이 없어 나가지 않았다. 심지어는 가족들이 함께 참석하는 결혼식장에도 가고 싶지 않아 회사 일을 핑계하고 가지 않았다. 뭔가 자신에게 심리적인 문제가 생겼다고 느꼈지만, 가족에게 부담될 것 같아 자신의 증상을 털어놓지 못하였다면서 눈시울을 붉혔다고 한다.

출처: 심윤기(2018).

(6) 타인에 대한 거리감이나 소외감을 느낌

타인과 이웃에게 거리감이나 소외감을 느끼는 이유는 개인의 심리적 특성이 원인이기도 하지만, 실제 주위 환경이 타인과 친밀감을 느낄 수 있는 여건이 되지 못해 나타나는 것일 수도 있다. 이와 무관하게 PTSD 환자는 공통으로 거리감이나 소외감을 극심하게 느낀다. 이들은 주위 사람과 친하게 지내는 것을 어려워 하고, 타인과 정서적으로 가깝게 지내는 것을 힘들어한다.

2006년 57건에 불과하던 미국 내 가정폭력 범죄가 이라크 전쟁 이후 145건으로 증가한 것도 타인에 대한 거리감이나 소외감을 느끼는 증상과 무관치 않다. 캄보디아 난민 중에서는 약 50% 이상이 타인으로부터 이질감을 느꼈다는 연구가 보고 되기도 하였다(Kinzie, 1986).

◉ 사례

2010년 3월 26일 밤 9시22분께 백령도 근처 해상에서 해군 초계함인 천안함이 북한의 공격으로 침몰하는 사건이 발생했다. 이 사건으로 천안함에 탑승했던 승조원 104명 중 40명이 사망하고 6명은 실종되었으며, 58명이 구조되었다. 가까스로 살아남은 생존자 중 한 명인 부사관은 낮에는 그나마 정상적인 상태로 보였으나 주위 사람과 잘 어울리지 못했고, 밤만 되면 혼자 술을 마시며 넋두리를 자주 하였다고 한다.

출처: 심윤기(2018).

(7) 긍정 정서를 느끼지 못함

충격적인 외상 사건을 경험한 사람은 긍정 정서의 범위가 축소되는 경향이 있다. 긍정 정서를 느끼지 못하는 것은 정서적 마비와 같은 현상으로 자칫 큰 사고를 일으키는 데 영향을 준다. 긍정 정서를 느끼지 못하는 사람은 좋아하는 사람에게 감정표현을 잘하지 못할 뿐 아니라 가족 문제와 결혼문제, 性的 문제 등으로 고통을 겪는다. 특히 친밀감과 부드러움, 性的 감정과 연관된 느낌을 잘 느끼지 못하며, 극단적인 경우는 어떠한 정서도 표현하지 못하는 경우도 있다(김환, 2016).

트라우마로 인해 행복감, 만족감, 애정 등과 같은 긍정 정서를 느끼지 못해 자살 및 범죄로 이어지기도 한다. 다음에서 언급하는 사례의 공통적인 사항은 사고를 일으킨 사람들이 감정표현을 잘하지 못하였으며, 가족 문제와 결혼문제 등으로 고통을 받고 있었을 뿐만 아니라, 친밀감과 성적 감정 및 애정을 잘 느끼지 못한 특징을 보여주고 있다.

사례

여기에 제시하는 세 가지 사례의 공통점은 사건을 저지른 사람들이 긍정 정서를 느끼지 못하였다는 데 있다.

사례 1: 2009년 10월 아프간에 파병되었다가 잠시 귀국한 한 병사가 친지들과 영화를 함께 보던 도중 갑자기 총기로 자살한 사례가 있었다.

사례 2: 칼슨 기지에 주둔하던 연대전투단 요원 9명은 이라크 전쟁에서 돌아온 후 3개월 만에 살인죄 등으로 모두 기소되는 사건이 발생하였다.

사례 3: 2009년 11월 5일에는 미국 텍사스주 포트후드 기지에서 미군 역사상 최악의 총기 난사 사건이 발생하였다. 총기를 난사한 하산 소령은 반자동소총과 자동소총 1정씩을 들고 해외 파병을 앞둔 군인들이 신체검사를 받던 사무실로 들어가 총기를 무차별 난사하여 13명이 숨지고 30명을 다치게 하였다. 더욱 충격적인 사실은 총기를 난사한 하산 소령은 심리치료를 담당하던 정신과 의사였다는 점이다.

출처: 심윤기(2018).

4) 각성과 반응성의 변화

PTSD의 네 번째 증상은 외상 사건 경험 후 나타나는 각성과 반응성의 변화를 다룬다. 진단기준 E에 포함된 주요 증상으로는 자극이 없거나 사소한 자극에도 짜증이나 분노 폭발, 무모하거나 자기 파괴적인 행동, 과도한 경계와 놀람 반응, 집중 곤란과 수면장애 등을 제시하고 있다.

(1) (자극이 없거나 사소한 자극에도) 짜증 행동이나 분노 폭발

각성과 반응성의 변화 중 첫 번째 항목은 자극이 없거나 사소한 자극에도 짜증 행동이나 분노를 폭발하는 증상을 다룬다. 극단적인 외상 경험을 한 사람은 일반적으로 성마름, 화남, 분노, 적대감, 폭력적인 감정을 표출하는 특징이 있다. 화를 잘 내는 사람은 종종 예측하기 어려운 공격 행동을 하고, 아무도 건드리지 않았는데도 화를 낸다.

PTSD 증상이 있는 군인의 경우에는 초기에 적절한 치료를 받지 못하면 전역 후 정상적인 생활이 어렵고 힘든 삶이 지속될 가능성이 있다. 2002년 한일 월드

컵 경기 중에 발생한 제2연평해전에 참전했던 해군 부사관 출신의 한 40대 남성이 그 예라고 할 수 있다. 그는 당시 교전의 정신적인 충격으로 인해 오랫동안 불안과 두려움, 공포에 시달려 왔다고 한다.

전역한 이후에도 그 부사관은 줄 곳 교전 당시 받았던 충격으로 TV에서 북방한계선이나 북한 도발 등의 뉴스가 나오면 격분하고 화를 냈다고 한다. 그러던 중 그의 어머니가 안타까운 마음에서 "이제 시간이 많이 흘렀으니 그때의 일은 그만 잊어버리는 것이 좋겠구나."라고 한 말에 갑자기 격분하여 자기 집에 불을 지르는 일이 발생하고 말았다. 이렇게 PTSD 증상이 있는 사람은 자극이 없거나 사소한 자극에도 신경질적이고 짜증을 내며, 분노를 폭발하는 경향을 보인다.

사례

경기도 연천에서 발생한 GP 총기 난사 사건에서 생존한 장병들은 사고 조사과정에서 죄인 취급을 당한 것으로 알려져 있다. 잠을 자야 하는 시간에도 2~3시간씩 불려 나가 조사받아야 했는데 무려 그 기간이 20일이나 되었다고 한다. 현장검증을 한다면서 사고가 난 피비린내 나는 생활관에 데려가 처참했던 장면을 반복적으로 연상하게 하였다고 한다. 생존 장병들에게 나타난 공통적인 증상은 밤에도 불을 켜 놓아야만 잠을 잘 수가 있었고, 어두우면 잠을 제대로 자지 못하고 짜증과 화를 냈다고 한다. 사소한 자극에도 성질내고, 자해하는 병사도 있었다고 한다. 부모와의 대화 중에 화를 내며 신경질적인 반응을 보이는 장병도 여럿 있었다고 생존자 중 한 명인 천모 일병의 아버지가 전했다.

출처: 심윤기(2018).

(2) 무모하거나 자기 파괴적인 행동

각성과 반응성의 변화 중 두 번째 항목은 무모하거나 자기 파괴적인 행동이 나타나는 증상을 다루고 있는데, 그와 관련된 한 사건을 소개한다. 미국의 참전용사인 이츠코아틀(23)은 전역 후 환각에 시달린 나머지 노숙인 4명을 연쇄 살해하여 경찰에 체포되었다. 그의 아버지인 오캄포(49)는 아들이 2006년 군에 입대해서 이라크 전쟁에 파병되기 전까지만 해도 친절하고 성실한 모범 청년이었다고 한다. 그러나 군에서 전역하고 고향 집에 돌아와서는 매사에 의욕을 잃고 술과 컴퓨터 게임에 빠져 지냈다고 전하였다.

미국연방수사국(FBI)은 이츠코아틀을 살인 혐의로 구속하였다. 네 번째 연쇄 살인 희생자인 노숙자가 이날 흉기에 찔려 숨진 채 발견되었는데, 현장 인근에서 이츠코아틀을 체포하게 된 것이다. 마지막 피해자인 노숙자 베리(64)는 공교롭게도 베트남전에 참전했던 퇴역군인인 것으로 밝혀졌다. 이츠코아틀의 가족들은 이츠코아틀이 이라크에서 돌아온 뒤 환청과 환각, 두통 등에 시달리며 정상적인 생활을 하지 못했다고 전하였다.

PTSD를 겪는 사람의 무모하거나 자기 파괴적인 행동은 앞서 언급한 이츠코아틀만이 아니다. 이라크 전쟁에 참전했던 한 퇴역군인이 신년 파티장과 국립공원에서 총을 난사한 후 산으로 도망했다가 숨진 채 발견되기도 하였는데, 이 같은 경우도 무모하거나 자기 파괴적인 행동을 잘 보여주는 사례에 해당한다.

(3) 과도한 경계

각성과 반응성의 변화 중 세 번째 항목은 과도한 경계 상태를 다룬다. 과도한 경계 상태는 외부 세계에 대하여 항상 경계심을 늦추지 않고 긴장하며, 민감한 상태를 유지하는 것을 말하는데 이런 상태가 심해지면 편집증으로 발전한다. 편집증이 아니더라도 일부 PTSD 환자는 생활 속에서 편집증적인 특징을 드러내기도 한다. 이런 방식으로 적응한 사람은 타인에게 경계심을 갖고, 적대적이라고 느껴지면 과격하게 반응한다.

◉ 사례

사례 1: 서울에서 지하철 8호선을 운행하는 열차 기관사 이모(38)씨는 열차 근무를 시작할 때 다짐한다. 언제 다시 발생할지 모르는 지하철 투신자살에 대비하기 위해서 자기최면을 하는 것이다. 그는 2003년 9월과 2004년 2월 두 번이나 열차 선로로 뛰어든 자살사고를 경험한 바 있다. 그래서 그는 자살사고가 일어난 지하철역에 들어올 때면 긴장과 식은땀이 나고, 심장이 쿵쾅거리며 신경이 온통 예민해진다고 한다.

사례 2: 이라크 아르빌에 파병되었다가 복귀한 우리나라의 한 병사가 길거리에서 나는 뻥튀기 소리를 듣고, 갑자기 길바닥에 엎드리는 일이 발생하였다고 한다. 그런데 이 병사는 이 사건 외에도 파병 복귀 후 늘 긴장되고 민감한 상태로 생활했으며, 일상의 작고 사소한 일에 매우 예민하게 반응하고 과도한 경계 상태를 보였다고 한다.

출처: 경향신문(2006. 7. 3.).

(4) 과도한 놀람 반응

각성과 반응성의 변화 중 네 번째 항목은 지나친 놀람 반응에 대한 증상을 다루고 있다. 외상 사건을 경험하면 신체의 자율적 흥분이 증가한다. 이러한 생리적 각성으로는 심장박동이나 혈압 및 피부 반응의 증가, 수면 곤란, 경계 및 놀람 반응 등이 있다.

인제대학교 병원 신경 정신건강의학과 교수팀이 2004년도 4월부터 5월까지 두 달 동안 서울 지하철공사와 도시철도공사, 철도청에 근무하는 기관사 628명을 대상으로 조사한 결과를 한 세미나에서 발표한 바 있다. 조사대상자 중 375명(59.7%)은 운행 중 승객이 선로로 뛰어내려 자살하는 사고를 경험했으며, 51명(13.6%)의 기관사는 PTSD 증상이 있는 것으로 조사되었다. 공황장애 조사에서는 공황 증상으로 추정되는 비슷한 증상을 경험하였다고 응답한 기관사가 81명(13%)이나 되는 것으로 알려졌다.

사례

서울 지하철공사 소속 김 모(35)씨는 2호선 강변역을 지날 때마다 깜짝깜짝 놀라는데, 2004년 1월 30대 여성이 투신자살한 역이었기 때문이라고 한다. "지하철을 향해서 달려들던 그 순간 그 사람의 눈빛을 잊을 수가 없습니다. 그 여인과 비슷한 옷차림을 한 사람이 승강장에 서 있는 것만 보아도 온몸이 긴장되고 머리가 쭈뼛쭈뼛 서는 것을 느낍니다."

출처: 심윤기(2018).

(5) 집중 곤란

각성과 반응성의 변화 중 다섯 번째 항목은 집중 곤란에 관한 증상을 다룬다. Wilmer(1982)는 PTSD를 겪는 사람들이 공통으로 집중력 곤란의 어려움이 있다고 밝힌 바 있으며, 세월호 침몰 당시 극적으로 탈출한 생존자들도 하나 같이 집중력 곤란을 호소한 것으로 알려져 있다.

◉ 사례

연간 30여 차례 이상 세월호에 탑승했던 고씨 성을 가진 한 사람은 3층 선미 갑판에서 담배를 피우다 사고를 당했다. 그는 배 안에 그대로 있으라는 방송을 듣다가 스스로 구명조끼를 찾아 입고 배 밖으로 나오는 데 성공하였지만, 그 이후로 집중 곤란과 수면장애 증상이 있다고 털어놓았다.

특히, 전날 증인으로 법정에 선 화물차 기사 김 모(49) 분은 증인 중 가장 큰 집중곤란 증상에 시달리고 있었다. 사고 직후 배에 남아 여러 명의 학생을 구한 그는 학생들을 더 많이 구조하지 못했다는 생각으로 일에 집중할 수 없었다고 한다. 학생들을 보면 세월호 안에 있던 학생들이 생각나서 일이 손에 잡히지 않는다며 "하루는 사우나에 갔는데 단원고 학생들이 차가운 바닷물에 있는 게 보여 너무 미안해서 따뜻한 물로 샤워도 하지 못하고, 사우나를 하는 둥 마는 둥 대충 마치게 된다."라고 울먹이기도 하였다.

출처: 중앙일보(2014. 7. 24.).

(6) 수면장애

각성과 반응성의 변화 중 여섯 번째 항목은 수면장애에 대한 증상을 다루고 있다. 수면장애는 잠들기 어렵고 수면 상태를 유지하기 어려울 뿐만 아니라, 수면 시 자주 깨는 증상으로 PTSD 환자에게서 주로 나타난다. 광주지법 형사 제11부가 2014년 7월 22일부터 24일까지 진행한 증인신문에 출석한 일반인 탑승객들은 모두 수면장애 증상을 호소한 것으로 전해지고 있다.

CHAPTER 08

PTSD의 진단체계

1. 개 요

PTSD 진단은 ICD(The International Statistical Classification of Diseases and Related Health Problems)와 DSM(Diagnostic and Statistical Manual of Mental Disorders)이라는 두 개의 체계로 구분되어 있다. 세계보건기구(WHO)의 ICD는 임상 분야의 진단체계로 모든 질병을 다루며, DSM은 정신장애의 단일 항목만 다루고 있는 점이 다르다. 공통점은 질병을 체계적으로 진단하기 위한 기준을 구체적으로 제시하고 있다는 점이다.

DSM은 미국 정신의학회(American Psychiatric Association: 이하 APA)에서 발간하는 서적으로 시대 변화에 따라 꾸준히 개정되어온 미국의 표준 진단편람이다. DSM은 1952년에 처음 발간한 뒤 II, III, III−R, IV, IV−TR, 5판 등 여러 차례에 걸쳐 개정되었으며, 현재 거의 모든 국가에서 정신장애 진단의 표준지침으로 사용하고 있다.

또 다른 장애분류 서적으로는 세계보건기구(WHO)의 국제질병분류인 ICD가 있다. ICD는 사람의 사인(死因)에 대한 목록으로 국제 통계기구에서 1893년 처음 발간한 뒤 6차 개정부터 WHO가 개입하여 2022년 현재 11차 개정에 이르고 있다. PTSD에 대한 ICD−11 및 DSM−5의 주요 진단체계를 표로 정리하면 다음과 같다.

〈표 8-1〉 PTSD 진단체계

ICD-11 〈세계보건기구(WHO)〉			DSM-5 〈미정신의학회(APA)〉		
첫판	최신판	ICD－11	첫판	최신판	DSM－5
1893년	2022년	· 무감각이나 무딘 감성 · 타인과의 분리 · 쾌감 결여 · 자율신경의 과각성 · 과도한 경계 상태 등	1952년	2013년	· 침습 증상 · 자극 회피 · 인지 및 감정의 부정적 변화 · 각성과 반응성의 변화

출처: 심윤기(2025).

ICD는 1893년 처음 발간된 이래 지금까지 11차례의 개정 작업이 이루어졌다. 최근의 ICD－11은 11차 개정판으로 2018년 6월 18일 발표되었고 2022년 1월 1일부터 효력을 발휘하고 있다. PTSD 증상에 대해서는 무감각이나 무딘 감성, 타인과의 분리, 주위 환경에 대한 무관심, 쾌감 결여, 보통 자율신경의 과각성, 과도한 경계 상태, 깜짝깜짝 놀라고 불면증에 시달리는 내용 등을 담고 있다. 외상 후 수주 혹은 수개월의 잠복기를 지나 시작되는 증상으로 다음과 같이 명시하고 있다.

1) ICD-11

거의 모든 사람에게 고통을 일으킬 수 있는 심하게 위협적이거나 비극적인 상황 또는 사건

A. 환자는 대부분 지속해서 고통을 유발하는 특별히 위협적이거나 파국적인 형태의 스트레스 사건 또는 상황(단기간 또는 장기간)에 반드시 노출된 적이 있어야 한다.
B. 침습적인 플래시백, 생생한 기억, 반복되는 꿈으로 스트레스 요인이 회상되거나 재현되고, 또는 스트레스 요인과 유사하거나 관련 있는 상황에 노출되었을 때 계속해서 고통을 경험해야 한다.
C. 스트레스 요인과 유사하거나 관련 있는 상황을 회피하는 모습을 보여야 하며, 이는 스트레스 노출 사건 이전에 보이지 않았던 모습이어야 한다.
D. 다음 둘 중 하나를 만족해야 한다.
   (1) 스트레스 요인에 노출되었던 기간의 중요한 부분의 일부를 전적으로 또는 부분적으로 기억하기 어렵다
   (2) 심리적 민감성과 각성(스트레스 노출 이전에는 없었던)이 증가하는 증상이 지속되며, 다음 중 두 가지 이상이 있어야 한다.
      ① 잠들기 어렵거나 잠을 유지하기 어려움

② 자극 과민성 또는 분노 발작
③ 집중 곤란
④ 과각성
⑤ 과대한 놀람 반응

기준 B, C, D는 스트레스 사건 또는 스트레스 기간 종결 6개월 내 만족해야 한다. (특별한 목적에서는 6개월 이상 지연되어 나타난 경우도 포함하나, 이에 대해서는 반드시 분명하게 명시해야 한다.)

출처: ICD－11(WHO, 2022).

PTSD에 대한 ICD－11 진단기준은 외상 사건에 노출된 이후 고통스러운 재경험 증상이 있어야 하며, 외상 사건을 생각나게 하는 자극을 회피하고, 심리적 민감성과 각성이 증가해야 한다고 기술하고 있다. 또한 ICD－11은 '거의 모든 사람에게 고통을 일으킬 수 있는 심하게 위협적이거나 비극적인 상황 또는 사건'이라는 스트레스 기준을 제시하고 있다. DSM－5의 진단기준과 다른 것은 과각성 증상이 항상 요구되는 것이 아니라고 기술하고 있으며, 증상의 최소 기간을 정하지 않고 있다는 점이다.

2) DSM-5

DSM－Ⅳ에서는 PTSD 증상이 나타나는 기간을 3개월을 기준으로 급성과 만성으로 구분하였다. PTSD 증상이 3개월 이내로 유지되는 경우 '급성 PTSD'로, 증상이 3개월 이상 지속되는 경우는 '만성 PTSD'로 구분하였으나 DSM－5에서는 이러한 구분을 삭제했다.

그 이유는 3개월 시점으로 급성 PTSD와 만성 PTSD로 구분하는 것은 별 의미가 없으며, 그보다는 외상 사건에 노출된 후 3개월 정도의 기간은 PTSD 증상이 계속 나타날 수 있다는 점을 중요하게 보고 있다. 외상 사건에 노출된 후 3개월 정도의 기간은 PTSD 증상으로 진행될 수 있으므로 이를 자연스럽게 받아들이는 것이 중요하다는 의미로 해석할 수 있다.

[그림 8-1] PTSD 임상 경과

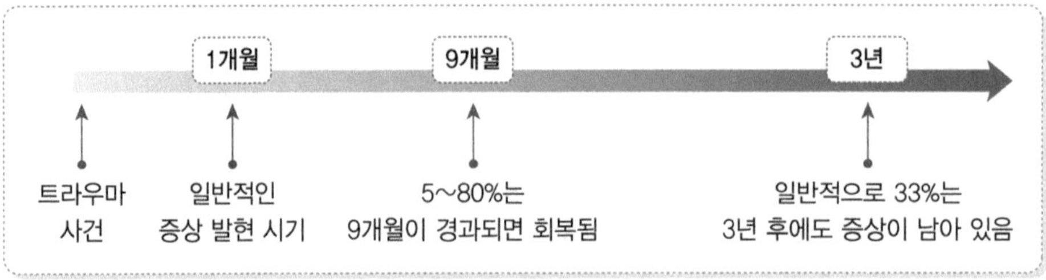

출처: 대한정신건강재단(2014).

또 하나 중요한 점은 PTSD가 조기에 치료되지 않고 장기 만성화로 이어질 경우, 자살과 이상행동 등 2차 위험성이 커진다는 내용이다. 일반적으로 PTSD는 외상 사건을 경험한 후 9개월 정도가 지나면 대부분 별다른 치료 없이도 45~80%는 회복하지만, 수년이 지난 뒤 회복되는 사람도 있다(대한정신건강재단, 2014).

2013년에 발간된 최신판 DSM-5의 PTSD 진단기준은 성인용과 만 6세 미만의 아동용으로 구분하여 제시하고 있다. 성인용은 성인과 청소년을 포함해 7-12세 아동까지 적용하며, A에서부터 H까지 진단기준을 제시하고 있다. 다만, 7-12세 아동의 진단기준은 성인용 진단기준에 부차적인 설명을 하고 있어 이를 참조하면 된다. 하지만, 만 6세 미만의 아동용은 A에서부터 G까지 별도의 진단기준을 제시하고 있다. 그 이유는 만 6세 미만의 아동은 인지발달이 완성되지 않은 상태며, 자기개념과 정체성이 미숙한 상태여서 외상 후 증상이 다르게 나타나기 때문으로 설명하고 있다.

DSM-5의 성인용 PTSD 진단기준은 크게 세 부분으로 구분되어 있다. 진단기준 A는 외상과 외상 사건을 기술하며, 진단기준 B에서 E까지는 여러 임상적 특징을 기술하고 있다. F에서 H까지는 PTSD의 경과와 영향에 대해서 진단기준을 구체적으로 제시하고 있다.

2. DSM의 개정 과정

PTSD의 진단기준은 DSM이 개정될 때마다 그 내용을 조금씩 달리하였다. 1952년 DSM 제1판에 총체적 스트레스 반응(gross stress reaction)이라는 이름으로 세상에 얼굴을 보인 후, 1984년에 나온 제3판부터는 PTSD라는 공식 명칭을 사용하였으며, 제5판은 2013년에 나왔다.

1) DSM-Ⅰ

미국 정신의학회인 APA에서 1952년 DSM-Ⅰ을 처음 발간할 때는 세계보건기구(WHO)의 국제질병분류 ICD-6을 기초로 만들었다. WHO의 ICD-6가 있음에도 불구하고 DSM-Ⅰ을 추가로 내놓은 이유는 정신질환에 대한 세부 편람이 필요했기 때문이다. 또 다른 하나의 이유는 제2차 세계대전에 참전한 군인들의 정신건강 상태와 각종 장애 증상을 명확히 진단하기 위한 기준 마련이 필요하다는 각계의 의견이 계속해서 제기되었기 때문이다. 이에 따라 DSM-Ⅰ에서 100여 개의 정신장애 목록을 수록하게 되었으며, 이 중 PTSD는 전투나 재해와 같은 극심한 신체적 요구나 극도의 스트레스에 노출된 상태를 지칭하는 '총체적 스트레스 반응'으로 수록하였다.

2) DSM-Ⅱ

DSM-Ⅱ는 DSM-Ⅰ이 발간된 지 15년이 지난 1968년에 발간되었다. DSM-Ⅱ에서는 PTSD를 '일과성 상황 장애(Transient Situational Disturbance)'라는 이름으로 수록하였는데, 그 이유는 기저에 정신장애가 없는 개인에게 일어나는 일과성 장애로 분류되고 급성 반응이라는 개념이 반영되었기 때문이다. 1960년대는 자연재해를 포함한 크고 거대한 환경적인 스트레스 사건이 빈번하게 발생하였는데, 이러한 재난 및 사건을 경험한 후 나타나는 심리 상태 변화에 관한 다양한 연구가 이루어졌다. 이러한 요인들이 DSM-Ⅱ가 발간되는 데 영향을 주었다.

3) DSM-Ⅲ

DSM-Ⅲ는 베트남전이 끝나고 5년이 지난 1980년에 발간되었다. 미국은 베트남전에서 돌아온 군인들에게서 나타나는 정신적·신체적 증상과 여러 호소내용을 토대로 체계적으로 PTSD를 연구하였다. 이러한 연구 결과를 바탕으로 PTSD라는 진단 공식 명칭을 부여하였고, 이후 지금까지 같은 진단명을 사용하고 있다.

DSM-Ⅲ-R은 1987년에 개정되었는데, DSM-Ⅲ보다 좀 더 자세하게 진단 준거와 증상을 기술하고 있다. PTSD 진단을 위한 네 가지의 기본 기준을 제시하고 있는데, '진단기준 A'는 PTSD 유발요인, '진단기준 B'는 PTSD의 지속적인 재경험을 언급한다. '진단기준 C'는 외상 사건의 회피와 정서적 망연자실(emotional numbing)에 관해 기술하고 있으며, '진단기준 D'는 과각성의 증상 제시와 함께 그 증상이 1개월 이상 지속되어야 한다는 내용이 추가로 반영되었다.

4) DSM-Ⅳ

DSM-Ⅳ는 1994년에 발간되었다. DSM-Ⅳ는 DSM-Ⅲ-R의 내용을 그대로 유지하고 있으나 외상 사건의 범위를 확장하여 기술한 점이 다르다. 외상 사건은 개인이 직접 경험한 것뿐만 아니라 타인에게 일어난 위협적인 죽음이나 심각한 상해, 신체적 안녕에 위협을 주는 사건을 목격하는 것까지도 포함하였다.

외상 경험 후 1개월 이내에 증상이 사라지는 급성 스트레스 장애(Acute Stress Disorder: ASD)를 반영하였고, 1개월 이후까지 지속될 때는 PTSD로 진단한다는 내용이 수록되었다. 그로부터 6년이 지난 2000년에는 DSM-Ⅳ-TR이 발간되었으며, PTSD에 대한 진단기준을 재경험(reexperience), 회피(avoidance), 마비(numbing), 과각성(hyperarousal) 등으로 반영하였다.

5) DSM-5

DSM-5는 가장 최근에 개정된 편람이다. 2013년 5월에 발간된 DSM-5는 로마 숫자로 표기하던 것을 아라비아 숫자로 표기하고 있다. 즉, DSM-V가 아닌 DSM-5로 표기하고 있다. 그 이유는 표기의 쉬운 이해와 사용을 수월하게 하여 진단 변화에 따른 편의성 제공 측면과 신종 질병이 생겼을 때 신속하게 대처하기 위한 시간적 효과를 얻기 위해서다.

이와 같은 개정에 정신장애와 관련한 질병을 너무 양산한다는 비판도 없지 않아 있었지만, 급격히 변화하는 사회적 환경을 고려한 적절한 판단과 조치였다는 의견이 더 지배적이었다. DSM-5는 DSM-Ⅳ-TR에서 다루던 진단기준과 다르게 침습, 자극 회피, 인지 및 감정의 부정적 변화, 각성과 반응성의 변화 등 크게 4가지 범주로 기술하고 있는 것이 특징이다.

〈표 8-2〉 PTSD의 DSM 반영 및 개정 과정

구 분	년	주요 내용	비고
DSM-Ⅰ	1952	총체적 스트레스 반응으로 반영	
DSM-Ⅱ	1968	일과성 상황 장애로 반영	
DSM-Ⅲ	1980	PTSD로 공식 명칭 사용	베트남전 이후
DSM-Ⅲ-R	1987	PTSD 유발요인의 진단 준거 반영	20년 존속
DSM-Ⅳ	1994	PTSD의 급성/만성, 간접 외상 사건 반영	불안 장애
DSM-Ⅳ-TR	2000	PTSD 진단 준거 완성(A-F)	
DSM-5	2013	독립영역의 PTSD 반영	독립영역

출처: 심윤기(2018).

3. DSM-5 진단기준

PTSD는 외상 사건에 노출된 정도와 노출시간, 반응 결과에 따라 경중을 달리하여 진단기준을 제시하고 있다. 2013년 5월에 새롭게 개정된 DSM-5에서는 이에 대한 구체적인 기준을 마련하였다. 충격적인 외상 사건을 경험한 후 부적응 증상이 나타나는 다양한 장애들은 DSM-Ⅳ까지 불안 장애에 포함하였으나 DSM-5에서는 PTSD의 중요성을 고려하여 하나의 독립된 영역으로 다루고 있다.

1) 성인용 진단기준

(1) 진단기준 A(외상 사건)

트라우마에 대한 진단기준은 곧 외상 사건의 진단을 의미한다. 외상 사건 경험은 사람의 생명과 신체적 안녕을 위협하는 트라우마를 남긴다. DSM-5에서는 이들 사건의 공통 요소에 주목하는데, 그것은 죽음과 심각한 상해 및 성폭력 등의 경험이다. DSM-5에서는 이러한 충격적인 외상 사건을 직접 경험한 것뿐만 아니라, 그것을 목격하거나 가까운 가족 혹은 친구 등에게 발생하였음을 인지하게 된 것도 외상 경험의 범주에 포함하고 있다. 외상 사건에 대한 기준이 언뜻 평범한 일상과는 거리가 먼 것처럼 보일 수도 있으나, 실제로는 우리 주위에서 흔히 목격되고 경험하는 일들이다.

현대 사회는 과학 문명이 발달하고 인공지능을 이용한 직업이 늘어남에 따라 그 양상이 매우 복잡해져 트라우마 사건이 우리 주위에서 자주 일어난다. 약한 여성과 어린이에 대한 범죄가 늘어나고, 대형 사건 사고와 재해에 노출되는 위험도 계속해서 증가하고 있다. 성폭력을 비롯해 강간, 유괴, 비행기 사고, 테러 등이 증가하고 있음을 고려해 볼 때 외상 사건의 범위는 지금보다 훨씬 더 넓고 다양해질 것으로 예측된다. 외상 사건에 대한 DSM－5의 세부 진단기준 A(외상 사건)는 다음과 같다.

〈표 8-3〉 세부 진단기준

실제적이든 위협을 당한 것이든 죽음, 심각한 상해 또는 성적인 폭력을 다음 중 한 가지 이상의 방식으로 경험한다.
① 외상 사건을 직접 경험하는 것 ② 외상 사건이 다른 사람에게 일어나는 것을 직접 목격하는 것 ③ 외상 사건이 가까운 가족이나 친구에게 일어났음을 알게 되는 것 ④ 외상 사건의 혐오스러운 세부 내용에 반복적으로 또는 극단적으로 노출되는 것 ※ 전자매체, TV, 영화, 사진을 통한 것이 아님

출처: DSM－5(APA, 2013).

DSM－5의 진단기준 B에서 E까지는 임상적 증상의 진단기준을 제시하고 있다. 진단기준 B는 침습 증상을, 진단기준 C는 자극 회피를, 진단기준 D는 인지와 감정의 부정적 변화를, 진단기준 E는 각성과 반응성의 변화를 구체적으로 제시하고 있다.

(2) 진단기준 B(침습 증상)

DSM－Ⅳ에서는 외상 사건에 대한 반복적이고 침습적인 고통스러운 회상, 사건에 대한 악몽의 반복, 외상 사건이 재발하는 것처럼 행동하는 '재경험'을 다루었다. 외상 사건과 유사하거나 그것을 상징하는 내적 또는 외적 단서에 노출되었을 때 강렬한 심리적 고통과 생리적 재반응을 '재경험'으로 제시한 것이다. 그래서 호로비츠(Horowitz, 1986)는 외상 사건의 재경험이 PTSD의 독특한 증상이자 특징이라고까지 언급한 바 있다.

그러나 DSM－5에서는 재경험이라는 표기를 생략하고 '침습'이라는 말로 바꾸어 가장 앞부분에 기술하고 있다. 재경험보다 침습이 더 핵심적이며 중요한 증상으로 다루고 있음을 의미한다. DSM-5에서는 침습 증상(intrusion symptoms)에 초점을 맞추어 다음과 같이 세부 진단기준을 제시한다.

〈표 8-4〉 세부 진단기준

외상 사건과 관련한 침습 증상이 다음 중 **한 가지 이상** 나타난다.
① 외상 사건에 대한 고통스러운 기억의 반복적이고 침투적인 경험 ※ 주: 7세 이상 아동의 경우, 놀이할 때 외상 사건과 관련된 주제가 반복적으로 표현되어 나타남 ② 외상 사건과 관련된 고통스러운 꿈의 반복적인 경험 ※ 주: 아동의 경우, 악몽의 내용이 기억나지 않을 수 있음 ③ 외상 사건이 실제로 일어난 것처럼 느끼고 행동하는 해리 반응 ※ 주: 아동의 경우, 놀이할 때 외상-특정적 재연이 나타날 수 있음 ④ 외상 사건과 유사하거나 그러한 사건을 상징하는 내적 또는 외적 단서에 노출될 때마다 강렬한 심리적 고통을 경험함 ⑤ 외상 사건을 상징하거나 그와 유사한 내적, 외적 단서에 심각한 생리적 반응 보임

출처: DSM-5(APA, 2013).

(3) 진단기준 C(자극 회피)

진단기준 C는 자극 회피 증상에 초점을 두고 그 내용을 기술하고 있다.

〈표 8-5〉 세부 진단기준

외상 사건과 관련된 자극 회피가 다음 중 **한 가지 이상** 지속해서 나타난다.
① 외상 사건과 밀접히 관련된 고통스러운 기억, 생각, 감정을 회피하거나 회피하려는 노력 ② 외상 사건과 밀접히 관련된 고통스러운 기억, 생각, 감정을 유발하는 단서들(사람, 대화, 활동, 대상, 상황)을 회피하거나 회피하려는 노력

출처: DSM-5(APA, 2013).

(4) 진단기준 D(인지와 감정의 부정적 변화)

진단기준 D는 인지와 감정의 부정적 변화에 초점을 맞추어 설명하고 있다.

〈표 8-6〉 세부 진단기준

외상 사건과 관련된 인지와 감정의 부정적 변화가 다음 중 **2가지 이상** 나타난다. 이러한 변화는 외상 사건이 일어난 후에 시작되거나 악화할 수 있다.
① 외상 사건의 중요한 측면을 기억하지 못한다. ② 자신, 타인, 세상에 대한 과장된 부정적 신념이나 기대를 지속해서 지닌다. ③ 외상 사건의 원인이나 결과에 대한 왜곡된 인지를 지니며, 이러한 인지로 인해 자신이나 타인을 책망한다. ④ 부정적인 정서 상태를 보인다(예: 분노, 공포, 죄책감, 수치심). ⑤ 중요한 활동에 관한 관심이나 참여가 현저하게 감소한다. ⑥ 다른 사람에 대해서 거리감이나 소외감을 느낀다. ⑦ 긍정 정서를 지속해서 느끼지 못한다(예: 행복감, 만족감, 애정).

출처: DSM-5(APA, 2013).

(5) 진단기준 E(각성과 반응성의 변화)

진단기준 E는 각성과 반응성의 변화에 초점을 맞추어 기술하고 있다.

〈표 8-7〉 세부 진단기준

외상 사건과 관련하여 각성과 반응성의 현저한 변화가 다음 중 **2가지 이상** 나타난다.
① (자극이 없거나 사소한 자극에도) 짜증 행동이나 분노 폭발 ② 무모하거나 자기 파괴적인 행동 ③ 과도한 경계 ④ 과도한 놀람 반응 ⑤ 집중의 곤란 ⑥ 수면장애(잠들기 어렵거나, 수면 상태를 유지하기 어렵거나, 수면 시 자주 깸)

출처: DSM-5(APA, 2013).

(6) 진단기준 F, G, H(경과와 영향)

진단기준 F, G, H는 PTSD의 경과와 영향에 대한 진단기준을 제시한다. 먼저, 진단기준 F는 앞서 제시한 진단기준 B, C, D, E의 기준을 모두 충족시키는 장애가 1개월 이상 나타나야 한다고 제시한다. 진단기준 G는 이러한 장애로 인해 심각한 고통이 유발되거나 사회적, 직업적 또는 중요한 기능에 현저한 손상이 나타나야 한다고 기술하고 있다. 진단기준 H는 이러한 장애는 약물이나 신체적 질병에 의한 것이 아니어야 한다고 제시하고 있다.

(7) 기타 하위유형의 진단기준

DSM-5에서는 해리 증상을 PTSD의 특수한 하위유형으로 기술하고 있다. 개인의 증상이 PTSD 진단기준을 만족할 뿐만 아니라, 모든 것이 낯설게 느껴지고 마치 자신이 자기의 신체나 정신을 외부에서 관찰하는 것처럼 느끼는 이인증을 구체적으로 제시하고 있다. 자신을 둘러싼 세상이 비현실적이거나 혹은 꿈이거나, 멀게 느껴지거나 혹은 왜곡되게 느껴지는 비현실감 중 하나 이상을 지속적이고 반복적으로 경험하는 경우 특수한 하위유형으로 기술하고 있다.

이렇게 PTSD의 하위유형을 별도로 구분하여 제시하는 이유는 하위유형이 발생하는 경우가 매우 특별하고 치료의 과정도 차별적인 처치가 필요하기 때문이다. 외상 사건을 경험한 이후 6개월이 지나서 진단기준 전체를 만족하는 경우, 이를 PTSD의 지연된 표현(PTSD, with delayed expression)으로 기술하고 있다. 즉, PTSD 증상이 수개월 지연되거나 수년이 지난 다음에 진단기준을 충족하는 경우 DSM-5에서는 지연된 표현으로 제시한다. 이러한 PTSD의 지연 유형은 흔하게 나타나는 것은 아니지만, 최근 연구에서 다수 보고되는 실정이다.

2) 아동용 진단기준

DSM-5에서는 아동용 PTSD 진단기준을 두 가지 형태로 구분하여 제시하고 있다. 7세 이상의 아동용(6세 이하)은 성인용 진단기준 항목에 참조 사항(※주)으로 부언하여 제시하고 있으며, 6세 미만의 아동용은 별도의 진단기준을 마련하여 다음과 같이 기술하고 있다.

A. 6세 이하 아동에게서 실제적이든 위협을 당한 것이든 죽음, 심각한 상해 또는 성적(性的) 폭력을 다음 중 한 가지 이상의 방식으로 경험한다.
   (1) 외상 사건을 직접 경험하는 것
   (2) 외상 사건이 다른 사람, 특히 주 양육자에게 벌어지는 것을 직접 목격하는 것
      ※ 주: 전자매체, TV, 영화, 사진을 통한 것이 아님

B. 외상 사건과 관련된 침습 증상이 다음 중 한 가지 이상 나타난다.
   (1) 외상 사건에 대한 고통스러운 기억의 반복적이고 침습적인 경험
      ※ 주: 자연스럽게 침투하는 기억들은 괴롭게 느껴지지 않을 수도 있으며, 놀이로 재현되어 표현될 수 있음

(2) 외상 사건과 관련된 고통스러운 꿈의 반복적인 경험

※ 주: 악몽의 내용이 외상 사건과 관련된 것인지 확실하지 않음

(3) 외상 사건이 실제로 일어난 것과 같이 느끼고 행동하는 해리 반응(예: 플래시백)(현실 상황 인식에 차이가 있으며, 가장 심한 경우 현실 상황을 전혀 인식 못함)

이러한 외상-특정적 재연이 놀이에서 나타날 수 있음

(4) 외상 사건과 유사하거나 그러한 사건을 상징하는 내적 또는 외적 단서에 노출될 때마다 강렬한 심리적 고통을 경험함

(5) 외상 사건을 상징하거나 그와 유사한 내적, 외적 단서에 심각한 생리적 반응을 보임

C. 외상 사건과 관련된 자극 회피 또는 외상 사건에 관련된 인지와 감정의 부정적 변화가 다음 중 한 가지 이상 나타난다. 이러한 변화는 외상 사건이 일어난 후에 시작되거나 악화할 수 있다.

(1) 외상 사건과 밀접히 관련된 활동, 장소, 물리적 단서를 회피하거나 회피 노력

(2) 외상 사건을 떠올리게 하는 사람, 대화, 대인관계 상황을 회피하거나 회피 노력

(3) 부정적 정서 상태(예: 공포, 죄책감, 슬픔, 수치심)의 경험 빈도가 상당히 증가함

(4) 의미 있는 활동, 예를 들어 놀이와 같은 활동에 흥미나 참여가 심각하게 제한됨

(5) 사회적으로 위축된 행동

(6) 긍정 정서의 표현이 지속해서 감소함

D. 외상 사건과 관련하여 각성과 반응성의 현저한 변화가 다음 중 2가지 이상 나타난다. 이러한 변화는 외상 사건이 일어난 후에 시작되거나 악화할 수 있다.

(1) (자극이 없는 상태이거나 사소한 자극에도) 짜증스러운 행동이나 분노 폭발(극심한 떼쓰기 포함)

(2) 과도한 경계

(3) 과도한 놀람 반응

(4) 집중의 곤란

(5) 수면장애(예: 잠들기 어렵거나, 수면을 유지하기 어렵거나, 수면 시 자주 깸)

E. 장애가 1개월 이상 나타난다.

F. 이러한 장애로 인해서 심각한 고통이 유발되거나 부모, 형제, 또래 및 다른 양육자와의 관계 및 학교 행동에 현저한 손상이 나타난다.

G. 이러한 장애는 약물이나 신체적 질병에 의한 것이 아니어야 한다.

출처: DSM-5(APA, 2013).

한편, 급성 스트레스 장애(ASD)는 PTSD의 진단기준 A(외상 사건)는 같지만 진단 측면에서는 몇 가지에서 차이가 있다. ASD는 외상 사건에 노출된 후 1개월 이내에 증상이 발현하지만, PTSD는 1개월 이후에 증상이 지속되는 장애를 말한다. 상당수의 사람은 외상 사건을 경험한 후 1일 안에 극도의 외상 스트레스 반응이 나타나더라도 동시에 회복된다. 따라서 외상 사건이 발생한 후 하루 동안은 ASD 진단에 주의가 필요하다(Julian D. Ford, 2012).

ASD 증상을 보인 외상 생존자의 3/4이 PTSD로 이어지긴 하였으나, 50% 정도는 사전 ASD로 진단될 만한 충분한 증상이 없었다는 연구도 보고되었다(Bryant, 2008). 즉, ASD 증상이 있는 사람 중 상당수가 PTSD로 이어지기는 하지만, 애초부터 ASD 진단기준을 만족시키지 않으면서 PTSD로 이어진 사람이 존재한다는 사실을 의미하는 대목이다.

외상 사건을 경험한 후 첫 4주 이내에 ASD로 진단하는데 충분한 만큼의 심각한 해리 증상을 보이지 않은 사람이 PTSD로 이어졌다는 일부 연구도 보고되었다. 이러한 연구를 바탕으로 ASD를 PTSD 진단 항목에 포함하자는 제안도 있었으나 80% 정도는 PTSD로 이어지지 않았다는 점을 고려해 별도의 진단기준을 유지하고 있다.

4. PTSD 진단 도구

외상 사건을 경험한 후 발생하는 스트레스 반응이 정상의 범위인지 아니면 그 이상의 병리적 상태로 발전하는지를 구별하는 일은 무척 중요하다. 외상성 사건을 경험한 후 어떤 사람은 불안 증상으로 고통을 경험할 수 있고, 어떤 사람은 우울해할 수 있으며 또 어떤 사람은 자살을 시도할 수도 있다.

대부분은 외상성 사건을 경험하기 이전의 안정되고 편안한 심리상태로 돌아가고 싶어 하지만 그것이 그리 쉽지 않음을 깨닫는다. 시간이 지남에 따라 심리적 고통과 갈등, 혼란이 점차 진정되고 과거의 기능으로 회복되는 경우도 있지만, 어떤 사람은 오히려 더 심한 심리적 고통을 경험하고 오랜 기간 PTSD 증상에서 벗어나지 못하기도 한다.

PTSD의 진단은 주의 깊게 다루어져야 한다. PTSD 진단의 선행 조건은 개인에게 강렬한 공포와 두려움, 무기력 등을 느끼게 하는 외상 사건의 경험이 반드시 존재해야 한다. 외상 사건을 경험한 이후에 나타나는 침습, 회피, 인지와 감정의 부정적 변화 등의 강도와 출현 빈도도 진단의 중요한 요소다.

진단은 임상 경험이 많은 전문가에 의한 면담 형식으로 이루어지기도 하고, 자기 보고의 형태로 평가되기도 한다. 성인과 아동, 청소년은 개인의 외상 경험에 따라 증상의 차이가 두드러져 진단 내용을 달리해 접근한다. 경험한 외상 사건의 형태와 PTSD 증상, 위험요인, 보호 요인 등을 탐색하고, 공존 질환 여부도 구체적으로 확인한다. 외상성 사건을 겪고 난 후 시간이 지남에 따라 PTSD로 진행될 가능성에 대한 예후를 알아보고 PTSD 증상과 관련된 과거력도 확인한다.

일반적으로 사용되는 PTSD 진단 면담 도구는 임상가를 위한 PTSD 척도(CAPS), PTSD 구조화 면담(SIP), PTSD 증상 면담 척도(PSS-I) 등이 있다. 외상성 사건 경험 선별 또는 PTSD 조기 발견을 위한 선별 과정은 자기 보고식 척도를 주로 사용한다. 외상 경험 평가는 외상 후 진단 척도(PDS)를 주로 사용하고, PTSD 증상은 외상 후 진단 척도(PDS), 개정판 사건충격척도(IES-R)로 측정한다. 이러한 진단 도구에 대한 구체적인 진단지 내용은 본서 PART 4 [부록] 진단 도구를 참조하길 바란다.

1) 면담 도구(CAPS, SIP, PSS-I)

(1) 임상 관리 PTSD 척도(Clinician-Administered PTSD Scale: 이하 CAPS)

CAPS는 1995년 미국 국립 PTSD 센터의 Blake 등(1995)이 개발한 척도로 PTSD 진단에 있어 최고의 표준(Gold standard)으로 통한다. CAPS는 PTSD 전문가들이 기존의 여러 구조화된 평가도구를 사용한 이후에 만들어진 척도라서 다른 진단 도구의 단점이 보완된 특징이 있다. CAPS는 PTSD 증상을 평가하기 위해 숙련된 임상 전문가가 관리하는 30개 항목으로 구성되어 있는데, 현재와 과거의 PTSD에 대해서도 진단할 수 있다는 점에서 다른 진단과 구별된다.

CAPS는 DSM의 변화에 대응하기 위해 수년에 걸친 연구 끝에 개발되었다. CAPS-5의 버전은 모두 세 가지다. 하나의 버전은 지난달 경험한 PTSD 증상을 측정하고, 다른 하나는 지난주 증상을 측정하며, 마지막 버전은 평생(최악의 달) PTSD를 측정한다. 어린이용의 버전도 있다.

〈표 8-8〉 CAPS 버전

구분	DSM-III-R (1987)	DSM-IV(1994)	DSM-5(2013년)
지난달	CAPS－1	CAPS－DX	CAPS－5
지난주	CAPS－2	CAPS－SX	CAPS－5
최악의 달	CAPS－1	CAPS－DX	CAPS－5
어린이용		CAPS－CA	CAPS－CA－5

CAPS－1은 1개월 동안의 변화를 진단하기 위한 것이며, CAPS－2는 일주일 동안의 변화를 측정하기 위해 개발되었으나 이후 CAPS－1과 CAPS－2는 향후 버전에 대한 혼동을 줄이기 위해 CAPS－DX와 CAPS－SX로 각각 개정되었다. CAPS－5에는 PTSD 증상과 관련된 30개의 문항이 포함되어 있으며, 각각의 문항은 증상의 빈도와 심각성을 질문한다.

- 기준 A: 외상 사건
- 기준 B: 침습 증상
- 기준 C: 회피 증상
- 기준 D: 인식과 기분의 부정적인 변화
- 기준 E: 각성 및 반응성의 변화
- 기준 F: 한 달 동안 지속
- 기준 G: 장애를 유발하는 장애

〈표 8-9〉 PTSD 충족 기준

기준 A	외상 사건 경험 1개 이상
기준 B	증상 1개 이상(질문 1－5)
기준 C	증상 1개 이상(질문 6－7)
기준 D	증상 2개 이상(질문 8－14)
기준 E	증상 2개 이상(질문 15－20)

PTSD로 진단되려면 기준 F와 G를 모두 충족해야 한다. 즉, 각 항목에 대한 빈도와 강도 점수 모두에서 증상 기준을 충족해야 한다. 빈도와 강도를 합쳐 단일 심각도 점수를 산출하는데 심각도 점수는 5점(0~4) 리커드 척도로 측정한다.

0은 증상이 없는 것을 말하고 4는 극심한 상태를 의미한다.

CAPS는 최대 40~60분이 걸리는 긴 면담 시간이 소요되며, 하나의 외상 사건에 대해서만 평가해야 하는 제한점이 있다. 즉, 진단 대상자가 둘 이상의 외상 경험이 있는 경우는 평가가 제한된다.

(2) PTSD 구조화 면담(Structured Interview for PTSD: 이하 SIP)

SIP는 미국 Duke University의 정신과 교수인 Davidson 등에 의해 DSM-Ⅲ 진단기준을 기반으로 개발되었으며, 이후 DSM-Ⅳ 진단기준을 바탕으로 표준화되었다(Davidson 등, 1997). SIP는 PTSD 증상 측정과 생존(survival) 및 행동적 죄의식(behavioral guilty) 평가와 치료 경과 및 예후를 알아보는 도구이다.

이 척도는 DSM-Ⅳ의 PTSD 진단기준을 기초로 총 17개 문항으로 제작되었다. 각 문항은 증상의 빈도와 심각도를 반영하는 질문으로 구성되었으며, 문항마다 구체적인 행동의 예를 적시하여 자세히 설명하고 있다. 재경험 증상(5문항), 회피 증상(7문항), 과각성 증상(5문항)을 측정한다.

각 증상의 심각도는 5점(0~4) 리커트 방식으로 측정하며, 총점은 76점으로 지난 한 달의 기간과 외상 이후 가장 좋지 않은 시기를 모두 평가한다. 증상의 심각도 점수는 17개 문항 점수를 모두 합해 평가하는데, 각 척도의 점수가 2점 이상일 때 증상이 있는 것으로 평가한다.

SIP는 반드시 임상 경험이 있는 전문가의 주도로 이루어지며, 면담은 20~30분 정도 소요되어 진단 시간이 비교적 짧다는 장점이 있다. 한국판 척도(K-SIP)는 김원 등(2009)에 의해 표준화되었으며, 내적 일치도 0.92, 면담자 간 일치도 0.85, CAPS와의 수렴타당도 0.72로 보고되었다. K-SIP의 PTSD 진단을 위한 기준점 즉, 절단점(cut-off score)은 총점 20점이며, 진단적 정확도는 91.9%로 보고되었다.

(3) PTSD 증상 면담 척도(PTSD Symptom Scale-Interview: 이하 PSS-I)

PSS-I는 Foa 등(1993)이 개발한 진단 도구로 외상 경험자를 대상으로 PTSD를 측정한다. DSM-Ⅳ 진단기준을 기반으로 PTSD 증상 유무와 심각도를 17개 문항으로 측정하는 반구조화 면담 도구이다. 지난 2주 동안 겪은 PTSD 증상의 빈도와 심각도를 질문하는 문항으로 구성되어 있으며, 면담은 20분 정도 소요된다.

각 문항은 0점(전혀 없음)에서 3점(일주일에 5회 이상/매우 심함)으로 리커트 방식으로 점수화되며, 총점은 51점이다. PSS-I는 회피 및 각성, 둔마, 침습 증상의 세 가지 세부 척도로 구분되어 있으며, 세부 척도의 내부 일치도는 0.65~0.71, 면담자 간 일치도는 0.93~0.95로 보고되었다.

2) 자기 보고식 도구(PDS, PCL, IES-R, LEC)

(1) 외상 후 진단 척도(Post-traumatic Diagnostic Scale: 이하 PDS)

PDS는 미국 Allegheny University의 Foa 등(1999)이 개발한 자기 보고식 진단 도구이다. DSM-Ⅳ의 진단 범주를 반영하는 49개 문항으로 된 척도로 총 4개 영역으로 구분되어 있다. 1부는 외상성 사건 12가지를 측정하는데, 자신이 겪은 외상을 표시하고 그에 대해서 간략히 기술하도록 하고 있다.

2부는 응답한 외상 사건 중 현재의 증상에 어떤 영향을 얼마나 미쳤는지 기술하여 현재까지의 경과 시간과 외상 상태를 진단한다. 3부는 DSM-IV-TR 진단기준을 바탕으로 지난 1개월간 경험한 증상의 빈도를 묻는 문항으로 재경험(5문항), 회피(5문항), 각성(7문항) 등으로 구성되어 있다. 각 문항은 0점(전혀/한 번도 없음)에서 3점(일주일에 5번 이상/거의 언제나)의 4점 리커트 방식으로 측정한다. 4부는 PTSD 증상으로 일상의 다양한 영역(예: 직업, 가족관계, 여가 활동 등)에 어떤 영향을 미쳤는지를 기술한다.

PDS는 IES-R과는 달리 외상 사건의 경험 여부 확인이 가능하며, PTSD 증상의 심각성에 대해 평가한다. 또한 PTSD로 진단되지 않더라도 심각한 외상 경험으로 인한 부분적인 PTSD 증상을 측정하고 있어 외상 사건의 후유증에 대한 폭넓은 평가가 가능하다. 국내에서는 남보라 등(2008)이 표준화하였다.

(2) PTSD 체크리스트-5(PTSD Check List-5: 이하 PCL-5)

PCL은 DSM-Ⅳ의 진단기준을 바탕으로 제작된 자기 보고식 척도이다. 최초 Weathers 등(1993)이 군인용(military, PCL-M)으로 만들었으나 이후 문항 문구가 변형된 민간인용(civilian, PCL-C)과 특정인용(specific, PCL-S)으로 수정되었다.

2014년에는 DSM-5에 맞추어 수정된 PCL-5 척도가 발표되었다. 지난 1달 동안의 PTSD 증상을 측정할 수 있는 20개 문항으로 되었으며, 측정은 5~10분 정도 소요된다. 5점(0~4) 리커트 방식으로 측정하며, 총점은 80점으로 38점 이상이면 PTSD를 의심한다. 한국판 척도(PCL-5-K)는 이동훈 등(2022)이 표준화하였으며, 신뢰도 및 타당도가 우수한 것으로 확인되었다.

(3) 개정판 사건충격척도(Impact of Event Scale-Revised: 이하 IES-R)

IES-R은 Horowitz 등(1979)이 개발한 15개 문항의 사건충격척도(IES)를 Weiss 등(1996)이 개정하였으며, 기존 IES에 없는 과각성 증상을 측정하도록 한 자기 보고식 척도이다. IES-R은 총 22개 문항으로 구성되었으며, 8개 문항의 침습 증상, 8개 문항의 회피 증상, 6개 문항의 과각성 증상을 측정한다.

측정 대상자의 스트레스 사건을 확인한 후, 지난 1주간의 증상을 5점 리커트 방식으로 측정하며, 총점의 범위는 0~88점이다. IES-R은 PTSD 진단체계가 완성되기 전 만들어진 IES를 기초로 제작되었다는 단점이 있으나, 세계 여러 나라에서 표준화 작업이 이루어져 가장 널리 사용되고 있고, 임상 연구에도 활용되고 있다. 한국판 사건충격척도 개정(IES-R-K)은 은헌정 등(2005)이 번안하여 신뢰도와 타당도를 검증하였으며, 총 22개 문항으로 제작되었다.

〈표 8-10〉 IES-R-K 문항 구성

요인 1	'과각성'(6개 문항)
요인 2	'회피'(6개 문항)
요인 3	'침습'(5개 문항)
요인 4	'수면장애'(3개 문항), '정서적 마비'(1개 문항), '해리 증상'(1개 문항) 반영

IES-R-K는 지난 한 달간 증상 빈도를 5점 리커트 척도(1=전혀 없다~5점=자주 있다)로 측정하고, 점수가 높을수록 PTSD 증상이 심각함을 의미한다. 총점의 범위는 0~88점으로 24점이 PTSD를 감별하는 기준점이다.

3) 선별 검사 도구(SPRINT, SPAN, PC-PTSD)

(1) 단축형 PTSD 평가면담(Short PTSD Rating Interview: 이하 SPRINT)

SPRINT는 침습, 회피, 과각성과 같은 PTSD 증상뿐 아니라 신체적 불쾌감, 스트레스 취약성 및 사회적 기능의 이상 여부를 평가하는 면담 도구로 Conner 등(2001)이 개발하였다. SPRINT는 총 8개 문항으로 제작되었으며, PTSD를 선별하는 데 매우 유용하게 활용되는 자기 보고식 척도이다. 문항 측정은 0점(전혀 아니다)에서 4점(매우 심하다)까지 5점 리커트 방식으로 측정하며, 총점의 범위는 0~32점, 측정 소요 시간은 5분이면 충분하다. 시간에 따른 PTSD 증상 변화를 측정할 수 있다는 장점을 갖고 있다.

한국판 K-SPRINT는 김태석 등(2008)에 의해 표준화되었으며, 내적 일치도 0.82, 평가-재평가 신뢰도 0.82, CAPS와의 수렴타당도는 0.71로 보고되었다. PTSD 진단을 위한 기준점(cut-off score)은 15, 진단 정확도는 91.9%로 보고되었다.

(2) 데이비드슨 외상 척도(Davidson Trauma Scale: 이하 DTS-K)

DTS는 DSM-Ⅳ의 진단기준을 기초로 PTSD 증상을 측정하는 자기 보고식 척도이다. 경험한 외상 사건을 확인하고 지난 1주 동안의 증상의 빈도(전혀 없다-매일)와 심각도(고통 없음-매우 고통받음)를 평가하는 17개 문항의 5점(0-4) 리커트 방식의 척도로 제작되었다. 총점수는 0~68점이며 증상의 심각도가 47점 이상이면 PTSD를 의심한다.

한국판 척도(DTS-K)는 서현주 등(2008)에 의해 표준화가 이루어졌다. PTSD 증상의 빈도와 심각도를 측정하는 원래의 DTS를 번안하고 표준화 작업이 이루어졌다. 실제로 DTS-K는 다양한 치료의 효과를 확립하고 특정 치료에 대한 반응을 예측하는 데 사용되고 있다.

(3) 스팬(Startle, Physiological arousal, Anger, and Numbness: 이하 SPAN)

SPAN은 DTS(데이비드슨 외상 척도)의 17개 문항에서 내적 일치도가 가장 높은 4개 문항을 추출하여 만든 자기 보고식 척도로 Meltzer-Brody 등(1999)이 개발하였다. 스팬은 4개 항목의 영어 머리글자로 이루어져 있으며 놀람, 생리적 각성, 분노, 둔마 등을 의미한다. PTSD 증상의 심각도는 0점(전혀 괴롭지 않다)에서 4점(극도로 괴롭다)까지 5점 리커트 방식으로 측정하며, 총점수는 0~16점이다. 측정 소요 시간은 1분 이내 측정이 가능하다. PTSD 선별을 위한 기준점은 5점으로 보고되었으며, 진단 예측의 정확도는 88%로 보고되었다.

(4) PTSD 선별 검사(Primary Care PTSD Screen: 이하 PC-PTSD)

PC-PTSD는 지난 1달 동안의 PTSD 증상을 측정할 수 있도록 Prins 등

(2003)이 개발한 척도로 PTSD 평가도구 중 가장 짧은 4개의 진위형 문항(예/아니오)으로 되어 있다. 원래 1차 진단에서 사용하기 위해 만들어진 척도였지만 전역 군인을 대상으로 선별검사용으로 사용되며, 대규모 외상 사건 발생 시 활용하기 유용하다고 알려져 있다. PTSD의 효율적인 선별을 위해 3점의 기준점을 제시하고 있지만, 척도의 민감도를 높이기 위해 2점의 기준점을 적용하기도 한다.

〈표 8-11〉 PTSD 자가 진단지

문 항	심각도	
당신이 지난 한 달 동안 생활하면서 두려웠던 경험이나 끔찍했던 경험, 힘들었던 경험 등 그 어떤 것이라도 경험한 것이 있다면 각각의 문항에 점수를 적어 주세요.	아니오	예
1. 그 경험에 관한 악몽을 꾸거나 생각하고 싶지 않은데도 그 경험이 떠오른 적이 있다.	0 (예)	1 (예)
2. 그 경험에 대해 생각하지 않으려고 애쓰거나 그 경험을 떠오르게 하는 상황을 피하려고 특별히 노력한다.		
3. 늘 주변을 살피고 경계하거나 쉽게 놀란다.		
4. 다른 사람, 일상 활동 또는 주변 상황에 대해 가졌던 느낌이 없어지거나, 그것에 대해 멀어진 느낌이 든다.		
5. 그 사건이나 그 사건으로 인해 생긴 문제에 대해 죄책감을 느끼거나 자기 자신이나 다른 사람에 대한 원망을 멈출 수가 없다.		
합계	( )점	

〈표 8-12〉 진단 결과 평가

구분	총점	내용
정상	0~1	일상생활 적응에 지장을 초래할만한 외상 사건 경험이나 이와 관련된 인지적, 정서적, 행동적 문제를 거의 보고하지 않아 정상의 상태임
주의 요망	2	외상 사건과 관련한 다소의 불편감이 있어 주의가 필요함. 일상생활에 어려움이 있으면 추가 진단이나 전문가의 도움을 받아 보는 것이 좋음
심한 수준	3~5	외상 사건과 관련한 심한 불편감이 있고, 일상생활의 적응에 어려움을 갖고 있음. 추가 진단이나 정신건강 전문가의 도움을 받아 보기를 권함

출처: Prins 등(2015).

PART 3

트라우마 상담과 심리치료

CHAPTER 09 트라우마 심리상담
CHAPTER 10 PTSD 심리치료
CHAPTER 11 범죄 피해자 심리지원
CHAPTER 12 재난피해자 심리지원

CHAPTER 09

트라우마 심리상담

우리 인간은 삶을 살아가며 트라우마를 경험할 수밖에 없는 존재다. 일반적으로 충격적인 재난이나 범죄 등 끔찍한 트라우마 사건을 경험한 사람 중 30% 정도는 치료하지 않아도 저절로 외상 이전의 상태로 회복된다고 알려져 있다. 가벼운 심리·신체적 증상을 보이는 자는 40% 정도로 치료과정을 거치면 쉽게 호전된다. 대략 20%는 중증 정도의 증상을 보이고, 10% 정도는 증상이 호전됨이 없이 만성적 상태를 유지하는 것으로 알려졌다(심윤기 등, 2025).

외상 경험 초기에 피해자를 대상으로 ASD 혹은 PTSD에 중점을 둔 일반적인 개입은 적절하지 않다. 외상의 특수성과 외상 경험 초기에 나타나는 다양한 증상 및 스트레스 수준 등을 고려하여 심리상담과 심리치료, 심리지원이 통합된 최적화의 방식으로 이루어지는 것이 바람직하다.

심리상담은 주로 트라우마와 관련한 현재 문제의 탐색과 해결에 초점을 두고 이루어진다. 개인이나 가족 혹은 집단을 대상으로 비대면 상담, 대면 상담, 집단 상담 등의 방법이 주로 적용된다. 통상 심각한 정신장애로 이어지지 않도록 예방적 차원에서 정서적 문제와 스트레스, 부적응 해결 등에 초점을 두고 단기적으로 이루어진다.

1. 비대면 상담

1) 고려 사항

비대면 상담은 상담자가 내담자의 정신건강 등 심리적 고통으로부터 회복되도록 도움을 주기 위해 유무선의 다양한 매체를 이용하여 서로 다른 물리적 공간에서 이루어진다. 비대면 상담에는 이메일 상담, 게시판 상담 등의 비실시간 상담을 포함해 전화, 채팅 및 화상상담과 같은 실시간 상담이 있다.

비대면 상담이 유용한 경우는 감염병 유행과 같이 국가적 차원에서 대면 접촉 및 활동에 제한이 있는 경우를 비롯해 신체적 문제로 거동이 어려워 대면 상담이 곤란한 경우, 대면 상담에서 공개적으로 말하기 어려운 문제를 다루는 경우, 트라우마 상담에 대한 낙인이 염려되어 대면 상담을 꺼리는 경우 등이다.

공황장애나 불안 장애와 같이 공공장소를 피하고 대인 접촉을 멀리하여 집 안에만 머물러 있거나 대면 상담에 거부감이 있는 경우 혹은 상담자나 상담센터가 없는 지역과 대면 상담 인프라가 부족한 지역에서 주로 이루어진다. 비대면 상담 시 일반적으로 고려해야 하는 사항이 몇 가지가 있다.

첫째, 상담 환경이다.

내담자가 안심할 수 있도록 비밀이 보장되고 상담에 집중할 수 있는 안정적인 환경과 시간이 준비되어야 하며, 내담자의 상황과 기능에 적합한 비대면 상담 시스템 및 프로그램도 구축되어 있어야 한다.

이 외에도 인터넷 및 전화사용 가능 여부, 웹·스마트폰 프로그램 사용의 친숙도, 사생활 보호가 가능한 환경 등을 고려하여 비대면 접근 방식을 택한다. 주로 사용하는 매체나 사이트가 작동하지 않거나 원활하지 않을 때를 대비하여 전화, 인터넷 사회관계망 서비스(SNS), 화상상담 시스템 등의 대체 방법을 미리 확보하는 것도 필요하다.

둘째, 내담자다.

비대면 상담 시 내담자의 기본정보와 상담 내용의 정보 보안을 위한 윤리적 고려와 이에 대한 대책을 준비한다. 특히, 영상을 기반으로 한 비대면 상담의 경우 영상을 통해 상담자나 내담자의 사생활 정보가 노출되지 않도록 유의한다. 아울러 상담자가 일방적으로 상담 형식(전화, 영상, 문자 등)을 결정해서는 안 되며, 내담자가 접근하기 쉬운 친숙한 방법을 선택하도록 안내한다.

셋째, 상담자다.

비대면 상담은 내담자와 상호작용을 하는 데 한계가 있다. 효과적인 비대면 상담을 위한 실무역량과 비대면 상담 시 발생할 수 있는 문제 및 쟁점 등에 대해서 잘 알고 있어야 한다. 심리검사 시 비대면 검사의 제한점과 평가 절차, 심리검사 결과의 보안성, 검사 도구의 저작권 보호 등에 관해서도 잘 알고 있어야 한다. 비대면 상담에 필요한 장비를 다루는 기술과 매체의 특성에 따른 대처 능력을 다루는 능력도 갖추고 있어야 한다.

넷째, 상담 집중이다.

비대면 상담 중 다른 일을 하는 것은 철저히 배제되어야 한다. 개인 소셜 미디어 활동이 상담 관계에 직·간접적으로 영향을 미칠 수 있으므로 개인 소셜 미디어와 업무 소셜 미디어를 명확히 구분하고 미디어 사용 규제를 따라야 한다.

다섯째, 비밀 보장이다.

비대면 상담 내용은 내담자 동의 없이 외부에 노출되지 않도록 보호되어야 한다. 상담 내용 공개가 필요하면 사전 동의를 구해야 하는데 그 방법은 메일이나 온라인 플랫폼(예: 카카오톡 채널 등)이 있는 경우는 온라인 웹페이지를 활용한다. 구두 동의를 받아야 할 때는 상담시설과 상담자 및 상담 목적 등을 자세히 안내하고, 구두 동의 내용을 상담자 기록 서식에 남겨두거나 동의하에 녹음하여 보관한다.

〈표 9-1〉 비대면 상담이 어려운 대상자

대상자	청각 및 언어 장애가 있는 사람, 외국인 등
개입 방법	· 비대면 상담이 제한되는 경우는 대면 상담으로 진행한다. · 언어기능 수준에 따라 문자 등으로 간단히 대화한다. · 청각 · 언어 장애인과 상담 시 지켜야 할 사항은 다음과 같다. – 내담자 이야기가 끝날 때까지 충분히 경청하고 기다려 준다. – 내담자 이야기를 이해할 때까지 충분히 듣는다. – 내담자가 한 말을 함부로 추측하지 않는다. – 내담자에게 너무 길게 설명하지 않는다. 등

출처: 국가 트라우마센터(2022).

2) 비대면 상담의 유형

비대면 상담은 그 과정에서 자해나 자살, 신체 건강의 위험 혹은 급성 정신과적 증상 등 응급 대응이 필요한 상황이 발생할 수 있어 사전에 위기 상황에 대한 대응 계획을 마련할 수 있어야 한다. 위기 상황 시 대처할 수 있는 온오프라인 상의 연계시스템 구축도 필요하며, 응급 대응 시 도움을 줄 수 있는 가족이나 친구, 지인, 관계 기관 등의 연락처를 사전에 확보하여 연락 우선순위를 정해둔다.

응급 상황 발생 시 상담자에게 도움을 요청할 수 있는 절차를 내담자에게 구체적으로 안내한다. 거주지역의 24시간 응급의료기관을 비롯해 정신의료기관, 입원할 수 있는 병원 등 위기 대응이 가능한 기관의 명칭과 연락처, 위치 등을 알아 놓고 필요시 이를 이용한다. 급박한 위험이 있는 경우는 경찰(112) 및 구급대(119)에 신고하는 등 즉각적으로 조치한다. 유형별 비대면 상담을 진행할 때는 다음과 같은 기본적인 사항을 고려한다.

(1) 전화상담

- 상담실 전화기 주변에서 소음이 나지 않도록 한다.
- 부드럽고 낮은 음성으로 대화하고 불필요한 질문은 피한다.
- 내담자의 말을 충분히 듣고, 이야기 도중에 말을 끊지 않는다.
- 내담자가 보이지 않는다고 다른 업무를 하면서 전화하지 않는다.
- 음성으로만 상담이 진행되므로 목소리 높낮이, 속도, 의사 표현에 주의한다.
- 내담자의 모습을 보지 못하기 때문에 대면 상담보다 더 신중히 경청하고 대상자의 언어표현, 감정(울고 있는지, 흥분 또는 분노상태 등), 의도 등에 대해 세심하게 파악한다.
- 상담 중 내담자의 이야기를 요약정리하면서 상담자가 충분히 듣고 이해하고 있다는 점을 전달한다.
- 내담자의 반응에 주의한다. 대화의 흐름이 끊기거나 침묵하는지 혹은 내담자의 말이 끝났는지, 상담자가 이야기를 시작해도 되는지 등에 주의한다.
- 내담자가 침묵하는 경우 전화기 너머 반응이 확인될 때까지 충분한 시간을 두고 기다려 준다.

(2) 화상상담

- 내담자와 상담자의 개인 휴대전화 앱과 알림을 꺼둔다.
- 내담자를 확인할 수 있는 기본적인 정보를 확인한다.
- 내담자와 눈 맞춤을 유지할 수 있도록 카메라 위치를 조정한다.
- 내담자와 사전동의 없이 상담 과정이 녹화되지 않도록 한다.
- 화면에서 상담자가 잘 보이는지, 목소리가 잘 들리는지 확인한다.
- 상담자 주변에 개인 물건이나 상담을 방해하는 물건이 없도록 미리 정돈한다.
- 내담자와 눈 맞춤을 유지하고 또렷한 목소리로 상담을 진행한다.
- 상담 전 인터넷 연결 상태 및 상담실 소음, 조명 상태, 비밀이 보장되는 환경인지 등을 점검한다.
- 대면 상담과 다르게 비대면 상담은 내담자 상황을 파악하는데 제한이 있지만, 대면 상담 시와 같이 비언어적 표현까지 민감하게 파악하여 상호작용을 촉진한다.
- 회기 상담이 종료될 때마다 다음 회기 일정을 의논한다.
- 상담목표가 달성된 경우, 상담 종결을 안내하고 내담자의 접속이 오프라인 상태임을 확인하여 상담을 마무리한다.

◉ 비대면 상담이 계속 필요한 내담자

- 내담자의 심리적 상태가 불안정할 경우
- 내담자가 계속해서 상담 받기를 원할 경우
- 자살사고 등 위기 개입 후 전문가의 관찰이 필요한 경우 등

(3) 자살 예방 상담

자살 예방 상담은 자연스럽게 질문하여 내담자의 자살 생각 여부를 확인하는 것이 중요하다.

- "몹시 힘드신 것처럼 보이는데, 혹시 죽음이나 자살에 대해 생각하고 계시는 건 아닌지요?"
- "목숨을 끊는 것(자살)에 대해 생각해 본 적이 있으신지요?"
- "더 이상 살고 싶지 않다고 생각해 본 적이 있으신지요?"

- “잠이 들어서 영원히 깨어나지 않았으면 좋겠다고 생각한 적이 있으신지요?”
- “다 정리해 버리고 싶다고 생각하고 계시는 건 아닌지요?”
- “지금도 자살에 대해서 생각하고 계시는 건 아닌지요?”

자살 계획의 여부도 자연스러운 질문으로 확인한다. 만약 자살 계획이 있다면 시간, 장소, 방법 등에 대해 구체적으로 질문하여 알아본다.

- “자살은 어디서 시도할 생각이신지요?”
- “자살을 언제쯤 시도할 계획이신지요?”
- “자살 방법을 구체적으로 계획한 것이 있는지요?”

정신과 치료 이력과 자살과거력도 확인이 필요하다. 정신과 병력은 자살의 위험요인이 될 수 있으므로 진단명, 치료 방법, 치료 효과의 유무, 약물을 꾸준히 복용했는지 등을 확인한다. 과거 자살 시도 경험은 자살의 위험성을 높일 수 있으므로 다음과 같은 질문으로 확인한다.

- “현재 정신과 치료를 받고 있으신가요?”
- “과거에 정신과 치료는 어떤 방법으로 받으셨는지요?”
- “정신과 치료를 받고 나서 약물은 꾸준히 복용하셨는지요?”

마지막으로 지지체계를 확인한다. 동거가족 유무 및 연락처와 가족 외에 연락할 수 있는 친구, 이웃, 지인 등이 있는지 확인하고 현재 거주지를 파악한다. 병원이나 시설 등의 기관에 내담자가 거주하는 경우 해당 기관에 연락하여 내담자의 상태를 공유한다.

3) 비대면 상담 절차

비대면 상담 과정에서 내담자의 기본정보를 수집하는 경우는 형식적인 질문은 피하고 자연스러운 질문으로 정보를 파악한다. 상황에 따라 필요한 정보에 대해서는 질문의 이유를 설명하고 바로 물어보는 것이 바람직하다. 비언어적 의사소통이 제한되고 영상 또는 음성 전달 지연 등으로 대화의 시작과 끝을 파악하기 어려울 때는 내담자에게 하고 싶은 말을 다 했는지 혹은 상담자가 이야기를 시작해도 되는지 등을 꼭 확인한다.

과거 위기 상황을 해결한 경험이 있으면 내담자의 노력을 인정하고 격려한 후, 트라우마 증상에 대한 완화 기술을 제공한다. 상담자가 완전히 새로운 해결책을 제시하는 것 보다는 내담자가 생각하고 있는 방법 내에서 시도하거나 변경할 수 있도록 돕는 것이 중요하다. 특히, 전문적인 상담 관련 용어나 어려운 말은 피하고, 광범위하고 포괄적인 소통방식으로 대화하기 보다는 구체적으로 대화한다.

내담자의 질문에 답하기 어려운 경우는 추측성으로 답변하거나 모호하게 얼버무리는 것은 적절치 않다. 내담자에게 양해를 구한 뒤 추후 약속된 비대면 상담 시간에 확인 사항을 전달하는 것이 바람직하다. 또한 비대면 상담도 지속해서 상담이 진행될 수 있으므로 다음 상담 날짜와 시간을 명확히 정한 후 회기를 마무리한다.

비대면 상담 시 상담자를 보호하는 방안도 마련되어야 한다. 상담자의 사생활과 관련된 질문에는 상담에 필요한 내용이 아님을 설명하고 답변하지 않는 것이 적절하다. 상담자를 불편하게 하는 폭언, 욕설, 협박, 모욕 등을 하는 경우 「산업안전보건법 제26조의 2」 또는 기관 지침에 따라 상담이 종료될 수 있음을 안내하고, 그래도 지속될 경우에는 상담을 종료한다.

〈표 9-2〉 폭언, 욕설, 협박, 모욕 시 대처 요령

1차	선생님 [폭언, 욕설, 협박, 모욕]을 하시면 상담을 도와 드릴 수가 없습니다. 상담받고자 하는 내용을 차분하게 말씀해주시겠습니까?
2차	다시 한번 말씀드리지만 [폭언, 욕설, 협박, 모욕] 등을 계속하시면, 상담이 종료될 수 있습니다. 상담받고 싶은 내용을 말씀해 주십시오.
3차	[폭언, 욕설, 협박, 모욕]을 자제해 달라는 말씀을 드렸음에도 계속해서 [폭언, 욕설, 협박, 모욕]을 하시기에 더 이상 상담하기가 어렵습니다. 그럼 이만 상담을 종료하겠습니다.

타 상담 기관에서 의뢰된 내담자인 경우에는 가능하면 이전 상담 기관을 통해 상담에 필요한 정보를 미리 파악한다. 상담자는 비대면 상담 시 언제든지 상담 능력 발휘가 가능하도록 상담역량을 갖추고 있어야 하며, 다음과 같은 절차로 상담을 진행한다.

(1) 정보 수집

내담자가 경험한 트라우마의 유형, 현재 내담자의 요구사항 및 심리적 문제, 내담자의 정신건강 위험요인 등을 파악한다. 기본정보에 해당하는 현재 상황과 트라우마 증상, 내담자와 그 가족의 연락처 등을 확인한다.

(2) 호소내용 파악

· 트라우마 경험 후 발생한 심리 · 신체적 어려움
· 현재 생활 속의 스트레스
· 현재 가장 필요한 것
· 일상생활의 기능 수준
· 정신건강 및 자해, 타해의 위험성 등

(3) 과거 / 현재 병력 파악

이전 또는 현재의 신체적, 정신과적 진단 및 치료 여부를 확인하고, 복용 중인 약물 등을 파악한다.

· PTSD를 포함한 정신과적 진단을 받은 적이 있으시나요?
· 가족 중에 정신과 진단을 받은 사람이 있으시나요?
· 트라우마와 관련한 정신과 진료를 받은 적이 있으시나요?
· 천식, 고혈압, 기타 만성 또는 종양 질환과 같은 질환이 있으시나요?
· 술, 담배 등을 하시나요?

(4) 현재 생활 확인

트라우마를 경험한 내담자에게 도움을 줄 수 있는 사회적 네트워크, 지지체계 및 자원 등의 유무를 파악한다. 아울러 내담자가 주관적으로 경험하는 고통, 스트레스, 트라우마 등이 있는지 탐색하고, 동거가족과 가족 내 돌보아야 할 대상이 있는지를 확인한다.

· "현재 함께 사는 가족 구성원은 어떻게 되시나요?"
· "함께 사는 가족들과의 관계는 어떤지 말씀해주시겠습니까?"
· "집에서 어린이나 노인 등 돌봐야 할 가족 구성원이 있나요?"

(5) 증상 진단

내담자의 트라우마 증상 상태를 확인하기 위한 진단 도구는 본 저서 [부록]에 기술된 척도를 이용하면 수월하다. 진단 도구를 사용할 때는 이용의 편의성과 비용 등을 고려하고 내담자의 문화와 언어, 인지기능, 신체장애, 나이 등을 참고하여 자가 진단 도구를 전달한다. 상담 관련 기관이나 상담센터의 홈페이지, 문자 링크 제공과 전화 등을 통한 직접 평가 방법으로 진단이 가능해야 한다. 이와 함께 트라우마에 대한 올바른 정보와 증상에 대한 교육자료, 호흡 이완 기법 등의 서비스를 제공한다.

(6) 상담 종결

상담 종결 시에는 내담자와 사전에 약속된 시간, 후속 조치 등이 제대로 이루어졌는지 확인한다. 상담 종결 후 연락하는 방법을 안내하고 계속 상담이 필요한 경우는 동의 여부를 확인한다. 상담 거절 시에는 내담자의 의견을 존중한다.

- "현재 어려움이 없으시다니 다행입니다. 다만, 시간이 지나면 달라질 수 있어 제가 일주일 후에 다시 연락드릴까 하는데 괜찮으신지요?"
- "지금 계속해서 상담이 어려우시면 1주일 후에 다시 연락을 드리겠습니다", "언제쯤 다시 연락을 드리면 좋을까요?"
- "이후에 문의 사항이 있거나 상담이 필요하실 때 여기로 연락하시면 도움을 드리도록 하겠습니다."

4) 상황별 비대면 상담 방법

(1) 증상이 미미할 때

트라우마로 인한 심리적 어려움과 갈등, 혼란, 스트레스 반응 등이 미미한 수준일 때는 외상 사건의 상황 및 조치에 관한 정보를 제공하되, 트라우마 정보에 과도하게 노출되거나 이에 집착하지 않도록 한다. 아울러 트라우마 상황으로 인한 스트레스의 반응을 정상화하는 데 주력하고 규칙적인 생활, 여가 활동, 주변 사람들과의 소통 등으로 건강을 유지하도록 안내한다.

(2) 전문 개입이 필요할 때

심각한 심리적 또는 정신과적 증상을 보인다거나 외상 사건 경험 후 상실의 슬픔을 느끼는 정도가 심각할 때, 자살 위험성이 높을 때는 전문 개입이 필요하다. 또한 알코올 및 기타 약물 중독을 포함한 심각한 금단 증상의 정신과적 응급 상황이 있을 때나 자해 및 타인에게 해를 가할 위험성이 우려될 때도 전문 개입이 필요하다.

이러한 경우는 응급 상황 시 대응이 가능한 기관과 긴급하게 연락할 수 있는 가족, 친구, 가까운 지인 등의 연락처를 미리 확보해 둔다(경찰 112, 구급대 119). 아울러 외상 피해자가 응급 시 이용할 수 있는 기관의 전화번호나 위치 정보를 확보한 후, 필요시 도움을 요청한다.

내담자가 신경 발달 장애가 있는 경우, 신체적·정신적 트라우마 문제로 진단받은 경우, 심리·신체적 트라우마 치료 또는 회복 중인 경우는 트라우마 두려움에 대한 대처 방법을 안내하고 필요시 트라우마센터와 연계한다.

◉ 전화 비대면 상담의 오류

엄마가 갑자기 제 앞에서 죽고 싶다고 말한 적이 있어요. '윤아야, 자동차가 날 들이받았으면 좋겠어.' 이러시는 거예요. 그래서 깜짝 놀라 트라우마 치료 전문가를 찾아서 전화했어요. 엄마가 이래서 무섭다고 말합니다.

그런데 상담사라는 분이 지극히 일상적인 말투로 '그랬어요? 그러셨구나.'라는 말만 계속하는 거예요, 너무 가식적으로 느껴졌어요. 그래서 이게 뭐지? 하면서도 이야기를 계속 이어갔어요. 그랬더니 하는 말이 '엄마가 죽고 싶다고 몇 번 말씀하셨어요? 엄마가 자살 충동을 몇 번이나 느끼셨나요? '자살 프로그램에 참여하고 있나요? 라고 저한테 자살이랑 죽고 싶다는 강한 어감이 있는 말만 계속해서 하는 거예요.

말할 때마다 그 단어가 빠지면 안 된다는 듯이 말하니 정말 짜증났어요. 그러고 나서 한다는 소리가 '자살 방지 프로그램이 있으니 거기 한번 가 보세요!'라는 거예요. 그래서 전화 끊고 나서 저는 '다시는 이런 곳에 전화 안 해.'라고 마음먹었어요.

4) 비대면 상담 시 가족의 역할

트라우마는 고통을 겪는 피해 당사자뿐만 아니라 함께 생활하는 가족들에게도 여러 가지 어려움을 준다. 외상 피해 가족원의 심리적 불안과 부적절한 감정 표출은 가족 내 안정감을 해치고 가족관계를 악화시킨다. 어떤 경우는 트라우마 증상을 영원히 고칠 수 없는 질병으로 여겨 아예 치료와 돌봄을 포기하는 가정도 있다. 외상 피해자를 위한 가족원의 역할은 트라우마 극복에 지대한 영향을 준다. 비대면 상담이 이루어지는 기간 동안 다른 가족 구성원이 가져야 할 바람직한 역할을 제시하면 다음과 같다(심윤기 등, 2022).

첫째, 외상 피해 가족원과 함께 보내는 시간을 늘린다.

트라우마 치료 및 회복은 매우 어려운 과정임을 인식하고 이를 잘 감내하고 이겨내는 마음을 갖도록 하는 것이 중요하다. 이와 함께 트라우마 증상으로 고통을 겪는 가족원에게 반복적으로 지지를 보낸다. 외상 경험과 관련된 감정 공유가 이루어지면 트라우마 회복은 빠르게 이루어진다. 간혹, 외상 피해자가 심리적으로 불안하여 가족들에게 지나치게 의존하고 자괴감과 분노로 가족을 힘들게 하더라도 피해자와 함께 있는 시간을 늘리고, 외상 사건과 관련한 대화를 이어가면 트라우마 회복은 빠르게 단축된다.

둘째, 외상 사건과 관련한 이야기를 자주 나눈다.

트라우마 증상으로 고통을 겪는 피해자를 위해서는 따뜻한 대화와 지지가 필요하다. 하지만 충격적인 외상 경험 후 외상 사건과 관련한 이야기를 나누는 것은 그리 쉬운 일이 아니다. 그 이유는 외상 피해자가 사건과 관련한 불쾌한 감정을 다시 느끼고 싶어 하지 않기 때문이다. 그렇다고 하더라도 외상 피해자의 트라우마를 계속 가슴에 담아 두게 할 수는 없다.

외상 경험 이야기를 나누는 것이 외상 피해자에게 더 큰 상처가 될 수 있다는 생각에서 대화를 회피하면 그만큼 트라우마 회복은 더디게 이루어진다. 외상 사건과 관련한 이야기를 가족 구성원 간 자주 나눌 수 있는 시간을 가져야 회복이 가능하다. 외상 피해자가 외상 경험 이야기를 꺼내면 그가 하는 말의 속도를 따라가며 이야기를 들어주고 공감하며 적극적인 지지를 보낸다.

셋째, 식사와 수면은 정상적이고 규칙적으로 한다.

충격적인 외상 경험은 심리·신체적 반응을 유발하고 행동의 변화를 가져오는데, 주로 불규칙한 식사와 수면이 이에 해당한다. 무절제한 생활은 그렇지 않아도 일상생활에 집중하지 못하도록 만들고, 무기력한 상태에 있는 피해자를 더욱 무절제하게 만든다. 이러한 비정상적인 생활은 가족 갈등으로 이어지게 할 수 있다는 점에서 심각성이 있다.

규칙적인 생활은 외상 피해자의 생활을 편안하게 통제함으로써 자기 조절력을 높이고, 가족들과 같은 시간대에 활동하게 됨으로써 개방된 소통이 가능해진다. 또한 외상 피해자의 불면 시간을 줄이고 부정적인 생각에 빠져드는 시간을 줄일 수 있는 장점도 있다.

넷째, 부정적 인지와 감정, 행동을 받아들인다.

가족 중에는 외상 피해자의 인지와 감정, 행동의 부정적 변화를 트라우마 이후에 일시적으로 나타나는 현상이 아닌 영구적으로 고칠 수 없는 질병으로 여기기도 한다. 심한 짜증과 우울, 공포, 두려움, 폭력적인 언행 등과 같은 트라우마 증상을 영구 질환으로 여겨, 이혼을 생각하거나 별거하는 일이 발생할 수도 있는데, 이는 오히려 트라우마 증상을 악화시키는 결과를 가져온다.

외상 경험을 통해 느끼는 외상 피해자의 심리적 불안과 두려움, 상처, 분노, 상실감, 죄책감 등의 증상은 수개월에서 수년 간 지속되기도 한다. 따라서 가족들은 외상 피해자의 증상을 당장 뜯어고쳐야 하는 문제로 생각하는 것은 적절치 않다. 트라우마를 극복하는 과정에서 나타나는 아주 자연스러운 변화의 과정으로 인식할 수 있어야 하며, 트라우마 회복이 다소 지연되더라도 이를 잘 참고 기다려 주는 자세가 필요하다.

다섯째, 트라우마 증상이 심각할 때는 전문가의 도움을 받는다.

외상 피해자와 함께 보내는 시간을 충분히 갖고 대화를 지속시켜 나가면 트라우마 증상은 완화된다. 하지만, 일부 외상 피해자는 증상이 완화되지 않고 오히려 더 악화하여 전문적인 치료가 필요한 상황이 도래되기도 한다. 외상 피해자가 극도의 불안과 공포반응을 보인다거나 침습, 회피, 인지와 감정의 부정적 변화, 각성 및 반응성의 변화 등이 심각해 가족들이 감당하기 어려울 때는 PTSD 기관이나 트라우마 전문 병원에서 치료받도록 한다.

2. 대면 상담

트라우마 증상이 있는 내담자를 대상으로 이루어지는 대면 상담은 예측되는 국면을 고려하여 몇 단계의 연속적인 과정으로 진행된다. 통상 대면 상담은 준비 과정부터 초기 과정, 중간과정, 종결과정 등의 순서로 진행된다. 대면 상담을 안내하는 전문가는 상담의 시작과 종결까지의 과정 및 방법 등에 관한 충분한 역량을 갖추고 있어야 성공적인 상담 결과를 기대할 수 있다.

1) 대면 상담의 조건

(1) 상담자의 자세

상담자는 자신의 위치에서 최선이 될 수 있는 대안을 찾고 내담자의 트라우마 문제 해결을 통해 정상 기능을 회복하도록 조력하는 것이 주요 책무다. 간혹 내담자 중에는 자신의 트라우마 문제를 마주하는 것이 두려워 상담 과정에서 상담자에게 저항하기도 한다. 트라우마와 관련한 심리적 증상을 해결하는 것이 머리가 아프고 고통스럽게 느껴져, 차라리 그 문제를 빨리 덮고 지나가는 것이 낫겠다고 생각하기도 한다.

상담자는 상담 시작 단계에서 이러한 내담자의 저항과 회피가 상담에 도움이 되지 않는다는 사실을 분명히 인식시킬 수 있어야 한다. 상담받으러 온 내담자는 자신의 손상에 관한 이야기나 가족 트라우마에 관한 이야기, 자기 잘못에 관한 이야기 등은 비밀 보장의 약속이 없으면 이야기하는 것을 꺼리고 망설인다. 따라서 상담자는 상담 비밀 보장에 대한 약속과 함께 내담자를 보호하는 모습을 보여줄 수 있어야 한다.

상담자는 상담 과정에서 바람직한 인간적 태도와 자세를 견지하고 진솔하고 겸손한 모습을 보여야 한다. 상담자가 복장을 아무렇게나 착용하고 내담자를 대하면 내담자는 자기를 무시하거나 깔보고 있다고 생각하기 쉽다. 따라서 상담자는 항상 단정한 정장 차림으로 내담자와 마주할 수 있어야 한다.

상담자의 책무는 면접 과정이나 상담 회기를 통해 알게 된 내담자 정보를 면밀하게 살피고 검토하며, 사례 개념화를 발전시켜 나가는 일도 해당한다. 상담을 시작한 후 예기치 않은 현실적인 문제로 상담 과정이 혼란하게 되지 않도록 관심을 갖는 일도 포함된다. 상담자가 내담자를 대할 때 가져야 하는 바람직한 자세는 대체로 다음과 같은 몇 가지가 있다.

첫째, 온정과 진실성이다.

내담자는 트라우마 증상으로 불안과 긴장, 스트레스 등의 심리적 고통을 느껴

이를 해결하고자 상담실을 찾아온다. 이때 상담자가 온정과 진실 어린 밝은 표정으로 내담자를 맞이하면 내담자는 긴장을 풀고 평온을 찾는다. 내담자에게 자리를 권해 앉게 한 다음, 차를 대접하는 것은 처음 만남의 어색한 분위기를 바꾸고 대화의 문을 여는 데 도움이 된다. 차를 권하고 마시는 과정에서 인간적인 정이 오가고 상담자에 대한 신뢰감이 형성되며, 마음의 긴장이 풀려 상담에 대한 두려움도 사라진다.

둘째, 관심 기울이기다.

내담자가 처음으로 상담을 받을 때는 불안과 긴장, 그리고 신뢰 등의 문제로 침묵하거나 저항하는 모습이 나타나는데 이는 자기를 보호하려는 의도에서 나오는 자연스러운 행동이다. 따라서 상담자는 내담자의 침묵을 재촉하지 말고 기다려 주는 자세가 필요하다.

상담자는 내담자의 옷차림이나 표정, 말 한마디 한마디와 행동 하나하나에 세심한 관심을 기울이고, 적절한 시기에 관심을 보여주면 상담이 훨씬 안정감 있게 이루어진다. 내담자의 긍정적인 부분과 특징적인 남다른 측면을 상담자가 지지하고 표현하면 신뢰 관계에도 큰 도움이 된다.

"선생님께서는 말하는 음성이 또렷또렷하고 분명해서 제가 듣기가 무척 편안하고 좋습니다. 선생님은 매번 옷차림을 단정하게 하고 오셔서 제가 기분이 참 좋네요?"

내담자가 말을 할 때 시선을 부드럽고 자연스럽게 마주하고, 몸의 상체를 약간 앞으로 기울여 적극적으로 듣는 자세를 취한다. 내담자가 하는 이야기를 따라가며 얼굴 모습을 밝게 혹은 진지하게 하여 '나는 당신의 말을 주의 깊게 듣고 있습니다.'라는 의미를 전달한다. 내담자가 말을 할 때마다 수용과 긍정 또는 공감하는 모습으로 고개를 끄덕이거나 "음~ 그랬군요", "아~ 안타깝군요", "참~ 잘하셨습니다"라고 반응한다.

셋째, 세심한 변화를 읽는 자세다.

내담자의 대부분은 상담실에 오자마자 자신이 경험한 외상 사건의 핵심 내용을 말하지 않는다. 그 이유는 상담자와 신뢰 관계 형성이 덜 되었기 때문이다. 내담자가 얼마 동안 상담자를 탐색하고 나서 상담자를 믿어도 되겠다는 확신이 생겼을 때 마음의 문을 열고 다가온다. 상담자는 내담자가 간간이 던지는 말과 내용을 정확히 파악해야 함은 물론 내담자의 몸짓과 표정, 그리고 음성에서 세심한 변화를 읽을 수 있어야 한다. 진술하는 말의 저변에 깔린 속마음을 감지하고, 그 사람이 말하지 못한 내용까지도 알아차릴 수 있어야 한다.

넷째, 모호한 내용과 오해는 확실한 모습을 보인다.

상담이 어느 정도 진행되어 상담 내용을 명료하게 할 필요가 있는 경우, 상담자는 그간의 상담 내용을 내담자가 요약해서 정리하도록 안내한다. 내담자 스스로 상담 내용을 요약하고 정리함으로써 상담의 흐름에 대한 분석과 통합 능력이 생기고, 현재 자신이 느끼고 있는 트라우마, 스트레스, 심리적 혼란 등에 대해서도 바른 인식이 가능하다. 만약, 내담자의 말이 모호하거나 명료하지 못해 오해할 수 있는 내용이 있다면 보다 확실하고 분명한 진술이 이루어지도록 한다.

(2) 상담 내용의 기록

상담 내용을 기록한 자료를 상담이 끝난 다음에 다시 읽어 보면 상담 중에는 미처 깨닫지 못해 소홀히 다루었던 문제를 발견할 수 있다. 상담 중에는 미처 인식하지 못했던 상담 과정의 미흡한 문제들이 보이게 된다. 그러므로 상담 기록은 지난 회기의 상담 과정에 대한 반성과 다음 회기의 상담 방법 및 기술적 보완을 마련하는 훌륭한 자료로 활용될 수 있다.

일정한 기간에 상담한 내담자가 여러 명이 될 수도 있어 상담 내용을 일일이 다 기억하는 것은 힘든 문제다. 그러므로 지난 회기에 기록된 상담 내용은 미진한 상담 내용을 알 수 있게 하고, 내담자의 트라우마 문제와 관련된 핵심 요점 등을 확인할 수 있다.

상담 내용 기록은 주로 내담자의 감정 흐름, 태도 변화, 주요 행동 단서 등이다. 상담 내용이 구체적으로 기록된 자료는 동료 혹은 전문가와 협의하는 기초 자료로 활용되며, 상담자의 태도와 기술 연마 자료가 되기도 한다. 상담자가 현재 소속되어 있는 상담시설이나 기관에서 다른 곳으로 자리를 옮긴다거나 혹은 몸이 아파서 상담을 계속 진행하지 못하는 상황에서는 다른 상담자가 이미 이루어진 상담 내용을 쉽게 파악하는 것이 가능하다.

지난 회기에 실시한 상담 내용의 상세한 기록이 없으면 지난 회기에 이루어진 상담 내용을 반복해서 다룰 수 있고 헛돌 수가 있다. 또한 내담자의 가족이 직접 또는 간접적으로 상담 내용을 요청해 올 때, 전문가의 위치에서 가족을 자문하고 구체적인 대안을 제안하는 데에도 도움이 된다. 다른 기관에서 상담 내용 요청이 올 때 적시적으로 자료제공도 가능하다. 내담자의 트라우마 문제가 법적인 문제로 연결될 때는 상담 내용이 상세하고 정확하게 기록되어 있으면 매우 중요한 자료로 이용될 수 있다.

상담 내용을 기록할 때는 다음과 같은 몇 가지 유의할 점이 있다.

첫째, 정확하고 간결하게 기록한다.
둘째, 가치 판단적이고 평가적인 기록은 피한다.
셋째, 지시나 해석 보다 내담자의 행동 반응이나 사실적인 내용 위주로 기록한다.

상담자는 지금-여기에 필요한 트라우마 정보에 초점을 맞추어 간결하고 정확하게 기록하는 것을 기본으로 한다. 지구상에 존재하는 모든 사람은 제각기 다른 가치 판단기준이 있을 수 있으나 상담자는 가치중립적이어야 한다. 상담자가 자기의 가치 판단 기준으로 상담 내용을 기록해 놓으면, 다음 상담자는 그 기록에 영향을 받아 선입견이 작용될 수 있기 때문이다.

상담은 인격 대 인격이 만나는 관계이자 수평적인 관계에서 이루어져야 한다. 적극적인 수용과 따뜻한 공감의 자세에서 그럴 수도 있다는 생각과 느낌으로 기록되어야 한다. 성급한 판단이나 지레짐작에서 상담 내용을 기록하는 것은 철저히 배제되어야 한다.

지시나 해석을 기록하는 것은 자칫 상담자의 주관적 가치가 개입될 위험성이 있어 주의가 필요하다. 내담자의 구체적인 행동을 기록할 때는 객관적 사실에 기초해야 오해의 소지가 발생하지 않는다. 상담 내용은 대화체로 기록되어야 하며, 상담이 끝난 직후 녹음 내용을 듣거나 중요한 대목을 회상하면서 기록하는 것이 바람직하다. 상담 내용을 기록한 자료는 철을 하여 잠글 수 있는 서류함 속에 넣어 잘 보관한다.

트라우마 대면 상담은 상담 신청의 경위와 내담자가 경험한 외상 사건, 트라우마 증상과 심리적 고통의 문제, 생활 배경 등을 구체적으로 기록한다. 내담자가 왜 지금 그것이 문제가 되며, 그것이 생활 배경과는 어떠한 관계에 있고 과거력과는 또 어떤 연관이 있는지 등의 내용을 자세히 기록한다.

내담자가 의존적인지 혹은 거부적인지를 감지하면서 그때의 느낌도 기록한다. 상담자의 반응과 태도에 내담자가 공감하고 표정이 밝아졌는지도 상세히 기록하며, 상담자의 말과 태도, 반응에 거부하거나 회피적이었는지 이를 감지한 내용도 기록으로 남긴다. 상담자가 제안한 과제를 내담자가 어떻게 실행하며 태도 변화를 위해 노력하는 부분까지도 세심하게 확인한 후, 그 결과를 기록으로 남기는 것이 바람직하다.

상담은 반드시 성공적으로만 끝나지 않는다. 상담은 성공한 사례에서 교훈을 얻고 실패한 사례에서도 깨달음을 얻을 수 있다. 실패로 종결된 상담 내용의 기록은 추후 이를 분석하고 종합하는 과정에서 자신의 부족함을 깨달을 수 있고 이를 바탕으로 한 단계 성장하는 계기로 작용될 수 있다.

(3) 상담 영상 녹화

외상 피해자를 대상으로 이루어지는 상담 과정을 촬영이나 녹음할 때는 반드시 내담자의 이해와 동의가 있어야 한다. 촬영된 영상을 내담자가 받아보기를 원하면 제공해야 한다. 요즘은 개인 휴대전화 카메라로 다양하고 쉽게 상담 장면의 영상을 촬영할 수 있어 활용적 측면에서 효과적이다. 처음에는 자신의 모습과 목소리가 촬영 및 녹음된다는 사실을 의식하여 긴장하기도 하지만 시간이 지나면서 자연스러워진다.

녹화된 상담 영상 자료를 보고 들으면 여러 가지 배울 점이 있다. 상담자는 자신의 바람직하지 않은 태도와 부족한 역량을 발견할 수 있고, 내담자는 자신의 문제와 모순을 발견하는 것이 가능하다. 또한 자신이 변화되어 가는 것을 현실감 있게 느낄 수 있어 향후 이루어지는 상담 과정에 긍정적인 영향을 준다.

촬영된 상담 영상과 녹음된 내용을 들으면서 내담자는 자신에 대한 실상과 허상을 볼 수 있고, 새로운 자신의 모습을 발견할 수 있다. 상담 초기와 이후의 단계에서 이루어진 상담 대화를 비교해 보며 스스로 자신의 변화를 알 수 있고, 이를 통해 자신이 성장하고 있음을 통찰할 수 있다.

상담자는 녹화된 상담 장면 영상을 보거나 녹음 내용을 들으면서 스스로 다음과 같은 질문을 하는 것이 유용하다.

- 상담 분위기를 편안하게 조성하였는가?
- 내담자의 독립성을 존중하고 허용하였는가?
- 내담자의 문제를 제대로 수용하려고 노력하였는가?
- 상담자의 욕구대로 내담자를 이끌려고 하지 않았는가?
- 내담자 중심이 아닌 상담자 중심으로 상담이 이루어지지는 않았는가?
- 열과 정성을 다해 내담자의 말을 경청하고 긍정적으로 받아들였는가? 등

이러한 과정을 몇 번 반복하고 나면 상담에 크게 도움이 되고, 나아가 자기 발전과 성장을 이루는 데에도 도움이 된다. 상담이론의 서적을 읽고 그 이론에만 의지하기보다는 상담 기록과 영상을 보고 녹음된 상담 대화를 들으면서 지금-여기에서의 자기모습에 직면하는 것이 더 중요할 수 있다.

(4) 상담 재의뢰

대면 상담 과정 중에는 종종 상담을 더 이상 진행할 수 없어 다른 상담자에게 재의뢰해야 하는 경우가 발생한다. 어떤 사람은 다른 상담자에게 내담자를 재의뢰하는 것이 적절한 방법이 아니고, 끝까지 내담자를 책임지고 조력해야 한다고 생각할 수도 있겠지만 이는 무모한 자신감에서 나온 교만일 수 있다.

심각한 수준의 트라우마로 고통을 겪거나 재난 및 범죄피해 스트레스 등의 문제가 있는 내담자를 조력하는 대면 상담은 상담자의 능력과 경험, 지식 등 전문적인 역량이 전적으로 필요하다. 외상 경험자의 심각한 증상을 완화하거나 치료하는 과정에서 자기의 능력 부족이 인식될 때는 다른 상담자에게 내담자를 재의뢰하는 것이 바람직하다.

내담자가 평소 잘 아는 상담자를 찾아올 때는 상담자가 이를 거절하기 어려운 상황을 맞을 수도 있다. 상담자와 내담자가 서로 잘 아는 관계에서는 성공적인 상담 결과를 기대할 수 없어 다른 상담자에게 재의뢰하는 것이 바람직하다. 내담자를 다른 상담자에게 재의뢰하는 것은 도움이 필요한 사람에 대한 신뢰와 존중의 마음이 바탕이 되어야 한다. 상담을 재의뢰하는 절차와 방법 및 관련된 법적인 문제도 잘 알고 있어야 예기치 않은 다른 문제로 이어지는 것을 차단할 수 있다. 다음과 같은 경우는 상담을 재의뢰하는 것이 적절하다.

첫째, 내담자가 제시하는 트라우마 문제가 상담자의 능력 범위를 넘어설 때
둘째, 상담자와 내담자의 성격 차이로 문제 해결이 어려워 상담이 저해될 때
셋째, 어떤 이유든 현재의 상담자와 내담자 간 상담을 계속하기 어려울 때 등

2) 상담 전 준비사항

상담자는 외상을 경험한 내담자의 심리적 문제를 해결하기 위하여 대면 상담을 시작하기 전 관련 자료를 수집한다. 트라우마와 관련된 각종 자료와 증상 해결에 직간접적으로 도움이 될 수 있는 정보를 충분히 확보한다. 외상을 경험한 시기와 현재의 트라우마 증상을 확인하기 위해서는 내담자의 인적 사항 외에도 과거의 생활 배경과 성장 과정, 생활 습관까지도 살피는 것이 바람직하다.

트라우마 상담 경험이 풍부한 전문가라 할지라도 상담 전 아무런 외상 사건 관련 정보나 준비 없이 상담이 이루어지면 상황에 따라 객관적인 입장을 잃을 수 있고, 심리적 위축으로 상담이 어려운 국면에 맞닥뜨릴 수 있다. 상담실을 찾아온 내담자는 한 사람 한 사람 모두가 일하는 직무 환경이 다르고 성격특성도 다를 뿐 아니라, 트라우마 경험과 관련한 증상도 다르다. 그러므로 내담자에 관한 외상 관련 정보를 사전에 수집하고 정리하는 일은 성공적인 트라우마 상담의 전제조건이나 다름이 없다.

상담 전 준비는 대체로 다음과 같은 사항을 염두에 둔다. 어떤 자료가 트라우마 상담에 필요한지를 구분하여 수집하고, 실질적인 상담에 기여되는 자료를 중심으로 선별해 확보한다. 기계적이고 획일적으로 자료를 모으는 것은 적절치 않으며, 단편적이고 일상적 수준의 정보를 누적하는 것도 바람직하지 않다.

내담자의 외상 관련 정보를 충분히 확보한 후에는 그 자료를 효과적으로 활용하기 쉽도록 일목요연하게 정리한다. 수집된 자료를 상담 과정에 어떻게 활용할 것인가도 생각하면서 효율적으로 정리한다. 내담자의 외상 경험과 생활환경, 심리적 특성 등을 정확히 포괄적으로 파악할 수 있도록 여러 자료를 상호 관련지어 정리해 놓는 방법도 바람직하다.

내담자의 외상과 관련한 정보 수집과 활용에 있어서 유의할 사항은 내담자의 사전 정보나 지식이 내담자에 대한 선입견이나 고정관념으로 내재화되어서는 안 된다는 점이다. 어디까지나 참고자료로 활용할 수 있도록 준비해야지 내담자의 트

라우마 문제를 섣불리 평가하거나 판단하는 자료로 이용하는 것은 적절치 않다.

3) 접수 면접

트라우마 증상으로 상담실을 찾아와 이루어지는 첫 접수 면접과정은 무척 중요하다. 통상 첫 면접은 내담자가 겪는 긴장과 불안, 공포, 두려움 등의 증상을 살피기 위해 몇 분 동안 일상적인 대화를 나눈다. 그렇다고 너무 오랜 시간 동안 일상적인 대화만을 계속 나누는 것은 적절치 않다.

내담자가 자진해서 상담받으러 왔느냐 아니면 가족이나 직장 상사 등 다른 사람의 요청이나 의뢰로 상담실을 찾아왔느냐에 따라 트라우마 상담 방법은 달라진다. 상담자는 내담자에게 상담받으러 온 분명한 이유와 기대하는 것이 무엇인지를 질문한 후, 자신의 질문에 내담자가 어떤 모습으로 말하는지 주의 깊게 경청하고 살핀 다음, 그가 바라고 기대하는 것에 대해 소상히 답한다.

자진해서 상담실을 찾아온 내담자는 다음과 같은 이야기를 나누면서 면접을 이어간다.

> "우리가 오늘 이야기할 수 있는 시간은 대략 한 (   )분 정도가 됩니다. 어떤 일로 상담받으러 오시게 되었는지 궁금하군요." 혹은 "오늘 (   ) 정도의 시간이 있습니다. 어떤 어려움이 있어서 찾아오셨는지요. 어떠한 이야기를 하셔도 괜찮습니다. 오늘 상담실을 오실 때 무엇을 기대하고 오셨는지요. 어떤 이야기를 먼저 나누면 좋겠는지요?" 등.

어떤 내담자는 의뢰인의 요청으로 온 경우가 있고, 법원에서 상담을 요청해서 온 사례도 있다. 이러한 상황에서는 의뢰된 원인과 상관없이 내담자를 따뜻이 대하고 허용적인 태도와 함께 내담자를 존중하는 모습을 보일 수 있어야 한다. 내담자가 의뢰되어 온 이유에 관해 이야기를 나누는 것은 가능하겠지만, 내담자가 말하기 어려운 질문 위주로 대화하는 것은 바람직하지 않다.

첫 면접이 중요한 이유는 상담자와 내담자 사이에 촉진적인 상담 관계 형성이 시작되는 첫 만남이 되기 때문이다. 내담자는 첫 면접에서 상담자의 행동을 세심하게 관찰하고 분석하며, 이를 바탕으로 상담자와의 신뢰감을 점진적으로 형성해 간다. 이런 점을 고려한다면 첫 면접이 진행되는 동안 상담자는 내담자의 신뢰감이 잘 형성되도록 내담자에 대한 진정한 관심과 존중, 배려, 적극적인 경청 등의 모습을 자연스럽게 보일 수 있어야 한다.

상담자는 이후 내담자의 트라우마 증상, 스트레스 등과 관련된 요인과 그 배경에 대해 솔직한 대화를 나눈다. 상담을 구조화하여 상담 과정에서 상담자와 내담자가 해야 하는 구체적인 역할을 자상하게 알려주며, 상담 내용의 비밀 보장 등에 관해서도 자세히 안내한다.

전체 상담 기간은 1회기 혹은 2회기 상담을 마친 후 판단할 수도 있겠지만, 첫 면접 과정에서 논의하는 것이 좋다. 상담 기간은 내담자의 트라우마 증상과 심리적 문제의 심각성에 따라 달리 정하되 반드시 내담자와 협의하여 결정한다. 상담 시간이 어떻게 진행되는지 그 범위도 내담자와 의논하여 결정하고, 회기마다 이루어지는 상담 시간이 얼마나 소요되는지도 안내한다. 그래야 내담자가 상담 시간을 알고 그 시간 범위 내에서 트라우마 증상과 심리적 문제 등과 관련된 대화를 나눌 수가 있다. 상담자가 상담에 걸리는 시간을 밝히지 않는다면 내담자는 종종 말하기 어려운 문제나 부끄러운 이야기는 상담이 종료될 때까지 말하지 않고 침묵할 수 있다.

이런 상황을 사전에 방지하기 위해서는 상담이 끝나는 시간이 다가오면 남은 시간을 내담자에게 미리 알려줌으로써 내담자가 미결된 문제를 제의할 수 있는 기회를 주는 것이 적절하다. 내담자는 자기 문제에 심취되어 시간 가는 줄도 잘 모를 수 있기 때문에 상담자가 종종 일깨워 주는 것이 현명하다.

> "○○○님, 면접 시간이 대략 (   )분 정도 남았는데 상의하고 싶은 게 있으신지요? 아무 이야기라도 좋으니 허심탄회하게 의논하면 좋겠습니다."

4) 대면 상담 절차

외상 경험자를 대상으로 이루어지는 트라우마 대면 상담은 일반적으로 초기 과정, 중간과정, 종결 과정 순으로 이루어진다.

[그림 9-1] 대면 상담 절차

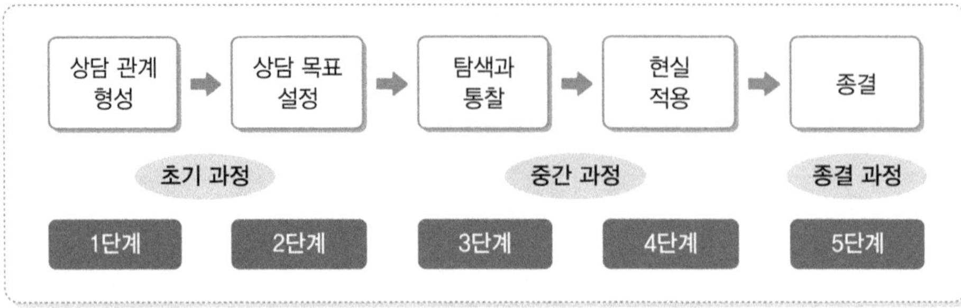

출처: 심윤기 등(2022).

(1) 초기 과정

트라우마 상담은 트라우마센터에서 이루어지는 심리지원 절차와 다르게 이루어진다. 대면 상담의 초기는 상담의 기초를 세우는 작업 과정으로 중요하게 다루어져야 한다. 상담 초기에는 내담자가 경험하는 외상 스트레스, 트라우마 증상 등을 객관적으로 진단 및 평가한 후, 구체적인 상담 목표 수립과 상담 구조화가 이루어지는데 이러한 과제는 꼭 순서대로 진행되는 것만은 아니다.

상담 초기의 라포(rapport)는 상담자와 내담자가 맺는 신뢰 관계를 의미한다. 트라우마 상담에서는 외상 경험과 트라우마 증상에 대한 이해, 내담자에 대한 진정한 관심, 적극적인 경청 등을 통해 신뢰 관계 형성이 이루어질 수 있어야 한다. 내담자는 상담자가 자기의 말을 단순히 경청하는 것이 아닌 한 인간으로서 자신에게 관심과 존중할 때, 자신의 트라우마 고통을 이해하고 공감한다고 느껴 신뢰감을 형성한다.

상담자에 대한 내담자의 신뢰는 한두 번만의 만남으로 이루어지기보다는 여러 번의 만남을 통해 형성된다. 그러므로 상담자는 상담이 이루어지는 회기마다 내담자에 대한 일관된 관심과 존중, 따뜻한 공감, 진실한 모습으로 마주할 수 있어야 한다. 외상을 경험한 내담자의 특성과 강·약점을 충분히 탐색하고, 트라우마 증상과 심리적 고통의 종류가 무엇인지도 명확히 파악한다. 내담자의 심리적 갈등과 혼란을 포함하여 직무 및 외상 스트레스로 기인한 현실 부적응의 문제 등도 탐색한다.

상담 장면에서 보이는 내담자의 의사소통 방식은 다른 대인관계의 재현과 일맥상통한다. 초기 단계에서 보이는 내담자의 행동을 이론적으로 해석하기보다 행동 뒤에 숨어 있는 외상 사건과의 연관성을 면밀하게 관찰하여 부적응 문제의 근원을 파악한다.

상담의 구조화는 상담 과정을 전체적으로 안내하는 오리엔테이션으로 내담자와 상담자 간 상담에 대한 기대를 맞추는 과정이다. 내담자는 이 같은 과정을 통해 상담에 대한 불안이나 긴장, 두려움 등을 감소할 수 있고, 스스로 상담 과정에 어떻게 참여해야 하는지 알 수 있다. 상담의 구조화는 다음과 같은 몇 가지가 있다.

- 상담 여건 구조화: 상담 시간, 상담 횟수, 상담 장소, 연락 방법 등에 관한 구조화
- 상담 관계 구조화: 상담자와 내담자가 어떤 역할을 하는지 알려주는 구조화
- 상담 비밀 구조화: 상담 내용의 비밀 보장과 한계가 있음을 알려 주는 구조화

출처: 심윤기 등(2022).

트라우마 대면 상담은 상담목표가 반드시 설정되어야 한다. 상담 목표는 상담을 성공적으로 이끄는 중요한 요소로 상담이 잘 진행되고 있는지, 언제 종결해야 하는지를 알 수 있게 하는 지침이나 다름이 없다. 이러한 상담 목표는 내담자 스스로 트라우마와 관련한 문제행동의 탐색이 가능케 하고, 상담 과정에 적극적으로 참여토록 하며, 상담의 방향을 제시해주는 방향키 역할을 한다. 이러한 상담 목표는 변화가 요구되는 새로운 정보를 획득하거나 내담자의 통찰이 생기면 조금씩 수정하면서 변경해 간다.

상담에 의뢰된 비자발적인 내담자인 경우는 상담 초기 과정에서 다음과 같은 문제에 관심을 가져야 한다. 첫째, 상담에 의뢰된 비자발적인 내담자를 어떻게 동기화할 것인가의 문제다. 이때에는 자신의 트라우마 문제를 지각하는 기회를 늘리면서 자발적으로 상담에 참여하도록 조력한다. 왜 지금 도움을 받아야 하는지 그 이유를 명확히 인지하도록 한다. 내담자의 수동적이고 비자발적인 태도가 엿보이면 이를 무시하기보다 그의 망설임을 이해하고 적극적으로 수용한다.

둘째, 내담자 역할에 대한 인식의 문제다. 초기 과정 중 내담자가 갑자기 자신이 하고 싶은 말은 이제 다 했다며 상담자의 조언과 지시만을 바라는 상황이 전개될 수 있다. 이럴 때는 상담 구조화를 통해 궁극적인 결정은 내담자가 해야 한다는 점을 소상히 알려준다.

셋째, 트라우마로 기인한 내담자의 부적응 문제를 오로지 상담자가 해결해 주기만을 바라는 내담자의 의존성이 강할 때 어떻게 할 것인가의 문제다. 이 같은 경우는 내담자의 부적응과 심리적 문제를 오직 상담자가 진단 및 해결하는 것이 내담자에게 이롭지 않다는 점을 사례를 들어 설명한다. 심리적 증상과 현실 부적응의 문제 해결 주체는 내담자이고, 문제 해결 과정 역시도 내담자의 역량으로 해결 가능하다는 점을 인식시키고 용기를 북돋아 준다.

(2) 중간과정

대면 상담의 중간과정에서는 내담자 자신의 트라우마 문제에 대한 심층적인 탐색과 문제 해결 과정으로 이루어진다. 상담 목표에 도달하기 위해 전적으로 노력하는 상담의 핵심 과정이라고 할 수 있다. 이 과정에서는 주로 트라우마 증상 완화나 부적응 문제 해결을 위한 상담 기법이 적용된다. 트라우마 증상으로 나타난 내담자의 부적응적인 행동 패턴의 인식을 기초로 일상생활에서 실천할 수 있는 적응적인 행동계획을 이행하는 노력이 이루어진다.

내담자의 트라우마와 관련한 심리적 어려움과 그로 인한 부적응적인 행동 패턴을 자각하도록 촉진하는 작업도 이루어진다. 이 과정에서 상담자는 내담자 스스로 자신의 트라우마와 부적응적인 생활상의 문제를 발견하도록 안내하며, 자신이 해결할 수 있는 부분과 해결할 수 없는 부분의 현실적인 판단을 내릴 수 있도록 조력한다.

중간과정에서 내담자 스스로 자각해야 하는 내용은 다음과 같다.

첫째, 트라우마와 관련한 부적응적 행동에 대한 자각

· 현재의 자기 행동에 어떤 것이 영향을 주고 있는지에 대한 통찰
· 트라우마 사건이 자기의 부적응적 행동에 어떤 영향을 미치는지 발견
· 현실 부적응 해결에 사용되었던 그동안의 여러 방식에 관한 자각 등

둘째, 원만하지 못한 대인관계에 대한 자각

· 트라우마로 인한 중요한 사람과의 관계 악화 및 단절에 대한 자각
· 중요한 사람과의 관계에서 해결하지 못한 일의 자각
· 가족 구성원의 역할에 대한 자각 등

셋째, 트라우마를 극복할 수 있는 강점에 대한 자각
· 트라우마 문제 해결을 위한 개인 강점 자각
· 자신의 잠재 능력에 대한 통찰 등

중간과정에서 상담자는 상담이 어떻게 진행되고 내담자에게는 어떤 진전이 있는지를 지속적으로 평가한다. 내담자 스스로 자신의 어떤 부분을 변화하려고 노력하는지와 그 변화를 어떻게 가져올 수 있는지도 예측한다. 내담자와 협의하여 트라우마 증상과 부적응 문제의 극복을 위한 행동계획을 세우고, 그것을 일상생활에서 용기를 갖고 실천할 수 있도록 지지하고 격려하는 작업 등도 이루어진다.

(3) 종결과정

내담자가 호소하는 공포, 두려움, 불안 등의 트라우마 증상이 사라지고 적응적 행동 양식이 형성되면 상담을 종결한다. 대면 상담 종결과정에서 상담자에 대한 애착이 강한 내담자는 상담 종결에 대한 분리불안과 거절당하는 기분을 느낄 수 있어 다음과 같은 과제를 다룰 수 있어야 한다.

첫째, 이별의 감정과 내담자의 분리불안을 다루며 스스로 당당히 일어설 수 있도록 지지하고 격려한다. 둘째, 상담 결과에 대한 평가와 트라우마 증상 및 부적응의 문제 해결력을 다지며, 상담을 통해 얻은 효과를 극대화하여 일상생활에서 상담 성과가 유지되도록 한다. 셋째, 추수 상담을 논의한다. 내담자의 트라우마 증상 완화와 적응적 행동 변화를 확인하기 위해 추수 상담을 논의한다.

종결과정에서 나타날 수 있는 문제는 상담의 조기 종결이다. 내담자가 상담의 조기 종결을 원할 때는 먼저 그 이유를 살핀다. 자신의 트라우마 문제와 부적응이 완전하게 해결되어 종결을 원하는 것이라면 인과관계 및 진실성을 확인한다. 단, 상담자의 유능성 부족에서 상담 종결을 원한다면 상담자는 자기의 능력 부족을 솔직히 인정한다. 내담자가 제안한 조기 상담 종결의 이유가 어떤 것이든 내담자와 논쟁하거나 설득하는 일이 있어서는 바람직하지 않다.

상담 종결을 거부하는 문제도 생겨날 수 있다. 상담자에 대한 의존성 때문이거나 심리적 갈등과 혼란이 다시 발생하지 않을까 하는 두려움, 걱정 등으로 상담 종결을 거부하는 경우는 이별 감정과 두려움에 대한 구체적이고 진솔한 대화로 이를 해소한다.

3. 집단상담

1) 개 요

집단상담은 일반적으로 정상인을 대상으로 이루어진다. 상담의 기법과 전략을 사용하고 역동적인 상호교류 과정을 통해 문제 해결이나 의사결정 혹은 인간적 성장을 추구하는 것에 목적을 둔다. 의식적인 사고와 행동 그리고 현실에 초점을 둔 정화, 돌봄, 이해, 수용 등의 치료적 기능과 역동적인 대인관계를 중시하며, 자기 이해와 행동 변화를 위한 자기수용 확장에 필요한 과정이다.

범죄 및 재난피해자를 비롯해 스몰(Small) 및 빅(Bic) 트라우마 경험자의 현실적응 및 증상 극복을 위해서도 필요하다. 집단상담은 개인 상담의 1대 1 관계보다 외상을 경험한 다양한 사람들이 함께 참여하여 트라우마로 인한 불안과 두려움, 긴장, 공포 등을 해소하고 심리적 안정감을 가지도록 하는데 도움을 준다.

외상 경험과 관련한 자기 생각과 의견을 개방적으로 드러낼 수 있고, 터놓고 자신의 심리적 증상과 혼란 등을 집단원에게 개방할 수 있어 자기를 검증해 볼 수 있는 기회가 된다. 외상 경험자들과 같은 공간에서 대면하는 기회가 제공되어 대인관계에도 도움이 된다.

일부 사람은 트라우마를 지닌 채 세상을 살아가기도 하고 그중에는 자신만이 유독 트라우마 증상으로 힘들게 살아가고 있다고 생각하기도 한다. 이 같은 사람들이 집단상담에 참여하면 자신과 유사한 트라우마 증상으로 심리적 고통을 경험하는 사람들이 존재한다는 사실을 알고, 이들과 새로운 집단상담경험으로 자신을 잘 이해할 수 있다.

트라우마 집단상담은 서로 다른 외상 경험과 개인 특성이 다른 사람들이 모여 트라우마 문제를 포함한 서로의 관심사를 터놓고 이야기하는 과정에서 현실적응을 위한 학습이 가능하다. 개방된 따뜻한 집단분위기에서 진실한 대화와 역동적인 상호작용으로 자신의 강점을 강화하는 데에도 큰 도움이 된다.

◉ 트라우마 집단상담

트라우마 집단상담 구성원의 수는 일반적으로 8~10명 정도가 적당하며, 각 회기의 시간은 90분 정도로 하는 것이 적절하다. 집단상담이 끝난 뒤에는 자조 그룹을 형성하여 피해자들끼리 서로 점검해주고 지속해서 지지체계를 유지할 수 있어 유익하며, 타인에게 공감받고 타인을 도와줄 수 있는 점에서 자존감 회복이나 고립감 극복에도 도움이 된다.

출처: 심윤기 등(2024).

특히, 트라우마 집단상담은 전문인력이 부족한 상황에서 활용할 수 있는 효율적인 접근방법이다. 비슷한 외상 경험을 공유한 피해자들끼리 집단을 구성함으로써 서로 학습이 가능한 장점이 있으며, 서로 지지와 격려를 통해 자신감 형성 및 신뢰감 회복이 가능하다.

2) 기본원리

트라우마 집단상담이 실질적이고 성과 있게 이루어지기 위해서는 일반적인 집단상담의 원리가 적용되는 것이 필요하다. 트라우마 집단상담의 기본원리를 제시하면 다음과 같다.

(1) 관심과 지지

인간이라면 누구나 자신에게 관심과 주의를 기울여 줄 때 이야기할 마음이 생긴다. 그렇지 않을 때는 거부와 무시 받는 느낌이 들어, 하고 싶은 말이 있어도 하지 않고 입을 다물어 버리게 된다. 집단상담에 참여한 구성원이 서로 활발한 상호작용을 할 수 있으려면 이들 상호 간 진정한 관심과 지지가 전제되어야 한다. 집단상담 참여자가 외상 경험 및 트라우마와 관련한 이야기를 할 때 부드러운 시선으로 바라봐 주고, 간단한 언급이나 동작으로 반응하여 관심을 보이는 것이 필요하다.

관심 기울이기는 "고개 끄덕이기, 으음, 그랬군요"와 같이 반응하거나 몸짓과 표정을 통해 관심을 보이는 행동이다. "나는 당신이 경험한 외상 사건의 이야기에 집중하고 있어요. 나는 당신의 트라우마를 이해하려고 노력하고 있습니다."라는 메시지를 전달하는 것이다.

인간은 누구나 인정과 지지를 받고자 하는 욕구가 잠재되어 있다. 지지는 집단분위기를 따뜻하고 안전하게 유지하며, 상호작용이 활발하게 일어나도록 하는 데 영향을 준다. 이 같은 인정과 지지는 적절한 시기에 이루어질 때 효과가 있지만, 때와 장소를 가리지 않고 무분별하게 하는 것은 효과가 반감한다.

트라우마를 경험한 집단원이 불안 증상으로 말하기를 주저한다거나 자기 행동에 자신감이 없을 때 혹은 저항이나 방어적인 태도를 보일 때 지지한다. 집단원 상호 간 의견의 불일치나 갈등이 잠재되어 서로 머뭇거리는 상황이 전개될 때에도 격려와 지지를 보내는 것이 적절하다.

(2) 반영과 감정정화

반영은 경청을 통해 파악된 말의 핵심과 본질을 적절한 다른 말과 행동으로 다시 되돌려 줌으로써 상호작용을 촉진하는 기술이다. 그러나 집단원이 한 말을 그대로 전달하는 식으로 반영하게 되면 가식으로 느끼기 쉽고, 자신이 한 말이 혹시나 잘못되어서 그런가 하고 생각할 수 있다. 따라서 반영은 말의 본질을 살려 진술하거나 바라는 기대가 무엇인지 살핀 후에 하는 것이 바람직하다.

사람의 감정은 흔히 깊은 바다에 비유되기도 한다. 바다는 표면만 보이는 수면이 있고, 눈으로 볼 수 없는 깊은 심해도 동시에 존재한다. 반영은 수면 위의 잔물결과 같은 감정만 보는 것이 아니라, 깊은 심해에 존재하는 감정을 보고 이를 참신한 말이나 메타포(metaphor, 은유) 등으로 되돌려 주는 기술이다.

특히, 집단상담은 카타르시스라고 하는 감정정화의 원리가 작동되어야 성공적인 상담 결과를 가져올 수 있다. 감정정화는 내면에 누적된 감정을 언어나 행동으로 표출하여 억눌린 내면의 찌꺼기를 제거하는 치료적 요인이다. 트라우마와 관련한 부정적 감정이 정화되지 않고 계속 쌓이면 개인뿐 아니라, 그 주변에 있는 사람에게까지 좋지 않은 영향을 준다.

감정정화는 집단원 상호 간 신뢰감과 응집력을 높이고 집단변화를 촉진하는 기능을 하지만, 그렇다고 단순히 내면의 감정을 표출한다 해서 감정이 정화되는 것은 아니다. 지금-여기에서 일어나는 자신의 감정 수위를 먼저 이해하고, 외상 경험의 어떤 요인으로부터 감정이 억눌렸는지 그 원인과 통찰된 내용을 밖으로 표출할 때 비로소 감정정화가 이루어진다.

(3) 피드백과 집단역동

피드백은 상대방의 행동이 나에게 어떤 반응을 일으켰는지 상대방에게 솔직하게 되돌려 주는 것을 말하는데, 이는 집단상담이 원활하게 이루어지도록 하는 기능을 한다. 피드백은 타인이라는 거울을 통해 자기 자신을 탐색하고 자기 자신을 명확히 이해하도록 하며, 성장과 발달을 위한 학습을 가능케 한다.

솔직하고 생산적인 피드백은 피드백을 받는 대상에게 어떤 변화가 필요한지 통찰하게 하고, 대인관계에서 어떠한 태도와 모습이 필요한지도 깨닫게 한다. 외상 사건을 경험한 집단원을 대상으로 한 피드백은 자신의 심리적 증상과 고통을 충분히 이해하고 대처하는 데 큰 도움이 된다. 정서적 비판이 아닌 인지적 태도로 이루어지는 트라우마 피드백은 다른 관점과 다른 각도에서 자신을 탐색하고 조망하도록 촉진하기 때문이다.

한 명의 사람으로부터 받는 피드백보다 여러 사람으로부터 받는 피드백이 더 강렬한 힘을 발휘한다. 트라우마 집단상담의 초기에는 집단지도자가 직접 피드백의 모범을 보이고, 이후에는 집단원 간 자발적인 피드백이 이루어지도록 하는 것이 바람직하다.

한편, 어느 집단이든 집단 내에는 단일한 힘만이 작동되지 않고 복합적인 힘이 작용한다. 두 사람 이상이 모여 집단상담이 이루어질 때는 필연적으로 집단역동이 생기기 마련이다. 집단역동은 하나의 공통 장면 또는 환경 안에서 일어나는 상호작용의 힘이자, 집단원 간 일어나는 관계적인 힘으로 집단은 이러한 힘으로 변화되고 특정한 방향으로 발달한다. 따라서 집단지도자는 외상을 경험한 집단의 역동적인 힘을 잘 감지하여 바람직한 방향으로 집단을 조력할 수 있는 역량이 구비되어 있어야 한다.

(4) 자기 개방과 경청, 수용

자기 개방은 자기 마음의 문을 활짝 여는 것이다. 자기 개방은 자기 노출이라고도 하는데 과거의 외상 경험과 현재의 트라우마 증상, 현실적인 부적응의 문제, 개인 욕구와 기대, 목표, 희망, 즐거움과 좌절, 두려움과 강함 등을 허심탄회하게 털어놓는 것이다. 여기에 한정되지 않고 집단원들이 보이는 다양한 반응까지도 자기 개방에 포함된다.

집단지도자는 여건이 허락하는 범위 내에서 외상 경험에 대한 자기 개방의 중요성을 교육할 필요가 있다. 서로를 깊이 이해하고 수용하기 위해서는 먼저 자신을 개방하는 것이 전제되어야 하고, 개인의 트라우마나 관심사에 대한 통찰은 자기 개방으로부터 이루어진다는 점을 이해하도록 조력한다.

한편, 경청은 집단원의 언어적 · 비언어적 메시지에 관심을 기울이는 것을 말한다. 만일 집단원이 자기 말을 경청하지 않는다고 느끼면 집단원은 마음 문을 닫고, 자기 내면의 문제를 꺼내지 않을 수 있다. 집단원 중에는 안타깝게도 경청하는 방법을 잘 몰라 집단원이 하는 말을 잘 듣지도 못하는데, 이러한 상황이 지속되면 복잡하고 혼란한 형태의 의사소통이 이루어져 오해와 갈등이 생길 수 있다.

경청의 오류

자신이 듣고 싶은 말만 선택적으로 듣는 것은 경청이 아니다. 모든 사람의 말과 행동에 관심과 주의를 기울이는 것이 곧 경청이다. 경청하지 않는다는 것은 말하는 사람에게 주의를 기울이지 않고, 자신이 해야 할 말을 생각하거나 갑자기 엉뚱하고 애매모호한 질문을 하는 것 등이 포함된다.

한편, 수용은 집단원 개개인을 있는 그대로 받아들이고 존중하는 것을 의미한다. 이러한 수용은 타인에 대한 깊은 수준의 공감적 이해를 가능케 하고, 과거의 부정적인 외상 경험으로 형성된 저항과 방어가 약화되도록 도움을 준다.

특히, 수용은 자기를 개방하기 어려웠던 자신의 약점과 관련된 사실과 내면에 웅크리고 있는 부정적 감정을 노출함으로써 심리적 변화를 가져오게 한다. 이러한 과정을 통해 집단원은 트라우마 경험과 관련한 현실 부적응 등의 원인을 발견할 수 있고, 또한 이에 적절히 대응하여 변화와 성장을 이룰 수 있다.

3) 집단상담 절차

집단상담 절차는 여러 과정이 연속적으로 이루어지는 특징이 있다. 집단상담 절차에 대한 전문가의 의견은 다양하다. 준비단계로부터 갈등을 다루는 단계 · 응집성의 발달단계 · 생산적 단계 · 종결 단계로 설명하기도 하며, 일부 학자는 집단참여 · 과도기 · 작업 · 종결 단계 등으로 구분하기도 하며, 집단상담 시작 전 단계 · 초기 단계 · 과도기적 단계 · 작업단계 · 종결 단계 등으로 설명하기도 한다. 본서에서는 트라우마와 관련한 집단상담의 절차를 준비 · 중간 · 종결 단계로 구분하여 설명하고자 한다.

(1) 준비단계

집단상담은 집단의 역동과 집단의 변화요인을 중요하게 다룬다. 트라우마 집단상담을 시작하기 전 집단구성에 관한 사항을 준비하며, 집단목표 달성에 적합한 집단의 크기와 상담회기도 미리 정한다. 집단의 규모를 얼마의 크기로 할 것이냐를 정하는 문제는 가볍게 여길 문제가 아니다. 집단의 규모가 너무 작으면 집단원들이 침묵을 유지한다든지 혹은 뒤로 물러나 집단원의 상호작용과 집단역동이 발현되지 않을 수 있다.

집단규모가 너무 커도 집단 활동을 하는데 바람직하지 않다. 집단이 크면 집단에 참여한 집단원 중 일부는 집단 활동에 참여할 기회를 얻지 못하고 집단지도자가 집단원에게 관심을 기울이는 것도 한계가 있다. 따라서 집단의 규모를 결정하기 위해서는 집단이 추구하고자 하는 가치와 목표를 충분히 고려해야 한다.

집단상담의 시간은 집단에 참여한 집단원의 수와 집단상담의 참여 횟수, 성숙도, 실시하는 프로그램 등을 고려하여 결정한다. 집단상담을 연속적으로 실시하는 경우는 회기별 소요 시간을 집단원에게 공지하고, 종결 예정 시간을 미리 알려준다.

집단상담이 이루어지는 장소 또한 미리 선정한다. 외부로부터 집단상담이 방해받지 않고 집단에 참여한 구성원이 편안하게 느낄 수 있는 장소면 무난하다.

(2) 중간단계

트라우마 집단상담의 중간단계는 집단원의 변화를 집중적으로 다루며 탐색과정과 참여 과정, 해결 과정 순으로 이루어진다. 첫째, 탐색 과정에서는 집단에서 자신이 어떻게 행동해야 하는지를 잘 몰라 자신의 역할과 위치를 파악하려고 집단을 관찰한다. 생소한 집단원과 처음 마주하는 관계로 침묵을 유지하거나 뒤로 물러나 관망하는 자세를 취하기도 하여 집단분위기가 가라앉기도 한다.

이런 점을 고려하여 집단지도자는 집단분위기를 안정되게 조성하고, 집단원의 예기불안을 제거하여 서로 신뢰감이 형성되도록 조력한다. 집단상담에 적극적으로 동참하도록 촉진하고, 집단에 참여한 각 개인의 트라우마 문제 해결을 위한 활발한 피드백이 일어나도록 안내한다.

둘째, 참여 과정은 문제 해결 단계로 넘어가는 과정이다. 탐색 과정에서 집단원의 소개와 상담 구조화가 이루어졌다면, 다음은 트라우마 문제와 이로 인한 현실 부적응 등의 문제를 해결하기 위한 활동을 본격적으로 다룬다. 이 과정에서 집단원 간 서로를 평가하거나 비난, 충고, 저항, 방어, 침묵 등의 모습이 나타난다. 그러므로 집단지도자는 집단원의 느낌과 생각을 서로 부담 없이 공유하고, 어떤 말을 해도 이를 이해하고 수용하는 집단이라는 믿음을 갖도록 안내할 수 있어야 한다. 서로 온정적이고 긍정적이며 수용적인 태도로 대할 뿐 아니라, 적극적으로 격려하고 지지하는 집단분위기가 유지되도록 한다.

집단원 간 신뢰감이 낮아지면 집단의 상호작용은 피상적으로 이루어지고, 깊이 있는 자기 개방도 나타나지 않는다. 그러므로 집단지도자는 서로 깊이 있는 상호작용을 통해 집단원 간 신뢰감이 형성되도록 지속적인 관심을 기울여야 한다.

셋째, 해결 과정은 집단상담의 궁극적인 목적인 적응적 행동 변화를 촉진하는 과정이다. 탐색 과정과 참여 과정에서 상호 신뢰감을 형성하고 침묵과 갈등이 해결되었다면 이제는 개인 각자의 트라우마 문제나 부적응 등의 고충을 드러내 놓고 피드백을 주고받는다.

자기 노출과 감정정화는 집단원 중 어느 한 사람이 자신의 트라우마나 부적응의 문제를 노출함으로써 시작되는데, 이때 다른 사람은 공감과 피드백으로 그 문제와 관련된 여러 감정적인 어려움을 토로한다. 그 과정에서 자기의 비효율적인 트라우마 행동 패턴을 인식하게 되고, 생산적이고 바람직한 적응행동이 촉진된다.

(3) 종결 단계

트라우마 집단상담의 종결과정은 명확해야 한다. 집단상담의 종결을 대충 끝내면 집단상담에 대한 부정적인 감정을 지닌 채 집단을 떠나게 되어, 그동안 학습한 것을 일상생활에 적용하는 데 한계가 있다. 따라서 집단상담 종결시간이 가까워지면 상담 종결에 대한 느낌과 소감을 서로 나누는 시간을 갖는다.

종결과정에서는 집단원이 학습한 것을 실제 삶에 어떻게 적용할 것인가의 과제를 다룬다. 트라우마 증상의 문제나 그로 인한 현실 부적응 및 대인관계의 문제이건 혹은 개인의 정서적인 문제이건 간에 아직 해결하지 못한 과제가 있다면 이를 마무리한다.

아울러 종결 단계에서는 스스로 학습한 과제를 실천하겠다는 의지와 희망을 담은 이야기를 서로 허심탄회하게 나누는 시간을 갖는다. 트라우마를 이해하고 집단 활동에서 다른 외상 피해자를 수용한 경험과 개인의 변화 의지에 관한 대화를 나눈다. 그동안 배우고 익힌 학습과제를 삶에 적극적으로 활용하겠다는 의지와 결의를 다진 후 작별 인사를 한다.

4) 집단상담 프로그램

재난을 겪은 경험자들끼리 서로의 생각이나 느낌, 감정을 나누는 것은 재난의 충격을 완화하고 트라우마 회복에 도움이 된다. 재난을 겪은 사람들이 어떻게 생각하고 어떻게 느끼는지 서로 알게 되면 자기의 생각이나 감정이 잘못된 것이 아니라는 것을 깨닫고, 재난 경험 후 나타난 증상이 자연스러운 반응이라는 점을 받아들인다. 따라서 재난을 경험한 사람들이 한자리에 모여 서로의 생각과 감정을 나눌 수 있는 여건을 마련하는 것이 필요하다.

본 프로그램은 재난 후 초기에 경험하는 불안, 스트레스, 공포, 두려움 등의 트라우마 증상을 해소하는 데 초점을 둔 심윤기 등(2025)의 프로그램을 일부 수정・보완하여 재구성하였다.

〈표 9-3〉 재난 트라우마 극복 프로그램

구분	주제	내용
1회기	신뢰감 형성하기	・집단상담 분위기 조성 및 상담 구조화하기
2회기	재난정보 알려주기	・재난에 대한 정확한 사실 정보 알기
3회기	생각・감정 탐색하기	・재난에 관한 생각과 내면의 감정 확인하기
4회기	외상 기억 노출하기	・재난을 경험한 기억 돌아보기
5회기	부정 감정 해소하기	・재난을 통해 경험한 부정적 반응 감소하기
6회기	증상대처법 배우기	・현실적인 증상대처법 배우기
7회기	재평가 후 적용하기	・일상생활에 적용 방법 배우기
8회기	소감 나누고 종결하기	・소감 나누기, 종결하기 등

(1) 1회기: 신뢰감 형성하기

① 개 요

집단상담을 시작하기 전 재난과 관련된 객관적인 정보를 확인하고 모임의 장소와 시간 등을 미리 정한다. 집단모임에서 사용할 책상이나 의자, 필기도구, 간단한 간식거리 등도 준비한다. 준비가 끝나면 집단원 간 신뢰감을 형성하는데 주안을 두고 프로그램을 시작한다.

목표	따뜻하고 친밀한 집단분위기 조성, 신뢰 구축, 진행 방법 소개, 서약서 작성
내용	집단의 분위기를 따뜻하게 조성한다. 집단원의 불안을 줄이고 서로 신뢰할 수 있는 관계를 구축한다. 집단원이 가진 재난의 충격을 포함한 공포, 불안, 두려움 등을 해소하기 위한 집단상담 규칙을 세우고 서약서를 작성한다.
준비물	외상 스트레스와 불안을 해소하는 방법 설명서, 집단규칙 이행 서약서

② 진행요령

"안녕하십니까? 저는 여러분을 도우러 온 심○○이라는 집단상담 전문가입니다. 갑작스럽게 발생한 충격적인 지진으로 얼마나 놀라셨습니까? 오늘 이 자리에 모인 여러분은 똑같은 지진 피해자분들입니다. 그래서 오늘은 여러분과 함께 지진 이야기를 해 볼까 합니다. 지진 이야기를 나누는 것은 우리가 겪은 지진에 대한 정신적 충격을 줄이고 상처를 빨리 회복하는 데 큰 도움이 됩니다.

우리가 오늘 이야기를 나눌 때 몇 가지 지켜야 할 규칙이 있습니다. 그것은 서로 나눈 이야기를 비난하지 않고, 다른 사람의 말이나 의견에 간섭하지 않는 것입니다. 만약 이러한 규칙이 지켜지지 않으면 서로가 상처받아 집단을 운영하는 데 많은 어려움이 생깁니다. 그러나 규칙을 지키면 자유롭게 이야기를 나누는 데 매우 수월합니다.

집단 프로그램은 모두 8단계로 이루어집니다. 하나하나의 단계를 최선을 다해 참여하신다면 여러분의 아픈 상처가 회복되실 거라 믿습니다. 오늘 모임은 1시간 30분 정도 소요될 예정인데 부족하면 다음 기회에 또 시간을 마련하겠습니다. 그리고 중간중간에 쉬는 시간이 있습니다. 쉬는 시간이 아니더라도 계속 앉아 있기가 힘드시면 언제든지 말씀해 주십시오, 그러면 잠시 쉬었다가 하겠습니다." (재난 초기 개입 설명서와 서약서를 나누어 준다)

(2) 2회기: 재난정보 알려주기

① 개 요

목표	재난정보 알기, 객관적 사실에 근거해 판단할 수 있도록 돕기
내용	집단원들에게 정확한 재난 사실에 관한 정보를 제공하고, 집단원이 객관적 사실에 근거해 판단할 수 있도록 돕는다.
준비물	재난이나 트라우마에 관한 객관적 정보자료

② 진행요령

"여러분이 경험한 지진에 대해 제가 알고 있는 사실 정보를 말씀드려 볼까 합니다. 이번 지진으로 인해 안타깝게도 ( )명이 사망하였고, ( )명이 실종되었으며, ( )명은 부상으로 병원에 후송되었습니다. 사망한 분은 ( )월 ( )일 ( )시에 ○○병원에서 장례식이 진행될 예정입니다. 재난 피해 금액은 지금까지 대략 ( )억 원으로 추정되고 있습니다."

"이번 지진은 ○○지역이 양산 단층 지역이라서 피해가 컸던 것으로 보입니다. 지진에 관한 정보와 이번 지진에 관한 자세한 정보가 담긴 자료를 나누어 드릴 테니 참고하시길 바랍니다." (지진에 관한 정보자료를 나눠준다)

"제가 말씀드린 사항 외에도 여러분이 새롭게 알고 계신 내용이 있으면 서로 말씀을 나누도록 하겠는데요. 새로운 정보를 알고 계시면 있는 대로 말씀해주시길 바랍니다." (만약, 이야기하지 않거나 한 사람만 독점적으로 이야기하면 적절하게 개입하여 돌아가면서 이야기하도록 안내한다)

"여러분이 경험한 지진에 관한 이야기를 나눈 결과 실종자를 찾는 구조작업이 현재 진행 중에 있다는 사실을 새롭게 알게 되었습니다. 추가 실종자를 찾거나 또 다른 실종자가 발생했다는 사실을 인지하게 되면 여러분에게 곧바로 알려드리겠습니다. 이번 지진 피해로 인해 정부에서는 보조금과 각종 지원물자를 준비하고 있습니다. 지원 물품은 ( )동 주민 센터로 가시면 받아 가실 수 있습니다. 아울러 지금 우리 지역에는 여러 자원봉사 단체가 와서 지진 피해복구에 힘쓰고 있습니다. 추가적인 지진 관련 정보가 알려지면 저희가 다시 여러분들에게 자세히 알려드리도록 하겠습니다." (사실 정보 알려주기의 단계가 끝나기 전에 정보에 관한 내용을 다시 한번 재검토하고 확인하는 절차를 거친다)

(3) 3회기: 생각 · 감정 탐색하기

① 개 요

목표	재난에 관한 생각 나누기, 생각의 변화와 왜곡 직면하기, 감정 확인하기
내용	지진에 관한 생각이 어떠했는지 서로의 생각을 나눈다. 이를 통해 생각의 변화와 왜곡을 직면하고, 이면에 숨겨져 있는 감정을 확인한다.
준비물	재난이나 트라우마에 관한 객관적 정보자료

② 진행요령

"우리 지역에 갑자기 발생한 지진으로 여러분 모두 큰 충격을 받았을 텐데요, 지진을 경험한 직후에 어떤 생각들을 하셨나요? 그리고 지금은 또 어떤 생각들을 하고 계시는지요?" (재난 직후 들었던 생각과 현재 가지고 있는 생각 확인하기)

"그때와 지금의 생각이 다른 게 있으신가요?, 만약 생각이 바뀌었다면 어떤 감정이 느껴져서 그런가요?, 만약 바뀌지 않으셨다면 지금 생각이 평소의 생각과 어떻게 다른가요?, 만약 다르다면 어떤 감정이 느껴져서 다르게 생각하고 있나요?" (생각의 변화 및 왜곡을 확인하고 이면에 숨겨진 감정 찾기)

… (중략) …

"지금 몇 분이 말씀하신 것처럼 여러분은 많은 불안과 두려움을 갖고 있습니다. 그렇다면 이러한 불안과 두려움은 왜 느끼게 되는 것일까요? (부정적인 감정을 갖게 한 생각 확인하기) 혹시 방금 말씀하신 ○○○ 선생님과 같은 생각이나 감정으로 힘들었던 분이 있으신가요? 처음에는 힘들어 어려웠으나 지금은 힘들지 않게 느껴지는 분이 계신다면 그 경험을 함께 나누도록 하겠습니다." (바람직한 대처 방법을 상호 간 배울 수 있도록 돕기)

(4) 4회기: 외상 기억 노출하기

① 개 요

목표	재난사건 당시 현장에 대해 감각적으로 상상하기
내용	사건을 감각적으로 생생하게 상상한다. 재난과 관련된 생각이나 영상이 떠올라 힘들지 않도록 안내하고, 과도한 각성이 일어나지 않도록 한다.
주의사항	집단원이 원치 않는다면 무리하게 적용하지 않는다.

② 진행요령

“지금부터는 지진이 났던 그 당시를 기억하면서 다시 한번 더 지진을 생생하게 떠올려 보도록 하겠습니다. 이러한 시간을 갖는 것은 이후에 여러분을 괴롭히는 침습적인 생각이나 이미지로 힘들지 않게 하고 과도한 각성이 일어나지 않도록 하려는 것입니다. 지금 당장은 힘들겠지만 지금 여기에 있는 저를 포함해서 집단에 참여하신 모든 분과 함께 천천히 떠올려 보면 나중에는 더 이상 지진이 두렵거나 공포로 느껴지지 않는다는 것을 알게 될 것입니다.

자, 이제 우리 모두 눈을 한번 감아보겠습니다.” (잠시 생각할 시간을 준다)

· 지진이 발생했을 때 어떤 것을 보셨나요?
· 지진이 발생했을 때 어떤 냄새를 맡으셨나요?
· 지진이 발생했을 때 어떤 소리를 들으셨나요?
· 지진이 발생했을 때 어떤 촉감을 느끼셨나요?
· 지진이 발생했을 때 어떤 것을 만져보셨나요?
· 지진이 발생했을 때 어떤 맛을 느끼셨나요?

“지진을 경험할 때의 감각과 기억을 생생하게 떠올리는 것은 이제 더 이상 그러한 기억이 위험하지 않다는 것을 알게 하려는 것입니다. 앞으로 삶을 살면서도 지진을 경험할 때 느꼈던 고통스러운 기억이 여러분에게 예고 없이 찾아올 수 있습니다. 그럴 때마다 여러분께서는 그것은 단지 힘들었던 기억일 뿐이지, 더 이상 위험하지 않다는 사실을 분명히 인지하고 계시길 바랍니다.”

(5) 5회기: 부정 감정 해소하기

① 개 요

목표	재난 후에 나타난 부정 감정 해소, 반응 및 증상 확인하기
내용	집단원이 경험하는 또 경험할 수 있는 모든 반응에 관해 이야기를 나눈다.
주의사항	집단원이 원치 않는다면 무리하게 적용하지 않는다.

② 진행요령

“지진이 나서 어떤 영향을 받으셨나요? 혹시 재난 이후에 나타난 이상한 반응이나 증상은 없었나요? (재난 이후에 나타난 반응 및 증상 확인하기) 혹시 다른 분도

이러한 증상이나 반응을 경험하신 적이 있으신가요?” (반응에 대해 서로 이야기 나누기)

“일반적으로 충격적인 사건을 경험하면 이후에 인지적 반응을 비롯해 신체적 반응이나 정서적 반응, 행동적 반응 등이 나타납니다. (재난 후 흔히 경험할 수 있는 반응에 관해 이야기하기) 여러 가지 감정 반응 중 죄책감을 느끼시는 분이 계신다면 당시에 어떤 일이 일어났고, 왜 그러한 사건이 발생했으며, 재난 당시 및 이후에 자기의 행동이 어떠했는지를 말씀해주시겠습니까?”

“상실감을 느끼는 분은 직면을 통해 직시할 경우, 치유로 가는 길을 찾을 수 있고, 우리의 삶에서 정말로 중요한 것이 무엇인지를 발견할 수 있습니다. 그러나 상실의 직면을 방해하는 요소가 있는데 그것은 분노에 사로잡혀 있거나 부정이 지나치고 지속적일 때, 해결되지 않은 죄책감이 있을 때, 주변 사람과 환경이 나를 지지해주지 않을 때 입니다. 이에 관해 이야기를 나누실 분이 계시면 말씀하실 기회를 드리도록 하겠습니다.” (상실감 이야기 나누기)

“지진과 같은 재난을 경험하면 분노가 치미는 경우가 있는데, 이는 자칫 대가를 치를 수도 있으므로 주의해야 합니다. 분노를 다루는 데에는 분노를 충분히 다시 경험하고, 분노 아래 잠재된 슬픔과 두려움, 실망 등의 다양한 감정을 이해하는 것이 필요합니다. 나의 내면에 숨겨진 것을 말하는 것이 자신을 보호하는 일이지요. 재난을 경험한 이후 분노를 느끼신 분이 계시면 이야기를 나누어 보도록 하겠습니다.” (분노 이야기 나누기)

(6) 6회기: 증상 대처법 배우기

① 개 요

목표	집단원의 경험이 비정상이 아님을 강조하기, 현실적인 증상대처법 배우기
내용	집단원이 경험하는 생각이나 느낌, 반응이 비정상이 아니라는 것을 강조하고, 집단원이 경험하는 것을 다루는 기술을 배우도록 돕는다.
주의사항	호흡법, 이완법 등 증상 완화에 도움이 되는 방법이 수록된 자료

② 진행요령

“이번 지진을 경험한 후 여러 심리·신체적 반응이나 증상, 그리고 괴로운 생각들이 생겼을 것입니다. 그러나 이런 것은 절대 비정상적인 것이 아닙니다. 이 세상의 모든 사람은 지진과 같은 충격적인 외상 사건을 경험하면 심리적으로 힘들고 고통스러워 이해할 수 없는 행동을 하기도 합니다." (집단원이 경험하는 생각이나 느낌, 반응이 비정상적인 것이 아님을 강조하기)

"혹시, 여러분 중에 ○○○ 선생님과 비슷한 증상을 느끼신 분이 있으신가요? 만약 그런 경험을 하셨다면 그때 당시 어떻게 증상을 극복하셨나요? ○○○ 선생님이 증상을 극복한 방법 외에 또 다른 좋은 방법을 생각하고 계신 분이 있으면 함께 이 자리에서 의견을 나누어 보았으면 좋겠습니다." (증상 대처 방법 나누기)

"중요한 것은 이러한 증상을 어떻게 잘 대처하는가 하는 문제입니다. 증상을 완화하는 데 도움이 되는 방법으로는 호흡법, 이완법 등 여러 방법이 있습니다. 이러한 방법이 수록된 자료를 나눠드리도록 하겠습니다. (증상 완화에 도움이 되는 방법이 수록된 자료 제공하기) 여러분이 집으로 돌아가셔서 누구나 쉽게 할 수 있는 방법입니다. 시간 날 때마다 틈틈이 연습하시면 많은 도움이 되실 겁니다. 지금 여기에서 우리 한번 연습해 보도록 하겠습니다." (대처 방법에 대한 시범을 보이고 실제 연습하기)

(7) 7회기: 재평가 후 실행하기

① 개 요

목표	트라우마 증상이 심각한 집단원을 가려내어 전문가의 도움을 받을 수 있도록 안내하기, 그동안 배운 내용을 어떻게 적용할지 의견 나누기
내용	재난 초기 개입을 통해 배우고 느꼈던 것에 대해 서로 이야기 나누고, 일상생활로 돌아가 배운 내용을 어떻게 적용할 것인지 의견을 나눈다.
주의사항	고위험군 평가를 위한 각종 평가서

② 진행요령

"지금까지 지진으로 인해 나타난 트라우마 증상에 관한 이야기를 나눴는데요, 자신의 트라우마 증상이 남들보다 더 심각해서 견디기가 힘들다고 생각하시는 분이 계시는지요? 여기 여러분의 트라우마 증상 정도를 진단하는 평가서가 있는데요, 각자가 질문 항목에 답을 하신 후 저에게 제출해주시면 감사하겠습니다." (각종 자가 진단서 작성하기)

"만약, 다른 분이 경험하시는 고통보다 트라우마 증상이 심각하거나 다른 일을 하지 못할 정도로 심리적 고통으로 힘드신 분은 빨리 전문가의 도움을 받는 것이 좋습니다. 초기에 전문기관에 가서 치료받으시면 후유증 없이 빨리 회복될 수 있습

니다.” (증상이 심각한 집단원에게 전문가의 도움을 받을 수 있도록 안내하기)

“이번 모임을 통하여 각자가 생각하신 것과 느낀 점이 있을 겁니다. 구체적으로 어떤 생각과 어떤 느낌이 드셨는지 이야기 나누는 시간을 갖도록 하겠습니다.” (지금까지 배우고 느꼈던 부분에 대해 서로의 의견 나누기)

“그동안 배운 내용을 집에서 어떻게 꾸준히 적용할 것인지에 대한 의견도 나누도록 하겠습니다. 여러분이 구체적으로 계획을 짜고 실행에 옮기는 데 큰 도움이 되실 겁니다.” (일상생활에서 그동안 배운 내용을 어떻게 적용할지 구체적으로 의견 나누기)

(8) 8회기: 소감 나누고 종결하기

① 개 요

목표	소감 나누기, 추후 일정 정하기, 집단원에게 연락 수단 제공하기
내용	집단원의 상태가 악화하는 경우 언제든지 연락할 수 있는 연락처를 제공한다.
주의사항	활용성 있는 연락처 만들기

② 진행요령

“이제 집단모임의 시간을 마무리하려고 합니다. 오늘 우리는 지진 피해에 대해 함께 허심탄회하게 이야기를 나누었습니다. 짧은 시간이었지만 이 자리를 통해 여러분의 마음속에 있는 생각과 감정을 나누는 귀한 시간이 되었던 것 같습니다. 집단 활동 시간이 다소 힘든 시간이 되었을 수도 있을 텐데요, 끝까지 적극적으로 임해주셔서 정말 감사드립니다.”

“이렇게 지진을 경험한 생각과 감정을 나눈 것은 여러분의 상처와 아픔을 회복하는 데 많은 도움이 되실 겁니다. 혹시 도움이 더 필요하시다면 집으로 돌아가셔서 언제든지 제게 연락을 주시기 바랍니다. 또한 여러분이 원하신다면 언제든지 이러한 모임을 다시 열도록 하겠습니다.” (연락처 나누기)

“이제, 마지막으로 서로에게 해줄 말들을 하는 시간을 갖겠습니다. (서로 격려와 지지 보내기) 우리 모두 지진으로 힘이 들었지만, 이번 집단 활동 시간을 통해 이겨낼 힘이 생긴 것 같습니다. 오늘 어려운 지진 경험의 이야기를 해 주셔서 감사합니다. 다음 모임을 원하시는 분들이 계시면 우리가 다시 모이는 날을 정해 추후 연락드리도록 하겠습니다. 수고들 많으셨습니다.”

CHAPTER 10

PTSD 심리치료

외상 경험 후 나타난 후유증을 극복하는 방법은 다양하다. 트라우마센터에 지원을 요청하여 전화상담이나 대면 상담을 할 수 있고, 민간 사설상담소에서 개인 상담이나 집단상담을 받을 수도 있다. 재난 및 범죄피해로 심리적 고통을 겪는 경우는 국가 기관에서 운영하는 국립 트라우마센터나 협력 기관에서 제공하는 프로그램에 참여하여 도움을 받을 수도 있다.

심리치료는 심리상담과 달리 심층 깊이에 존재하는 외상 사건과 관련한 정서적 문제나 정신장애 증상을 치료하기 위해 심리학적 기법을 적용한다. 우울증을 비롯해 불안 장애, PTSD 등의 정신건강 문제를 전문가 주도로 다루며 통상 몇 개월에서 혹은 수년이 걸리기도 한다.

지속적인 우울감이나 불안감이 일상생활에 지장을 초래할 때, 과거의 트라우마로 정서적 혼란, 고통, 갈등을 겪을 때, 강박행동이나 공황 발작 등 특정 증상이 반복될 때 주로 인지행동치료, 노출 치료, EMDR 등의 치료 방법을 활용한다.

1. 이론적 모형

1) 인지행동치료

인지행동치료(Cognitive Behavioral Therapy: 이하 CBT)는 인지 이론에 기반을 둔 치료법이다. 개인이 경험하는 심리적 문제 증상의 원인이 어떤 특정한 사건에서 기인한 것이 아니라, 그 사건을 바라보는 개인의 사고와 신념 체계에서 비롯된다고 주장하는 이론이다. 인간의 사고와 감정, 행동을 기술하는 심리적 모델에 바탕을 두고, 사람의 생각과 신념 및 행동을 변화시킴으로써 부정적인 감정을 변화시킬 수 있다는 치료 모형이다.

CBT는 크게 인지치료와 정서 치료 및 행동치료로 구분하여 시행된다. 외상 피해자의 인지적 사고의 틀을 재구성함으로써 불안이나 두려움, 공포와 같은 정서적 문제를 해결하는 인지 재구조화의 방법과 외상 기억을 재처리하는 방법 등을 시행한다. 치료는 외상 사건으로 발생한 불안과 두려움이 어느 정도 감소한 이후, 외상 피해자가 자신의 문제를 스스로 생각하고 치료에 집중할 수 있는 능력과 시간적 여유가 생겼을 때 시작한다.

CBT는 자신의 비합리적인 생각을 확인하고 그것을 보다 합리적으로 바꾸는 것이 가능하다. 인지 재구조화는 대부분 A→B→C 모형으로 설명하는데, A(Activating)는 사건의 약자며, B(Belief)는 A에 대한 자신의 신념 체계를 의미한다. C(Consequences)는 B를 통해 나타난 결과를 뜻한다. 대부분 A가 C의 원인이라고 생각하나 실제로는 B가 원인이다.

충격적인 외상 사건을 경험한 사람에게서 흔히 나타나는 인지 오류는 과잉 일반화, 과대 및 과소평가, 이분법적 사고, 흑백논리, 자의적 추론 등이 있다. 이에 대해 여러 기법을 활용하여 잘못된 신념을 바람직한 신념 체계로 재구성하는 것을 치료적 목표로 삼는다. 트라우마 증상을 증가시키는 대표적인 인지 왜곡에 대한 개입은 다음과 같은 유형이 있다.

- 이분법적 사고 → 대부분의 일은 중간 영역에서 일어난다.
- 긍정 무시하기 → 자기의 행동과 자신에 대해서 인정한다.
- 좋지 않은 비교 → 각자는 고유의 강점과 약점이 있다.
- 개인화 → 트라우마 사건 앞에서는 그럴 수 있다고 생각한다.
- 결함 주시하기 → 관점을 넓혀 잘한 것에 초점을 맞춘다.
- 추론하기 → 증거는 무엇이고 확률은 얼마인지 확인한다.
- 과잉 일반화 → 개개인과 개개의 사건은 개별적으로 평가한다.

CBT의 목표는 외상 경험과 연합된 기억을 재처리하여 기존 신념의 틀과 통합하는 것이다. 외상 사건을 경험한 피해자가 심리적 불안과 두려움, 공포에서 치유되고 외상 이전의 기능 상태로 회복하기 위해서는 외상 사건에 대한 기억이 그동안의 삶의 경험과 통합되어야 가능하다.

충격적인 트라우마를 경험하면 그 기억으로부터 도망가고 싶은 마음이 드는 것은 지극히 자연스러운 것이다. 그러나 외상 기억을 억압하거나 과도하게 회피하는 시도는 그것을 경험했던 자신의 일부를 부정하는 것과 다름없다. 따라서 충격적이고 끔찍한 외상 경험을 과장하거나 과소평가하지 않고 있는 그대로 자기 삶의 일부로 받아들이는 것이 중요하다.

트라우마 경험을 글로 쓰는 것은 회피하여 숨겨진 상처의 기억을 드러내게 하는 유용한 방법의 하나이다. 급하게 서두르지 않고 천천히 안전한 환경에서 글쓰기를 하는 것은 외상 피해자의 감정과 기억을 드러내게 하는 유용한 방법이다. 외상 피해자의 트라우마 기억을 떠올리는 것은 자신에게 무슨 일이 일어났는지 통찰할 수 있고, 외상의 충격을 수용하게 할 뿐만 아니라, 기존의 인지 도식(schema)에 외상 기억의 통합이 가능하다.

트라우마 증상이 회복되려면 트라우마에 관련한 복잡한 심리적 문제들이 해결되고 죄책감, 분노, 상실감, 슬픔 등의 부정적 감정이 다루어져야 한다. 이러한 감정은 외상 사건 이후에 필연적으로 수반되는 것이지만, 그 수준이 높아지면 트라우마 증상의 완화를 방해하고 지연시키기까지 한다.

먼저, 죄책감을 살펴보자. 죄책감은 양심의 결과로 나타나는 감정이지만 때로는 트라우마가 있는 외상 피해자가 과도한 자기 비난에 빠지도록 만든다. 죄책감의 성공적인 해결을 위해서는 어떠한 일이 일어났고, 그 사건이 왜 발생했으며, 외상 사건이 일어날 당시 및 이후의 자기 행동을 돌아보게 하면 도움이 된다. 만약, 다시 그러한 상황에 놓인다면 어떻게 행동할 것인지를 같이 논의하는 것도 좋은 방법의 하나이다. 자신의 책임 정도를 한정하여 죄책감을 누그러뜨리는 방법에는 다음과 같은 것이 있다.

- 외상 사건을 다시 생각해 보고 재구성해 본다.
- 자신이 생각하는 죄책감에 대한 근거를 찾는다.
- 외상 사건 결과에 대한 책임의 근거를 찾는다.
- 외상 사건이 일어날 당시 그곳에 있지 않았던 간접적인 책임을 최소화한다.
- 자신의 책임이 일부 있다면 그 책임을 질 수 있는 장기계획을 만들어 본다.

이 외에도 책임의 정도를 현실적으로 정하고, 인지적 왜곡과 자신의 한계를 인정한다. 극심한 스트레스 하에서 만들어진 감정을 이해하고 앞으로의 변화와 이행을 준비하는 것이 죄책감을 다루는 데 유용하다. 트라우마 경험을 통해 배운 점이 무엇이고, 외상 사건이 다시 일어난다면 내가 잘 대처할 수 있는 자원과 역량이 무엇인지 점검해보는 것이다.

다음으로, 분노를 살펴보자. 트라우마 증상이 심한 사람은 갑자기 분노를 표출하는 경향이 있어 자칫 잘못하면 큰 대가를 치를 수 있다. 외상 사건에서 비롯된 분노를 해결하는 일은 그리 쉽지 않다. 분노를 다루는 데는 분노를 충분히 다시 경험하게 하고, 그 분노 아래 잠재된 슬픔과 두려움, 실망 등의 다양한 감정을 이해할 때 가능하다. 자기 내면에 숨겨진 것을 꺼내는 것이 자기를 보호하는 일임을 깨닫게 하여 분노에서 해방되도록 조력해야 한다.

분노를 해결하는 방법은 여러 가지가 있는데, 그중에 몇 가지 방법을 제시하면 다음과 같다. 첫째, 분노를 충분히 경험하도록 안내하고 그 분노를 밖으로 표출하게 하여 그 느낌과 만나도록 한다. 둘째, 분노의 감정을 충분히 이해한다. 외상 사건에서 비롯된 분노는 그 아래 잠재된 슬픔, 두려움, 실망, 상처, 불안 등을 동반하는데, 이러한 근본적인 감정은 그 감정과 접촉해야 처리할 수 있다.

셋째, 대화하고 싶은 내용을 말할 필요가 있는 대상과 충분히 나눈다. 넷째, 분노를 끝내는 데 도움이 되는 방법을 실천한다. 사과하거나 자신의 고통을 인정하는 것이 치유에 도움이 된다면 현실적인 문제를 받아들인다. 다섯째, 용서로 자신을 보호한다. 용서는 분노를 해결하는 효과적인 도구로 가해자가 그것을 받을 자격이 있건 없건 혹은 사과하건 말건 상관없이 개인 스스로 선택하는 것이다.

다음은 상실감 다루기다. 일반적이고 단순한 슬픔이 아닌 강렬하고 심각한 슬픔이 트라우마와 동반될 때는 치료가 절실하다. 상실감을 다룰 때는 먼저 슬픔을 충분히 경험하게 하는 것이 좋다. 상실을 통해 배운 것을 돌아보게 하고, 건재한 자신에게 감사할 뿐 아니라, 자신의 고통과 화해하는 등 상실을 직시한다. 일반적으로 경험하는 상실은 다음과 같은 종류가 있다.

- 자신에 대한 신뢰와 인간관계의 상실
- 자신감과 안전감, 아름다움 등의 상실
- 직장을 포함해 승진, 꿈, 기회, 희망 등의 상실
- 생명을 비롯해 가정, 재산, 건강, 생활양식의 상실 등

이러한 상실의 느낌은 직면을 통해 직시하는 경우 치유로 가는 건설적인 길을 발견할 수 있으며, 자기의 삶에서 무엇이 중요한지를 찾는 것이 가능하다. 그러나 상실의 직면을 방해하는 요소가 있는데, 그것은 분노에 사로잡혀 있거나 부정이 지나칠 때, 해결되지 않은 죄책감이 잠재되어 있을 때, 주변 사람과 환경이 지지해주지 않을 때 등이다. 상실을 다루는 데 도움이 되는 방법은 다음과 같다.

- 원하는 만큼 슬퍼한다.
- 내가 가진 모든 감정을 살핀다.
- 상실을 통해 배운 것을 천천히 생각한다.
- 상실을 더 잘 견디게 할 수 있는 것을 생각한다.
- 슬픔은 외상 사건의 아픔을 해결하고 치유되는 요인으로 생각한다.
- 죄책감, 수치심, 과거를 바꾸고 싶은 희망을 기꺼이 포기하는 마음을 가진다.
- 상실된 것이 무엇인지 확인하기 위해 외상 이전의 사진들을 살펴본다.
- 상실을 기념한다(예를 들어, 참전용사 기념비 등을 정해진 시간에 가서 애도) 등.

2) 지속 노출 치료

지속 노출 치료(Prolonged Exposure: 이하 PE)는 본래 PTSD 치료를 위해 포아 등(Foa et al., 1999)이 개발한 방법이다. 이 모형은 다양한 CBT 요소를 포함하고 있으며, 그중에서도 노출 치료에 역점을 두고 있다. 일부 전문가는 노출 치료가 오히려 트라우마를 반복적으로 경험하게 하여 트라우마 증상을 악화시킬 수도 있다고 주장하지만, 실제 연구 결과는 증상을 완화한 것으로 밝혀졌다.

최근에는 CBT 중에서도 PE만 단독으로 시행한 결과, 치료 효과 면에서 별 차이가 없다는 연구 결과가 보고되는 등 노출 치료는 여러 연구를 통해 가장 효과가 입증된 심리치료 방법이다. 외상 사건을 경험한 사람들은 트라우마 상황과 관련된 생각이나 감정을 회피하려고 한다. 하지만 회피는 잠시 동안은 편안함과 안정감을 줄 수 있어도 장기적으로는 도움이 되지 못하고 오히려 치료를 더 어렵게 만든다. 상상 노출과 현장 노출은 이러한 심리적 문제를 해결할 수 있는 효과적인 방법이다.

상상 노출은 간접 노출이라고도 한다. 외상 사건의 피해자가 더 이상의 불안이나 고통을 느끼지 못하는 단계에 이르기까지 계속해서 두려운 사건을 생각하고 회상하는 방법이다. 즉, 상상 노출은 마음속에 있는 상처의 기억을 계속해서 되새기는 방법이다. 외상 기억을 회상하는 상상 노출 과정에서는 강한 정서적 반응이 나타나지만, 점차 정서적 반응은 줄어든다.

현장 노출은 직접 노출이라고도 한다. 두려움 때문에 피하던 상황이나 장소 등을 직접 직면하는 치료법이다. 강한 공포를 유발하는 외상 사건과 관련된 상황, 장소, 물건 등에 직접 맞닥뜨리는 방법이다. 가령, 교통사고를 경험한 피해자에게 일정 시간이 지난 시점에서 두려운 차를 타보게 하고, 이후에는 운전대를 잡아보게 하며, 그다음에는 차의 시동을 걸고 운전하도록 하는 방법이다.

이렇게 점진적인 방법으로 현장 노출이 성공적으로 이루어지면 피해자가 두려워하는 상황이나 대상, 장소 등이 더 이상 위험하지 않다고 인식하여 불필요한 회피 행동이 줄어들고 점차 사라진다. 트라우마가 있는 사람은 본능적으로 상상 노출이나 현장 노출을 싫어하지만, 막상 외상 기억과 생각을 계속해서 회상하고 외상 사건과 관련된 상황, 장소에 직접 맞닥뜨리면 심리적 고통이 조금씩 덜해지고 외상 경험이 더 이상 위험하지 않다는 것을 깨닫게 된다.

노출 치료는 우선 호흡 이완법을 통해 심리적 안정감을 유지한 상태에서 트라우마 교육을 시작한다. 이후 점차로 외상 사건을 회상하여 침습 증상을 일으키는 상황에 자신을 노출한다. 외상 사건을 회상하는 것은 단순히 외상 기억을 외부에 나열하는 것이 아니라, 외상 기억의 조각들을 당시의 상황에 맞게 재조정하고 정리하는 것을 의미한다.

노출 과정은 불안을 덜 느끼는 상황으로부터 시작하여 점차 위협적인 상황으로 노출 수위를 점점 높여간다. 이를 통해 외상 피해자는 사건에 대한 새로운 관점을 가지며, 사건과 연관되어 느껴졌던 죄책감이나 분노, 상실감 등의 부정 감정으로부터도 해방되어 자유로워진다. 결국, 이러한 노출을 통해 경험한 외상 사건이 더 이상 두렵지 않고 누구나 겪을 수 있는 단순한 하나의 사건으로 인식하여 기존 삶의 경험과 통합이 이루어진다.

충격적인 외상 경험자에게는 복식호흡이 두려움과 불안을 감소시키고 심리적 고통을 조절하는 데 큰 이로움을 준다. 여기에 명상적 요소를 더하면 이완 효과를 더 크게 얻을 수 있다. 근육의 긴장은 불안하거나 두려움을 느낄 때 전반적인 주의와 경계로 나타나는 신체적 반응이다. 따라서 근육 이완은 대 근육군을 긴장시킨 다음, 다시 힘을 빼는 방식으로 이루어지며, 근육에 긴장을 많이 시킬수록 더 깊은 이완이 가능한 시계추 원리가 작용한다.

외상 사건을 경험하면 대부분 두려운 외상 기억으로 인해 외상 사건과 유사한 상황이나 장소 등을 피하지만 외상 사건에 대한 기억으로부터 완전하게 피하거나 도망하는 것은 불가능하다. 오히려 회피하는 과정에서 불필요한 노력과 에너지를 사용하여 삶이 더 힘들어지기도 한다. 따라서 외상 사건을 직·간접적으로 재경험하는 노출 훈련은 외상의 고통을 극복하는 데 꼭 거쳐야 하는 관문이나 다름없다.

3) EMDR

안구운동 둔감화 재처리(Eye Movement Desensitization and Reprocessing: 이하 EMDR)는 샤피로(Shapiro) 박사가 개발한 트라우마 심리치료 방법이다. 1989년 첫 임상 연구가 이루어졌고, 1990년 인지적 재구조화가 반영되어 EMDR의 이름으로 지금까지 활용되고 있다. EMDR은 수평 안구운동 외에도 인지행동과 인간중심 기법 등 다양한 요소가 통합된 치료요법으로 치료 단계가 표준화되어 있어 이용하기가 수월하다(Shapiro & Forrest, 2008).

EMDR은 안구운동이나 소리 등의 규칙적인 양측성 자극을 주어 대뇌의 정보처리시스템을 재구성하는 방법이다. 치료과정을 거치면 신경학적인 기억 연결망이 변형되어 트라우마 기억이 재처리된다. 즉, 양측성 자극을 주면 긍정 정서와 감각적, 인지적 과정이 활성화되어 부정 정서 기능이 약화하고, 긍정적인 삶의 기억과 새롭게 연결망이 구축된다.

치료는 증상의 정도에 따라 회기를 달리하지만 비교적 짧은 회기로 진행되며, 반드시 EMDR 정식 수련 과정을 마친 전문가가 안내해야 한다. EMDR 관련 학회나 협회에서 시행하는 수련 과정에 참가하여 전문가 자격을 받은 사람만이 할 수 있는 치료 방법이다.

모든 인간은 인체 내에 생리적인 정보처리시스템을 가동한다. 특히, 뇌의 정보처리시스템은 우리의 경험을 기억, 저장, 처리하는 역할을 한다. 우리의 기억은 서로 밀접하게 그물망처럼 연결되어 생각, 감정, 심상, 감각들이 상호작용을 한다. 뇌에서 이루어지는 인지적 학습은 이렇게 기억 속에 저장된 데이터 간에 새로운 연결망이 형성될 때 이루어진다.

하지만, 충격적인 외상을 경험하면 그 충격으로 뇌의 정보처리 기능이 제 역할을 제대로 하지 못한다. 다른 기억 회로와 연결망을 형성하지 못해 정상적인 정보처리시스템이 작동하지 않고, 그 기능이 교란 및 마비되기까지 한다. 그 결과, 외상 사건 당시의 장면이나 느낌, 소리, 냄새, 그리고 감각 등의 기억이 완전하게 처리되지 않은 채, 단편적인 형태로 남아 신경계 안에 갇혀버리게 된다.

EMDR은 이러한 미해결된 심리적 고통과 혼란, 처리되지 않은 충격적인 트라우마 기억을 재처리하여 트라우마 증상을 없애주는 심리치료방법이다. 외상 사건에 대한 부정적인 기억을 재처리하여 외상 이전의 정상 기능 상태로 돌아가게 하고, 과거를 객관적 시각으로 바라보도록 도움을 준다.

EMDR을 실시한 후 뇌 영상을 촬영하면 기억 및 학습과 관련된 부위가 변화된 것을 알 수 있는데, 이는 과거의 기억을 처리하는 뇌의 영역이 활성화된 것을 의미한다. 앞서도 언급한 바 있지만 충격적인 외상 사건을 경험하면 우리의 대뇌는 정보를 정상적으로 처리하지 못하여 외상 사건의 기억들이 파편화된 상태로 그대로 뇌에 갇혀버린다.

그 결과, 외상 피해자가 경험한 사건의 장면을 비롯해 소리, 냄새, 생각, 감정을 기억할 때 실제 그 사건이 일어났을 때와 같은 강렬한 느낌을 받는다. 이런 부정적인 기억은 사람이 세상을 바라보는 관점이나 다른 사람과 관계를 맺는 대인관계 방식에도 좋지 않은 영향을 주는데, EMDR은 이러한 미해결된 기억을 정상 상태가 되도록 안내한다.

외상 사건과 관련된 뇌의 정보처리는 신경계에서 일어난다. EMDR에서 사용하는 눈 운동은 이러한 신경계의 기능을 활용하는 것으로 렘수면 단계에서 꿈을 꾸는 원리와 같다. 수면 중에 관찰되는 눈의 움직임은 본인이 잠자기 전까지 받아들인 여러 정보 중 불필요한 정보를 조각내 없애는 과정이다. 생리학적인 관점에서의 꿈이란 이렇게 조각내어 버려진 기억과 관련한 정보들이 서로 부딪혀 일어나는 현상으로 설명한다.

EMDR 전문가는 이 같은 원리를 고려하여 외상 피해자의 안구가 꿈을 꿀 때처럼 잘 움직이도록 한다. 안구운동을 할 때는 외상 피해자의 안구가 시야 범위의 한쪽에서 다른 쪽으로 움직이도록 한다. 만약, 외상 피해자가 안구운동 중 안구 통증을 느낀다거나 안구운동 자체를 불안하게 느끼면 안구운동을 잠시 중단하고 휴식을 취한 다음 천천히 다시 시도한다.

안구운동은 외상 피해자의 눈이 편안한 상태에서 좌우 혹은 상하, 대각선 방향 등으로 움직이도록 한다. 전문가는 자기의 손가락 2개를 붙여 똑바로 세우고 손바닥 쪽이 약 30~40cm 떨어져 있는 외상 피해자의 얼굴을 향하도록 한 후, 외상 피해자에게 "이 정도가 괜찮습니까?"라고 묻는다. '아니요'라고 답하면 가장 편안하게 느끼는 위치와 거리를 재조정한다.

안구운동에 사용되는 도구는 전문가의 손가락뿐만 아니라, 볼펜이나 자와 같은 물건을 사용해도 무방하다. 안구운동을 하는 동안 전문가의 손가락이 움직이는 대로 시선이 따라오지 못할 때는 선생님의 눈으로 제 손가락을 좌우로 밀어낸다고 생각하고 따라와 보세요."라고 안내하면 좋은 효과가 나타난다.

안구운동은 수평 방향 외에도 여러 방법이 있다. 대각선 방향의 안구운동은 외상 피해자의 얼굴 오른쪽 위에서 왼쪽 아래로(혹은 그 반대로) 안내한다. 피해자의 턱 측면에서 반대편 눈썹 위치로 움직이게 하기도 한다. 이 외에도 수직 방향, 원 모양, 8자 모양 등 다양한 방법을 이용할 수 있다.

안구운동 한 세트는 수평 안구운동을 24번 하게 되며, 오른쪽－왼쪽－오른쪽으로의 전환이 안구운동 1회에 해당한다. 어떤 트라우마 피해자의 안구운동은 한 세트에 36회 이상 필요할 때도 있다. 안구운동 첫 1세트를 실시한 후에는 트라우마 피해자에게 "이제 좀 어떻습니까?"라고 질문하여, 외상 피해자 내면에서 일어나는 생각, 심상, 감정, 신체적 감각 등의 느낌을 인식하도록 조력한다.

2. 인지행동치료 프로그램

인지행동치료는 인간의 사고, 인지에 따라 인간의 정서와 행동이 달라진다는 치료 모형이다. 한 사람의 사고나 행동은 그가 세상을 구조화하는 방식에 따라 결정된다는 인지에 바탕을 두고, 역기능적인 사고와 행동을 수정하여 현재의 트라우마 문제에 접근한다.

본 프로그램은 인지치료(cognitive therapy)와 학습이론(Learning theory)에 근거하여 인간의 행동을 체계적으로 변화시키기 위한 심리학적인 학습과 행동치료를 복합적으로 적용하고 있다. 인지행동치료를 통해 스스로 자기 행동을 통제하고 감정 변화를 적절히 조절하는 능력 증진에 목표를 둔 프로그램(심윤기, 2018)을 일부 수정·보완하여 재구성하였다.

〈표 10-1〉 인지행동치료의 회기 내용

구 분	중 점	세부 내용
1회기	프로그램 소개	· 프로그램 설명 및 트라우마 교육
2회기	외상 경험 노출	· 트라우마 경험일지 작성 및 발표
3회기	인지 재구조화	· 인지 재 구조화(A－B－C)
4회기	인지 오류 이해	· 인지 오류 교육하기
5회기	불안 위계 목록 작성	· 불안 위계 목록 작성하기
6회기	상상 노출	· 상상 노출하기
7회기	현장 노출	· 현장 노출하기
8회기	대처전략 개발	· 트라우마 대처전략 교육 및 공유

1) 1회기: 프로그램 소개

(1) 개 요

목표	트라우마와 프로그램 진행 절차 이해, 근육 이완훈련
도입	· 진행자 / 참가자 소개 · 프로그램 설명 · 프로그램 진행 시 지켜야 할 유의 사항 설명

(2) 진행요령

① 트라우마에 대한 이해

트라우마에 대한 개념과 진단, 원인, 증상 등을 설명한다.

② 인지행동치료의 절차와 전체 프로그램 개관

인지행동치료의 이론적 근거를 설명한다. 전체 프로그램의 진행 개관과 트라우마 증상이 있는 대상자에게 적용할 인지행동치료 방법 등을 설명한다.

③ 근육 이완훈련

"근육 이완훈련에 들어가기에 앞서 이완에 방해될 수 있는 물건을 먼저 몸에서 제거하도록 하겠습니다. 신체를 불편하게 하는 벨트나 넥타이, 시계 등을 풀어놓겠습니다. 불편한 것을 다 풀어놓으셨으면 이제 조용히 눈을 감고 편안한 자세를 취해 보겠습니다. 그다음은 심호흡을 깊게 하는데 천천히 세 번 하겠습니다."

"네, 좋습니다. 다들 잘하셨습니다. 이제부터는 몸을 이완하는 방법을 배워보도록 할 건데요. 먼저, 양팔에 동시에 힘을 주고 근육의 긴장을 느껴보겠습니다. 자, 이제는 근육을 편안하게 풀어주시고 양쪽 팔이 긴장되었을 때와 이완되었을 때의 느낌을 비교해 봅니다."

"다음은 양쪽 다리에 동시에 힘을 주고 근육의 긴장을 느껴보겠습니다. 자, 이제 다시 편안하게 근육을 풀어주시고 양쪽 다리가 긴장되었을 때와 이완되었을 때를 비교해 봅니다. 다음은 배와 가슴에 동시에 힘을 주고 근육의 긴장을 느껴보세요. 자 이제는 다시 편안하게 풀어주시고 배와 가슴이 긴장되었을 때와 이완되었을 때를 비교해 봅니다."

"자, 이제부터는 목과 어깨에 힘을 주고 근육의 긴장을 느껴보겠습니다. 자, 이제 편안하게 풀어주시고 목과 어깨가 긴장되었을 때와 이완되었을 때를 비교해 봅니다. 다음은 얼굴 전체에 힘을 줘보겠습니다. 그런 다음 입과 눈, 이마의 근육에 긴장을 느껴보겠습니다. 자, 이제 편안하게 다시 풀어주시고 얼굴의 근육이 긴장되었을 때와 이완되었을 때를 비교해 봅니다."

"우리는 지금 점점 더 깊은 이완 상태로 가고 있습니다. 자. 이제부터는 제가 하나서부터 다섯까지 숫자를 셀 겁니다. 제가 숫자를 세는 동안 점점 더 깊게 그리고 편안하게 근육을 이완하고 풀어서 아주 편안한 휴식상태로 들어가는 것을 느껴보도록 하겠습니다."

"하나(5초 후), 둘(5초 후), 셋(5초 후), 넷(5초 후), 다섯~, 네 아주 좋습니다. 우리는 지금 깊고 편안한 휴식상태에 들어와 있습니다. 우리는 계속 편안한 이 상태를 유지하면서 이번에는 자신의 호흡에 주의를 기울여 보겠습니다. 자. 조용히 복식호흡을 하고 자신의 호흡을 천천히 관찰해봅니다. 한번 들이쉴 때마다 이완이 더욱 깊어집니다. 한 번씩 내쉴 때마다 편안한 이완의 느낌이 온몸 구석구석으로 퍼져나갑니다. 자신도 모르게 이완이 점점 깊어지고 있습니다."

"자, 이제 조용히 눈을 떠보겠습니다. 모두 편안해지셨나요?"

- **과제** : 근육 이완훈련, 복식호흡 훈련을 매일 2회 실시
- **마무리** : 프로그램 후 느낌 나누기, 다음 회기 프로그램의 간단한 소개

2) 2회기: 외상 기억 노출하기

(1) 개 요

목표	트라우마 경험일지를 작성한 후, 이를 발표하여 기억을 촉진한다.
도입	1주일간의 경험을 공유한다.

(2) 진행요령

① 트라우마 경험일지 작성

"여러분이 경험한 충격적이고 끔찍한 외상 사건에 대한 경험일지를 작성해 보겠습니다. 외상 경험일지 내용은 사건의 사실 자체에 대한 것이라기보다 여러분이 그 사건에 대해 어떻게 기억하고 있는지 그 내용을 쓰는 것입니다. 무슨 일이 일어났

는지, 왜 일어났는지, 어떻게 그 일이 일어났는지를 쓰시고 여러분이 기억하고 있는 외상 사건과 관련한 생각과 이미지, 소리, 냄새, 느낌 등을 써 봅니다."

"이 과정은 외상 사건에 대한 여러분의 기억과 관련한 정보를 수집해서 여러분을 돕기 위한 것이므로 문법이나 문장은 걱정하지 않으셔도 됩니다. 트라우마 경험일지를 쓰는 것은 여러분을 불편하게 만드는 외상 기억을 분명하게 인식하고 정보처리를 도와 기존 삶의 경험과 통합시키기 위한 것입니다."

"트라우마 경험일지 작성은 외상 사건을 경험한 세부 사항과 사건을 경험할 당시의 생각, 정서에 집중하여 작성합니다." (자주 질문하여 기억을 촉진하고 경험일지를 명료하게 쓰도록 안내하며, 외상 사건에 대한 해석을 제공한다)

② 트라우마 경험일지 발표

"자. 이제 다 쓰셨으면 이번에는 작성한 경험일지를 발표하는 시간을 갖겠습니다." (경험일지를 발표하지 못하고 침묵하고 있다면 '어떤 기분이 드세요?,' '표정이 불안해 보이시는데 그 사건에 대해 어떤 감정이 있으신지 말씀해주시겠어요?'라고 격려한다. 트라우마 경험일지 발표를 마치면 신체 및 정서적 반응에 대해 질문한다)

"지금 몸에 어떤 느낌이 듭니까?, 지금 어떤 기분이신가요?"

(그리고 외상 사건에 대해 어떻게 대처했는지에 이야기하도록 격려한다. 불안을 일으킨 장면을 회피하는 것은 정상 반응이지만, 이에 대한 노출은 회복을 위한 대처로 매우 중요한 과정임을 이해시킨다)

- **과제** : 매일 근육 이완훈련/복식호흡 매일 2회, 외상 경험일지 3번 읽기
- **마무리** : 프로그램 종료 후 느낌 공유 및 다음 회기 프로그램의 간단한 소개

3) 3회기: 인지 재구조화하기

(1) 개 요

목표	인지 재구조화를 통해 부정적 감정을 해소한다.
도입	· 트라우마 증상과 관련한 1주일간의 경험을 공유하기 · 트라우마 경험일지를 읽고, 지난 시간과 느낌이 어떻게 다른지 느껴보기

(2) 인지 재구조화 A-B-C 설명

"일반적으로 우리는 나를 불안하게 만드는 사건(A: Activating 사건)으로 인해 내가 불안(C: Consequences 감정적 · 육체적 결과)하게 느낀다고 생각합니다. 그러나 자세히 살펴보면 어떤 사건이나 사람 때문에 불안한 것이 아니라, 그 사건에 대한 우리의 생각과 비합리적인 믿음 때문에 불안한 경우가 많습니다. 이는 비합리적인 생각이나 믿음이 우리의 정서나 행동에 좋지 않은 영향을 주고 있다는 것을 말해줍니다. 홍수 피해가 있는 재난 경험자를 예로 들어보겠습니다."

예) 비가 온다(A) → 또 홍수가 발생한다. 나는 지난번 홍수에서 죽을 고비를 넘겼는데, 그러한 일이 또 발생할 수 있다(B) → 불안(C)

"즉, 나의 신념으로 인해 불안한 나의 감정(C)이 생기는 것입니다. 이 말은 나의 신념(B)이 어떤 내용이냐에 따라 나의 감정(C)이 달라질 수 있다는 의미입니다. 이처럼 두려움, 분노, 죄책감, 상실감, 좌절, 무력감, 열등감 등 우리를 괴롭히는 부정정서는 대부분 우리의 비합리적인 신념에서 비롯됩니다."

"다시 말해, 우리가 느끼는 정서는 우리 자신이 생각한 결과입니다. 사고와 느낌은 분리되지 않습니다. 우리가 편안한 사고를 하면 우리의 마음도 편안하고, 우리가 경직된 사고를 하면 우리의 마음도 피곤합니다. 우리가 자신의 어떤 문제 때문에 혹은 어떤 경험으로 필요 이상으로 힘들고 피곤하다면 그것은 우리가 그러한 사고방식을 가지고 있음을 보여주는 증거입니다. 자, 이제부터는 과거에 우리를 불안하게 했거나 화나게 했던 경험을 떠올려 보고 A, B, C로 나누어 생각해 보도록 하겠습니다."

- **과제**: 매일 근육 이완훈련/복식호흡 2회, 트라우마 경험일지 3번 읽기
- **마무리**: 프로그램 후 느낌 공유, 다음 회기 프로그램의 간단한 소개

4) 4회기: 인지 오류 이해하기

(1) 개 요

목표	나의 인지 오류 찾기
도입	· 트라우마 경험일지를 읽고, 지난 시간과 느낌이 어떻게 다른지 의견 나누기 · 외상 경험 노출 과정이 트라우마 회복을 위해 중요하다는 것을 설명하기 · 정서의 A, B, C 내용에 대한 복습과 구체적인 예를 들어 설명해 보기

(2) 인지 오류 설명

"나를 불안하고 두렵게 하는 생각은 대체로 다음과 같은 것들이 있습니다."

· 당위적 생각(반드시 ~해야만 한다)
– 나는 무슨 일이 있어도 손실이 100% 보상되어야 함
– 외상을 경험했지만 나는 강하니까 아무 일도 없었던 것처럼 해야 함

· 흑백논리(이것 아니면 저것이라는 생각)
– 나의 손실을 회복하지 못하면 그것은 실패한 인생
– 외상을 이겨내지 못하면 모든 삶을 포기해야 함

· 극단적인 생각
– 나는 이번 외상 사건 때문에 망했어. 아무도 나를 도와주지 않아
– 나는 이번에 잘한 것이 하나도 없어 죽어야 함

· 개인화(자신과 관련이 없는 일을 자신 때문에 생긴 일이라고 생각)
– 외상 사건을 예방하지 못한 것은 모두 나 때문이야.

· 자기비하적인 사고(잘못된 행동 하나로 자신을 평가 절하함)
– 외상 경험 후 회복된 게 하나도 없어, 나는 이것밖에 안 되는 인간이야.

과제: 근육 이완훈련, 복식호흡 매일 2회 실시, 경험일지 매일 3번 읽기
마무리: 프로그램 후 느낌 공유, 다음 회기 프로그램의 간단한 소개

5) 5회기: 불안 위계 목록 작성하기

(1) 개 요

목표	불안 상황 평가하기, 불안 위계 목록 작성하기
도입	· 트라우마 증상과 관련한 1주일간의 경험 공유 · 노출하기가 트라우마 회복을 위해 중요함을 설명하기 · 불안 상황을 평가하고 불안 위계 목록을 작성하기

(2) 진행요령

① 불안 평가하기

"가장 큰 불안을 일으킨 상황을 적어보도록 하겠습니까? 그 상황은 자주 또는 적어도 한 달에 한 번 이상은 일어나며, 불안하고 두려워서 피하고자 했던 상황입니다. 자, 그럼 이제부터는 아래 질문에 구체적으로 답해 보시기 바랍니다."

- 이 상황에서 어느 정도의 불안을 경험하셨습니까? 그 상황에서 느낀 불안 점수를 기록해 보십시오. (100점 척도에서 0은 전혀 불안이 없음을 말하고, 100은 최고의 불안 수준을 나타낸다) 당신의 불안 수준(0-100)은 얼마입니까?
- 당신은 이러한 상황을 얼마나 경험하고 있습니까? (1주일에 몇 번 이러한 상황을 경험하는지를 적는다) 불안 발생빈도는 1주일에 몇 번입니까?
- 이러한 불안 상황이 지속되는 시간은 어느 정도입니까? (불안이 일반적으로 얼마나 지속되는지를 적는다) 불안 지속시간은 얼마입니까?
- 이 상황에서 불안이 당신의 삶을 얼마나 방해합니까? (100점 척도상에서 0점은 전혀 방해가 없음을 뜻하고, 100은 아주 많은 방해를 받는 것을 나타낸다) 당신 삶에 방해 정도(0-100)는 얼마입니까?

② 불안 위계 목록 작성하기

"최근 일주일간 자기 행동을 돌아보고 불안을 느낀 상황 10가지를 기록해 보겠습니다. 그런 다음 10가지 상황을 불안 척도(0-100점)로 평정하여 가장 불안이 작은 것부터 큰 순서대로 적어보겠습니다. 그리고 하루 동안 경험한 불안 횟수와 가장 불안을 회피하고 싶었던 이유를 기록해 보겠습니다."

· 불안이 낮은 것부터 높은 순으로 10가지의 목록 기록하기
· 하루 동안 경험한 불안 횟수 기록하기
· 가장 불안을 회피하고 싶었던 이유 기록하기

과제 : 근육 이완훈련, 복식호흡 매일 2회 실시, 트라우마 경험일지 매일 3번 읽기
마무리 : 프로그램 후 느낌 공유 및 다음 회기 프로그램의 간단한 소개

6) 6회기: 상상 노출하기

(1) 개 요

목표	상상 노출을 통해 트라우마 증상 회복하기
도입	· 트라우마 증상과 관련한 1주일간의 경험 공유 · 트라우마 경험일지를 읽은 후, 느낌이 어떻게 다른지 느껴보기 · 상상 노출 절차가 트라우마 증상 회복을 위해 중요함을 설명하기

(2) 진행요령

① 이완 상황의 상상 노출

"평화롭고 편안한 이미지를 떠올리며 몸을 이완해보겠습니다. 자, 이제부터 눈을 감고 제 말을 따라 상상해 보십시오. (잔잔한 배경 음악을 틀어주고 조용하고 편안한 목소리로 다음과 같이 말한다) 이제 우리 모두 이렇게 상상해 봅니다. 나는 한적하고 평화로운 바닷가에 있다. 아무도 없는 모래밭을 거닐고 있고 저 멀리에서 갈매기들이 자유롭게 날아다니고 있다. 바닷가는 나 이외의 다른 사람은 아무도 없고 파도 소리만 들린다. 나를 방해하는 사람은 아무도 없고 평온함만이 온통 나를 감싸고 있다."

(이후 1분 정도 침묵하고 나서) "자 이제 깨어날 시간입니다. 천천히 현실 세계로 돌아오도록 하겠습니다. 다섯부터 하나까지 숫자를 셀 건데요, 둘을 세면 눈을 뜨시고, 하나를 세면 처음의 각성 상태로 돌아오겠습니다. 자 다섯... 넷... 셋... 둘... 하나... 네, 아주 잘하셨습니다. 모두 기분이 어떠신가요? 지금부터 우리는 상상 노출 훈련 후 그 느낌이 어땠는지 서로 이야기를 나눠보도록 하겠습니다."

② 불안 상황의 상상 노출

"이번에는 이완 상황으로의 노출이 아닌 불안 상황에서의 상상 노출을 시도해보겠습니다. 이전 시간에 작성했던 불안 위계 목록의 하위 5단계에서부터 1단계까지 해보겠습니다. 5단계의 상상 노출을 한 후 복식호흡을 3분 정도하고, 그다음에는 4단계, 3단계, 2단계, 1단계로 진행하겠습니다."

- **과제** : 트라우마 경험일지를 읽는 과정에서 불안이 없다면 이완훈련 후 상상 노출을 1일 1회만 하고, 불안이 남아 있다면 외상 경험일지 3회 읽기
- **마무리** : 프로그램 후 느낌 공유 및 다음 회기 프로그램의 간단한 소개

7) 7회기: 현장 노출하기

(1) 개 요

목표	실제 현장 노출을 통해 트라우마 회복하기
도입	· 트라우마 증상과 관련한 1주일간의 경험 공유 · 현장 노출 전, 불안 위계 하위 5단계에서 상위 1단계까지 상상 노출과 근육 이완훈련 및 복식호흡을 한다. · 실제 현장에서 노출한다.

(2) 진행요령

① 실제 현장 노출

실제 외상 사건 현장을 방문하여 유사한 환경을 경험한다. 불안 위계에 따라 5단계부터 노출하며, 단계별 노출 후에는 이완시간을 충분히 제공한다. 심한 불안을 경험하면 반드시 휴식을 충분히 취한 후 다시 시작한다.

② 소감 나누기

실제 현장 노출을 통한 자기 경험을 이야기하고 느낌을 공유한다.

8) 8회기: 대처 전략 개발하기

(1) 개 요

목표	스트레스 대처에 대한 교육 및 실천할 수 있는 스트레스 대처 전략 세우기
도입	· 트라우마 증상 회복과 관련한 1주일간의 경험 공유 · 대처 전략이 트라우마 증상 회복을 위해 중요함을 설명하기 · 현재까지의 치료과정에서 나타난 증상의 변화를 논의하기

(2) 진행요령

① 트라우마에 대한 교육 및 실천할 수 있는 대처 전략 세우기

· 지지 구하기: 친구에게 전화 걸어 이야기하기, 가족과 이야기하기

· 이완 운동: 점진적인 근육 이완, 복식호흡

· 사고 중지: 산책하며 좋지 않은 생각 버리기

· 일기 쓰기: 불안 상황과 자신의 감정을 글로 적어보기

· 자기 대화: 자신이 잘 해낸 것을 생각하기. 부정적인 왜곡된 사고를 인식하기

· 규칙적인 운동: 걷기, 수영, 자전거 타기, 스트레칭 등

· 매일 하는 활동, 의식 지속: 같은 시간에 일어나서 하루를 시작하기, 규칙적으로 식사하기, 매일 · 매주 · 매월 하는 기분전환이나 자기 보호 활동 지속

· 자기 보상: 자신을 위해 작은 선물, 특별한 시간을 내어 보상하는 방법 찾기, 긍정적인 활동을 통한 기분 전환(영화 보기, 운동하기 등)

· 지지 집단 참가: 모임 나가기

② 도움이 되었던 트라우마 대처 전략 공유하기

상기 트라우마 대처 전략 리스트 외에 평소 자신이 스트레스 상황에서 도움이 되었던 대처 전략을 공유한다.

과제: 트라우마 경험일지 읽어도 불안이 없다면, 이완훈련 후 상상 노출을 1일 1회만 실시하고, 불안이 남아 있다면 트라우마 경험일지 3회 읽기

마무리: 프로그램 후 느낌 공유 및 다음 회기 프로그램의 간단한 소개

3. 지속 노출 치료프로그램

지속 노출 치료(Prolonged Exposure therapy: 이하 PE)는 PTSD 심리치료 모형으로 그 효과가 가장 크다고 알려진 방법이다. PE는 1990년대에 개발되어 현재는 트라우마 표준 치료로 자리 잡아 트라우마센터를 비롯한 PTSD 기관에서 가장 많이 활용되고 있다. PE 프로그램은 상상 노출과 현장 노출이라는 두 개의 큰 요소를 주축으로 이루어진다.

상상 노출은 마음속에 있는 상처를 계속해서 되새기는 방식이며, 현장 노출은 두려움, 공포 등으로 피하던 외상 상황이나 장소, 대상을 직접 직면하는 방법이다. 이 프로그램은 심윤기(2018)의 프로그램 내용을 일부 수정·보완하여 재구성하였다.

〈표 10-2〉 지속 노출 치료프로그램의 회기 내용

구 분	중 점	세부 내용
1회기	시작하기	· 프로그램과 치료과정 개관 · 자율신경계 이해하기
2회기	트라우마 직면하기	· 직면의 중요성 이해하기 · 트라우마 직면하기
3회기	플래시백 다루기	· 플래시백 다루기 · 트라우마 유발자극 다루기
4회기	현장 노출하기	· 현장 노출 원리 이해 및 현장 노출하기
5회기	상상 노출하기	· 상상 노출 원리 이해 및 상상 노출하기
6회기	부정 정서 다루기	· 화와 분노, 죄책감 다루기
7회기	긍정 강점 찾기	· 자신의 강점 찾기 및 미래 인생 설계
8회기	마무리하기	· 삶의 의미 찾기 및 프로그램 마무리하기

1) 1회기: 시작하기

(1) 치료 목표

신뢰 관계 형성, 치료과정 이해(PTSD 증상, 자율신경계 등)

(2) 이론적 배경

① PTSD 증상

PTSD의 핵심 증상은 침습, 자극 회피, 인지 및 감정의 부정적 변화, 각성 및 반응성의 변화 등이다. 충격적인 외상 사건을 경험하면 그 경험에 대한 기억은 정상적으로 정보처리가 되지 않은 채 우리의 뇌 안에 갇힌다. 정보처리가 되지 않은 단편적인 기억들은 사라지지 않고 계속 신경계 안에 남아, 외상 피해자가 사건의 장면이나 소리, 냄새, 생각, 감정 등을 기억할 때 실제 그 사건이 일어났을 때와 같은 강렬한 느낌을 받도록 영향을 준다.

백일몽 형태의 영상으로 스쳐 지나가기도 하고, 갑자기 꿈으로 나타나기도 한다. 이런 현상은 충격적인 외상 사건을 지금도 똑같이 경험하는 것과 같은 효과를 주어, 우리 몸은 계속해서 위험하다고 지각하는 과도한 각성 상태가 유지된다. 충격적인 외상 사건을 실제로 지금 다시 겪고 있는 것이 아닌, 단지 과거에 일어난 사건의 기억에 불과한 것임에도 불구하고 우리 몸과 마음은 현재 경험하는 것과 같이 반응한다.

따라서 늘 불안을 느껴 개인 활동은 위축되고 경험한 사건과 유사한 상황을 계속해서 피한다. 이런 회피가 점점 지속되면 일상생활에 많은 어려움이 생기고, 두려움과 불안은 점점 더 강화된다.

② 신경계

우리 몸에 PTSD가 어떻게 반응하는지 이해하려면 자율신경계를 먼저 이해할 수 있어야 한다. 우리 몸은 뇌에서부터 발끝까지 신경계로 연결되어 있으며, 이 신경계가 우리의 운동 및 감각을 비롯한 모든 기능을 담당한다. 신경계는 그 기능에 따라 크게 체성신경계(voluntary nerve system)와 자율신경계(autonomic nervous system)로 구분되어 작동한다.

체성신경계는 우리가 의식적으로 조절할 수 있는 운동신경과 감각신경을 말하는 것으로 우리가 운전하고, 먹고, 이야기할 때 체성신경계가 기능한다. 이에 비해 자율신경계는 우리가 의식적으로 조절할 수 없는 신경계를 말한다. 소화를 비롯해 혈액순환, 땀, 호흡과 같이 우리 생존에 필수적인 작용들은 우리가 의식적으로 작동할 수 없고 자율신경계가 알아서 조절한다.

자율신경계는 다시 교감신경계와 부교감신경계로 나뉜다. 교감신경계는 우리가 흥분하거나 긴장할 때 자동으로 작동한다. 우리가 놀라거나 화날 때 혹은 위험한 상황이 닥쳤을 때, 그 위기 상황에 대처하기 위해 우리 몸에 경고를 보내는데, 교감신경계가 그 일을 담당한다. 우리가 산에서 동물을 만났다고 가정해 보자. 심장박동수와 호흡이 빨라지고 눈동자는 커지면서 온몸의 근육에 힘이 들어가고, 머리털이 쭈뼛쭈뼛 서는 것을 느꼈을 것이다.

이는 위험 상황에서 동물을 피하려는 본능적인 반응으로 이런 생존 반응이 없으면 우리는 살아남기 어렵다. 이와 같은 생존 반응을 다른 말로 표현하면 급성 스트레스 반응이라고 말한다. 결국 스트레스나 트라우마, PTSD는 교감신경계의 반응으로 나타나고 있음을 알 수 있다.

한편, 부교감신경계는 이런 비상사태를 자동으로 해제시켜 주는 기능을 한다. 산에서 만난 동물의 위험에서 벗어나면 우리 몸은 다시 편안한 이완 상태로 돌아오게 되는 것처럼, 부교감신경계는 교감신경계의 반응을 다시 원래의 평형상태로 만들어 심장박동과 호흡을 줄이고 근육을 이완시키는 역할을 한다.

따라서 교감신경계와 부교감신경계가 균형을 이루고 상황에 따라 긴장과 이완을 조화롭게 이루어지는 상태가 곧 건강한 모습이다. 하지만 PTSD 증상이 있다는 것은 교감신경계가 과도하게 긴장된 상태를 의미한다. 끔찍한 사고가 났을 때 받은 큰 충격과 기억이 제대로 처리되지 않은 채 그대로 뇌 안에 갇혀 계속 위험하다고 교감신경계를 자극한다. 그 결과, 우리 몸은 여전히 사고가 일어난 그 시간 그 현장에 있는 것처럼 지각하게 된다.

◉ 호흡 이완훈련

두려움과 불안, 공포는 위협에 대한 우리 몸의 경계 반응이다. 이는 자율신경계 중 교감신경계의 지나친 각성을 초래하여 근육을 수축시키고 긴장하게 만든다. 따라서 트라우마의 첫 치료는 불안이나 공포로 인해 경직된 신체 근육을 풀고 이완시키는 행동치료부터 시작하는 것이 효과적이다.

호흡 이완훈련은 불안 및 공포, 불면, 과호흡, 공황발작, 스트레스 수준 등을 감소시키는 데 유용하다. 나아가 불안을 감소하고 마음의 평화와 자유로움, 친밀한 관계 형성 및 자아의 힘을 회복하는 데 긍정적인 영향을 준다.

(3) 진행요령

① 신뢰 관계 형성

신뢰 관계 형성은 치료 전문가와 외상 피해자 간 소통과 공감이 잘 이루어질 때 가능하다. 트라우마 증상이 있는 외상 피해자가 치료자를 신뢰할 만한 인간으로 믿고, 정서적으로 편안하게 느낄 수 있어야 마음 문을 열고 치료에 적극적으로 임한다. 그 과정에서 자연스럽게 신뢰 관계가 형성된다.

외상 사건을 경험한 피해자에게는 무엇보다 치료자의 안정적이고 지지적인 모습이 필요하다. 방어적이거나 경계의 자세가 아닌 모든 가능성을 열어둔 개방적인 전문가의 모습을 보일 수 있어야 한다. 외상 피해자를 향하여 몸을 약간 앞으로 기울이면서 그의 말에 관심을 기울이는 자세를 취하며, '피해자가 말하는 순간순간 시선을 맞춰 당신에게 집중하고 있습니다', '당신의 입장을 공감합니다.'라는 의미를 전달한다. 지나치게 조심하거나 긴장하는 표정을 짓지 않고 편안하고 안정된 모습을 보일 수 있어야 한다.

② 치료과정 개관

치료자는 외상 피해자에게 치료 진행 과정과 내용, 기대효과 등을 상세히 설명하고 다음과 같은 내용을 강조한다. 첫째, 치료자는 외상 피해자와 함께 치료목표를 달성하기 위해 협력하고 도움을 주는 사람임을 설명한다. 둘째, 외상 피해자는 자기의 생각과 감정 및 행동을 탐색하고 치료 절차를 따라야 한다. 특히, 치료 시간을 엄수하고 과제수행을 중요하게 받아들이도록 한다. 셋째, 치료자와 외상 피해자는 치료과정에서 신뢰 관계를 유지한다. 치료프로그램에 대해서는 다음과 같이 상세히 설명한다.

"PTSD는 외상 충격을 경험한 후 극도의 공포와 불안, 두려움 등의 정서적 혼란과 고통을 재경험하는 질환입니다. 신경계가 과도하게 각성하면 매우 예민해지고, 충격과 관련 있는 자극을 회피하는 등 심리적 고통을 경험합니다. 따라서 치료과정 초기에는 PTSD가 무엇이고 왜 일어나는지를 알아보고 불안을 감소하는 훈련을 하게 됩니다. 치료 중반에 불안이 감소하면 자신의 고통을 차분히 바라볼 수 있으므로 트라우마에 대한 객관적인 이해를 통해 자신감 회복에 중점을 둘 것입니다. 치료 후반에는 과거 자신의 성공 경험이나 심리적 갈등극복 경험 등을 되돌아보고, 자신의 강점을 찾아 미래 인생을 설계하여 다시 새롭게 태어나는 계기가 될 수 있는 시간을 가질 것입니다.

치료과정은 총 9회기로 이루어지는데 회기마다 주제가 다르고, 매회기는 60~90분 정도 소요됩니다. 매회기에 다룬 내용을 충분히 학습하여 숙련될 수 있도록 연습과제를 줄 것입니다. 연습과제를 충실하게 따라야 효과를 얻을 수 있습니다. 숙제를 통해 훈련 경험과 각자의 노력에 대해 서로 이야기를 나누는 시간을 가질 것입니다."

◉ 스트레스 이해

"세상 사람은 누구 할 것 없이 스트레스를 받고 살아갑니다. 스트레스가 전혀 없는 삶이란 있을 수가 없지요. 또한 있어서도 안 되겠지요. 스트레스가 전혀 없다면 사람은 아무 일도 하지 않을 것이고, 자극에도 반응이 없는 무기력한 사람이 될 것입니다. 내일 시험이 있는데 긴장이 생기지 않는다면 제대로 시험을 치를 수 있겠습니까? 과속하는 자동차가 내 앞으로 다가오는데 피하지 않는다면 우리는 어떻게 되겠습니까? 적당한 스트레스는 우리가 살아가는 데에 꼭 필요한 반응입니다. 우리는 이를 정상적인 스트레스 반응(normal stress response)이라고 부릅니다.

스트레스는 우리의 신체와 정서, 사고, 관계 등에 영향을 줍니다. 스트레스를 받으면 우리의 몸과 마음은 다양한 방식으로 반응하게 되는데요, 신체적 반응으로는 맥박이 증가하고 근육이 긴장되며, 얼굴이 붉어지고 땀이 납니다. 정서적 반응으로는 불안과 공포, 분노 등이 생길 수 있습니다. 행동적 반응으로는 그 상황과 맞서 싸우거나 도망가려고 할 수 있습니다. 이것들은 모두 정상적인 반응입니다.

긍정 스트레스는 유-스트레스(eustress)라고도 하는데요, 이것은 우리 생명을 보호하고 위급 상황에서 긍정적인 반응을 유발합니다. 따라서 유-스트레스 반응은 우리를 보호하고 위험한 상황에서 사람들을 구하기도 합니다.

그러나 스트레스 반응이 너무 강하거나 과도하면 부정 스트레스가 나타나는데, 이를 디-스트레스(distress)라고 합니다. PTSD는 높은 수준의 디-스트레스로 인해 나타나는 질환에 해당합니다. 이렇게 디-스트레스는 과도한 긴장으로 몸을 피로하게 하고 위급 상황에 바른 대처를 하지 못하게 만듭니다."

◉ PTSD 증상

"PTSD의 핵심 증상은 다음과 같습니다.

첫째, 외상 사건에 대한 침습 증상이 나타납니다.

외상 사건 경험과 관련된 기억, 생각, 이미지 등이 밀려와 악몽으로 재경험 되고, 순간순간 과거 장면들이 스쳐 지나가는 플래시백의 형태로 나타납니다.

둘째, 외상 사건과 관련 있는 자극을 회피합니다.

외상 사건과 관련 있는 침습적 사고가 떠올라 너무나 불안하고 두려워, 외상 사건을 떠올릴 수 있는 장소나 사람, 대상 등을 피합니다. 외상 사건 관련 자극을 피하려고 사회 활동을 하지 않고 집에만 머무른다거나 고통을 잊기 위해 알코올, 약물 등에 의존하기도 합니다. 일부는 외상 사건에 대한 일시적 기억 상실이나 해리를 경험하고, 정서적으로 마비 상태를 보이기도 합니다.

셋째, 인지 및 감정의 부정적 변화입니다.

외상 사건의 중요한 측면을 기억하지 못하고 자신과 타인, 세상에 대한 과장된 부정적 신념이나 기대를 지속해서 가집니다. 외상 사건의 원인이나 결과에 대한 왜곡된 인지 및 분노와 같은 부정적인 정서 상태를 보이고, 타인에 대한 거리감이나 소외감을 느끼며, 행복감과 만족감, 애정 등과 같은 긍정 정서를 느끼지 못합니다.

넷째, 각성과 반응성의 변화가 찾아옵니다.

작은 자극에도 쉽게 흥분하고 예민해지거나 소스라치게 놀라고 겁에 질릴 수 있으며, 지나치게 조심스럽고 과도하게 경계 상태를 유지합니다. 또한 위험 상황에 대한 분노, 수치심, 불안, 우울, 상실감 등 정서적 흥분성과 충동 조절의 어려움을 겪게 됩니다. 이 외에도 외상 사건으로부터 자신을 잘 방어하지 못했다는 자책감을 가질 수 있습니다. 또한 동료가 위험 상황에 있었는데도 아무런 도움을 주지 못하고 자신만 살아남은 것에 대한 죄책감과 수치심을 느끼기도 합니다."

① 호흡 이완훈련

호흡 이완훈련은 일반적으로 복식호흡과 비슷하다고 생각하면 쉽게 이해할 수 있다. 이 훈련은 놀라고 예민해진 우리의 자율신경계를 안정시킬 수 있는 효과적인 방법이다. 이를 연습하여 몇 주 동안 지속하면 불안 증상이 감소하고 불면증 감소와 스트레스 수준도 감소한다. 깜짝깜짝 놀라는 증상과 심장박동의 증가, 호흡 곤란, 식은땀, 몸의 떨림 증상도 감소한다.

다음은 호흡 이완훈련 전 준비해야 하는 사항이다.

① 산만하지 않은 조용한 장소에서 하는 것이 좋다.
② 바닥에 담요를 깔고, 편안하게 눕는다. 꽉 끼는 옷은 느슨하게 풀어놓는다.
③ 마음에 떠오르는 복잡한 생각을 버리고 멍때리기를 한다.
④ 이를 위해 "하나"와 같은 단어를 단순히 반복하면서 근육의 긴장을 늦춘다.

호흡 이완훈련은 다음과 같이 진행한다.

① 바닥에 담요를 깔고 누운 자세에서 무릎을 자신을 향하게 굽히고, 양발은 8인치 정도 떨어지게 한다. 발가락은 바깥을 향하도록 하고 척추는 곧게 편다.
② 전체 몸 중에서 긴장되는 곳을 찾는다.
③ 한 손은 복부에 한 손은 가슴 위에 얹는다.
④ 코에서 배로 숨을 천천히 들이마셔서 손이 위로 올라오는 것을 느끼게 한다. 이때 가슴은 약간만 움직인다. 다섯을 세는 동안 숨을 멈춘다.
⑤ 살짝 미소를 지은 후 가능한 오랫동안 입으로 숨을 내쉰다. 내쉬는 동안 쉬이-소리가 나게 한다.
⑥ 이것을 다섯 번 반복한다. 심호흡하는 시간을 5분에서 10분으로 늘려간다.
⑦ 연습이 끝나면 다시 전체 몸을 지각하여 긴장된 곳이 남아 있는지 확인한다.
⑧ 익숙해지면 몸에서 긴장을 느낄 때마다 하는데 앉아서 또는 서서 한다.

(4) 평가 및 과제

Q1. 오늘 배운 점은 무엇인가?
Q2. 오늘 배운 점으로 인해 몸과 마음에 어떤 도움이 되었는가?

과제: 매일 아침 15분, 저녁 15분, 하루 두 차례 호흡 이완훈련을 연습한다.

2) 2회기: 트라우마 직면하기

(1) 치료 목표

직면의 중요성 이해, 근육 이완훈련 시행, 외상에 직면하기

(2) 이론적 배경

① 근육 이완훈련

근육 이완훈련은 우리 몸의 자율신경계를 안정시켜 불안을 감소시킨다. 근육이 이완 상태에 있으면 전반적으로 스트레스에 대한 반응도 유연하고, 편안한 몸과 마음의 상태를 유지하기 쉽다. 하지만 스트레스가 많은 현대 사회에서 우리는 몸의 근육을 너무 긴장시킨 상태로 계속 생활하여 근육의 이완 자체를 실

행하지 못하는 경우가 대부분이다.

특히, 외상 사건으로 인해 마음이 불안하고 자율신경계가 긴장한 경우는 근육도 긴장하게 된다. 따라서 근육을 긴장시켰다가 다시 이완할 때의 느낌을 잘 익히는 것이 근육 이완의 첫걸음이다. 치료자는 외상 피해자에게 체계적으로 근육을 긴장시켰다가 이완시키는 방법을 알려주고, 근육이 얼마나 이완됐는지를 인식하도록 돕는다.

② 트라우마 기억 다루기

우리의 기억은 실제와 다르게 기억되는 경우가 있다. 기억은 시간이 지날수록 경험을 왜곡하고 재구성하는 특성이 있다. 특히, 정서가 강하게 동반된 기억은 부정확하게 과장된 경우가 많아 당사자는 이 과장된 기억을 강하게 신뢰하는 경향이 있다. 따라서 트라우마 사건과 관련된 정보를 충분히 수집하여 그때 기억을 재처리한 후, 이에 동반된 감정과 신체 지각, 사고 등이 없게 해야 한다. 안전한 환경에서 외상 사건에 대한 기억을 회상하며 글을 쓰거나 큰 소리로 읽고, 그림을 그리는 등 다양한 방법을 이용하는 것은 트라우마 기억으로 인한 심리적 고통을 아물게 하는 데 큰 도움이 된다.

우리는 충격적인 외상 사건을 경험하면 그 기억으로부터 도망가려는 특성을 보인다. 트라우마 기억이 너무 끔찍하고 심각하기에 우리의 몸과 마음이 아예 그 근처에 가기 싫어하는 것이다. 하지만 트라우마 기억의 회피는 그 기억들이 현재 시간 속에 계속 남게 하는 결과를 초래한다. 과거의 트라우마 기억을 처리하지 않아 통합되지 않고 계속 현재에 있으면 심리적 고통을 비롯해 두려움과 불안, 분노, 우울, 자기 비난 등을 겪는다.

따라서 트라우마 기억을 다루는 과정을 통해 자신이 안전한 곳에 있다는 것을 인식하게 하는 것이 중요하다. 지금 여기에 동료나 전문가도 당신과 함께 안전하게 있지 않은가? 트라우마 사건을 기억하는 것은 절대로 위험하지 않다. 끔찍한 기억을 회상하더라도 실제로 위험하지 않다. 외상 사건의 회상은 오히려 우리가 외상 기억에 휘둘리지 않고 외상 사건의 경험을 통제할 수 있다.

(3) 진행요령

① 불안의 조건화와 직면의 중요성 이해

외상 경험 후 나타난 불안이 왜 오래 지속되는지 그 이유와 치료에 관해 설명한다. 불안은 흔히 조건화 과정으로 나타난다. 생존의 위협과 관련이 없는 일반적인 상황이나 장면, 시간, 냄새 등과 같은 자극은 원래 아무런 정서적 반응을 일으키지 않는다. 하지만, 생명을 위협하는 자극과 연합되면 불안 반응이 생기며, 충격적인 외상 사건과 관련이 있는 유사한 자극만 보아도 불안과 공포를 느낀다.

이러한 반응은 외상 사건과 유사한 자극이 외상 사건과 관련이 없다는 것을 이해하지 못하고 자극에 예민해져 나타난다. 따라서 불안에 대한 치료는 불안을 일으키는 장면과 이완을 반복적으로 연합시키는 역 조건화의 원리를 이용하여 불안을 상쇄시키는 데 초점을 둔다. 불안을 유발하는 상황을 직면해야 불완전하게 처리된 기억과 정서의 재처리가 가능하다.

불안 조건화 지시문

생명이나 생존을 위협하는 자극은 본능적으로 불안과 두려움, 공포반응을 일으킵니다. 원래는 생존과 관련이 없는 일반적인 상황이나 장면, 시간, 냄새 등과 같은 자극은 원래 아무런 정서 반응을 일으키지 않지만, 이들 자극이 생명을 위협하는 자극과 연합되면 불안이 생깁니다. 가령, 충격적인 사건을 경험하면 불안과 공포를 느끼는 것은 자연스러운 감정 반응이지요. 그러나 충격적인 외상 사건과 다른 자극(그때 보았던 방, 책상, 그림, 냄새 등) 및 그와 유사한 자극(가해자와 유사한 얼굴, 걸음걸이, 목소리 등)이 연합되면 불안이 확산합니다.

이렇게 되면 외상 사건과 관련된 유사한 자극만 보아도 불안, 공포를 느껴 모든 상황을 회피하게 됩니다. 회피는 일시적으로 불안이 감소하는 효과가 있지만 유사한 자극들이 무해 하다는 것을 인지하지 못하게 되어 오히려 자극에 더 예민한 반응을 하게 됩니다. 따라서 불안에 대한 치료는 불안을 일으키는 장면과 이완의 자극을 반복적으로 연합시키는 역 조건화의 원리를 이용하여 불안을 상쇄하는 데 초점을 맞추는 것이 중요합니다. 불안 유발 상황을 직면해야 불완전하게 처리된 기억과 정서를 재처리할 수 있지만, 그렇지 않으면 외상 사건이 이미 끝났음에도 불구하고 불쑥불쑥 부정 기억이 떠오른다거나 꿈에도 나타납니다.

여러분은 오늘 저와 함께 외상 사건 당시의 기억을 떠올리면서 해결하지 못한 감정들을 깨끗이 처리할 것입니다. 오늘은 분명히 00년도 0월 00일입니다. 지금 여기에 제가 여러분과 함께 있다는 것을 명심하십시오. 그 전에 먼저 긴장된 근육을 풀어보는 훈련을 해보겠습니다.

② 이완훈련

교감신경계의 과각성을 줄이기 위해 할 수 있는 훈련은 호흡 이완훈련과 근육 이완훈련 등이 있다. 지난 시간에 호흡 이완훈련을 배웠고 과제로도 실천해 보았다. 오늘은 근육 이완훈련을 자세히 배우게 될 텐데, 연습과제의 핵심은 이완의 주관적 감각에 주의를 기울이는 것이다.

연습을 통해서 빠르게 이완하는 방법을 배울 수 있다. 이완하는 방법을 배우면 불안을 가져오는 어떤 상황에도 효과적인 적용이 가능하다. 만약 우리가 불안을 이완으로 해결할 수 있다면 우리는 언제든지 스트레스 상황에서도 쉽게 견뎌낼 수 있다.

근육 이완 순서

오른손과 아래 팔 → 오른손 위 팔 → 왼손과 아래 팔 → 왼손 위 팔 → 이마와 눈 → 아래 얼굴과 턱 → 목과 어깨 → 흉부와 흉부 뒤쪽 등 → 복부와 복부 뒤쪽 허리 → 엉덩이와 위쪽 다리(오른쪽 다리) → 아래쪽 다리와 발

이완은 하루 두 번 이상 연습하는 것이 적절하다. 아침에 한 번 연습하고 저녁에 한 번 더하면 좋다. 처음에는 온몸의 근육을 11개 부분으로 나누어서 긴장과 이완을 반복한다. 이것을 매일 연습하여 1주일 후에 익숙해지면 몸의 근육부분을 8개 부분으로 나누어서 하고, 나중에는 4개 부분으로 나누어 연습한다.

이완 장소는 기댈 수 있는 곳이나 침대, 의자에 편하게 앉을 수 있으면 가능하다. 머리와 목을 지지해주는 것이 좋다. 안경이나 콘택트렌즈를 착용하지 않고 꼭 끼는 옷은 헐렁하게 풀어준다. 시작할 때 근육을 긴장시키고 5-10초간 이 상태를 유지하며, 스스로 자신이 얼마나 긴장하고 있는지를 충분히 느껴보도록 한다. 목표는 긴장과 이완의 차이를 충분히 느낄 만큼 긴장하여 근육 이완의 느낌을 확실히 느끼도록 하는 데 있다.

연습이 끝나면 어떤 느낌인지 편안한 느낌을 받았는지 묻는다. 한 번 연습해서 편안한 느낌을 느끼지 못할 수도 있다. 그러나 여러 차례 시행하면 편안한 느낌을 느낄 수 있고 자신의 자율신경계 조절이 가능해진다.

다음의 지시문을 녹음하여 참여자에게 나누어 주고 과제로 이행하면 좋은 효과를 얻을 수 있다. 시작하기 전 편안한 자세를 취한 후, 조용히 눈을 감고 숨을

부드럽게 들이쉰 다음, 잠시 숨을 참고 이완한다. 그리고 그 차이를 느껴본다. 우리의 몸은 숨을 참을 때 살짝 긴장되었다가 숨을 내쉴 때 긴장감이 사라진다. 각자에게 맞는 리듬을 찾아 공기가 몸 안과 밖으로 흐르는 것처럼 한다.

우리는 근육 이완에 따라 숨이 느려지는 것을 느낄 수 있다. 모두 눈을 감고 앞서 말한 편안한 자세를 취한 다음, 치료자가 지시문을 말하는 대로 따라 하도록 안내한다.

근육 이완훈련 안내문

① 오른손에 주먹을 힘껏 쥐어봅니다.

손에 긴장을 느껴봅니다. 손가락 사이로, 엄지, 손목, 그리고 팔까지 긴장이 어떻게 느껴지는지 주의를 기울여 봅니다. 손가락들, 엄지, 손목의 긴장감을 집중해 보세요. 모든 근육에서 긴장을 느끼고 모든 긴장에 주의를 기울입니다. 그리고 이완할 때 그 차이를 느껴보는 겁니다. 당신의 손가락은 얼얼하고 따뜻하게 느껴질 수 있고, 어떤 사람은 이완 상태에 들어가면서 근육이 따뜻하고 무겁게 느껴지는 것을 발견할 수도 있습니다. 또 어떤 사람은 긴장이 사라지면서 근육이 가벼워진다고 느끼기도 합니다. 당신이 어떻게 느끼는지를 주목하고 이 느낌을 간직해 보십시오. 당신이 긴장했을 때 근육이 어떻게 느끼는지와 지금 어떻게 느끼는지를 비교해 보도록 합니다. 이완의 파도가 모든 근육을 만지고 이완을 깊게 하면서 당신의 팔을 휘감는다고 상상해 봅니다. 파도는 썰물이 되어 나가고 이때 모든 긴장이 함께 빠져나간다고 상상합니다. 자, 이 차이를 느끼고 느낌을 간직해 봅니다.

② 이제 우리는 오른손 위쪽 팔의 근육으로 주의를 옮깁니다.

오른쪽 손을 들어 어깨를 만져봅니다. 그리고 위쪽 팔의 근육, 이두박근과 삼두박근을 긴장시켜봅니다. 위쪽 팔에 긴 근육에서 긴장을 느껴봅니다. 위쪽 팔 주변에서 밴드가 꽉 조여서 긴장을 만든다고 상상해 봅니다. 모든 근육이 어떻게 느끼는지를 주목하면서 그 긴장에 집중해 보며 이완합니다. 차이를 느껴보세요. 당신이 긴장했을 때 근육이 어떻게 느끼는지와 지금 어떻게 느끼는지를 비교해 봅니다. 이완의 느낌은 오른손과 아래쪽 팔로 뻗쳐나가서 이완의 느낌이 전달된다고 상상해 보십시오. 당신의 팔은 무겁고 따뜻하게 느낄 것입니다. 변화에 집중해 보세요. 이완의 파도는 당신의 팔을 적시고 썰물처럼 빠져나가는 것을 느껴봅니다. 깊고 완전한 이완이 오는 것을 느껴봅니다. 이 느낌을 간직해 보세요. 고요하고 평온하다. 긴장되었을 때 근육이 어떻게 느껴지는지와 이완되었을 때 어떻게 느껴지는지 그 차이에 주목하고, 이 느낌들이 커지는 것을 상상해 봅니다.

③ 우리는 이제 왼손에 주의를 집중하겠습니다.

왼손에 주먹을 쥡니다. 손가락, 엄지, 손목을 통해서 팔 안쪽까지 긴장을 느껴봅니다. 긴장의 느낌에 주목해 봅니다. 손가락, 엄지, 손목의 팽팽함에 집중합니다. 모든 근육에서 긴장을 느껴봅니다. 그리고 이완합니다. 차이를 느껴보세요. 손가락은 얼얼하고 따뜻하게 느껴질 것입니다. 변화에 집중해 보세요. 그리고 이 느낌을 간직해 봅니다. 긴장했을 때 근육이 어떻게 느껴졌는지, 그리고 지금 어떻게 느껴지는지를 비교해 보세요. 이완의 파도는 다시 모든 근육을 어루만지며 당신의 팔을 휘감고 있다고 생각합니다. 이완을 깊이 하며 파도는 썰물이 되어 모든 긴장을 쓸어간다고 상상해 봅니다.

④ 이제 우리는 왼손 위쪽 팔의 근육으로 주의를 옮겨보겠습니다.

왼쪽 손을 들어 어깨를 만져봅니다. 그리고 위쪽 팔의 근육, 이두박근과 삼두박근에 힘을 주어봅니다. 위쪽 팔에 긴 근육에서 긴장을 느껴봅니다. 위쪽 팔에서 밴드가 꽉 조여 긴장하게 만든다고 상상해 보십시오. 모든 근육이 어떻게 느끼는지를 주목하면서 그 긴장에 집중해 봅니다. 그리고 이완해보세요. 차이를 느껴보세요. 당신이 긴장했을 때 근육이 어떻게 느끼는지와 지금 어떻게 느껴지는지를 비교해 보세요. 이완의 느낌은 왼손 아래쪽 팔로 뻗쳐나가 이완의 느낌이 전달된다고 상상해 봅니다. 당신의 왼팔은 무겁고 따뜻하게 느껴질 것입니다. 변화에 집중해 보세요. 이완의 파도는 당신의 팔을 적시고 썰물처럼 빠져나가는 것이 느껴질 것입니다. 깊은 이완을 느껴보시고 이 느낌을 간직해 보세요. 고요하고 평온한 느낌입니다. 긴장되었을 때 근육이 어떻게 느끼는지와 이완되었을 때 어떻게 느껴지는지 그 차이에 주목해 봅니다.

⑤ 이제 우리는 얼굴과 어깨 근육으로 주의를 옮기겠습니다.

이마 근육과 눈에서부터 시작합니다. 눈썹을 조이고 눈을 찌푸리면서 이마 근육을 아래쪽으로 눌러보세요. 눈가 주의의 모든 근육에 긴장을 느껴봅니다. 여기에는 얼굴에 영향을 주는 많은 근육이 있는데요, 이 근육들을 모두 느껴봅니다. 관자놀이와 눈 주변을 잡아당기면서 이마에서 긴장을 느껴보세요. 그리고 이완해보세요. 긴장을 모두 밖으로 보내고 차이에 주목해 봅니다. 이마의 조임이 점점 풀리고 이완되면서 이마가 편안해지는 것을 느낄 겁니다. 얼얼하거나 따뜻하게 느껴질 수도 있습니다. 어떤 변화가 생겼던 그 변화에 주목하고 간직해 보세요. 긴장이 빠져나가고 이완이 깊어짐에 따라 눈이 이완되는 느낌을 느껴보세요. 점점 더 이완되고 있음을 느껴봅니다. 긴장되었을 때 근육이 어떻게 느끼는지와 지금 어떻게 느끼는지를 비교해 봅니다. 우리가 볼과 턱으로 주의를 옮길 때도 이 느낌을 기억해봅니다. 어금니를 꽉 깨물고 입꼬리를 잡아당기고 찡그린 얼굴을 만들어봅니다. 가능하다면 혀로 입천장이나 위 치아를 누르는 것이 좋습니다. 그 긴장을 유지하면서 어느 곳이 팽팽한지 느껴보시고 잠시 멈춰보세요. 그리고 또 이완해보세요. 모든 긴장이 빠져나가게 하고 그 차이에 대해 주목해 봅니다. 턱이 완전하게 이완이 되면 사실상 입이 벌려진 채로 매달려있는 상태임을 느끼게 됩니다. 그대로 이완해보세요. 당신 얼굴에 있는 모든 근육은 이완되었으며 이마, 눈, 볼, 턱도 완전하게 이완되었으며 이제 그 느낌을 기억합니다.

⑥ 다음은 목과 어깨 근육으로 주의를 집중하겠습니다.

만약 우리 몸에 어떤 부분을 다쳤거나 아픈 곳이 있다면 그 부분을 너무 긴장시키지 마십시오. 긴장했을 때와 긴장이 풀렸을 때 근육이 어떻게 느끼는지만 알면 됩니다. 목의 뒤쪽에서 근육을 긴장시키면서 머리를 부드럽게 뒤로 젖힙니다. 동시에 어깨에 있는 근육들이 서로 꽉 묶여서 매듭지어진 것처럼 느껴지도록 어깨를 올려봅니다. 긴장을 유지한 채 근육이 얼마나 탄탄하게 느껴지는지를 느껴보세요. 어느 곳에 긴장이 있는지를 주목하고 그 긴장을 느껴본 후 이완해보십시오. 머리가 편안한 자세에서 어깨가 긴장되지 않도록 하고 이완해보세요. 근육은 느슨해지고 편안해집니다. 따뜻하고 나른해집니다. 아무런 힘도 없고 따뜻함과 편안함만이 온몸으로 퍼져나가 완전하게 이완되는 것을 느껴봅니다.

⑦ 자, 이제 우리는 가슴과 뒤쪽 등의 근육으로 주의를 옮기겠습니다.

여기서 우리는 약간 다른 방식으로 긴장감을 만들어보겠습니다. 시작하기 전에 숨을 들이마시고, 잠시 멈춘 후에 숨을 내쉬면서 이완하겠습니다. 준비되면 숨을 깊게 들이마시고, 잠시 멈춘 후 가슴과 뒤쪽의 등 근육을 긴장시킵니다. 숨을 멈추고 근육의 팽팽함을 느껴봅니다. 긴장과 팽팽함이 어떻게 느껴지는지 또 어느 곳에서 느껴지는지를 느껴봅니다. 그리고 이완해봅니다. 숨을 내쉬면서 긴장도 함께 내보냅니다. 다음 호흡은 느리고 편안하게 합니다. 신선한 공기를 들이마시고 다시 내쉬면서 긴장도 날숨과 함께 내보냅니다. 숨을 쉴 때마다 점점 더 평온해지고 더욱 깊이 이완되는 것을 느껴봅니다. 아주 평온하고 평화로운 느낌을 느껴봅니다.

⑧ 이제 우리는 복부와 복부 뒤쪽 허리 근육으로 주의를 옮겨보겠습니다.

숨을 들이마시면서 가슴의 근육을 긴장시키고 숨을 멈췄다가 다시 숨을 내쉬면서 이완합니다. 준비가 되면 깊게 숨을 들이마셔서 폐에 공기를 가득 채우고, 아랫배를 바깥쪽으로 밀어 등과 아랫배 사이의 공간을 확장합니다. 그리고 복부와 옆구리와 아래쪽 등에서 팽팽함을 느껴봅니다. 숨을 참고 팽팽함을 느껴본 후 이완합니다. 숨을 내쉬어 가슴과 아랫배가 들어가게 합니다. 호흡하면서 신선한 공기가 폐에 가득 차는 것을 느끼고 아랫배가 부풀어 오르도록 해봅니다. 숨을 내쉴 때마다 당신의 몸이 깊은 쿠션 의자에 빠져든다고 상상해 봅니다. 당신의 모든 근육이 이완되어 느슨해지는 것을 느껴봅니다. 힘을 빼고 쿠션 의자에 몸을 맡겨보세요. 아무런 긴장을 느끼지 않고 새근새근 숨을 쉬는 어린 아기처럼 당신의 아랫배가 부드럽게 올라온다고 느끼며, 위쪽 전체 몸으로 이완이 퍼져 나가는 것을 느껴봅니다. 평온하고 평화로운 느낌을 느껴봅니다. 숨을 내쉴 때마다 이완이라는 단어를 생각하고 당신의 몸이 가는 대로 내버려 둡니다.

⑨ 이제 우리는 엉덩이와 위쪽 다리 근육으로 주의를 옮기겠습니다.

여기서는 근육을 긴장시킬 때 근육이 어떻게 느껴지는지와 이완할 때 어떻게 느껴지는지의 차이에 초점을 두고 근육을 조였다가 이완하도록 하겠습니다. 엉덩이, 대퇴부, 위쪽 다리 근육을 조이면서 시작합니다. 엉덩이와 위쪽 다리를 조이면서 팽팽함을 느껴보세요. 팽팽함과 긴장을 느끼고 그 느낌을 잠시 잡아두신 후 이완하며 그 차이를 느껴보세요. 다시 따뜻하고 편안한 판도가 당신의 근육들로 타고 넘어 들어오는 것처럼 느껴질 것입니다. 긴장이 풀리면서, 당신은 쿠션으로 빠져듭니다. 이완의 파도가 다른 부분으로 넘어가 그곳의 모든 긴장을 침식시키는 것을 상상해 보십시오.

⑩ 이제 우리는 아래쪽 다리와 발로 주의를 옮깁니다.

발가락을 위쪽으로 올려서 발가락과 발과 발목과 종아리가 긴장을 느끼도록 합니다. 팽팽함을 느끼고 모든 근육이 어떻게 느끼는지에 주목해 봅니다. 완전하게 이완해보세요. 모든 긴장이 아래쪽으로 흘러 내려가서 발로 빠져나가는 모습을 상상해 보세요. 이완은 온몸을 씻어내고, 따뜻한 느낌이 충만하게 해 줍니다. 모든 근육에 평온함이 깊어집니다. 긴장과 이완의 차이를 비교해 봅니다. 그리고 이 느낌을 간직해 봅니다. 어떻게 느꼈는지를 기억하고 그 근육의 기억을 간직해 봅니다.

⑪ 이제 각각의 근육 군을 다시 연습할 것입니다.

이번에는 근육을 긴장시키지 않을 것입니다. 근육이 언급될 때 조금 더 이완하면 됩니다. 자, 발과 아래쪽 다리 근육에서 이완을 느낍니다. 위쪽 다리와 엉덩이가 평온하고 편안합니다. 아랫배와 허리가 이완되고 있습니다. 당신의 호흡은 평온하고 평화롭습니다. 가슴과 뒤쪽 등이 편안하고 따뜻합니다. 어깨와 목이 느슨하고 평온합니다. 얼굴, 아래쪽 이마, 눈 사이, 볼과 턱 아래가 느슨하고 편안합니다. 팔, 위쪽 팔, 아래쪽 팔, 그리고 손과 손가락이 평화롭게 느껴집니다.

⑫ 이제 마음으로 이완하면서 전체 몸을 연습합니다.

근육이 더 이완할 수 있다고 느낀다면 그 근육에 주의를 기울이고 이완을 깊이 합니다. 아무런 힘이 들지 않고 단지 평온하게 느껴봅니다. 그리고 다음 다섯 번의 호흡에 집중해 봅니다. 부드럽고 평온하게 숨을 쉬는 데 집중합니다. 하나부터 다섯까지 세는 동안 숨을 들이쉬고 내쉬면서 이완이라는 단어를 생각합니다. 숨을 쉴 때마다 당신 자신이 더 평온하고 더 이완되고 있는 것에 주목해 봅니다. 몇 분간 이러한 느낌을 즐겨봅니다. 이제 이완의 단계에서 다시 평상의 삶으로 돌아올 시간입니다. 마음속에서 셋에서부터 하나까지 거꾸로 셀 겁니다. 각 숫자를 세면서 당신 자신이 평온하고 편안한 채로 조금씩 깨어나는 것을 발견할 것입니다. 셋~. 당신은 여전히 평온하고 편안합니다. 둘~. 당신은 조금씩 깨어납니다. 하나~. 자. 이제 천천히 눈을 뜨고 깨어납니다. 평온하고 평화로운 느낌이 느껴집니다.

③ 주관적 고통 다루기

외상 피해자를 괴롭히는 트라우마를 치료하기 전에 먼저 해야 할 일은 증상 수준이 어느 정도인지 알아야 하며, 심리적 고통을 가져다준 외상 사건이 어떻게 일어났는지 바르게 인식하는 것이 중요하다. 트라우마 증상을 치료하기 전 꼭 알아봐야 할 사항은 다음과 같다.

첫째, 외상 경험 피해자의 주관적 고통 수준을 정확히 진단한다.

주관적 고통을 알아보는 척도(Subjective Unit of Disturbance Scale: 이후 SUDs)는 11점 척도로 되어 있다. 외상 피해자의 SUDs 측정 결과 10이 넘으면 근육 이완 연습을 더 하고 잠시 쉰다.

주관적 고통 점수 척도(SUDs)

- 나는 편안하다(0점).
- 나는 작은 긴장을 느낀다(1점).
- 나는 조금의 불편감을 느낀다(2점).
- 나는 약한 수준의 고통을 느낀다(3점).
- 나는 낮은 수준의 고통을 느낀다(4점).
- 나는 보통의 고통을 느끼지만 참을 수 있다(5점).
- 나는 중간 수준의 고통이 느껴지고 있어 걱정된다(6점).
- 나는 고통을 느끼지만 명확하게 사고할 수 있다(7점).
- 나는 높은 수준의 고통을 느껴 참아낼 수 없을 것 같다(8점).
- 나는 높은 수준의 고통을 느껴 논리적으로 사고할 수 없다(9점).
- 나는 가장 극심한 고통을 느끼고 있고 최악의 공포와 두려움 등으로 아무 생각도 할 수 없다(10점).

고통이 없거나 편안하면 0, 가장 큰 고통을 10이라고 할 때 0~10점 중 지금 얼마나 고통스럽게 느껴지시나요?

(고통 없음 ← 0 1 2 3 4 5 6 7 8 9 10 → 가장 큰 고통)

둘째, 외상 사건 경험에서 무엇을 보고 느꼈는지 경험 일지를 쓴다.

① 먼저, 외상 사건 피해자가 기억하는 트라우마 경험을 상세히 쓰도록 한다.
· 외상 사건 당시 떠오르는 감각(냄새, 장면, 촉감, 소리 등)을 쓴다.
· 외상 사건 당시 혹은 트라우마와 관련하여 떠오르는 생각을 쓴다.
· 외상 사건 당시의 신체 반응은 어땠는지 기술한다.
· 그때의 감정, 기분은 어땠는지 기술한다.
· 그때 강하게 원하거나 소망했던 것은 무엇이었는지 기술한다.
· 그래서 당신은 무슨 행동을 했는지 기술한다.
· 상황이 어떻게 종료되었는지 기술한다.

② 문법, 맞춤법, 문장에 대해서는 신경 쓰지 않고 작성한다.
③ 작성 중 감정이 일어나면 이를 충분히 표현하고 정상 반응임을 주지시킨다.
④ 외상 경험일지를 쓰다 신체적 과각성이 일어나면 이를 쉽게 이완할 수 있는 복식호흡부터 실시하고, 심하면 근육을 이완한다.
⑤ SUDs 수준이 5점 이하이면 경험 일지를 계속 쓰도록 격려한다.
⑥ 경험일지를 다 쓰면 과거의 지각을 현재의 지각으로 옮기는 작업을 한다.

셋째, 현실 지각력을 높이는 이중 지각을 훈련한다.

① 외상 사건 당시의 SUDs를 측정해 그 수준을 확인한 후, 지금의 SUDs를 다시 체크 해, 이 둘 간을 비교한 후 의견을 나눈다.
② 차이가 없이 둘 다 SUDs 수준이 높은 경우는 외상 경험을 기억하며 설명하는 것만으로도 주관적으로 위험하다고 느끼고 있음을 의미한다. 그러나 지금은 결코 위험한 상황이 아니지만, 외상 피해자 스스로 자신의 기억에 두려움을 느끼고 있음을 지적한다.
③ SUDs 수준 차이가 적은 경우는 외상 사건 경험 당시에 비해 지금은 주관적 고통이 적음을 의미한다. 따라서 이제부터는 더욱 자세한 기억을 회상하고 처리하여 작은 불편감도 감소시켜 나가자고 격려한다.

(4) 평가 및 과제

Q1. 오늘 이 시간에서 배운 점은 무엇인가?

Q2. 오늘 배운 점으로 인해 몸과 마음에 어떤 도움이 되었는가?

과제

외상 일지를 작성해 온다. 그 당시 본 것, 떠오른 생각, 느꼈던 감정, 원한 바램, 자기의 행동 순으로 기술하되, 그때마다 내용은 달라도 상관없다. 단, 주의할 점은 작성하는 장소와 시간을 정해서 하고, 작성 후에는 현실적인 지각으로 돌아오도록 해야 한다. 매일 호흡 이완훈련이나 근육 이완훈련 중 어느 하나를 특정 시간에 연습한다.

3) 3회기: 플래시백 다루기

(1) 치료 목표

플래시백 다루기, 트라우마 유발자극 다루기

(2) 이론적 배경

① 플래시백 현상

PTSD의 네 가지 주요 증상 가운데 침습 증상이 있다. 3회기는 침습 증상을 다루는 방법을 알려주며, 다음과 같은 상황일 때 주로 한다.

- 외상 사건에 관한 기억이나 생각이 갑자기 떠오를 때
- 외상 사건과 연관된 꿈을 계속 꾸게 될 때
- 외상 사건의 새로운 장면들이 생각나거나 악몽을 꿀 때
- 외상 사건과 유사한 상황이 매우 불안하고 불편하게 느껴질 때
- 외상 사건 경험과 연합되어 있는 냄새, 소리, 날짜 등의 자극들이 플래시백을 일으킬 때 등이다.

플래시백은 과거 외상 사건의 기억이 현재로 침입해서 지금 여기에서 실제로 외상이 발생한 것처럼 느껴지게 하는 현상이다. 플래시백은 '강한 감정을 동반하는 갑작스럽고 생생한 외상 사건의 회상'을 의미하는 것으로 번쩍하고 단편적으로 나타나거나 전체 경험의 기억으로 나타나기도 한다. 그러나 이러한 플래시백이 나타나는 것은 예측이 불가능하다.

플래시백은 외상 사건을 다시 경험하는 것과 같이 강렬한 감정을 느끼게 한다. 플래시백이 나타나는 동안 의식을 잃어버리는 것은 아니지만, 현재의 시간에서 일시적으로 떠나있게 되며 기억이 사라진다. 잠자는 동안 발생하는 플래시백은 악몽이거나 생생한 꿈으로 강하게 재생되어 나타난다.

심지어 어린아이조차도 플래시백을 겪는다. 그러나 아이들은 말로 표현하기보다 행동으로 표현하는 경향이 많으며, 때로는 타인이 그들에게 했던 행동을 따라 하기도 한다.

② 트라우마 유발자극

플래시백과 같은 재경험 증상은 아무 일 없이 갑자기 나타나기도 하지만, 많은 경우는 유발자극을 받은 후 나타난다. 이렇게 유발자극은 현재의 경험 속에서 과거 트라우마를 상기시키는 역할을 한다. 우리의 뇌는 어떤 감각이나 자극을 경험할 때 그와 연관된 과거의 기억을 상기시킨다.

예를 들어, 따뜻한 베개의 감촉이 어린 시절의 기억을 불러일으킨다거나 맛있는 음식의 향기가 어머니를 떠올리게 만든다. 트라우마와 관련된 감각이나 자극은 우리의 신경계를 과도하게 각성하게 하여 트라우마의 기억을 상기시키고 두려운 감정을 불러온다.

트라우마 유발자극은 이렇게 불쾌함과 두려움을 불러오고 플래시백을 일으키거나 불안, 공포, 공황, 분노, 혼란, 마비 등을 경험하게 한다. 그래서 우리는 이러한 트라우마 유발자극을 피하려고 노력한다. 하지만 유발자극을 피한다고 트라우마가 해결되는 것은 아니며, 오히려 잦은 회피는 두려움을 더 강화한다. 따라서 트라우마 유발자극을 우리가 잘 이해하고 이를 적절히 통제할 때 트라우마 증상과 두려움을 감소시킬 수 있으며, 이를 위해서는 유발자극 목록을 만드는 것이 도움이 된다.

(3) 진행요령

① 플래시백 다루기

플래시백의 예를 들어보자. 철수는 아파트에서 살고 있다. 위층의 이웃은 밤늦게까지 음악을 틀어놓는다. 철수가 경비에게 항의하고 경비가 위층 사람에게 주의를 당부하자 위층 사람은 오히려 밤중에 더 쿵쿵대고 철수의 승용차를 긁는 등 보복까지 하였다.

철수는 몇 년 전 군대에서 선임병에게 가혹행위를 자주 당한 경험이 있어 아파트 위층 사람의 이런 행동이 이전 군대에서 있었던 기억을 되살아나게 하였다. 선임병의 가혹행위가 자꾸 머릿속에 떠오르고, 지금 다시 경험하는 것처럼 플래시백을 일으켜 고통스러웠다. 위층 사람을 만나게 되지 않을까 전전긍긍하고, 외출할 때는 가슴이 쿵쾅쿵쾅 떨리기까지 하였으며, 보복에 대비하기 위해 그의 몸은 과도하게 경계 상태에 돌입된 채 생활하게 되었다.

신경계는 트라우마 유발자극에 노출될 때 과도한 각성 상태로 돌입되게 하여 외상 사건에 대한 감각과 감정을 동반하는 등 플래시백을 경험하게 한다. 플래시백이 나타날 때는 스스로 다음과 같이 질문하는 것이 도움이 된다.

- 플래시백 너는 내게 무얼 이야기하려고 하는가?
- 내가 더 보아야 할 것이 무엇이 있는가?
- 내가 더 느껴야 할 것이 무엇이 있는가?
- 내가 더 들어야 할 것이 무엇이 있는가?
- 내가 더 배우거나 받아들여야 할 것이 무엇이 있는가?

플래시백 다루기

- 지난 2주 동안 경험했던 플래시백에 대해 생각해 본다.
- 플래시백 경험을 설명해 본다.
- 과거에 유사한 플래시백이 있었는가? 만약 그렇다면 언제 어떤 상태에서였는가?
- 플래시백의 냄새, 느낌, 소리는 무엇인가? 누가 무엇이 관련되어 있는가?
- 실제 트라우마 경험의 냄새, 느낌, 소리는 무엇인가? 무엇이 관련되어 있는가?
- 플래시백과 과거의 트라우마 상황은 어떻게 다르고 어떻게 같은가?
- 플래시백이 발생했을 때 어떤 행동이 기분을 좋게 해주는가?
- 플래시백이 발생했을 때 현재 상태로 어떻게 다시 돌아오게 할 수 있는가?

이 연습과제를 자신이 경험한 플래시백에 적용해 본다.

② 고개 돌리기

플래시백을 다루는 또 하나의 방법은 세상을 향해 고개를 돌리는 것이다. 괴로운 기억으로 가득 찬 트라우마보다 다른 세상의 이야기를 한다. 외상 경험을 작성해 보고 그림을 그리고 머릿속 영상을 만드는 등 다른 것으로 관심을 돌린다. 만약, 플래시백의 이야기를 기꺼이 들어줄 사람이 있으면 그 사람과 가까이 지내면서 되도록 많은 이야기를 나눈다.

플래시백의 이야기를 하는 것은 결국 플래시백에 대한 고통을 줄여주고, 플래시백의 발생 자체를 감소시키는데, 이것은 지난 시간에 했던 이중 지각 연습과도 비슷하다. 경험하는 자기와 관찰하는 자기를 조화시킴으로써 플래시백 현상을 빠르게 멈추게 하는 것이 가능하다. 이중 지각 연습은 다음과 같이 한다.

이중 지각 연습하기

다음의 문장을 자신에게 큰 소리를 말하고 빈칸을 채운다.

- 나는 지금 (현재의 감정: 예, 분노)을 느끼고 있다.
- 내 몸은 (현재 몸의 감각, 적어도 3가지: 예, 통증 · 악취 · 굉음)을 느끼고 있다.
- 나는 (외상 사건 쓰기: 예, 화재)을 기억하기 때문에 (힘들다: 예, 공포감을 느낀다).
- 그러나 동시에 나는 (지금 날짜), (지금의 장소)에서 주위를 둘러보고 있다.
- 나는 (지금 여기에서 볼 수 있는 것)을 볼 수 있다.
- 나는 (어떤 외상)이 지금 여기에서 더 이상 발생하지 않는다는 것을 잘 안다.

이 외에도 플래시백을 물리치고 현재로 돌아오도록 돕는 방법은 다양하다.

- 눈을 빠르게 깜빡이기
- 신체 자세 바꾸기
- 심호흡하기
- 마음속의 안전한 장소로 가는 심상 사용하기
- 실제 안전한 장소로 가기
- 주변에서 활발하게 활동하기
- 주변에 있는 물체의 이름을 큰 소리로 말하기
- 안전한 물건을 잡고 있기
- 편안하게 해주는 음악 듣기
- 손뼉 치기
- 바닥에 발자국 찍기
- 찬물로 세수하기

- 자신에 대해서 긍정적으로 말하기
- 플래시백이 사라질 때까지(상상의) 스프레이로 기억 위에 뿌리기
- 플래시백 보드 위에 투영한 후 지우기: 손을 지우개처럼 왔다 갔다 움직이기
- 플래시백 종이에 그려서 버리거나 태우거나 묻기
- 플래시백 용기에 담기(실제로, 종이로, 또는 마음속에서 상징적으로)

(4) 평가 및 과제

Q1. 오늘 이 시간에서 배운 점은 무엇인가?

Q2. 오늘 배운 점으로 인해 몸과 마음에 어떤 도움이 되었는가?

과제

① 각각 본인에게 해당하는 연습문제를 플래시백이 나타날 때마다 기록해오기
② 증상이 나타나거나 불편할 때 주관적 고통 점수 척도(SUDs)로 불편함 정도를 측정하는 것을 습관화하기
③ 트라우마 유발자극에 대한 연습문제들을 실제 상황에 맞추어 작성하기
④ 매일 호흡 이완훈련이나 근육 이완훈련 중에 하나를 특정한 시간에 하기

4) 4회기: 상상 노출하기

(1) 치료 목표

노출 치료 이해하기, 상상 노출 교육 및 처리

(2) 이론적 배경

① 노출 치료

PTSD는 침습, 자극 회피, 인지와 감정의 부정적 변화, 각성과 반응성의 변화 등이 주요 특징이다. 이 중에서 회피 행동은 증상을 지속되게 하는 데 핵심적인 역할을 한다. 회피 행동을 줄이기 위해서는 회피하지 않고 직면하도록 하는 노출 치료(Exposure Therapy: 이후 ET)가 효과적이다.

결국, ET란 트라우마 경험을 회피하지 않고 공포 상황에 머무르게 하여 공포 자극에 익숙해지도록 하는 치료 방법이다. ET를 통해 실제로 공포가 없다는 것을 깨달음으로써 트라우마에 대한 기억과 그것으로부터 파생된 상황이 더 이상

위험하지 않다는 새로운 경험을 하도록 연습하는 것이다.

상상 노출(imaginal exposure)은 일상생활 속에서 트라우마 기억에 대한 공포와 회피를 치료할 수 있다. 상상 노출을 통한 트라우마의 재현은 트라우마 기억을 재처리하고 구조화한다. 트라우마 기억이 더 이상 위험하지 않다는 것을 깨닫게 하여 회피 행동이 나타나지 않도록 한다.

(3) 진행요령

① 노출 치료 교육

노출 치료 교육은 유인물을 만들어 제공하고 이를 설명한다.

노출 치료 설명문

"노출 치료프로그램은 상상 노출과 현장 노출 등 두 개의 요소로 구성되어 있습니다. 먼저, 상상 노출은 마음속에 있는 상처를 계속해서 되새기게 하는 방법입니다. 두 번째는 현장 노출로 외상 사건 이후에 두려움 때문에 피하고 있던 상황과 장소 등을 직접 직면하는 방법입니다. 외상 사건을 경험한 상당수의 사람은 외상 사건과 관련된 생각이나 감정을 피하려고 합니다. 불안한 마음에 사건을 회상할 수 있는 그러한 상황이나 장소, 활동 등을 피하려고 노력합니다. 그렇지만 피하는 것은 잠시는 편할 수는 있지만 장기적으로는 별 도움이 되지 못하고 오히려 두려움이나 공포 극복을 방해합니다. 상상 노출과 현장 노출은 이러한 문제를 해결할 수 있도록 도와줍니다.

ET가 효과가 있는 이유는 무엇일까요? 비교적 안전한 상황에서 두려운 기억을 차근차근 직면하면 다음과 같은 현상이 일어납니다. 첫째, 기억을 되살리는 것은 외상 사건 경험을 감정적으로 처리할 수 있습니다. 둘째, 외상 사건 경험을 직면하면 기분이 좋지 않거나 불안해지는 것이 위험하지 않다는 것을 알게 해 줍니다. 셋째, 외상 사건을 떠올리게 하는 다른 상황에 대해서도 조금씩 공포감을 덜 느끼게 합니다. 넷째, 공포와 불안을 잘 처리하는 법을 배우고, 자기 자신에 대해서도 좋게 느끼게 합니다. 다섯째, 그동안 회피해 왔던 기억이나 상황을 반복적으로 직면하면서 공포와 불편감이 점차로 감소하는 것을 알게 됩니다. 다시 말해, 고통스러운 상황에 대해서 조금씩 편해진다는 것입니다. 이것을 습관화 또는 둔감화 현상이라고 합니다."

"습관화는 불안이 차츰차츰 가라앉는 과정을 말하며, 안전한 상황에서 불안에 노출되는 과정을 자꾸 반복하면 조금씩 불안을 덜 느끼게 됩니다. 몇 번 넘어지면서 자전거 타는 법을 배우는 것과 비슷합니다. 몇 번 넘어졌다고 자전거 타는 것을 포기해버린다면 더 이상 자전거를 탈 수 없는 것과 같은 이치이죠. 불안하지만 자전거를 계속

타려고 노력하면 결국은 자전거를 탈 수 있고 두려움도 사라지게 됩니다.

습관화는 공포 기억에도 똑같이 작동합니다. 외상 사건에 대한 기억을 피하는 것보다 자꾸 그 기억을 되새기면 그 기억에 대해서 조금씩 덜 괴롭고 그 기억이 위험하지 않다는 것도 알게 됩니다. 고통스러운 기억에 폭로되는 것. 즉, 그 사건을 상상으로 되새기는 것은 그런 기억을 조절할 수 있게 해 줍니다. 이렇게 되면 공포 기억은 점차 사라지게 되면서 당시의 기억이 마치 실제로 일어나는 것과 같은 플래시백, 악몽과 같은 침습 증상이 줄어듭니다.

큰 사건을 겪고 나면 사람들이 자기 자신이나 세상이 변했다고 믿습니다. 자신을 둘러싼 상황이나 세상을 위험하게 보게 되는 것이지요. 사람들에 대한 태도가 부정적으로 변하고 자기 자신에 대해서도 부정적으로 생각하게 됩니다. 이렇게 외상 경험이 어떻게 자기의 생각과 신념을 변화하게 하였는지를 알아보는 것이 중요합니다. 치료하는 동안 외상 사건과 자기 자신, 다른 사람과 상황에 대해서 어떻게 생각하는지 자주 의견을 나눌 것입니다. 외상 사건이 내 감정에 어떠한 영향을 주었는지 알아보고 트라우마와 관련된 내 생각의 변화를 알아볼 것입니다.

상상(현장) 노출 연습은 처음에는 힘들게 느껴질 수 있습니다. 실제로 많은 외상 사건의 피해자들이 이 연습에 참여하기를 두려워합니다. 그러나 시간이 지나면서 점차 두려움은 줄어들고 노출 치료가 정말 효과가 있다는 것을 깨닫게 됩니다."

② 상상 노출 훈련

상상 노출 훈련은 외상 사건 하나에만 국한하여 30분 정도 실시하고 외상 경험을 현재 시제로 바꾸어 진행한다(노출 강도를 약하게 약 5분 정도 노출, 점차 노출의 강도와 시간을 증가시킴). 외상 피해자는 눈을 감고 생생하게 그때의 사건을 바라보고 그때의 느낌과 생각에 머무르도록 한다(노출 강도를 강하게 약 25분 정도 노출). 치료자는 외상 피해자의 기억의 세부적인 것을 질문하고 탐색함으로써 기억을 더 생생하게 만들어야 한다.

또한 치료자는 생각과 감정, 신체적 지각에 집중하도록 외상피해자를 격려한다. 필요하다면 경험을 적정화한다(가령, 눈을 뜨라든지 혹은 과거 시제를 쓰라든지, 조금 더 이야기하는 식으로 재현하라든지 해서 더 몰입하는 방법을 이용한다).

노출 과정에서 5분 간격으로 주관적인 불편감 수준을 체크하고 기록한다(치료자용 상상 노출 기록지 이용). 외상 피해자의 불안감이 올라가고 힘들어하면 상상 노출이 잘되는 중이다. 계속 그 상상에 머물러 있도록 격려하다가 불안감을 줄여야 할 필요가 있을 때 이완한다.

상상 노출 기록지(치료자용)	
일자	
성명	
회기 수	
상상 노출 회수	
상상 노출 내용	

③ 소감 나누기

상상 노출이 끝난 후에는 그 과정이 어떠했는지, 어떻게 느꼈는지 소감을 나누는 시간을 20분 이상 갖는다. 이를 통해 외상 피해자가 도움 되지 않는 생각과 믿음을 분별할 수 있도록 한다. 또한 외상 피해자가 도움이 되지 않는 생각을 검증할 수 있도록 질문하고 이를 확인한다.

(4) 평가 및 과제

Q1. 오늘 이 시간에서 배운 점은 무엇인가?

Q2. 오늘 배운 점으로 인해 몸과 마음에 어떤 도움이 되었는가?

과제

① 하루에 한 번 이상 상상 노출 훈련을 할 것: 상상 노출 기록지의 활용(상상 노출하기 전과 후에 주관적 고통 점수(SUDs)를 0－10점 사이로 기록한다(0＝고통이 없음. 10＝최고의 고통을 느낌).

상상 노출 기록지(내담자용)				
일자				
노출 전 괴로움				
노출 후 괴로움				
최고 괴로움				

② 매일 호흡 이완훈련이나 근육 이완훈련 중 하나를 특정 시간에 실행해야 한다는 것을 잊지 않는다.

5) 5회기: 현장 노출하기

(1) 치료 목표

현장 노출 이해와 현장 노출 목록 작성하기, 현장 노출 훈련하기

(2) 이론적 배경

ET는 과거의 외상 기억이 더 이상 위험하지 않다는 것을 깨닫게 하는 치료방법이다. 이는 안전한 환경에서 트라우마 사건을 다시 접하게 하여 의도적으로 외상 피해자에게 불안을 일으킨다. 현장 노출은 강한 공포를 유발하는 외상 사건과 관련된 상황이나 장소, 물건, 대상 등을 직접 직면하는 방법이다. 예컨대, 사거리에서 교통사고를 당한 후 다시 그 사거리를 가보게 하는 방식이다. 반복적인 현장 노출은 외상 피해자가 두려워하는 장소나 상황이 이제는 더 이상 위험하지 않다는 것을 깨닫게 한다.

(3) 진행요령

① 현장 노출 목록 작성

회피하는 자극과 상황을 생각한 후 5~7개 정도의 현장 노출 목록을 작성한다.

구분	항목	SUDs
1		
2		
3		
4		
5		
6		
7		

② 현장 노출 숙제

가장 낮은 SUDs 4~6점을 고려하여 현장에서 노출 훈련을 시도한다. 불안 수준이 처음보다 50% 정도 낮아질 때까지 혹은 50분~1시간 정도 시간이 지날 때까지 그 현장에 계속 남아 있도록 하며, 반복해서 연습하게 되면 현장 노출 치료는 성공할 수 있다. 과제 부여는 현장 노출 기록지를 주고 어떻게 기록할

것인지를 설명한다.

현장 노출 기록지			
일자/시간	주관적 고통 점수(SUDs)		
	시작 전	노출 후	최고 점수

다음의 예시가 현장 노출 과제를 만드는 데 도움이 된다. 적어도 30분 이상 버텨야 한다. 노출 전후에 과제를 내준 종이에 주관적 불편감 점수를 기록하도록 한다(예: 시장에 가기).

- 누군가와 함께 시장에 가서 함께 걸어 다니기
- 누군가와 함께 시장에 가서 혼자 걸어 다니기
- 누군가와 함께 시장에 가서 혼자 어느 가게에 들어가기
- 누군가와 함께 시장에 가지만 그 사람은 주차장에 있고 나 혼자 시장 보기
- 누군가와 함께 시장에 가지만 그 사람은 30분 후에 데려오고 혼자 시장 보기
- 누군가가 전화 연락되는 곳에 있고 나 혼자 시장에 가기
- 아무에게도 이야기하지 않고 혼자 시장에 가기

(4) 평가 및 과제

Q1. 오늘 이 시간에서 배운 점은 무엇인가?

Q2. 오늘 배운 점으로 인해 몸과 마음에 어떤 도움이 되었는가?

◑ **과제**

회피하는 현장 상황의 목록을 검토한 후 상황이나 장소, 물건을 현장 노출 목록에 추가한다. 현장 노출 장면을 설정하여 반복해서 연습한다. 불안이 가라앉을 때까지 노출 훈련을 시도한다. 매일 호흡 이완훈련이나 근육 이완훈련 중 하나를 특정 시간에 실시한다.

6) 6회기: 부정 정서 다루기

(1) 치료 목표

화 및 분노 다루기. 죄책감 다루기

(2) 이론적 배경

① 화, 분노 다루기

화와 분노는 과각성 증상에 해당한다. 화와 분노는 트라우마의 부산물로 외상 사건을 경험한 피해자는 일반적으로 타인, 사건, 환경 등에 대해 부정적 감정을 쏟아 내는 경향이 있다. 외상 사건이 발생했는데 그 사건이 왜 나에게 발생했는지 이유가 충분히 이해되지 않을 때 두려움과 슬픔, 상실, 실망, 수치, 죄책감 등과 같은 감정이 생기며 분노가 일어난다. 외상 사건의 가해자를 알고 있다면 화는 직접적으로 그 사람에게로 향하며, 때로는 외상 사건과 관련이 없는 주위 사람에게 화를 내기도 한다.

화가 나는 것 자체는 문제가 되지 않는다. 화가 날 때 어떻게 표현하는가가 문제이다. 화를 부적절하게 표현하는 것은 자신에게 해를 가하는 것과 같다. 따라서 분노를 해소하기 위한 연습을 하는 것이 필요하다. 화는 주위 사람을 힘들게 하는 부정적인 측면이 많지만 그렇다고 긍정적인 측면이 전혀 없는 것도 아니다. 지금 상황이 별로 좋지 않아 뭔가 변화가 필요한 때라는 점을 알려주는 신호가 되어준다. 그러므로 이런 신호에 따라 화를 적절히 다루어서 좀 더 좋은 상황을 만들 수 있도록 노력하는 것이 중요하다.

② 죄책감 다루기

충격적인 외상 사건을 경험한 사람은 자신에게 그 일에 대한 책임이 있건 없건 상관없이 수치심과 죄책감을 느낀다. 높은 수준의 죄책감은 자해와 같은 자기 파괴적 행동으로 이어지며 치료를 방해한다. 따라서 치료자는 외상 피해자의 죄책감을 파괴적이지 않은 방법으로 줄이는 것을 다룰 줄 알아야 한다.

(3) 진행요령

① 화, 분노 다루기

화는 어느 때에 일어나고, 화를 표현하고 푸는 방법 등을 알아본다.

i) 나는 어느 때 화가 나는가?

· 외상을 경험한 자신을 비난하기 때문에
· 자신도 모르게 나타나서 나를 괴롭히기 때문에
· 물질 중독, 도박, 과소비, 일, 기타 행동 때문에
· 나의 주변에 있는 것에 대해서 잘 모르기 때문에
· 외상 사건 가해자나 관련자에게 보상받지 못하는 자신의 무능력 때문에
· 외상을 겪게 한 사회 또는 관련자를 처벌하지 않기 때문에
· 자신을 보호하지 못한 행동과 외상 사건을 막지 못한 자신 때문에

이러한 이유 중 외상 피해자인 자신에게 해당하는 것은 무엇인지 체크 한다.

ii) 화를 표현하는 방법

다음 연습과제는 화를 부적절한 방법으로 표현하는 예이다. 내 경우는 어떠한지 체크 한다. 문항에 많이 체크 할수록 나의 화내는 방법은 적절하지 못한 것이다. 따라서 화를 표출하는 다른 방법을 새로 배울 필요가 있다.

해당하는 항목 체크 하기

1. 나는 타인에 대해서 권위적으로 내 의견을 강요한다.
2. 나는 타이밍을 맞춰서 타인을 공격한다. 다른 사람이 어떤 것에 약하거나 피곤해 할 때, 보호할 수 없을 때 공격한다.
3. 나는 지지 않은 논쟁 방법이 있다. 대화를 독점하고 다른 사람의 감정을 무시하거나, 다른 사람 말을 듣지 않고 내가 말을 많이 해서 말하는 것을 포기하게 한다.
4. 나는 내게 저지른 사소한 잘못을 잊어버리지 않고 쌓아두었다가 화를 폭발시킨다.
5. 나는 화가 났을 때 소리치고 물건을 던지며, 때리거나 폭력을 가한다.
6. 화가 나면 밖으로 나가거나 말을 하지 않는다. 그러면 타인과 싸울 일이 없다.
7. 화가 났을 때 다른 사람에게 상처가 될 말을 하거나 빈정거린다.

8. 나는 다른 사람들에게 죄책감을 느끼게 한다.
9. 나는 결코 사과를 받아들이지 않는다. 필요하다면 몇 년이고 인색하게 군다.
10. 모든 것을 싸움하는 데 사용한다. 몇 년 전에 나를 화나게 했던 것도 끄집어낸다.
11. 나는 다음 싸움을 위해 공격 수단을 비밀리에 수집한 후 이를 이용한다.
12. 나는 내가 화난 것에 대화하지 않는다. 대화는 시간 낭비이다.
13. 화가 날 때 상처를 주거나 주워 담지 못할 정도의 말을 한다.
14. 나의 화는 추악하다. 만약 화를 낸다면 다른 사람들이 나를 나쁘게 생각할 것이다.
15. 나는 다른 사람들이 내게 화를 내는 것을 피해야 한다.
16. 나는 기어코 화를 보이지 않도록 해야 한다.
17. 다른 사람들이 내게 화를 냈다면 나는 모든 것을 바로 잡아야 한다.

iii) 화를 이해하고 풀기

화를 이해하고 풀기 위해서는 다음 사항을 숙지하는 것이 필요하다.

· 화는 자연스러운 나의 일부이다.
· 화는 내 주변에서 무엇이 발생할지를 알려주는 신호다.
· 화는 자신에 대해 더욱 잘 알게 한다.
· 화는 나를 보호하도록 알려준다.
· 화는 변화가 필요하다는 것을 알려준다.
· 화의 원인은 나에게 중요한 사람들과 공유할 수 있게 해 준다.

화를 풀기 위해 해야 하는 것

1. 왜 화가 났는지를 객관적으로 살핀다. 그 일이 화를 낼만큼 중대한 일이었는가?
2. 그 문제가 해결이 가능한 문제인지 살피고 해결한다.
3. 일반적으로 화는 두려움이나 상처의 표현이다. 화의 내면에는 자기의 상처가 있다.
   누가 그 상처를 건드렸는가? 그가 당신을 해치기 위해 그리하였는가?
   화에 대한 적절한 대상이 있는가? 만약 그러하다면 대상은 누구인가?
4. 화를 내는 것은 좋은 것이지만 화를 표현하는 방법은 남을 공격할 수 있다.
   자신의 화의 표현에 대해서 책임을 갖는다.
5. 화의 이면에 있는 감정들을 드러내기 위해서 화를 단어나 그림으로 표현해 본다.
   만약 화를 그린다면 화가 나도록 자극한 것이 무엇인지, 신체 지각은 어떤지, 누가 관련되어 있는지를 그린다. 이것은 화를 표현하는 안전한 방법이다.

6. 화의 이면에 놓인 치유되지 않은 상처를 살펴본다. 이 상처는 과거로부터 온 것으로 상처를 살펴보기 전 자기를 우선 어루만져 준다.
7. 화를 밖으로 끄집어낸다. 다시 자신에게 화를 내거나 자신에 대해서 나쁘게 생각하지 않는다.
   당신을 아프게 한 사람을 공격하지 말고 당신이 화난 이유를 차분히 알린다.
   발생한 사건에 대해서 그들이 말하는 것을 들어본다.

② 죄책감 다루기

외상 피해자가 경험한 외상 사건에 대해서 자신에게도 책임이 있다고 생각한다면 죄책감을 느낄 가능성이 있다. 또한 자기의 행동이 나쁘다고 생각하는 것도 죄책감을 느끼게 한다. 가령, 외상 피해자가 운전하던 차에 타고 있던 다른 누군가가 다쳤다면 죄책감을 느끼고 괴로울 수 있다. 따라서 자신이 했던 일과 관련한 죄책감의 여부와 그 타당한 이유를 찾아보는 것이 중요하다. 아래 연습 과제는 이를 구체적으로 다룬다.

나의 죄책감(연습 과제1)

1. 당신에게 일어난 외상 사건에 대해 죄책감을 느낀다면 그 이유를 적어본다.
   ① ________________ ② ________________ ③ ________________
2. 외상 사건의 상황을 살펴보자. 당신이 한 일이나 하지 않은 일 때문에 일어났는가? 사건을 조사하는 사람처럼 당신 자신에 대해 자세히 살펴봐야 한다.
   ① 무슨 일이 일어났는가? ② 왜 그 일이 일어났는가? ③ 왜 나에게 일어났는가?
   ④ 그 당시 왜 내가 그리 행동했는가? ⑤ 사건 발생 이후로 나는 어떻게 변했는가?
   ⑥ 만약 사건이 다시 일어난다면 나는 어떻게 행동할 것인가? 나는 다른 행동을 하길 원하는가? 다른 행동을 할 수 있는가?

이 연습이 당신의 행동에 대해 무엇을 가르쳐 주었는가?

⬇

나의 책임(연습 과제2)

1. 앞의 연습에서 기록했던 것을 다시 보고, 당신이 기억하는 외상 사건을 1인칭으로 다시 정리해 본다.

2. 현재 시점에서 당신이 생각하는 사건에 대한 당신의 책임은 어느 정도인가?
   · 나는 일어난 사건에 대해 (   )% 책임이 있다.
   · 당신의 책임 비율에 대해 확신하는가? (네 / 아니오)
   · 책임이 더 크거나 적을 수 있는가?
   · 사건과 그로 인한 결과가 당신의 단순한 실수 때문인가? 당신의 무능력 때문이었는가?
   당신의 무지 혹은 당신이 부주의 때문이었는가? 당신의 부도덕 때문이었는가?

3. 이제 당신이 처음에 자신에게 부여한 책임 정도를 다시 보자. 당신의 책임은 (   )% 정도다. 이제 당신이 기술했던 것에 근거해서 당신이 실제로 (   )% 책임이 있다고 다른 사람들을 이해시킬 수 있겠는가? 당신의 책임 비율을 어떻게 수정할 수 있겠는가?

4. 트라우마 사건과 관련된 다른 사람들에 대해 생각해 보자. 각 사람의 역할은 무엇인가? 각 사람의 책임은 몇 (   )% 인가?

5. 만약 다른 사람이 어느 정도의 책임이 있다면, 당신 자신의 책임은 얼마인가? 만약 당신이 어떤 행동을 하거나 하지 않았더라면 사건을 막을 수 있었겠는가? 트라우마를 겪고 있는 동안에 당신이 하거나 하지 않았던 것들, 당신이 할 수 있었던 것과 할 수 없었던 것을 다시 보고, 당신의 책임 수준을 결정해 보라. 나의 총책임은 (   )% 정도다. 그 이유는 (   ) 때문이다. 그렇다면 여전히 책임을 느끼는 이유는 무엇인가?

6. 만약 당신이 여전히 책임을 느낀다면 당신의 사고나 행동으로 이미 충분히 벌을 받았다고 볼 수 있지 않은가? 얼마나 더 당신이 고통받아야 하는가? 당신에게 자기용서는 매우 긴 과정일지 모르겠지만 그것은 사건 발생에 대한 당신의 실제 책임에 달려있다. 당신이 자신의 책임에 대해 용서할 수 있는지를 스스로 물어보는 것이 중요하다. 당신이 스스로 용서를 위해 필요한 것이 무엇인지 적어보라.

7. 만약 당신이 여전히 트라우마 사건에 책임을 져야 한다고 생각한다면 자기 파괴적이지 않은 방법으로 책임지는 방법을 생각해 보라.

(4) 평가 및 과제

Q1. 오늘 이 시간에서 배운 점은 무엇인가?

Q2. 오늘 배운 점으로 어떤 도움이 되었는가?

◑ **과제**

화가 나는 상황에서 어떻게 하였는지 기록해오기, 죄책감에 대해 더 생각하고 연습문제를 반복해서 풀어보기

7) 7회기: 긍정 강점 찾기

(1) 치료 목표

긍정적 자기 대화를 통한 자신의 강점 찾기, 미래 인생 설계하기

(2) 이론적 배경

① 긍정 심리학

과거의 심리학은 부정적인 증상을 줄이는 것에 초점이 맞추어져 있어 긍정적인 심리 특성에 관한 관심은 그만큼 적었다. 이후, 누구나 자신의 강점과 긍정 특질을 향상한다면 좀 더 건강한 생활을 영위할 수 있다는 견해가 확장되었다. 이런 전제로 강점과 긍정 특질을 연구하고 이를 향상하는 것을 목적으로 한 새로운 심리학의 조류가 탄생하였는데 그것이 바로 긍정 심리학이다.

지금까지의 프로그램은 트라우마의 증상을 줄여서 불편감을 감소시키는 방향으로 노력하였으나, 본 회기는 외상 피해자의 강점을 찾고 이를 좀 더 확장하는 시도를 한다.

외상에 대처하는 나의 능력(연습문제)

다음의 문장에서 자신에게 해당한다고 생각하는 것에 체크 한다.

· 나는 희망이 있다.
· 나는 생각하는 힘이 있다.
· 나는 유머 감각을 지니고 있다.
· 나는 새로운 경험에 개방적이다.
· 나는 타인에게 호감을 줄 수 있다.
· 나는 훌륭한 도전을 좋아하고 다시 일어선다.
· 나는 내가 하는 일에 성실하다(나는 끝까지 한다).
· 나는 개인적 역량의 원천이 내 안에 있다고 믿는다.
· 나는 적극적으로 내 삶의 계획을 세우려고 노력한다.

- 나는 내게 발생한 일에서 의미를 찾으려고 노력한다.
- 나는 나쁜 상황을 의미 있게 생각하려고 노력한다.
- 나는 내 삶에서 발생한 문제를 해결하려는 동기가 있다.
- 나는 다른 사람의 느낌이나 생각에 대해서 개방적이다.
- 나는 외향성이 높다(나는 사람과 함께 있기를 좋아한다.
- 나는 내가 상황에 대처할 능력이 있다고 확신한다.
- 나는 내가 삶에서 경험했던 나쁜 것을 극복하기 위해 노력한다.
- 내게는 훌륭한 사회적 지지가 있다. 내게 도움을 줄 사람들이 많다.
- 세상에는 내가 할 수 있는 것과 내가 할 수 없는 것이 있음을 안다.
- 나는 새로운 것을 시도하거나 새로운 방식으로 바라보는 것을 좋아한다.
- 나는 전반적으로 긍정적인 사람이다. 나는 부정적 보다는 긍정적이다.
- 나는 행동 지향적인 사람이다. 앉아서 고민하기보다 행동하기를 좋아한다.

☞ 몇 개가 체크 되었는지 세어본다. 내가 체크 한 것과 체크 하지 않은 것들의 패턴을 살펴본다. 많이 체크 하였다면 외상을 극복하기 위해 더 많은 행동을 하는 것이다.

☞ 당신은 당신이 체크 한 것을 보면서 당신에 대해 무엇을 관찰하였는가?

외상 사건을 경험했다고 해서 모든 사람이 트라우마 증상을 경험하는 것은 아니다. 외상 사건을 경험하고도 ASD, PTSD로 이어지지 않는 사람은 어떤 특징이 있는 것일까? 지금까지의 연구결과를 살펴보면 다음과 같은 긍정 특질이 있는 사람이 트라우마에 대한 저항력이 높은 것으로 알려졌다.

- 자기 지지를 잘하는 사람
- 자기 연민에 빠지지 않은 사람
- 고통에서 의미를 발견한 사람
- 수동적이기보다는 능동적으로 사건을 해결하는 사람 등

역경에 대처하는 데 도움이 되는 성격특성은 외향성과 개방성, 내적 통제의 위치(internal locus of control), 응집력(sense of coherence), 의지력 등이다. 외상 사건 피해자가 사건에 대처할 동기가 있고 낙관적 태도를 지니고 있으며, 능동적인 대처 능력을 바탕으로 다른 위기 사건을 성공적으로 해결했던 경험이 있다면 현재의 트라우마 사건에 잘 대처하는 것으로 알려졌다(Kobasa, 1982).

(3) 진행요령

① 자신의 강점 찾기

자신도 모르게 '잘 안될 것 같아', '해 봤자 소용없지'와 같은 부정적인 자기 대화는 스트레스 통제력 약화에 영향을 준다. 그러나 나는 과거에 성공했던 경험도 있고 스트레스를 잘 극복했던 경험도 있다. 호랑이 굴에 들어가도 정신만 똑바로 차리면 살 수 있다는 속담이 있듯이 나는 나의 강점을 믿는다. 이렇게 스트레스를 직면하더라도 긍정적인 자기 대화는 상황을 통제하는 힘과 지혜를 얻을 수 있다. 과거에 성공했던 경험, 자부심을 느꼈던 경험, 즐거운 경험, 성취감을 느꼈던 경험과 같이 자신 안에 긍정적인 경험을 찾는 것이 유용하다.

· 과거에 성공했던 것은 (　　)이다. · 과거에 (　　)에서 자부심을 느꼈다.
· 과거의 즐거운 경험은 (　　)이다. · 과거에 성취감을 느꼈던 것은 (　　)이다.

② 외상 경험 당시의 대처 능력

외상 경험 이후 피해자는 힘든 고통을 겪고 있지만 사건 발생 이후 나는 여전히 가정과 사회의 소중한 존재로 살아가고 있다. 외상 피해자가 지닌 강점 중 긍정적인 능력은 트라우마를 극복하는 데 큰 도움이 된다. 그래서 트라우마에 대처하는 자기의 능력을 찾아보도록 하는 것이 중요하다. 외상 사건 이전의 자기의 원래 모습을 생각해 본다. 그때 어떠한 경험을 했는지, 그때의 생각, 그때의 감정, 그때의 신체 반응, 그때의 바램, 그때의 행동 등을 이야기하면서 자신 안에 있는 긍정적인 자원을 찾아보는 시간을 갖는다.

③ 자존감 높이기

외상 피해자에게 일어난 외상의 부정적인 측면을 극복하기 위해서는 자신이 좋아하는 것과 자신의 힘이라고 여기는 긍정적인 자원을 찾는 것이 필요하다. 트라우마는 자신에 대한 좋은 느낌을 위협하고, 부정적인 생각과 정서를 가져오며, 자신에게 결점이 있어 외상 피해자가 되었다고 믿게 하기도 한다. 자신의 존재가 다른 사람을 더럽힌다고 생각하거나, 나의 존재로 다른 사람을 고통스럽게 한다고 생각하기도 한다. 이러한 낮은 자존감은 자기혐오, 절망, 냉소 등으로 다른 사람을 멀리하고 피하는 원인으로 작용한다.

만약, 자신을 가치 있게 여긴다면 높은 자존감을 가진 사람이다. 높은 수준의 자존감은 자기 존중으로부터 나온다. 자신이 자신을 능력이 있고 유능하다고 믿는다면 스트레스를 더 잘 다루고, 위기를 도전으로 받아들이며, 성취를 이루어 내 성장으로 이어진다.

자존감을 높이는 방법은 자신이 이룬 성공 또는 자신이 해결한 위기의 문제를 깔끔하게 해결했던 것을 기억하며, 그 느낌을 경험하는 것이 중요하다. 자존감을 높이는 대화 기술을 연습하여 증진하고, 하고 싶은 취미를 찾거나 다른 사람을 위해 봉사하는 일을 통해 자존감을 높인다.

쓸데없이 자신에 대한 자책이나 비현실적인 기대는 자존감을 낮아지게 한다. 자존감은 자기 자신에 대한 조건 없는 가치와 사랑의 느낌에 기초한 자기수용이라는 것을 잊지 말아야 한다.

나의 자존감 확신(연습과제)

몸을 이완시킨 후 자신의 자존감에 대해 확신한다. 그것이 모두 사실인 것처럼 그것을 자세하게 시각화시키면서 소리 내어 자신에게 말해본다.

· 나는 가치 있는 사람이다.
· 나는 최선을 다하는 사람이다.
· 나는 내 몸이 자랑스럽다.
· 나는 매력적이고 유능하다.
· 나는 내 삶을 중요하게 생각한다.
· 나는 스스로 자신을 조건 없이 사랑한다.
· 나는 변화할 수 있고 성장할 수 있다.
· 나는 더 이상 무기력한 사람이 아니다.
· 나는 나의 능력으로 성과를 낼 수 있다.
· 나는 나 자신으로부터 사랑받을 만하다.
· 나는 나 자신으로부터 존중받을 만하다.
· 나는 다른 사람으로부터 사랑받을 만하다.
· 나는 다른 사람으로부터 존중받을 만하다.
· 나는 다른 사람들의 삶을 중요하게 생각한다.
· 나는 다른 사람과 비교하지 않고 있는 그대로를 좋아한다. 등

(4) 평가 및 과제

Q1. 오늘 이 시간에서 배운 점은 무엇인가?

Q2. 오늘 배운 점으로 인해 몸과 마음에 어떤 도움이 되었는가?

과제

강점 찾기와 자존감 높이기, 그리고 오늘 이 시간에 경험하고 연습한 과제들을 일상생활에서 실천하는 것이 중요하다. 이를 위해 다음과 같은 자존감에 관한 연습과제를 하나 더 제시한다.

나의 자존감에 관한 나의 질문(연습과제)

다음의 질문에 대해 스스로 답을 말해본다.

- 나의 소망과 꿈은 무엇인가?
- 나는 어디에서 희망을 찾는가?
- 나는 어떤 상황에서 유머 감각을 갖는가?
- 나는 나 자신을 정서적으로 어떻게 보살피는가?
- 나 자신을 위한 나의 현실적인 기대는 무엇인가?
- 나 자신을 위한 나의 비현실적인 기대는 무엇인가?
- 나는 언제 그리고 어떻게 사랑과 애정을 표현하는가?
- 나는 나 자신에게 언제, 어떻게 그리고 무엇을 보상해 주는가?
- 나는 나의 신체적 자기(나의 몸)를 보살피기 위해 무엇을 하는가?
- 나는 어떤 상황에서 내 느낌에 대해 개방적이고 정직한가?
- 나는 언제 그리고 어떻게 나 자신을 가치 절하하고 평가를 낮추는가?
- 나는 나 자신에 관해 무엇을 좋아하는가? 또는 무엇을 가치 있게 여기는가?
- 나는 자신이 부정적으로 느낄 때도 다른 사람을 긍정적으로 도울 수 있는가? 등

8) 8회기: 총정리와 마무리

(1) 치료 목표

프로그램 총정리, 앞으로의 치료과제와 삶의 의미 찾기

(2) 진행요령

① 프로그램 총정리

지금까지 트라우마에 적용할 수 있는 다양한 대처 방법을 배웠다. 불안할 때나 잠이 오지 않을 때, 혼란스러울 때 등과 같이 다양한 상황에서 자신을 도울

수 있는 근육 이완 방법을 배웠다. 또한 트라우마 경험에 대한 기억을 정리하고 직접 두려움을 다룰 수 있는 노출 훈련도 배웠다. 분노와 죄책감에서 벗어나고 자신의 강점을 발견해 이를 증진하여 어려움을 극복하는 방법도 배웠다. 이번 시간은 치료프로그램의 효용성을 평가하고 상상 및 현장 노출에서 자신의 변화를 확인하며, 일상에서의 지속적인 활용을 다짐하는 시간을 갖는다.

본 프로그램으로 치료가 완전히 끝날 수도 있고 혹은 더 할 수도 있다. 이는 트라우마 피해자와 치료자가 함께 증상의 호전과 성과를 상의하여 결정한다. 삶의 의미를 찾는 것은 힘든 시기 동안 잠시 잊어 왔던 삶의 가치와 삶의 목표를 떠올리고, 새로운 인생의 출발점이 될 수 있게 한다. 내가 진정 원하는 것이 무엇인가 스스로 물어봄으로써 의미와 목적을 발견할 수 있다.

(3) 연습과제

① 나의 삶의 목표

① 나의 삶의 목표를 작성해 본다.

② 목표가 확실치 않다면 다음의 질문에 답해 본다.

· 당신의 일은 당신에게 충분한 만족감을 주고 있나요?

· 공부를 새로 하거나 계속하기를 원하는 분야가 있나요?

· 배우고 싶거나 계속하기를 원하는 취미나 관심분야가 있나요?

· 당신 삶의 좌우명은 무엇인가요?

· 내년에는 삶에서 어떤 것을 성취하고 싶나요?

· 당신에게 중요한 가치와 큰 의미를 주는 것은 무엇인가요?

· 삶의 목표 중에서 바꿀 수 있다고 생각하는 것은 무엇인가요?

· 당신의 꿈과 목표를 방해하는 부정적 신념 체계는 무엇인가요?

③ 이 연습과제를 하고 난 후의 소감을 말해본다.

② 의미와 목적 세우기

20세기 유명한 심리학자인 칼융(Carl Jung), 롤로 메이(Rollo May), 빅토르 프랑클(Viktor Frankl) 등은 의미 추구와 함께 목적의 부족과 연합된 불안을 설명한 바 있다. 이 주제에 대해 가장 깊은 생각을 한 사람은 아마도 빅토르 프랑클일 것이다. 프랑클은 2차 세계대전 당시 포로수용소에 끌려갔다가 생존한 사람이다. 그는 수용소 생활을 통해 삶의 목표와 이유, 인생의 의미와 가치를 가진 사람이 고통을 더 잘 견딘다는 것을 깨달았다. 그는 가장 비참한 환경에서도 동료를 돕는 것에서 기쁨을 느끼는 몇몇 사람을 발견한 것이다.

그 자신도 사랑하는 아내를 그리워하면서 그리고 자신이 포로수용소에서 깨달은 바를 후에 다른 사람들에게 알리는 것을 상상하면서 비참한 포로수용소 생활을 이겨냈다. 철조망 사이로 떠오르는 태양을 바라보는 소소한 일상에서도 인간은 더없는 기쁨을 느낄 수 있는 존재라는 사실을 깨달았다. 그는 사람의 신체는 구속할 수 있지만 자유와 고난에 대한 신념까지 빼앗을 수 없다는 것을 깨달았다.

그는 사람들이 인생에서 의미를 찾는 것을 돕는 의미 요법(logo therapy)이라는 심리치료 모형을 개발하였다. 그는 사람이 진정으로 필요로 하는 것은 긴장이 없는 상태가 아닌, 가치 있는 목표를 위한 노력과 분투라고 말하며, 자신 안에 위대한 의미와 목적의 씨앗을 갖고 있어야 한다고 강조하였다. 그 씨앗과 접촉하는 방법은 다음과 같은 질문을 통해 깊이 생각해 보고 이에 답하는 시간을 갖는 것이라고 말하고 있다.

첫째, 나는 왜 살고 있는가?
둘째, 내 삶의 목적은 무엇인가?
셋째, 내 인생의 가치는 무엇인가?.

실존주의자인 얄롬은 자신에 대한 걱정에 사로잡히지 않기 위해 자신을 이해하기 위해 노력한다고 말하였으며, 매슬로우는 자기실현을 하는 사람은 단 한 명도 예외 없이 사랑에 헌신한다고 언급하였다. 프랑클은 의미와 목적으로 가는 길은 하나가 아니라고 주장하는 등 각각의 사람들은 자기만의 고유한 삶의 방식으로 자신의 시간표에 맞게 인생의 의미와 가치를 창조하는 길을 찾아가고 있었음을 알 수 있다.

- 내 희망, 내 꿈, 내 인생의 즐거움을 기대하자
- 내 내면에 있는 자원과 그 가치를 믿자
- 나는 누군가에게 중요한 사람임을 자각하자
- 나는 주위에 도움이 되는 사람임을 인식하자
- 나는 주위의 다른 사람을 위해 큰 희망을 품자

· 내 인생이 지금 내게 무엇을 말해주고 있는지 깨닫자
· 내 능력을 믿자(나는 더 큰 의미와 더 많은 즐거움을 찾을 것이다)
· 내 미래를 믿자(나는 내 고통이 해결될 것이라는 믿음이 있다)
 – 나는 절망적인 상황을 경험하여 어떤 상황에서도 생존할 수 있다.
 – 나는 나의 가치가 있다는 것을 안다. 나는 도중에 포기하는 사람이 아니다.
 – 나는 나를 믿는다. 나는 내가 경험한 외상보다 그걸 이겨 낼 힘이 더 있다.

3. EMDR 프로그램

안구운동 민감소실 및 재처리(Eye Movement Desensitization & Reprocessing: 이하 EMDR)는 PTSD 심리치료의 한 방법이다. EMDR은 전쟁이나 강간, 폭행, 재해와 같은 심각한 외상을 경험한 후 발생한 심리적 고통과 혼란, 갈등 등을 치료하기 위해 개발되었으며, 현재는 공포증을 비롯해 공황장애, 우울증, 스트레스, 물질 남용 등의 정신 치료에도 활용되고 있다.

안구운동 민감소실 및 재처리는 EMDR 협회에서 시행하는 수련 워크숍에 참가하여 전문 자격을 취득한 사람과 일정 수준 이상의 정신 및 임상 등 심리치료 전문가들만이 다룰 수 있는 전문영역이다. 국내에서는 상당수의 정신과 의사나 임상 및 심리상담 전문가 등이 EMDR 수련 과정을 거쳐 활동 중이다.

EMDR을 시행한 후 뇌를 촬영한 결과 기억 및 학습과 관련된 신경계 부위가 활성화된 사실이 밝혀졌다. 일반적으로 매우 고통스러운 경험을 하면 고통을 유발한 사건의 기억이 뇌 신경계에 그대로 저장되어 대뇌가 정상적인 정보처리를 하지 못하게 된다.

그래서 당사자가 충격적인 사건 경험을 기억할 때 장면이나 소리, 냄새, 생각, 감정 등이 실제로 그 사건이 일어날 때와 같은 강렬한 느낌을 받는다. 이런 힘든 고통의 기억은 사람이 세상을 바라보거나 다른 사람과의 대인관계에도 부정적인 영향을 준다. EMDR은 이러한 부정적 외상 기억을 재처리하여 정상적인 삶의 기능을 찾도록 도움을 주는 치료 방법이다.

EMDR은 기존 ET(노출 치료)에 비해 빠른 효과, 즉 치료 기간이 짧고 치료자와 내담자의 만족도가 높은 것으로 알려져 있다. 끔찍한 외상 사건의 경험을 탐색하기 위해 오랫동안 이야기할 필요가 없으며, 치료 대상자에게 불편함을 주는 일도 없다. 이 같은 치료 효과는 여러 연구를 통해 입증되어 미국국방부와 보훈

처, 미국 정신의학회, 미국심리학회 등에서도 활용되고 있다.

EMDR은 뇌의 정보처리기능을 정상의 상태로 되돌리기 위해 기존의 여러 치료 기법에 안구운동이나 두드리기, 소리 등의 규칙적인 양측성 자극을 접목하여 대뇌의 정보처리 시스템을 재구조화한다.

양측성 자극은 손가락뿐 아니라, 펜, 자 등의 도구를 이용할 수 있고 최근에 개발된 아이스 캔 기기의 이용도 가능하다.

EMDR 치료과정은 외상성 기억과 관련한 이미지와 감정, 신체감각 등을 평가하고 기억과 관련한 부정적 인지 및 이를 대체할 긍정적 인지를 확인한다. 그다음, 내담자의 주관적 고통 점수(Subjective Unit of Disturbance Scale: 이하 SUDs)와 긍정적 사고의 인지 타당도(Validity of Cognition Scale: 이하 VoC)를 측정한다. 그 이후에는 경험한 외상성 사건에 내담자가 집중하도록 한 상태에서 치료자의 손가락을 따라 안구를 움직이도록 안내하는데 이를 이중 집중(dual attention) 훈련이라고 말한다.

안구운동은 일반적으로 28~30회 실시한 후, 새로운 외상 기억이 떠오르면 이 자료를 안구운동에 이중 집중 혹은 연상시키는 과정으로 이루어진다. 이러한 이중 집중과 연상은 초기의 사건이 더 이상 심리적 고통으로 느껴지지 않을 때까지 반복해서 다룬다.

EMDR 과정에서 고려할 사항은 내담자 상태에 대한 세심한 평가가 이루어져야 하며, 내담자의 외상 반응은 단일 형태라기보다 연속적인 상태라는 점을 이해할 수 있어야 한다. 외상 사건을 경험한 후 시간이 지나면 자연스럽게 정상 상태로 돌아오는 단기적인 스트레스 반응부터 단일한 PTSD, 지속적이고 반복적인 PTSD, 복합적 증후군(complex PTSD)까지를 모두 포함한다.

단일한 외상성 사건을 경험한 사람은 외상 기억과 관련한 노출을 잘하는 편이지만, 포로수용소 경험과 같이 지속적이고 반복적으로 외상을 경험한 생존자는 외상 기억의 노출을 힘들어한다. 이들은 정체성의 변화를 포함하는 특징적인 성격적 변형이 일어나 복잡한 양상의 외상 반응이 나타나고, 치료 시간도 상당히 필요하다.

외상 경험자의 심리적 회복은 여러 단계를 거쳐 이루어진다. 첫 단계에서는 내담자의 안정을 확립하고, 두 번째 단계에서는 외상 기억을 처리하며, 세 번째 단계는 일상과 다시 연결하는 과정으로 이루어진다. 물론 어떠한 치료과정도 일률적으로 이루어지지 않으며, 치료 순서가 겹치거나 순서가 바뀌기도 한다. 예컨대, 안정화 단계를 거쳐 외상 기억을 처리하던 중 심리적 고통이 느껴질 때는 다시 안정화 작업으로 돌아간다. 그 이유는 안정화 작업은 각 단계에서 외상 특유의 생리적·심리적·사회적 요소를 다룰 때 포괄적인 치료가 가능하게 해주기 때문이다.

EMDR은 구조화된 8단계의 치료과정으로 이루어진다. 경증 환자는 6단계의 과정으로, 중증 환자는 12단계로 이루어진다. 안구운동 시작 전에는 외상 기억과 관련한 이미지, 감정, 신체 감각 등을 측정한다. 그다음, 외상 기억과 관련한 부정적 인지와 긍정적 인지를 확인한 후, 환자의 주관적 고통 점수(SUDs)와 긍정적 사고의 인지 타당도(VoC)를 측정한다.

SUDs(주관적 고통 척도)

"고통이 없거나 불편하지 않으면 0, 상상할 수 있는 가장 큰 고통이 10이라면 0에서 10점 중 지금 얼마나 고통스럽게 느껴지나요?"

0 1 2 3 4 5 6 7 8 9 10

← (고통이 없음)(가장 큰 고통) →

VoC(인지 타당도 척도)

"외상 장면 또는 사건을 생각할 때 완전한 거짓이면 1, 완전한 사실이면 7이라고 할 때 그 말이 얼마나 사실로 느껴집니까?"

0 1 2 3 4 5 6 7 8 9 10

← (완전한 거짓)(완전한 사실) →

이후에는 경험한 외상 사건을 내담자가 집중하도록 안내하고 치료자의 손가락이나 도구를 바라보며 안구운동을 한다. 이러한 안구운동은 초기의 외상 사건이 더 이상 심리적 고통으로 느껴지지 않을 때까지 반복해서 시행한다. EMDR의 8단계 치료과정은 다음과 같다.

〈표 10-3〉 EMDR의 8단계

1단계	2단계	3단계	4단계	5단계	6단계	7단계	8단계
과거 탐색/ 청취	준비	평가	민감 소실	주입	신체 검색	종결	재평가

1) 치료 시작 전

치료시작 전에는 내담자의 과거력 청취와 함께 안구운동을 준비한다. EMDR 회기에서 가장 먼저 시행하는 과제는 내담자가 심리적 외상과 관련된 사건을 명확히 인지하고 거기에 초점을 맞추는 작업이다. 그래서 치료자는 본격적인 EMDR을 시작하기 전 반드시 내담자의 과거력을 탐색해야 한다.

그래야만 현재 느끼는 심리적 고통의 근원에 대한 가설을 세울 수 있고, 적절한 안내와 조력 및 안전장치 등을 마련할 수 있으며, EMDR로 처리할 수 있는 가장 적합한 외상 사건을 선택하는 것도 가능해진다. 치료자와 내담자 간 신뢰관계를 형성하여 외상 기억의 재처리가 안정적으로 이루어지도록 하는 준비작업도 이 단계에서 이루어진다.

EMDR을 시작하기 전 내담자는 치료과정을 대체로 이해하고 있어야 한다. 내담자에게 PTSD 자가 진단서 및 설명서, EMDR 안내서 등을 직접 전달하거나 우편 혹은 인편으로 전달하여 치료과정을 이해할 수 있도록 도움을 준다. 그다음 트라우마와 관련한 이론적 설명과 함께 안구운동이 뇌 신경계에 어떠한 작용을 하는지, EMDR 과정 중 내담자는 무엇을 해야 하는지 등에 관해 상세히 설명한다.

EMDR이 시작되면 내담자의 내면에서 무엇이 일어나든 검열하지 말고 그대로 내버려 두도록 강조하고, 자신의 내적 경험을 치료자에게 정확하고 분명히 말하도록 강조한다. EMDR이 이루어지는 과정 중 생긴 감정은 옳은 감정이나 나쁜 감정이 아니라는 점도 인식하도록 설명한다. EMDR 과정 중 불편하고 고통스럽게 느껴지면 손을 들거나 눈을 감는 등 멈춤 신호를 통해 언제든지 치료과정을 중지할 수 있다는 점도 알려준다.

2) 1, 2단계

치료가 시작되면 1~2단계에서는 내담자의 내면에 안전지대를 설정한다. 내담자와 치료자 사이에 신뢰감이 형성되고 연결감과 안전감 그리고 보호받는 느낌을 충분히 받을 수 있도록 지지한다. 이러한 관계가 형성되고 EMDR에 관한 충분한 이해가 이루어져 치료 준비가 되었다고 판단되면 본격적인 치료과정으로 들어간다.

우선, 안전하고 평화로운 장소(실제 장소나 상상의 장소)에 대한 이미지를 강화하여 안전감을 느끼도록 안전지대를 설정한다. 안전지대는 외상의 심리적 고통에 압도되어 빠져나오지 못할 때 주로 설정한다.

안전지대(Safe/Calm Place) 개발 안내문

- **이미지:** "힘들 때 가고 싶은 장소를 떠올려 보겠습니다. 안전감을 느끼게 해주는 조용하고 평화로운 장소를 생각해 보십시오. 실제로 갔던 곳도 괜찮고 상상의 장소도 괜찮습니다." [잠시 멈춤] "어떤 장소가 안전감을 느끼시는지요?"
- **정서와 감각:** "안전지대를 생각하면서 지금 무엇이 보이고 들리는지, 느껴지는지 주목해 보세요." [잠시 멈춤] "무엇이 지각되고 있습니까?"
- **강화:** "안전지대와 풍경, 소리, 냄새, 감각 등에 집중해 보세요." "당신이 지각하고 것이 무엇인지 말씀해주세요."
- **안구운동:** "그 장소의 이미지를 떠올려 보세요. 당신의 몸 어디에서 좋은 감각을 느끼는지 집중하고 그 느낌을 느껴보세요." "자, 이제 그 감각에 집중하고 눈동자로 제 손가락을 따라와 보세요." [4~6회 왕복하는 느린 양측성 자극을 준다] "지금은 기분이 어떻습니까?"
- **만약 긍정적이라면:** "그것에 더 집중해 보세요." [양측성 자극 시행] "지금은 뭐가 지각되고 있나요?"
- **만약 부정적이라면:** 다른 평온한 장소를 찾거나 마음 챙김, 호흡훈련과 같은 기술을 이용하여 안구운동을 반복한다.
- **지시어:** "당신의 안전지대를 대표하는 단어나 말이 있는지요?" "그것을 생각할 때 느껴지는 긍정적 감정에 주목해 보세요. 이제 이 감각과 지시어(단어나 말)에 집중하고 눈동자로 제 손가락을 따라와 보세요." [4~6번 양측성 자극] "지금은 기분이 어떻습니까?" [이 순서를 반복하면서 양측성 자극으로 긍정적 느낌을 몇 차례 강화한다]
- **자기-지시:** "이제 그 단어나 말을 얘기하고 느낌에 주목해 보세요."
- **불편한 상황에서의 자기-지시(1):** "사소한 기분 나쁜 일(SUDs 1-2)을 생각하고 그것이 어떤 느낌인지 주목해 보세요. 이제 그 단어를 떠올리고 당신 몸에서 어떤 변화가 있는지 주목해 보세요. 무엇이 지각됩니까?"

■ **불편한 상황에서의 자기-지시(2):** "이제 또 다른 작은 기분 나쁜 사건(SUDs 2~3)을 생각하시고 그 느낌이 어떤지 주목해 보세요. 그리고 스스로 그 단어를 떠올려 보세요. 특히 그 지시어에 집중했을 때 당신 몸의 변화에 주의해보세요."

3) 3단계

EMDR 3단계는 내담자를 평가하는 과정이다. 사건충격척도(Impact of Event Scale Revised: 이하 IES-R)를 이용하여 진단 결과 22점 이상의 점수가 나오면 정밀 면접조사인 PTSD 구조화 면담(Structured Interview for PTSD: 이하 SIP) 혹은 임상가용 PTSD 척도(Clinician Administered PTSD Scale: 이하 CAPS)를 이용하여 평가한다(본서 PART 4 부록 척도 참조).

반복된 외상 기억을 처리하는 경우는 종종 강한 정서가 표출되어 보통의 치료 시간보다 더 긴 시간이 걸려 한 회기에 90분 정도를 할애할 때도 있다. 치료자는 내담자에게 "그 사건의 가장 끔찍한 장면은 무엇이었나요?"라고 묻는다. 가령, 세월호 침몰과 관련한 외상 기억을 처리하고자 하는 경우는 그가 타고 있던 배가 침몰하는 이미지를 떠올리도록 할 수 있다.

그다음, 치료자는 내담자에게 현재까지 계속 떠오르는 외상 사건과 연관되어 본인의 삶을 위축시키는 자신의 부정적인 인지에 관해 묻는다. "그 장면을 떠올릴 때, 지금 당신은 어떤 부정적인 생각이 떠오르고 있습니까?"라고 묻는다. 내담자가 "난 안전하지 않아 불안하다"라고 말한다면 이 부정적인 믿음은 강한 감정을 수반하여 그의 삶에 상당한 영향을 미쳤을 것이 분명하다.

치료자는 내담자에게 그 장면을 떠올릴 때 지금 자신은 어떤 상태인지 재차 질문한다. "난 지금 안전하다"라는 긍정적인 답을 하면 치료자는 내담자 자신의 긍정 진술 타당도를 1(완전한 거짓)에서 7(완전한 사실)까지의 범위 중 어디에 해당하는지 점수를 매겨보라고 말한다. 이를 인지 타당도 척도(Validity of Cognition Scale: 이하 VoC)라고 말한다.

"당신이 침몰하는 배에 갇혀 있는 장면을 떠올리면서 '지금 나는 안전하지 않게 느껴진다'라는 생각이 완전한 거짓으로 느껴지면 1, 완전한 사실로 느껴지면 7이라고 할 때, 지금 당신은 어느 정도로 느껴지고 있습니까?"라고 묻는다.

그런 다음, 치료자는 내담자에게 그 장면과 부정적인 인지를 떠올릴 때 어떤 감정이 드는지 확인한다. “그 사건과 ‘나는 안전하지 않다.’라고 생각될 때 지금 어떤 감정이 느껴지시나요?”라고 묻는다. 이때 내담자가 불안과 두려움, 심리적 고통이 느껴진다고 말하면 주관적 고통 점수 척도인 SUDs를 이용하여 그 수준을 측정한다.

SUDs의 측정은 외상 기억처리가 어느 정도 진척되고 있는지를 알아보기 위해 치료과정 중간중간에 여러 번 시도한다. “고통이 없거나 불편하지 않으면 0, 가장 큰 고통이 느껴지면 10이라고 할 때, 당신은 지금 어느 정도로 느껴지십니까?”라고 묻는다. 이때 내담자가 8 정도라고 말한다면 치료자는 내담자에게 신체적 감각의 위치(Location of the body sensation)에 대해 재차 묻는다. “그 고통은 당신의 몸 어디에서 느껴지고 있는지요?” 내담자가 가슴이 답답하고 목에 뭔가 걸린 듯한 느낌이 든다고 말하면 다음 단계인 민감소실의 과정으로 넘어간다.

4) 4단계

4단계는 내담자의 고통스러운 장면과 그에 연관된 감정, 신체감각, 그리고 부정적인 인지를 함께 떠올리며 치료자의 손가락을 따라 안구를 양측성으로 움직이는 민감소실이 이루어지는 과정이다. 이 과정에서 치료자는 내담자에게 안구를 움직이게 하면서 떠오르는 게 있으면 그것이 무엇이든, 또한 어떤 내용이든 검색하지 말고 그냥 내버려 두라고 말한다.

4단계는 외상 기억이 갇혀 있는 신경 네트워크를 자극하여 외상 기억의 여러 요소를 다시 재처리하는 것을 목표로 한다. “그 장면을 떠올리면서 나는 안전하지 않다는 생각, 불안과 심리적 고통, 그리고 신체에서 그 불편함이 느껴지는 곳을 생각하고 제 손가락을 따라 안구운동을 하십시오.”라고 안내한다.

치료자는 안구운동을 천천히 시작한 후, 내담자가 편안하게 느끼는 속도를 확인하여 빠르기를 조정한다. 치료자는 약 24회의 좌우 왕복 안구운동을 하고 난 뒤, 내담자에게 분명한 변화가 보이는 것 같으면 안구운동을 멈추고 “자 이제 호흡을 크게 해보겠습니다.”라고 말한 후 “지금 뭔가 떠오른 것이 있습니까?” 혹은 “지금 무엇이 느껴지십니까?”라고 묻는다.

이때 내담자는 이미지, 신체감각, 감정, 새로운 깨달음, 일반적인 생각 등을 말하기도 하고, 아니면 전혀 아무것도 떠오르지 않는다고 말하기도 한다. 이러한 말을 듣고 난 후 치료자는 “그럼 그것을 생각하면서 계속 가보도록 하겠습니다."라고 말하고 다시 안구운동 한 세트(약 24회)를 진행한다.

치료자는 내담자가 내적으로 무엇을 경험하는지 세밀하게 주의를 기울이고, 하나의 외상 기억의 정보가 처리되었다는 신호가 보일 때까지 안구운동을 계속한다. 만약 내담자가 정서적으로 매우 흥분하는 모습을 보이면 그가 안정을 찾을 때까지 안구운동을 계속하여 외상 사건의 기억을 완벽하게 깨끗이 처리한다.

안구운동의 속도나 횟수는 사람마다 선호하는 수준이 다르다. 어떤 사람은 한 세트가 10~15회 되는 안구운동을 좋아하기도 하고, 어떤 사람은 한 세트가 100회 정도 되는 안구운동을 선호하기도 한다.

안구운동은 한 세트를 마칠 때마다 "지금 뭔가가 일어나는 게 있습니까?" 혹은 "지금 뭔가가 떠오르고 있나요?"라고 묻는다. 치료자는 내담자의 내적 경험에 관한 이야기를 들으면서 안구운동을 계속한다.

안구운동을 하는 동안 내담자는 사고나 감정, 신체감각의 자유연상 과정을 다차원적으로 경험한다. 어떤 내담자는 매우 강렬한 감각이나 무서운 이미지, 혹은 복수하고 싶은 분노, 압도적인 공포, 애도 감정, 사랑, 그리고 용서와 같은 감정을 느끼기도 한다. 어떤 내담자는 태어나기 전 혹은 유아기적 경험을 기억하기도 하고, 어떤 내담자는 세밀하면서도 상징성이 많은 꿈 같은 심상(dream-like imagery)을 경험하기도 한다.

치료자는 내담자가 이러한 경험을 하는 동안 "그것과 함께 계속 가보겠습니다." 혹은 "그것들이 그냥 지나가게 내버려 두십시오"라고 말하거나, "이미 지나간 오래된 일이니 괜찮습니다"라는 말로 안심시킨다. 또한 기차를 타고 가면서 창밖에 스쳐 지나가는 풍경을 바라보는 것과 같은 기분으로 자신의 내적 경험을 편안하게 바라보라는 말을 해 줄 수도 있다.

그렇게 하면 치료과정에서 많은 내담자가 자신의 의식을 바라보는 관찰 자아(observing ego)를 경험하면서 마치 영화를 보는 것과 같이 자신을 바라보는 것이 가능하다. 내담자가 외상 기억에 압도되어 관찰 자아가 약하면 치료자가 내담자의 관찰적 자아를 격려하고 강화한다. 또한 내담자의 변화 상태를 점검하면서 안구운동을 하는 회기 중간중간에 주관적 고통 점수(SUDs)를 계속 측정한다.

치료자는 내담자의 외상 기억의 정보처리 과정이 지나치게 분산되지 않도록 주의한다. 어떤 내담자는 외상성 사건과 전혀 다른 기억이 떠올라 원래의 목표 기억에서 점점 멀어지기도 하는데, 이런 경우는 다시 원래의 목표 기억으로 돌아간다. 가령, 치료자가 "침몰하는 배에 갇혀 있는 자신의 이미지를 떠올리면 지금 무엇이 떠오릅니까?"라고 재차 질문하여 재처리과정이 어느 수준으로 일어나는지 확인한다. 만약 내담자가 "그 장면을 떠올리면 화가 납니다."라고 말하면 처리 과정이 잘 이루어지고 있음을 암시한다(내담자는 처음에 공포의 느낌으로 외상 기억처리를 시작함). 치료자는 "그것과 함께 계속 가보겠습니다"라고 말하면서 안구운동을 계속한다.

만약, 원래의 장면으로 돌아와 보니 더 이상 고통스럽지 않다고 말하면 치료자는 내담자에게 주관적 고통 점수(SUDs)를 질문한다. "고통이 없거나 불편하지 않으면 0, 상상할 수 없을 정도의 가장 큰 고통을 10이라고 할 때, 지금 당신은 어느 정도의 고통을 느끼십니까?"라고 묻는다. 내담자가 고통스럽지 않다며 0 혹은 1이라고 진술하면 긍정 인지를 주입하는 5단계로 넘어간다.

5) 5단계

5단계 주입(installation)은 목표 기억이나 외상 사건을 긍정 인지와 함께 떠올리면서 안구운동을 하는 과정이다. 먼저 내담자에게 원래의 이미지를 떠올리게 한 후, 회기를 시작할 때 정한 긍정인지(예: '난 안전하다')를 다시 생각해 보라고 말한다. 그런 다음, 그것이 적합한지 아니면 더 적합하게 느껴지는 또 다른 긍정 인지가 있는지 물어본다.

이때 내담자는 "지금 나는 안전하다"를 계속 선택할 수 있고 혹은 "그것은 지난 과거의 일입니다"라고 새롭게 선택할 수도 있다. 그런 다음, 인지 타당도 점수(VoC)를 체크 한다. "원래의 사건과 '지금 난 안전하다'라는 말을 함께 떠올릴 때, 그 말이 완전히 거짓이라고 느껴지면 1, 완전한 사실로 느껴지면 7이라고 할 때, 지금 어느 정도로 느껴지십니까?"라고 묻는다.

만약, 내담자가 완전한 사실로 느껴진다며 6 혹은 7이라고 말하면, 치료자는 그에게 그 말과 원래의 사건을 함께 떠올리라고 안내한다(이때 그 사건의 장면은 작아지고 흐려졌거나 혹은 사건을 상징하는 이미지 색깔이 흑백으로 변하는 등 어떤 방식으로든 위협적이지 않은 상태로 변화된 상태임).

그런 다음, 안구운동을 몇 세트 더 진행한 후, 다시 인지 타당도 점수(VoC)를 질문하여 점수가 그대로인지 아니면 변화되었는지를 체크 한다. 이때 새로운 연결 기억 네트워크가 열려 재처리할 필요가 있는 새로운 외상 기억이 나타날 수 있다. 그런 경우는 시간이 남았으면 새로운 외상 기억을 계속해서 처리하고, 만약 시간이 없으면 다음 시간에 다루기로 약속하고 마무리한다.

내담자의 인지 타당도 점수(VoC)가 6 미만일 때에는 다음과 같은 몇 가지를 검토한다. 먼저, 긍정 인지의 적합성을 점검한다. 어쩌면 긍정 인지가 환자 상황에 적합하지 않을 수 있다. 또한 내담자가 외상 기억의 처리를 방해하는 차단 믿음(blocking belief)이 있을 수도 있어 이러한 것을 평가하고 재처리한다.

내담자 중에는 긍정 인지를 완전한 사실로 받아들이지 못하는 어떤 부차적인 기억의 영향을 받기도 한다. 예를 들어, 재난 생존자들은 처리해야 할 다른 충격적인 재난과 관련된 기억이 많아 "지금 난 안전하다"라는 생각을 7 정도로 느끼지 못할 수도 있다.

자원개발 및 주입(Resource Development and Installation: 이하 RDI) 안내문

■ **필요한 심리적 자원의 개발**

"현재 생활에서 힘든 상황을 생각해 보십시오. 아마도 당신은 끔찍한 외상 기억을 떠올리는 것이 싫을 수 있습니다. 또한 당신은 인생에서 특정한 어떤 한 사람 때문에 힘들어할 수도 있습니다. 그러한 상황을 고려할 때 당신은 어떤 자질이나 능력 혹은 장점이 필요하다고 생각하십니까? 이러한 상황에서 당신은 어떤 모습이길 원합니까? 어떻게 느끼고 싶습니까? 어떤 일을 하면 좋겠습니까?"

예) 강함 / 안전함 / 좋은 관계 / 든든함 / 자신감 / 용감 / 확신 / 희망 / 단호 / 유연 / 치료에 더 노력 / 감정조절 / 분명한 경계 / 매력 / 할 말 하기 등

■ **과거의 성공 경험과 이미지 탐색**

"당신이 과거에 (강함/안전함/자신감/감정조절)을 느꼈을 때를 생각해 보십시오. 당신이 지금보다 (용감하게/확신 있게/융통성 있게) 행동했던 때를 생각해 보세요. 당신이 원하는 자질이 발휘된 경험이 어떤 것들입니까? 과거에 경험했던 당신의 모습 중에 지금 도움이 될 만한 것이 어떤 것입니까? (현명한 지식인의 모습, 전문가의 모습, 용감한 모습). 지금 당신이 원하는 자질과 능력이 있는 미래의 모습을 상상해 볼 수 있습니까?"

■ **관계적 자원 탐색**

"당신의 인생 중 현재 혹은 과거에서 이러한 자질을 지니고 있었던 사람을 생각해

보세요. 당신이 어려움에 봉착했을 때 당신을 응원해주고, 지원하고, 당신이 더 큰 (강함/자신감 등)을 느낄 수 있도록 도와준 사람을 생각해 보세요. 친구를 비롯해 친척, 선생님, 보호자, 치료자들을 생각해 보세요. 당신에게 모범이 되었던 사람을 생각해 보세요. 당신의 인생에 큰 변화를 준 선생님을 생각해 보세요. 당신은 살아가면서 당신에게 희망과 힘을 줄 수 있는 영적 지도자가 있습니까? 긍정적인 내 느낌과 능력을 떠올리게 하는 자연이 있습니까?"

■ 은유와 상징적인 자원 탐색

"당신이 (안정, 사랑, 친밀함, 보호, 안전, 평화로움 등)을 느낄 수 있도록 하는 이미지, 상징, 은유를 생각해 보세요. 당신의 꿈, 상상 속에서 떠올랐던 긍정적인 이미지나 상징을 생각해 보세요(예, 강하면서도 부드러운 나무, 가을 하늘, 평온한 바다 등)."

■ 자원의 개발 – 추가 정보 탐색

[한 번에 한 가지씩 자원 이미지나 연상을 작업한다]

"당신이 그 (경험, 사람, 상징 등)을 생각했을 때 무엇이 보입니까? 어떤 소리가 들립니까? 어떤 냄새가 납니까? 자기 몸에 어떤 감각을 느낍니까? 당신이 이 이미지와 기억에 집중하였을 때 어떤 감정을 느낍니까?" [말 그대로 옮겨 적어 다음 회기에 사용한다]

■ 심리적 자원 점검

"당신이 (이미지 묘사 등)에 집중하고 (느낌, 감각, 냄새, 소리 등)에 주의를 기울였을 때 어떤 느낌입니까?" [다음과 같이 질문하여 선택된 자원이 목표 상황을 대처해 나가는 데 도움이 되는지 확인한다]

"(목표 상황)에 집중하면 (이미지 등)이 얼마나 사실로 혹은 도움이 될 거라고 느낍니까? 완전히 거짓이거나 전혀 도움이 안 되는 것이 1이고, 완전히 사실이거나 도움이 되는 것이 7이라면?"

1 2 3 4 5 6 7

← (완전한 거짓) (완전한 사실) →

■ 자원의 반영

계속 이미지 등을 생각하고 그 느낌, 감각, 냄새, 소리 등에 집중하십시오. 내담자의 말대로 이미지와 소리, 감각, 느낌 등을 바꾸어가면서 반복한다. 내담자가 부정적인 연상이나 감정 없이 이 자원을 집중할 수 있는지 확인한다. 만약 부정적인 연상이나 감정을 보고하면 멈추고 다른 자원으로 다시 시작한다.

■ 자원의 주입

"자, 이제 (이미지와 자원과 연관된 감정과 감각을 환자가 말한 그대로) 이미지에 집중하세요. 그리고 제 손가락을 따라서 눈동자를 움직여 보세요(혹은 소리, 두드림 기타 등등)." [치료자는 각 세트당 6~12회의 짧은 양측성 자극을 진행한다. 양측성 자극의 각 세트가 끝난 이후 치료자는 일반적인 질문을 한다]

"지금 기분이 어떤가요? 혹은 무슨 생각이 떠올랐습니까?" [만약 환자가 부정적인 감정을 이야기하면 안구운동을 중단한다. 부정적인 자료는 상상으로 용기에 넣든지 다른 자원으로 바꾸어 과정을 다시 시작한다]

■ 자원의 강화 – 언어적 혹은 감각적 암시와 연결

"한 단계 더 나아가서 이러한 자질과 자신이 연결되는 것을 상상해 보세요. 당신이 그러한 경험(예: 성공한 경험 등)을 떠올릴 때 당신에 대해 지금 말할 수 있는 가장 긍정적인 말은 무엇입니까? 당신 곁에서 지금 필요로 하는 것을 해 줄 수 있는 사람(예: 특정 모델이나 지지 대상)을 상상해 보세요. 당신에게 무슨 얘기를 해야 하는지, 당신이 무슨 얘기를 듣는 걸 좋아하는지 그 사람이 정확히 알고 있다고 상상해 보세요. 그 사람과 당신이 하나가 되거나 혹은 그 사람의 몸속으로 들어간다고 상상해 보세요. 당신 손에 그 능력(예: 은유나 상징 자원)을 쥐고 있다고 상상해 보세요. 이러한 이미지나 기분을 상상해 보세요. 이러한 느낌을 마셔 보세요. 당신의 몸 어디에서 긍정적인 자질이 느껴지는지 주목해 보세요." [처리가 도움 되면 계속해서 안구운동을 한다]

■ 미래의 틀 형성

"당신이 미래[이전에 내담자가 보고했던 어려운 상황]에 이러한 자질을 가졌다고 생각해 보세요. 당신이 효과적인 대처에 필요한 (용기, 힘, 능력)을 가지고 있다고 생각해 보세요. 그 상태에서 (자신감, 평화로움, 안정감)의 느낌을 느껴보세요.

당신이 어려운 상황에 직면해 있다면 (지지적인 사람 혹은 관계적 자원)과 연결된 기분을 상상해 보세요. 그것이 당신에게 어떻게 도움이 될지 주목해 보세요. 당신에게 힘이 되는 사람이 당신이 듣고 싶은 말을 하는 것을 들어보세요. 당신의 능력(상징적인 자원)을 느끼고 싶은 대로 느껴보세요. 당신이 체험하고 싶은 방식대로 당신의 능력이 존재함을 느껴보세요."[처리 과정에 도움 되면 계속해서 안구운동을 한다]

"선택된 자원의 주입과 미래의 틀이 목표에 대처하는지 다음과 같이 질문한다. 미래 목표 상황에 집중하면 얼마의 사실로 느껴집니까? 혹은 얼마나 도움이 되는 것 같습니까? 완전히 거짓이거나 전혀 도움이 안 되는 것 1, 완전히 사실이거나 도움이 되는 것이 7이라면 어느 정도로 느껴집니까?"

1 2 3 4 5 6 7
← (완전한 거짓) (완전한 사실) →

[이러한 과정은 내담자의 상태를 호전하기 위해 다양한 자질에 대해서 반복한다.]

■ 자원개발 및 주입(RDI) 사용

치료자는 향후의 치료 회기에서 내담자의 안정성에 RDI가 얼마나 효과가 있는지 내담자의 기록을 통해 확인하고 주입된 자원을 재평가한다. 내담자가 2단계(외상 기억처리 작업)에 들어갈 준비가 되었을 때, 치료자는 내담자의 외상 기억처리에 필요한 이전 시간에 강화한 혹은 새로운 자원을 선택하여 안구운동으로 강화한다. 불완전하게 해결된 외상 기억을 종료하는 데 도움을 주기 위해 안전지대나 다른 자원 경험을 통해 내담자가 평온한 상태가 되도록 안내한다.

6) 6단계

6단계는 신체 검색(Body scan) 과정이다. 이 과정은 외상 기억이 처리되고 긍정 인지의 주입을 마치고 난 뒤 이루어진다. 치료자는 내담자에게 "눈을 감고 그 사건과 '지금 나는 안전하다'라는 생각을 떠올리면서 당신의 온몸을 머리부터 발끝까지 점검해보십시오. 그리고 뭔가 느껴지는 신체 부위가 있으면 말씀해주십시오"라고 말한다. 만약, 내담자가 어떤 감각이 느껴진다고 진술하면 치료자는 바로 안구운동을 시작한다. 이때의 안구운동은 좋은 감각을 강화하는 것이 목표다.

만약, 불쾌한 감각이 느껴진다고 말하면 그것이 사라질 때까지 목표 기억을 재처리한다. 신체 검색은 치료자에게 아직 처리되지 않은 기억에 주의를 기울여야 함을 알려주는 신호와 같다. 내담자가 신체 검색 중 숨이 막히는 느낌이 든다고 말하면 이는 다른 외상 사건과 연관이 있는 신체감각일 수 있고, 방금 다룬 사건에서 완전한 외상 기억이 처리되지 않아 나타나는 신체감각일 수도 있다. 만약, 이것을 재처리할 시간이 남아 있지 않다면 이를 잘 설명해주고, 다음 시간에 다루는 것이 적절하다.

7) 7단계

EMDR의 7단계는 종결과정이다. EMDR을 종결할 때는 천천히 진행하는 것이 중요하다. 증상이 완화되었다고 곧바로 치료를 종결하는 것은 바람직하지 않다.

외상 기억의 처리가 잘 되어 원래의 외상 사건에 대한 고통이 사라졌다면 종결은 비교적 수월하다. 치료과정에서 새롭게 알게 된 통찰 이야기를 서로 나눈다. 외상 기억의 요소들이 나타나면 계속 처리될 수 있음을 알려주고, 새로운 기억의 요소가 나타나도 그것을 다룰 수 있다고 알려준다.

내담자가 꿈이나 새롭게 일어난 통찰을 일기에 쓴다거나 그림을 그리고 그 밖의 다른 예술적 활동을 하는 것은 외상 기억처리에 큰 도움이 된다. 외상 스트레스에 스스로 대처할 수 있는 명상이나 이완훈련, 스트레스 감소 기법 등도 상세히 가르쳐주고, 도움이 절실할 때 치료자에게 전화하는 방법도 알려준다.

치료자는 내담자에게 치료 시간이 거의 다 되어 치료 회기를 마치는 것이 괜찮은지 물어보고, 내담자가 치료 회기 동안 치료를 위해 노력한 점을 격려하고 지지한다.

EMDR은 정서적 동요를 일으키는 요소를 다루는 치료과정이라서 이것을 완전하게 처리하지 않고 치료를 마치면 정서적으로 취약해질 수 있다. 그러므로 종결과정에서 명상이나 이완훈련, 인지적 개입 등을 통해 정서적 동요나 흥분을 가라앉히고 내담자가 편안하고 안정된 상태가 되면 종결하는 것이 바람직하다.

8) 8단계

마지막 8단계는 재평가의 과정이다. 치료가 종결되고 일정한 시간이 지난 뒤 내담자를 만나서 어느 정도 수준의 변화가 있었는지 파악하는 추수 과정이다. 치료종결 후 통상 한 달 혹은 그 이상의 시간이 흐른 뒤 나타난 후유증과 변화 등을 알아본다.

재평가는 내담자를 직접 만나서 알아볼 수도 있고, 내담자의 사정이 여의치 않을 때는 전화나 영상으로 알아볼 수도 있다. 치료자는 지난 과정에서 다룬 외상 기억과 심리적 문제와 연관된 어떤 중요한 무엇이 있었는지를 내담자에게 질문한다. 또한 이전 치료 시간에 다룬 목표 기억을 회상하면 어떤 것이 떠오르는지 점검해보라고 말한다.

이때 내담자는 지난 시간 처리했던 기억과 관련된 새로운 기억이 떠올라 지금은 흥분된다고 말하기도 하고 꿈이나 새로운 통찰, 기억, 새로운 신체 감각, 혹은 플래시백 등의 경험을 보고할 수도 있다. 이때 치료자는 내담자가 그동안 새롭게 떠오른 것을 고려하여 후유증을 다루는 몇 회기의 안구운동을 진행한다.

그 과정에서 과거의 외상과 관련한 기억이 재처리되고, 현재의 문제도 깨끗이 처리되면 미래의 적응적 행동을 위한 미래 틀을 형성한다.

미래의 틀 형성 안내문

▪ 원하는 성과

"우리는 당신의 현재 문제와 관련된 과거 경험과 당신의 고통을 유발하는 현재 상황들에 대해 작업해왔습니다. 오늘은 미래에 당신이 비슷한 상황들에 대해 어떻게 대처할 것인지 작업해 보려고 합니다."

▪ 단계들

① 미래 상황 찾아내기: "당신이 효과적으로 (   )을 하는 것을 상상해 보세요."

② "무엇이 감지됩니까?"

 긍정적: 부가적인 긍정적인 것들이 보고되는 동안 양측성 자극을 준다.

 부정적: 신체 감각에 집중하고 감각이 없어질 때까지 양측성 자극을 준다.

③ VoC=7이 될 때까지 주입

 "당신의 긍정적 인지를 그 상황과 함께 유지해 보세요. 1~7점 중에서 그것이 얼마나 사실로 느껴집니까?" 양측성 자극을 주며 7점까지 주입한다.

▪ 문제 해결 상황들

① 문제 해결 상황을 만든다.

 "그 상황에서 당신이 경험할 수 있는 어떤 어려움에 대해 한번 생각해 보세요."

② "무엇이 인지됩니까?"

 긍정적: 부가적인 긍정적인 것들이 보고되는 한 양측성 자극을 준다.

 부정적: 신체감각에 집중하고 감각이 없어질 때까지 양측성 자극을 준다.

③ VoC=7이 될 때까지 주입

 "당신의 긍정적 인지를 그 상황과 함께 유지하세요. 1~7점 중에서, 그것이 얼마나 사실로 느껴집니까?" 양측성 자극을 주며 7점까지 주입한다.

9) [참고] 경증/ 중증 환자 치료 회기

(1) 경증 환자 치료 회기

단일한 외상 경험이 있으며 PTSD 증상이 경증으로 판단되는 경우(CAPS 점수상 65점 미만), 공존 질환이 없는 경우는 EMDR 6회기를 주로 시행한다.

· 1회: EMDR 교육 및 안전지대

- 2회: 외상성 사건
- 3회: 외상성 사건
- 4회: 외상성 사건
- 5회: 현재의 증상
- 6회: 미래의 틀 형성 / 치료종결

(2) 중증 환자 치료 회기

다발성 외상(아동기 외상이나 납치, 인질과 같은 극단적 경우), PTSD 증상 수준이 높고(CAPS 총점이 65 이상), 공존 질환이 존재하고, 해리 증상이 있는 경우는 EMDR 12회기를 시행한다. 다만, 5~9회기는 상황에 따라 그 순서가 바뀌어도 무방하다.

- 1회: EMDR 교육 및 안전지대
- 2회: RDI(개인 경험)
- 3회: RDI(지지 인물)
- 4회: RDI(상징)
- 5회: 외상성 사건(시금석 사건)
- 6회: 외상성 사건(초기)
- 7회: 외상성 사건(초기)
- 8회: 외상성 사건(최근)
- 9회: 외상성 사건(최근)
- 10회: 현재의 문제(증상)
- 11회: 현재의 문제(공존 질환)
- 12회: 미래의 틀 형성 / 치료종결

(3) EMDR 진행 예문

"○○○님이 어떤 외상 사건을 기억하고 있는지 질문하겠습니다. 선생님에게 어떤 느낌이나 장면이 떠오르는지 아는 것이 중요합니다. 느껴지는 대로 떠오르는 대로 얘기해 주시면 됩니다. 치료과정은 이렇게 되어야 한다고 사전에 정해진 것은 아무것도 없습니다. 정확히 얘기만 해 주시면 됩니다." [고통으로 인한 치료 멈춤의 신호도 잊

지 말고 알려 준다]

- **문제 혹은 기억 제시:** "오늘은 어떤 문제를 다루는 것이 좋을까요?"
- **가장 괴로운 장면:** "그 사건의 가장 충격적이고 끔찍한 장면은 무엇인가요?" (만일 장면이 없으면) "그 사건을 생각할 때 무엇이 가장 먼저 떠오르게 되나요?"
- **부정적 인지 확인:** "그 장면 혹은 사건을 떠올렸을 때, 지금의 현재 자신에 대해 생각되는 부정적인 말들은 어떤 것이 있을까요?"
- **긍정적 인지 확인:** "그 장면 혹은 사건을 떠올리면서 지금의 현재 자신에 대해 믿고 싶은 긍정적인 생각은 어떤 것인가요?"
- **VoC(인지 타당도) 확인:** "그 장면 또는 사건을 생각할 때, 완전히 거짓인 것이 1이고 완전히 사실인 것이 7이라면, 그 말이 (긍정적 인지를 반복한다) 얼마나 사실이라고 느껴집니까?"

  1 2 3 4 5 6 7

  ← (완전한 거짓) (완전한 사실) →

- **감정/느낌 확인:** "그 장면/사건, 그리고 그 말 (부정적 인지)을 떠올릴 때 지금 어떤 감정이 느껴지세요?"
- **SUDs 확인:** "고통이 없거나 불편하지 않으면 0, 상상할 수 있는 가장 큰 고통이 10이라면 0에서 10점 중 지금 얼마나 고통스럽게 느껴지나요?"

  0 1 2 3 4 5 6 7 8 9 10

  ← (고통이 없음/불편하지 않음) (가장 큰 고통) →

- **신체 감각의 위치 확인:** "그것이 몸 어디에서 느껴지시나요?"
- **민감 소실:** "그 장면의 부정적인 말(부정적 인지를 반복)을 떠올리고 그것을 몸 어디에 느끼는지 주의하면서 손가락을 따라 안구운동을 하겠습니다." (세트 후에) "자 이제 모두 비우시고 심호흡을 크게 하십시오. 무엇이 떠오르고 있습니까?"
- **새로운 고통 자료의 확인:** 새로운 외상 기억 관련 자료가 나타나지 않을 때까지 여러 세트의 안구운동을 계속한다(촉각이나 소리). "원래 경험으로 돌아가면 무엇이 떠오르게 될 것 같나요?"라고 묻는다. 새로운 고통 자료가 없다면 SUDs를 확인한다(주입단계로 넘어가려면 SUDs가 0이 되어야 한다).
- **SUDs 확인:** "그 경험을 떠올릴 때 고통이 없거나 불편하지 않으면 0, 상상할 수 있는 가장 큰 고통이 10이라면 0에서 10점 중 얼마나 느껴지십니까?" (만약 SUDs가 1이거나 그보다 크면 처리를 지속한다. SUDs가 0이 되면 주입단계로 넘어간다)
- **주입 절차:** 그 기억(또는 사건)과 원하는 긍정적 인지를 연결한다.

① "긍정적 인지가 지금도 적합한가요, 아니면 더 적절한 말이 있을까요?"
② "(선택된 긍정인지를 말해 주며) 그 말과 처음 사건을 생각해 보세요. 완전히 거짓이면 1, 완전히 사실이면 7이라고 할 때, 1점에서 7점 중 어디에 해당하나요?"
③ "사건과 긍정적 모습을 함께 생각해 보세요."라고 말하며 안구운동을 한다.
④ "1점에서 7점까지의 척도에서 당신이 그 사건을 생각할 때 (선택된 긍정인지를 말하며) 그것이 지금 당신에게 얼마의 사실로 느껴지시나요?"
⑤ 내용이 더 적응적으로 되는 한 주입을 계속한다. 만약 환자가 6 혹은 7점을 보고하면 이를 강화하기 위해 안구운동을 다시 하고 더 이상 강화되지 않을 때까지 지속한다. 그다음 신체 검색으로 넘어간다.
⑥ 환자가 6점 미만을 보고하면 적절성을 평가하고, (필요하다면) 추가적인 재처리의 과정을 통해 차단 믿음을 다룬다.

- **신체 검색 절차:** "눈을 감고 원래의 기억과 (선택된 긍정적 인지를 반복)에 집중하세요. 마음속으로 당신의 여러 신체 부위를 머리부터 발끝까지 점검해보세요. 긴장, 답답함, 혹은 이상한 감각이 느껴지는 신체 부위가 있으면 말해주세요." (어떤 감각을 보고하면 안구운동을 진행한다. 만약 긍정적이고 편안한 감각이라면, 긍정적 느낌을 강화하기 위한 안구운동을 한다. 만약 불쾌한 감각을 보고하면, 불쾌감이 사라질 때까지 재처리한다)

- **미완결 회기를 끝내는 절차:** 미완결 회기란 내담자의 외상 기억 자료가 아직 해결되지 않은 경우다. 즉, 내담자가 불편함을 느끼는 경우로 SUDs가 1보다 크고 VoC가 6점보다 작은 경우다. 다음은 미완결 회기를 끝내는 절차로 환자가 성취한 것을 인정하게 하고 안정된 상태로 면담실을 떠나게 하는 것이 목적이다.

① 내담자에게 치료를 중단해도 된다는 허락을 받고 그 이유를 설명한다. "시간이 거의 다 되어 곧 끝내야 할 것 같습니다. 지금 끝내도 불편하지 않은지요?" 내담자가 노력한 것에 대해 격려와 지지를 보낸다. "참 잘하셨고 수고하셨습니다. 지금 기분이 어떠신가요?"
② 긍정적 인지의 주입과 신체 검색을 생략한다.
③ 정서 조절 훈련을 시행한다. "명상이나 신체 이완훈련을 하는 게 좋을 것 같습니다. 저는 (　)에 익숙합니다." (치료자가 이완훈련을 제안한다)

- **종결 절차:** "우리가 오늘 한 치료는 이후에도 계속될 수 있습니다. 당신에게 새로운 통찰, 생각, 기억, 또는 꿈이 있을 수도 있고 없을 수도 있습니다. 만약에 있다면 당신이 경험하는 것을 단지 바라만 보십시오. 그것(당신이 보는 것, 느끼는 것, 생각하는 것, 그리고 유발인자)을 사진 찍는 것처럼 간편하게 기록해 보세요. 그리고 당신의 불편함을 없애기 위해 안전지대 연습을 계속하십시오. 이완훈련도 매일 하시고요. 만약 필요하다면 제게 연락을 주세요."

CHAPTER 11

범죄 피해자 심리지원

1. 심리지원의 조건

1) 개　요

우리나라 검찰청이 발행한 '2023 범죄분석'에 의하면 살인과 강간, 강도 및 폭행을 당한 사람은 15만 7천여 명에 이르는 것으로 알려졌다. 이들 중 법무부 스마일센터에서 심리지원을 받은 사람은 약 3천여 명으로 2% 정도만이 도움을 받은 것으로 조사되었다(대검찰청, 2024).

디지털 문명기기의 발달과 함께 범죄 수법이 다양화되면서 범죄 피해자의 트라우마 후유증도 심각할 정도로 높아지는 추세이다. 범죄 피해자의 심리적 후유증은 범죄 사건이 발생한 직후부터 점진적으로 증가하다 가해자가 법정에서 형벌을 선고받는 시점에서 최고조에 이른다. 범죄 피해자의 트라우마 회복은 범죄 사건의 유형과 사회적 지지 정도에 따라 다르게 나타난다.

강력범죄 피해자는 대부분 심각한 트라우마 후유증에 시달린다. 강력범죄 피해자 중 약 90%는 심각한 외상후 스트레스 증상을 경험하며, 30% 정도는 약물치료나 입원이 필요한 수준의 극심한 정신적 혼란을 경험한다(김태경 등, 2018).

범죄 피해자의 트라우마 회복은 국가가 책임지고 지원해야 하는 분야이다. 국가는 범죄자에 대한 처벌과 재범의 예방뿐만 아니라, 범죄 피해자의 기능 회복을 위해 적극적으로 노력할 의무가 있다. 우리나라는 2005년 12월 범죄피해자 보호법을 제정하고, 이 법에 근거하여 강력범죄 피해자를 위한 통합적인 치료프로그램을 운영하도록 법으로 정하고 있다. 이는 범죄 피해자를 위한 체계적이고도 전문적인 심리지원 기관이 필요하다는 각계의 의견이 반영된 결과이다.

◉ 범죄피해자 보호법 시행령

> [시행 2020.6.11] [대통령령 제30760호]
> **제2장 범죄 피해자 보호 · 지원의 기본 정책**
> **제9조(상담 및 치료 프로그램의 운영)** 보호시설의 장은 법 제7조 제3항에 따라 입소자의 심신 안정을 위하여 입소자의 특성 등을 고려한 상담 및 치료 계획을 수립 · 실시하고 그 내용을 기록 · 유지하여야 한다.

2) 범죄 트라우마의 특성

범죄로 손상을 입은 피해자와 그 가족의 트라우마 후유증은 장기간 진행되는 특징이 있다. 범죄 트라우마는 우울과 불안, 알코올 중독 등을 동반하고, 실직이나 자살로도 이어져 가족 전체가 붕괴하는 결과를 맞기도 한다. 범죄 피해자는 신체적, 물질적 피해와 같은 직접적인 피해뿐 아니라, 트라우마 후유증으로 인한 심각한 심리적 고통과 갈등, 혼란 등을 경험한다.

범죄 트라우마는 여성 그리고 낮은 교육 수준, 배우자와 사별한 사람, 주거가 불안정한 사람, 사회적 지위가 낮은 사람일수록 그 증상이 높게 나타나는 것으로 알려져 있다. 사회적 연결망이 좁고 의지할 사람이나 지지해 줄 주변인이 적을수록 트라우마 후유증은 더 오래 지속되는 경향을 보인다.

범죄 피해자가 느끼는 심리적, 경제적, 신체적 피해 중 심리적 트라우마가 피해자들을 가장 힘들게 한다. 살인 피해 유가족의 경우는 우울, 불안, 수면장애, 중독, PTSD 등으로 고통스럽게 살아가며, 성폭력을 당한 여성의 경우는 자괴감, 죄책감, 자신에 대한 무가치감과 정체성 혼란 등으로 우울증에 빠지기도 한다. 미국의 정신질환 역학조사에 의하면 PTSD 유병률은 강간 피해자의 경우는 45.9~65%, 신체적인 학대의 경우는 22.3~48.5% 정도로 대인 폭력피해를 경험한 사람의 유병률이 높게 보고되고 있다(Kessler et al., 1995).

아동·청소년이 범죄 피해자인 경우는 더 큰 고통과 아픔을 준다. 아동의 경우는 범죄피해 트라우마가 발달과정에 영향을 미쳐 성인이 되어서도 후유증을 겪을 뿐 아니라 가정과 직장, 사회생활 전반에 심각한 부적응이 나타나 힘겹게 살아간다. 범죄피해 외상이 있는 아동은 파괴적 행동을 비롯해 참을성 부족, 우울, 불안, 집중력 저하, 흥미 상실, 분노, 싸움, 학교 결석, 물질 남용, 범죄 행위, 병원 치료 비순응, 자살 시도 등의 문제행동을 보이는 것으로 알려졌다(기광도, 2007).

범죄피해 아동과 청소년에게서 나타나는 문제행동은 기존의 문제를 더 악화시키거나 혹은 새로운 문제를 유발하는 등 강한 후유증을 남긴다. 범죄 피해자 트라우마에 영향을 주는 요인으로는 사건 자체의 특징과 직접 경험 여부, 목격 혹은 말로 전해 들은 사건, 알고 있는 지인이나 가까운 사람에게 발생한 사건, 혹은 모르는 사람에게 발생한 사건 등의 요인이 있다.

2) 심리지원 전문가의 자질

심리지원 전문가는 전문가다운 바람직한 태도와 자세를 견지하고, 범죄 피해자와 돈독한 신뢰 관계를 형성해야 한다. 범죄 피해자가 심리적 어려움을 적극적으로 호소할 수 있도록 편안한 환경을 조성하고, 심리지원 전문가의 자세나 태도에 실망감을 느껴 부정적인 반응을 보이지 않도록 다음과 같은 사항에 주의한다.

- 범죄 피해자의 감정을 수용한다.
- 말을 많이 하는 것보다 듣는 것에 집중한다.
- 트라우마 경험 내용을 축소하지 않는다.
- 범죄 피해자의 관심사에 주의를 기울인다.
- 범죄 피해자의 의견을 사실인 것처럼 받아들이지 않는다.
- 범죄 피해자가 강요나 압박감을 느끼지 않도록 주의한다.
- 범죄 피해자의 삶에서 긍정적인 영향을 주는 자원을 찾는다.
- 범죄 피해자의 주변 사람이 피해자의 고통을 잘 이해하도록 돕는다.
- 모를 때는 "모른다!"라고 말하는 등 피해자의 질문에 정직하게 대답한다.
- 비슷한 경험을 가진 피해자들이 서로 지지적인 관계가 유지되도록 한다. 등

범죄 피해자를 대상으로 이루어지는 심리지원 방법은 다양하다. 심리치료는 인지치료, 행동치료, 인지행동치료, EMDR 요법 등을 적용하되 한 가지 방법보다 다양한 방법을 통합하는 것이 효과적이다. 교육적인 방법과 개인 및 집단요법을 동시에 활용하면 치료 효과가 더욱 긍정적일 수 있다. 다만, 심리치료가 성공적이어서 증상이 완화되더라도 이후 재발하지 않는다는 보장은 없다.

심리지원 과정에서 전문가가 해서는 안 되는 말은 대체로 다음과 같다.

- "너무 예민해서 그런 겁니다."라고 섣불리 평가하거나 판단하는 말
- "당신의 기분이 어떤 줄 잘 알아요!"라고 넘겨짚어 하는 말
- "울지 마세요!", "슬퍼하지 마세요!"라고 섣불리 위로하는 말
- "우리도 언젠가는 모두 죽게 되지요"와 같은 상투적인 말
- "아직도 변화가 없으면 어쩌지요?"라고 피해자를 충고하거나 비난하는 말
- "너무 신경 쓰지 마세요", "시간이 약입니다", "이젠 잊는 것이 좋겠어요." 등

심리지원 전문가는 신의와 책임감을 바탕으로 피해자와 두터운 신뢰 관계를 유지해야 한다. 이러한 신뢰를 바탕으로 범죄피해자에게 가장 도움이 되는 심리지원으로 피해자의 회복을 단축시킬 수 있어야 한다. 심리지원 전문가가 범죄사건에 대해 피해자에게 반복적으로 질문하거나 공감과 반영의 결핍을 보이는 경우, 피해자는 뒤로 물러나 관망하는 자세를 취하고 갑자기 분노를 표출하기도 한다. 따라서 심리지원 전문가는 초기 과정부터 범죄 피해자와의 신뢰 관계가 돈독히 형성되도록 부단히 노력해야 한다.

심리지원 전문가는 범죄 피해자를 대할 때 기본적으로 그에 대한 적극적인 관심과 진실한 자세를 가져야 한다. 범죄 피해자를 긍정적으로 수용하되 그렇다고 지나친 정서적 관여는 적절치 않으며, 너무 지나치게 객관적이거나 냉정한 태도를 보이는 것도 바람직하지 않다.

심리지원 전문가가 관심을 가져야 내용은 다음과 같다.

첫째, 위기관리이다.

범죄 피해자는 외상 경험이 없는 사람보다 자살 생각이나 자살 시도의 가능

성이 크다. 자살 시도는 어린 시절의 학대와 같은 반복적인 트라우마 경험과 PTSD 증상의 심각도에 영향을 받는다. 심리지원 전문가는 범죄 사건의 기억과 감정을 촉발할 수 있는 특정한 시기를 전후하여 피해자가 자살 생각이나 자살 시도를 생각하고 있는지 여부를 확인하고 관찰할 수 있어야 한다.

중범죄 사건과 관련한 강렬한 부정적 감정을 지닌 피해자는 심리·신체적 안정 상태를 지속해서 진단 및 평가하고 추적 관리한다. 심리지원이 이루어지는 전 과정 동안에도 범죄 피해자의 심리적 안정과 안전을 최우선으로 고려한다.

둘째, 전문성이다.

범죄를 일으킨 가해자와 피해자가 역설적으로 강한 연결 관계를 보이는 경우, 이를 '외상적 결합(traumatic bonding)'이라고 한다. 외상 경험과 긍정적 경험의 주기가 연속적으로 반복되면 가해자와 피해자 사이에 강렬한 결합이 형성된다. 이러한 관계는 범죄 피해자와 그를 조력하는 전문가 사이에서도 유사하게 나타난다.

범죄 피해자는 자신의 범죄 사건과 관련한 기억을 말하는 과정에서 전문가에게 강렬한 감정을 재경험하여 결합 관계를 만들려는 경향이 있다. 이때 전문가는 범죄 피해자를 과보호하는 방식으로 행동하거나 혹은 거리를 두고 피해자를 멀리하는 행동을 하지 않아야 한다.

심리지원 전문가가 범죄 피해자와 유사한 외상 경험이 있는 경우는 더욱 강렬한 정서 반응이 나타날 수 있다. 그 결과 복수 혹은 정의로운 활동이라는 명목하에 피해자의 범죄 사건을 불필요하게 개방하거나 공유할 가능성이 있다. 이 같은 결과가 초래되지 않도록 심리지원 전문가는 객관적이고 중립적인 상담 자세와 상담역량을 갖추고 심리지원에 임해야 한다. 만약, 심리지원 전문가의 트라우마 상담역량이 부족하다고 판단되면 관련 학회나 단체에서 윤리적 검토를 통해 심리지원 활동을 제한할 수 있어야 한다.

셋째, 비밀 보장이다.

범죄 피해자 심리지원은 법과 규정이 정하는 범위 내에서 이루어지는 것이 마땅하다. 범죄 피해자의 개인 정보를 제공해야 하는 경우는 피해자의 동의를 반드시 거쳐야 하고 피해자의 사생활도 철저히 보호되어야 한다. 개인 정보제공의 동의 절차를 거칠 때는 심리지원 과정을 비롯해 기간, 업무 등을 피해자가 이해하도록 자세하게 안내한다. 범죄 피해자가 사망했거나 혹은 자발적으로 동의하기에 신체적 어려움이 있는 경우는 법정대리인의 동의를 구한다.

범죄 피해자의 심리상태를 증언하기 위해 법정에 소견을 밝히는 경우도 법적으로 규정된 범위 내에서 개인 정보를 제공한다. 치료기관의 목적과 관련이 없는 서비스와 연계하거나 치료 범위에서 벗어나는 개인 차원의 도움을 제공하는 행위, 전문가 지위를 활용한 특권 행위 등은 절대 일어나지 않아야 한다.

2. 유형별 심리지원

1) 개 요

외상 사건을 경험한 후 트라우마 후유증으로 심리적 고통을 호소한다거나 대인관계 갈등 및 사회 부적응 등으로 힘겹게 살아가는 내담자를 대상으로 이루어지는 조력 방법은 크게 심리상담과 심리치료, 심리지원 등의 방법이 있다.

이중 심리상담은 주로 트라우마와 관련된 현실 부적응의 문제 탐색과 해결에 초점을 둔 과정으로 주로 개인이나 가족 혹은 집단을 대상으로 이루어진다. 트라우마로 인한 정서적 문제와 부적응 해결을 중점적으로 다루게 되며, 통상 몇 주 내로 단기로 상담이 종료되는 특징이 있다.

반면, 심리치료는 심리상담과 달리 심층 깊이에 존재하는 외상 사건과 관련한 정서적 문제나 트라우마 증상을 치료하기 위해 심리학적 기법을 주로 사용한다. 심리치료는 우울증을 비롯해 불안 장애, PTSD 등의 트라우마 증상 진단과 대처 방법 등을 다루며, 통상 몇 개월에서 길게는 몇 년에 걸친 장기과정으로 이루어지기도 한다.

심리지원은 국가 트라우마센터를 비롯해 광역 트라우마센터, 해바라기센터, 스마일센터 등 기관에서 주로 지원하는 서비스이다. 재난 및 중범죄 트라우마 피해자 중에서 고위험군 환자를 선별하여 상담 및 심리치료, 피해자 회복프로그램 등을 통해 피해자가 일상으로 복귀하도록 도움을 주는 서비스에 해당한다.

따라서 심리지원 전문가는 피해자가 겪는 트라우마와 관련한 여러 심리·신체적 증상을 종합적으로 진단하고 평가할 수 있는 역량을 구비하고 있어야 한다. 피해자의 트라우마 증상이 지나칠 정도로 압도적일 때는 위기 상황으로 전개될 수 있음을 인식하고 도움을 주어야 한다. 피해자와 그 가족들이 무엇을 원하는지도 잘 알고 있어야 하며, 지역의 사회적 자원을 활용한 적절한 서비스 체계도 적절히 이용할 수 있어야 한다.

〈표 11-1〉 심리상담/심리치료/심리지원의 차이점

구분	심리상담	심리치료	심리지원
목적	트라우마 관련 부적응 문제 해결 및 정서 지원	트라우마 관련 증상치료 및 정서적 치유	재난 / 범죄 피해자의 트라우마 회복 지원
대상	트라우마로 부적응, 정서적 어려움이 있는 자	우울증, 불안, PTSD 등 정신적 문제가 있는 자	재난피해자 / 중범죄 피해자
기간	단기(주, 월 단위)	장기(달, 년 단위)	장단기
방법	상담 대화를 통한 문제 탐색과 해결	심리학적 기법과 치료적 개입 활용	상담 및 심리치료 프로그램 제공
전문가	상담심리학 전공자, 상담 경력자 등	심리치료사, 정신과 의사 등	상담전문가, 심리치료사, 정신과 의사 등
장소	상담소	상담소, 병원	재난 현장, 트라우마센터

1) 성폭력 피해자

성폭력은 주로 가깝고 친밀한 관계에서 발생하는 특징이 있으며, 피해자는 대부분 여성으로 성폭력 사건이 공개적으로 언급되는 것을 꺼린다. 이러한 특성으로 성폭력 피해자는 불안과 우울, 약물 중독, PTSD 증상 등으로 이어져, 긴 고통 속에서 지내는 경향이 있다.

성폭력 피해자를 대상으로 이루어지는 심리지원은 다음과 같은 몇 가지 사항을 고려한다. 성을 주제로 성폭력 이야기를 나누는 것이 불편하게 느끼는 여성 피해자는 자기의 성과 같은 여성 상담전문가를 선호한다. 그러나 일부 성폭력 전문가는 성폭력 피해 여성에 대한 심리적 고충과 위로는 가해자와 같은 성을 가진 남성 전문가가 더 심층적으로 개입할 수 있는 이점이 있어 트라우마 증상 완화에 도움이 된다고 주장한다.

피해자와 가까운 관계에 있는 지인에 의한 성폭력은 피해자 보호와 공감, 안전, 신뢰 관계를 기반으로 심리지원이 이루어진다. 피해자의 회피 반응을 적극적으로 수용하고 자살 위험성을 세밀히 관찰하며, 안전한 분위기에서 이야기를 나눈다. 범죄로 인한 피해자의 두려움과 불안, 공포를 충분히 이해하고 공감하며, 지나친 자기 비난과 부정적인 미래 조망 등의 역기능적 신념에 대한 인지 재구조화가 이루어지도록 한다.

다른 유형의 범죄 사건보다 개인적이고 친밀한 사적인 영역에서 일어난 성폭력 심리지원은 피해자의 대인 회피를 섣불리 다루지 않아야 한다. 성폭력 피해자의 트라우마를 다룰 때는 현실적인 대처와 함께 미래의 위협에 적절히 대응하는 미래지향적 심리지원이 동시에 이루어지도록 한다. 성폭력 피해자의 스트레스 반응을 정상화하고 미래에 대한 부정적인 사고와 비합리적인 신념 체계를 수정하면서 죄책감 제거에 주안을 두고 도움을 준다.

한편, 심리지원 전문가는 성폭력 피해자의 개인 특성과 취약점을 언급할 경우, 피해자를 공격하는 모습처럼 보일까 싶어 되도록이면 이를 건드리지 않으려는 경향이 있다. 그러나 성폭력 피해자에게 반복적인 심리적 고통을 안겨줄 수 있는 성격특성과 고위험 생활양식을 다루지 않으면 심리지원 결과는 기대하기 어렵다.

남성 동성 성폭력 피해자는 다른 유형의 성폭력보다 PTSD 발병률이 높은 특징이 있다. 남성에게는 동성 성폭력 피해가 굴욕적으로 인식되고 유약한 사람으로 낙인되기 때문이다. 이러한 남성은 성역할을 유연하게 생각하는 남성보다 죄책감이나 슬픔을 더 크게 느끼며, 그에 대한 반작용으로 타인들에 대한 공격과 분노를 폭발하는 경향을 보인다.

이러한 남성 행동이 주기적으로 반복되면 자기통제 기능이 점점 약해져 우울과 자기 비난에 빠질 위험성이 있다. 전통적인 문화에 익숙한 남성 성폭력 피해자나 그 유가족은 치료에도 부정적이고 거부적이어서 정서 문제와 신체 증상을 동반하는 특성이 있다. 다만, 이러한 완고한 남성성을 지닌 사람은 압도적인 위기 상황에서 일시적으로 자신과 가족을 보호하는 역할에 충실한 면이 있다. 그러므로 심리지원 전문가는 이러한 범죄 피해자를 대할 때 이들의 보호막을 섣불리 걷어내려고 시도하는 것은 적절하지 않다. 그보다는 지금-여기에서의 자기 역할을 스스로 인정하도록 조력하고, 그 과정에서 가족 체계가 건강하게 재구축되도록 도움을 주어야 한다.

2) 살인 피해자 유족

동시대의 사회구성원으로부터 살해되는 사건은 어느 국가에서나 가장 극악한 폭력 범죄에 해당한다. 극한 폭력에서 살아남은 피해자와 그 유족은 다른 범죄 피해자의 심리상태와 다르게 사회에 대한 불공정과 불안정성 등으로 고통을 겪는다. 특히, 살인을 저지른 가해자를 찾지 못한 사건의 경우, 정의가 실현되지 않은 사회에 대한 분노로 극심한 심리적 고통과 혼란을 겪는다.

살인 피해자 유족은 사건이 발생한 직후 4~8주 기간은 심각한 불안 상태에 놓이는 것으로 알려져 있다. 이런 점을 고려할 때 적어도 살인사건을 인지한 후 4~8주 동안은 유족을 대상으로 심리지원을 지속적으로 제공하는 것이 바람직하다고 주장한다(한국형사정책연구원, 2014).

살인 피해자 유족의 강한 분노와 불안을 다루는 심리지원 전문가는 충분한 심리적 에너지가 충전되어 있어야 적절한 개입이 가능하다. 살인 피해자 유족의 심리지원과 관련한 국내 연구자료는 매우 빈약한 상태다. 유족에게 나타나는 심리적 증상도 다양해 맞춤형 심리지원이 필요한 실정이다.

살인 피해 충격에서 벗어나기 위해서는 우선 유족의 심리적 고충을 완화하고 가족 고유의 긍정적인 역할을 강화하여 가족 기능이 잘 작동되도록 하는 것이 중요하다. 살인사건이 발생하면 일부 가정에서는 가족 구성원 간 불신과 비난, 소통의 부재로 정서적 스트레스가 고위험 수준에 이르기도 한다. 이러한 유족에게는 고인의 사망에 대한 애도가 시작되기 전 일상생활 및 자녀 양육과 같은 기본적이고 상식적인 일부터 우선하여 정리한다.

살인 피해자 유족 간 이해가 부족해 가족 외의 타인과 소통하고 돌봄을 받으려는 유가족이 발생되기도 하는데, 이들을 위해서는 가까운 곳에서 이들과 함께 대화할 수 있는 조력자를 찾는 것이 중요하다. 가족 위계가 강해 경직된 가족 분위기에서 생활하는 유족에게는 융통성 있는 가족 의사결정 구조를 재구축하는 일에 주안을 두고 심리지원을 제공한다.

강한 신념(종교)에 의존하는 유족도 있다. 살인사건이 신의 섭리라고 믿는 유족에게는 이러한 믿음이 건강한 트라우마 대처 기제로 기능하는지를 점검해서 긍정적인 방향으로 강화되도록 안내한다. 가족원 간 서로 지지하고 격려하며 역경을 잘 이겨나가는 유족에 대한 심리지원은 가족들의 긍정적인 활동을 격려하는 보조적인 역할로도 충분하다.

유족 중 일부는 치료적 회복 능력이 있는 반면에 어떤 가족은 역기능적이며 회복역량이 부족한 상태에 있기도 하다. 치료적 노력에도 불구하고 역기능적 가족 상황이 지속되면 가족 간 분리를 고려해야 한다.

◉ 복합성 사별

살인 피해자 유족의 예후는 유족과 범죄 사건을 대하는 사회적 인식과 태도에 영향을 받는다. 살인 피해자 유족의 트라우마 연구는 상당수가 유족을 대하는 사회적 시선과 태도가 고통을 증폭시킨다고 보고하고 있다. 또한 범죄 사건이 언론에 크게 보도되고, 직장과 거주지 등에 대한 불필요한 관심이 클 때 더 심한 고통을 받는다고 알려져 있다.

복합성 사별(complicated bereavement)의 경우는 유족의 심리적 고통을 더 크게 받는다. 폭력성이 심한 죽음일 때, 과거에 해결되지 못한 심리적 외상이 있을 때, 사망자가 아동일 때 심리적 충격과 고통은 더 크고 회복도 더디게 이루어진다. 이 때문에 상실의 의미에 대한 추가적인 통합 작업이 없이는 트라우마 증상을 유의미하게 줄이는 것이 어려울 수 있다.

출처: 한국형사정책연구원(2014).

살인 피해자 유족을 대상으로 이루어지는 심리지원은 다음과 같은 요소를 고려한다.

첫째, 심리 · 신체적 자기통제를 우선한다.

살인사건으로 인해 유족들의 피폐해진 삶은 상상을 초월한다. 따라서 유족의 심리 · 신체적 안정은 그 어떤 상황보다 긴요한 과제일 수밖에 없다. 트라우마 후유증으로 높아진 교감신경계 각성은 이와 관련한 심리 · 신체적 증상으로 나타나 일상생활 주기 리듬을 파괴한다. 이러한 경우는 이완, 명상 등과 같은 자율신경계 안정을 도모하는 치료법으로 도움을 준다.

둘째, 죄책감과 분노 조절이다.

살인 피해자 유족의 심리지원 과정에서 전문가에게 가장 도전이 되는 일은 유족의 죄책감과 분노를 다루는 일이다. 특히, 언론화되고 사회적 관심을 크게 받는 살인사건의 경우는 이러한 문제를 다루기가 더 힘들고 복잡하다. 분노는 스스로 예상치 못할 만큼 폭발적이어서 직접 분출하기보다 속도가 조절되고 순화하면서 표출되도록 안내한다.

셋째, 가족 역할의 재편성이다.

살인 유가족의 심리지원은 다른 범죄피해 심리지원과 달라 마무리하기 전 가족 역할의 재편성이 이루어져야 한다. 기존의 가족 역할을 비롯해 살인 피해 사건 처리와 관련되어 새로 추가된 가족의 역할과 책임 역시 어느 한 명에게 편중되지 않도록 조정한다. 가족 역할의 재편성과 관련하여 외부 도움을 받으려면 관련 기관과 연계하는 것이 필요하다.

3) 아동 · 청소년 범죄 피해자

아동 · 청소년 범죄 피해자를 대상으로 이루어지는 심리지원은 일반적으로 다음과 같은 사항을 고려한다. 아동은 범죄피해 트라우마 반응과 PTSD 증상의 양상이 성인과 다르다. 아동 · 청소년이 범죄피해 트라우마를 경험하는 경우, 발달 과정에 부정적인 영향을 미칠 수 있어 빠른 회복이 이루어져야 한다.

심리지원 전문가는 심리적 에너지가 약해진 범죄 피해자 가족으로부터 미성년 자녀의 트라우마 증상 정보를 획득한 후 이를 계속 관찰하며, 다소 여력이 있는 가족원이 범죄피해 자녀를 24시간 보살필 수 있도록 안내한다.

죽음이나 상실에 대한 아동 · 청소년의 이해는 각 발달 시기마다 큰 차이가 있다. 아동의 PTSD 진단기준 역시 6세 미만 미취학 아동의 경우, PTSD 진단기준이 그 이상의 연령대와 다르게 기술하고 있다. 그러므로 트라우마 진단뿐만 아니라, 심리지원 역시 발달 시기의 특수성을 고려하여 이루어져야 한다(스마일센터 총괄지원단, 2020). 아동 · 청소년의 트라우마는 PTSD뿐만 아니라, 우울과 불안, 주의력 결핍, 대인관계 문제 등과 같이 다양하여 심리적 문제를 광범위하게 일으킬 수 있어 주 보호자가 포함된 심리지원계획을 수립해 시행하는 것이 바람직하다.

가정폭력이 잦은 가정에서 자란 자녀는 폭력에 대한 인지 왜곡으로 발달과정과 성장 과정에 다양한 문제로 나타날 수 있어 절실한 도움이 필요하다. 일부 가족원은 가정폭력을 피하고자 심리적 · 경제적 독립을 시도하는데, 사회적 지원이 부족할 때는 문제가 더 심각해질 수 있다.

따라서 아동 · 청소년에 대한 트라우마 심리지원은 좀 더 세밀한 통합적 차원의 지원이 필요하다. 나이가 어린 아동은 기존 기능으로의 회복에 목표를 두는 성인과 달리 발달 상태를 고려하여 그 또래에게서 기대되는 발달 정도를 목표로 삼는 것이 적절하다.

이 외에도 아동·청소년 범죄 피해자 심리지원은 다음과 같은 사항을 고려한다.

· 심리지원은 곧바로 시작하는 것이 좋다.
· 외상 경험을 객관적, 중립적으로 평가한다.
· 트라우마 증상이 자연스러운 것임을 이해한다.
· 외상 기억을 노출하고 회피 행동을 줄인다.
· 지지적인 가족관계를 계속해서 유지한다. 등

3. 심리지원의 방법

복합 트라우마 증상이 있는 범죄 피해자 중에는 심리지원 기간 중 치료 경계를 벗어나는 행동을 할 때가 있다. 예를 들어, 치료 일정에 빠진다거나 치료 시간에 일부러 늦게 오고, 특정한 시간에 전화를 반복해서 할 수 있다. 이 같은 경우를 대비하여 심리지원 전문가는 범죄 피해자와 그 가족이 심리지원을 받는 동안 각자의 역할과 책임에 대해 명확히 알려줄 필요가 있다.

1) 관심을 가져야 하는 사항

범죄 피해자는 과거의 범죄피해 상황이 떠올라서 현실적인 위험이 없는 상황에서도 과도하게 불안을 느끼고 현실 적응에 어려움이 있다. 심각한 수준의 심리적 고통과 불안감으로 약물을 남용하거나 자살 시도와 같은 자기 파괴적인 행동을 하기도 한다. 낮은 자존감과 자기 비난, 자기 의심, 자기 혐오감, 분노, 공포, 고립감 등을 경험하기도 하는데 이러한 심리적 증상은 외형적으로 심각성이 잘 드러나지 않는다. 일하다가도 불쑥불쑥 사건의 기억이 떠오르고 악몽을 꾸거나 공황발작, 우울증, 수면장애, 집중력 저하 등의 증상도 나타난다. 범죄 피해자를 대상으로 이루어지는 심리지원 과정에서 관심을 가져야 할 사항을 살펴보겠다.

(1) 피해자의 심리적 안정

심리지원 전문가는 범죄 피해자의 이야기에 공감 반응과 위로할 준비가 되어 있어야 한다. 범죄 피해자의 감정과 증상을 수용하고 믿으며, 피해자의 잘못으로 범죄 피해가 발생한 것이 아님을 명확히 인식하도록 조력한다.

범죄 사건이 발생했을 때 살아남기 위해 한 일이 무엇이었느냐와 같은 질문이나 평가적 혹은 판단에 가까운 대화는 전혀 도움이 되지 않는다. 범죄피해자에게 필요한 것은 범죄 피해자 주변인으로부터 지속적인 지지와 관심 및 가족의 사랑을 느끼게 하여 심리적 안정을 취하는 일이다. 심리지원 전문가의 따뜻한 언어, 몸짓 하나하나는 범죄 피해자의 심리적 안정에 큰 영향을 준다.

(2) 피해자의 이야기 경청

범죄 사건을 경험한 피해자의 이야기에 집중하여 경청하는 것은 이후 진행되는 심리지원 과정에 긍정적인 영향을 미친다. 범죄 피해자는 자신이 경험한 사건을 자기 마음껏 표현할 수 있어야 회복 기간 단축이 가능하다. 범죄 사건에서 살아남은 이야기를 그냥 누군가 옆에서 들어주는 것만으로도 피해자에게는 큰 힘이 된다.

이때 친구나 가족이 피해자의 심리적 고통을 해결하려는 마음에서 성급히 평가하거나 판단 및 조언하는 것은 도움이 되지 않는다. 심리지원 과정에서 무엇을 해야 한다든지 혹은 무슨 방법이어야만 한다는 등의 말을 지시적이고 반복적으로 하는 것은 바람직하지 않다.

(3) 피해자의 지지체계

범죄 피해자의 마음과 신체가 이완되도록 편안한 시설 공간을 확보하고 그곳에서 조력 활동이 보장되도록 하며, 피해자와 함께 있는 시간이 즐겁게 느끼도록 한다. 끔찍한 범죄 사건을 경험한 피해자가 이야기하고 싶을 때는 마음껏 이야기하게 허용하고, 말하고 싶지 않을 때는 잠시 기다려 주는 등 피해자가 원하는 대로 따라가는 것이 적절하다.

특히, 가족과 친한 친구들은 피해자에게 용기를 주고 정서적 지지를 제공할 수 있는 자원으로 트라우마 증상 완화를 비롯한 정상적인 삶의 기능에 큰 도움이 된다. 지역에 있는 대학의 상담센터나 종교단체, 사설상담소, 지역보건소의 전문가들로부터 추가적 지원이 병행되면 피해자의 회복은 더욱 단축될 수 있다.

(4) 트라우마 정보 공유

범죄피해로 나타난 트라우마 증상과 특징에 관한 지식을 피해자가 이미 알고 있는 경우에는 피해자 스스로 자신의 상태를 점검하고 이에 대한 대응이 가능하다. 그러나 대다수 범죄 피해자는 트라우마에 관한 지식과 정보가 부족하고, 심리지원 과정에서 사용하는 용어조차 생소하고 낯설게 느낀다.

이런 점을 고려하여 범죄 피해자 스스로 트라우마 자가 진단과 대응 방법을 학습할 수 있도록 간편하게 정리된 자료를 제공해 주는 것이 필요하다. 트라우마 증상의 일반적 반응을 자료나 책을 통해 공부하고, 인터넷이나 모바일 등을 검색해 트라우마와 관련한 지식을 쌓으면 트라우마 고통을 줄이는 데 큰 도움이 된다. 만약, 범죄 사건을 경험하기 이전에 이러한 트라우마 지식을 축적하고 있는 경우에는 심리지원 과정에서 전문가와 더욱 깊은 논의가 이루어질 수 있어 증상 회복 기간의 단축이 가능하다.

2) 이론적 접근모형

범죄 피해자 심리지원은 피해자의 개인 특성과 상황 등을 고려하여 융통성 있게 접근한다. 범죄 피해자 트라우마 접근법에는 근거 기반 치료적 접근과 신체에 기반을 둔 접근법 등이 있다. 근거 기반 치료적 접근법에는 외상 초점 인지행동치료(TF-CBT), 지속 노출 치료(PE) 인지 처리 치료(CPT), 이야기 노출 치료(NET), 안구운동 민감소실 및 재처리요법(EMDR) 등이 있으며, 신체 기반 접근법으로는 신체 기반 접근 치료(SE), 감각 운동 정신 치료(SP) 등이 있는데 이를 살펴보겠다.

(1) 외상 초점 인지행동치료(Trauma-Focused Cognitive Behavior Therapy: 이하 TF-CBT)

범죄 피해자를 대상으로 이루어지는 대표적인 증상 치료법은 TF-CBT다. 범죄 피해자는 대부분 심각한 심리적 고통과 불안, 공포 등을 겪고 있어 정신적으로 혼란한 상태에 있다. 따라서 트라우마 증상은 목표지향적이고 문제 해결 중심적으로 다루어 피해자의 자기 통제감이 빨리 회복되도록 하는 것이 중요하다.

일반적으로 범죄 피해자는 범죄 사건으로 인해 유발된 부적응적 믿음과 인지적 왜곡 반응을 보이는 경향이 있어 이에 대한 수정이 필요하다. TF-CBT는 드러난 증상을 줄이는 단편적인 개입보다 범죄 피해자의 인지적 틀에 자동으로 형성된 비합리적 문제를 깨닫도록 하는데 주안을 둔다. 이렇게 TF-CBT는 인지적 내적 참조의 틀을 재구성하여 피해 증상의 악순환이 반복되지 않도록 한다는 점에서 범죄 피해자에 적합한 치료법이라고 할 수 있다.

(2) 인지 처리 치료(Cognitive Processing Therapy: 이하 CPT)

CPT는 주로 성폭력이나 전쟁, 사건 사고 등 심각한 외상 충격을 받은 피해자를 위해 개발된 개인 및 집단치료이다. 이 모형은 트라우마 경험을 객관적으로 바라보게 하여 왜곡된 사고의 패턴을 수정하도록 돕는다. 외상 피해자는 자신의 상상과 감정, 그리고 그로 인해 느끼는 행동 패턴을 이해하면서 과거의 아프고 힘든 경험을 재구성한다.

이런 과정을 통해 범죄 피해자는 그 사건에 대한 관점이 변화되며 감정적으로도 독립할 기회를 얻는다. 치료 초기에는 트라우마 경험을 이야기하면서 감정을 표현하고 그 과정에서 비합리적인 사고를 탐색한다. 이후 왜곡된 사고를 수정하고 새로운 사고 패턴을 형성하는 데 집중한다. 그 결과 피해자는 자신이 겪었던 트라우마에 대해 긍정적이고 현실적인 시각을 갖는다. CPT는 개발된 이후 지금까지 오랜 시간 동안 참전용사를 비롯해 난민, 아동, 성폭력 피해자 등을 대상으로 한 임상 연구에서 그 치료 효과가 입증되었다.

(3) 이야기 노출 치료(Narrative Exposure Therapy: 이하 NET)

NET는 지속적이면서 반복적인 복합 외상에 노출된 아동·청소년 및 성인의 트라우마 기억을 정리하는 데 매우 유용한 노출 치료법이다. NET는 인생에서 심각한 수준의 스트레스와 충격을 주는 트라우마를 반복적으로 경험하였을 때, 트라우마 기억을 개인의 자서전적 이야기에 근거하여 의미 있게 재통합하도록 도움을 준다. 트라우마 증상을 완화하고 생리적 기능과 신체적 건강을 개선하는 데에도 효과적이며, 범죄 피해자뿐만 아니라 가해자의 행동 조절에도 긍정적인 영향을 주는 것으로 보고되었다.

외상의 충격은 시간이 지나면서 점차 완화되지만, 트라우마 증상을 제대로 이해하지 못하고 해석과 평가를 잘못하게 되면 트라우마 고통은 오랫동안 지속될 수 있고, 정신 병리로 이어질 수 있다. 따라서 경험한 트라우마 이야기를 마음껏 나누어 증상을 제거하는 방법이 이야기 노출 치료다. 피해자가 이야기하는 동안에는 공감적 이해와 적극적 경청, 무조건적 긍정적으로 존중한다. 치료가 종결된 후에는 자전적 이야기를 문서로 정리하여 제공해 주면 치료적 효과가 배가 될 수 있다.

한편, 근거 기반 치료법에는 4~6회기의 상상 노출을 진행하는 단기 절충적 정신 치료(Brief Eclectic Psychotherapy: 이하 BEPP)가 있고, 안구운동 민감소실 및 재처리 요법(EMDR), 지속 노출 치료(PE) 등이 있다. EMDR은 세 가지 과정에 초점을 두고 접근하는데 초기에는 현재 겪는 심리적 문제의 근원이 되는 과거의 기억을 재처리하고, 중간단계에서는 현재의 트라우마 유발요인을 집중적으로 다룬다. 마무리 단계에서는 미래에 잘 대처하는 모습을 떠올리며, 새로운 성공 기억을 신경계의 기억 네트워크에 연결하여 만족하는 자기 삶을 살아가도록 안내한다.

(4) 신체 기반 접근 치료(Somatic Experiencing: 이하 SE)

트라우마는 생존에 위협적인 급성 스트레스 또는 누적된 외상 스트레스의 결과로 생겨난다. 성폭력을 비롯해 신체적 공격, 정서적 학대, 방임, 전쟁, 천재지변, 사랑하는 이의 죽음 등 다양한 스트레스 원으로 트라우마 증상이 나타난다. SE는 트라우마 경험 이후 우리 몸에서 나타나는 자연스러운 신체 반응을 이용해 트라우마를 치유하는 모형이다. 자기 보호를 위한 신체적 반응을 조절하고 몸 안에 남아 있는 억눌린 생존 에너지의 무력화를 다룬다.

치료자는 피해자가 자신의 신체적, 생리적 과정을 경험하는 동안 안전한 치료적 환경을 조성하고 범죄 피해자가 감당하기 힘든 신체감각과 부정 정서를 수용하도록 세심하고 부드럽게 안내한다. 그 과정에서 피해자는 자신의 신체적, 생리적 경험을 안전하게 처리하여 범죄 사건으로 촉발된 트라우마 증상과 자율신경계 기능을 회복한다. 현재 SE는 PTSD 심리치료를 비롯해 심리상담, 코칭, 교육 등과 같은 다양한 분야에서 활용되고 있다.

(5) 감각 운동 정신 치료(Sensorimotor Psychotherapy: 이하 SP)

SP는 몸 감각에 중심을 두고 신체가 외상 경험을 어떻게 처리하고 인지적, 정서적 의미를 만들어 내는지를 다루는 치료 모형이다. SP에서는 치료자가 범죄 피해자의 신체적 변화를 아주 세밀한 사항까지 정확하게 관찰하고 탐색한다. 치료자와 피해자 모두 호기심을 갖고 실험에 참여하며, 이러한 실험과정을 통해 탐색 행위체계가 활성화된다. 반면에 방어 행위체계는 감소하여 적응적 행동으로 변화한다.

SP는 이렇게 트라우마로 인해 통합되지 않은 감각 운동 반응을 처리하여 인지 및 정서적 경험의 혼란을 해소한다. 범죄피해로 망가진 생리 체계는 피해자의 인지 정서를 왜곡하고, 왜곡된 인지 정서는 다시 부적응적인 감각 운동 반응이 반복되게 하는 악순환 차단에 초점을 둔다. SP는 단일성 트라우마 생존자의 PTSD 치료에 효과적이며, 최근에는 복합성 트라우마 생존자를 대상으로 한 집단치료와 가족치료에서도 효과성을 보인 것으로 알려졌다.

4. 심리지원의 절차

범죄 피해자 심리지원은 그 과정의 이해를 전제로 한다. 심리지원 초기에는 피해자의 안전과 보호, 심리적 안정에 주안을 두고 신뢰 관계를 형성한다. 이후, 범죄 피해자의 두려움과 공포 등을 다루고 트라우마 기억을 처리하며, 애도와 함께 일상생활의 적응적 기능이 발휘되도록 안내한다. 만약, 자해나 자살 등의 징후가 보일 때는 위기 개입으로 대응한다.

범죄 피해자 심리지원은 일선형의 순서나 경과를 따르지 않고 상황에 따라 융통성 있게 순서를 바꿔가며 진행한다. 초기 안정화 단계를 거쳐 트라우마 기억을 처리하던 중 피해자의 심리적 고통이 재발하면 다시 안정화 작업을 시도한다. 이후에도 추가적인 트라우마 기억이 나타나면 다시 안정화 작업과 기억처리 과정을 반복한다. 일반적으로 범죄 피해자 심리지원 절차는 다음과 같이 이루어진다.

1) 1단계: 안정화

심리지원 전문가는 범죄 피해자가 자신의 권리가 존중되지 않는다고 느끼지 않도록 단정한 복장을 갖추고 겸손한 자세로 도움을 줄 수 있어야 한다. 피해자가 인간적인 신뢰를 느끼도록 진실한 모습으로 대하고, 피해자 스스로 자신의 한계를 인정할 수 있도록 친절하고 상냥하게 안내한다. 범죄 피해자의 심리・신체적 보호를 포함한 안전 상태를 확보한 후에는 여러 트라우마 증상을 진단하고 평가한다.

범죄 피해자의 심리적 안정과 정서적 지지를 제공할 수 있는 안전한 상담 환경 조성도 필요하다. 범죄 피해자의 신체적 안전을 위협하는 요소를 제거하고 가해자와의 분리나 경찰의 신변 보호 요청 등 현실적인 요구사항이 없는지 세밀히 확인한다. 범죄피해 증상 및 트라우마와 관련한 부정적인 내용에 압도되지 않도록 안내하고, 심리적 균형이 유지되도록 도움을 준다.

범죄 피해자가 실질적인 도움을 원하는 추가 정보가 있는지도 탐색하고, 주변의 외부 지원 가능 요소를 확인한 후 연계를 검토한다. 범죄 피해자 심리지원 1단계에서는 트라우마 치료의 가장 기본이 되는 심리교육을 우선하여 실시한다. 다수의 연구는 범죄 사건이 일어난 직후 피해자에게서 나타나는 초기의 극심한 감정 변화와 혼란한 심리적 상태에 대해 피해자 스스로 병리적 관점을 갖지 않도록 교육하는 것이 중요하다고 강조한다.

범죄 피해자의 심리적 안정은 본격적인 트라우마 기억을 다루는 심리치료를 하기 전 초기 단계에서 주로 다룬다. 트라우마 증상을 진단하기 전 피해자의 감정조절 능력을 높임으로써 이들이 좀 더 안정된 상태에서 치료가 이루어지도록 하는 것이 중요하다.

범죄피해를 겪은 후에는 신체적 변화와 트라우마 증상이 생길 수 있다. 다행히 트라우마 반응 수준이 미미하면 시간이 지나면서 자연스럽게 회복되지만, 증상이 심각할 때는 트라우마 전문가의 도움을 받는 것이 적절하다. 범죄 피해자의 심리적 안정을 위한 기본적인 방법으로는 심호흡과 복식호흡, 근육 이완, 발바닥 착지법, 나비 포옹법 등 다양하다.

〈표 11-2〉 안정화 기법

나비 포옹법	나비 포옹법은 갑자기 긴장되어 가슴이 두근거리거나, 괴로운 장면이 떠오를 때 그것이 빨리 지나가게끔 자기 몸을 '토닥토닥' 안심시키는 방법이다. 두 팔을 가슴 위에서 교차시킨 상태에서 양쪽 팔뚝에 양손을 얹고 나비가 날갯짓하듯이 좌우를 번갈아 살짝살짝 10여 회 정도 두드린다.
발바닥 착지법	발바닥을 바닥에 붙이고 발이 바닥에 닿아있는 느낌에 집중한다. 그런 다음 발뒤꿈치를 들었다가 '쿵'하고 내려놓는다. 그리고 발뒤꿈치에 지긋이 힘을 주면서 단단한 바닥을 느껴보는 방법이다.

출처: 국가 트라우마센터(2024).

복식호흡은 숨을 들이마시며 아랫배가 부풀어 오르게 한 다음, 잠시 멈췄다가 숨을 내쉴 때 배가 완전히 꺼지게 하는 방법이다. 숨을 들이쉴 때는 코로만 하고 내쉴 땐 입으로만 한다. 천천히 최대한 숨을 코로 들이쉰 후, 10여 초간 멈췄다가 한꺼번에 숨을 입으로 '후'하고 내쉰다. 숨을 내쉴 때는 아랫배에 숨이 하나도 남아 있지 않도록 완전히 내쉰다.

근육 이완은 머리, 목, 얼굴, 어깨, 팔, 손, 가슴, 허리, 복부, 엉덩이, 다리, 발 등 16개 근육을 돌아가면서 약 5초간 긴장시킨 다음, 20초간 이완한다. 각 근육의 긴장에 집중하고, 다시 근육을 이완해 풀어주는 작업을 반복한다.

2) 2단계: 트라우마 기억처리

범죄 피해자 심리지원 2단계는 피해자의 부적응적이고 왜곡된 인지 정서와 행동 양식이 경직되지 않도록 조력한다. 범죄피해로 인한 방어기제를 적응적인 방향으로 수정하여 피해자 스스로 안전하게 적응해 가도록 돕는 작업이 이루어진다. 이를 위해서는 집중적인 심리지원이 가능하도록 안전하고 편안한 상담 환경 조성이 필요하다. 범죄 피해자의 심리·신체적 증상과 복합 트라우마 증상이 있는 경우는 치료 빈도와 심리지원 기간을 늘려 돕는다.

트라우마 기억처리는 초기 과정에서 치료 강도를 높인 상태로 시작한 후, 점차 증상이 안정화되면 회기 빈도를 줄여 나간다. 다만, 치료 중간에 법적인 사안 등 응급상황이 발생하는 경우는 치료 빈도를 조절하여 치료의 유연성을 확보할 필요가 있다. 특히, 재판이 시작될 때 증언을 요구받거나 범죄피해 1년을 맞이하는 등 트라우마를 자극하는 상황에서는 심리지원을 탄력적으로 진행한다.

3) 3단계: 통합 및 재적응

범죄피해 심리지원 3단계는 피해자의 트라우마 증상을 완화하고 외상 기억처리가 마무리되도록 개인 정체성의 재통합을 돕는 치료의 완성 과정이다. 이 단계에서는 범죄피해로 인한 상실을 애도하고, 범죄로 인해 망가진 개인 삶의 의미와 가치를 새롭게 세우는 작업을 한다. 이를 통해 피해자는 현실적이고 적응적인 자기 이미지를 새로이 형성하고 건강한 미래를 설계한다.

현재를 있는 그대로 보고, 삶에 적응하는 과정에서 새롭게 나타날 수 있는 여러 변화의 두려움을 극복한다. 일상생활 및 대인관계 기술을 향상하고 삶의 의미와 목적을 찾으며, 현재의 삶에서 잘 기능하도록 조력한다. 이러한 치료과정이 잘 이루어지면 범죄 피해자는 인격이 재통합되는 경험을 통해 자기개념의 확장과 함께 성장을 이룬다.

CHAPTER 12

재난피해자 심리지원

1. 심리지원의 조건

1) 개　요

재난 트라우마는 지역 공동체를 역동하는 집단 유기체로 보고 재난 지역의 문화적·심리적·사회적 차원에서 공동체 회복에 초점을 둔다. 얼마 전까지만 해도 의학 및 심리학 분야에서는 재난을 개인 트라우마 관점에 치중하여 접근했던 것이 사실이다. 재난을 주관적으로 지각한 삶의 위기나 삶을 뒤흔드는 사건(seismic event)으로 여기고, 부정적인 심리적 증상을 유발하는 아주 높은 수준의 스트레스를 주는 사건으로 간주하였다.

재난피해자를 대상으로 한 치료적 개입도 충격적인 외부 사건을 경험한 후 나타나는 개인 트라우마 증상을 완화하고 회복하는 것에 치중하였다. 두려움과 불안을 포함해 죄책감이나 수치심, 재난 상황에 대한 부정, 무력감과 혼란, 강박 행동 등의 반응과 과도한 흥분, 반복적 재경험, 회피 행동(avoidance) 등 개인의 외상 반응 완화에 초점을 두었다.

재난 트라우마를 개인 차원에서 취급하던 접근 방식은 개인의 심리적 증상 완화나 재난 이전 수준으로의 기능 회복은 가능하지만, 재난 트라우마 특유의 집합적 특성을 반영하지 못한다. 그 결과 지역 공동체 구성원에게 적시 적절한 실제적 지원의 제한과 공동체 회복이 더디게 이루어지는 결과를 가져온다.

우리나라 국가 트라우마센터나 정신건강 관련 기관에서는 재난피해자와 재난 지역 공동체를 방문하여 심리지원으로 도움을 준다. 개인적 차원에서 겪는 트라우마 반응이라는 관점에서 벗어나 집단적 위기 상황으로 여기고 대응한다. 재난을 경험한 개인의 트라우마 치료를 위한 병리적 차원의 개입과 함께 재난을 겪은 지역 공동체의 모든 구성원에게 정보적·교육적·사회적 지원을 제공한다.

지역사회가 재난으로 인해 급박한 위기상태에 처해 있어 개인 차원의 병리적 개입과 더불어 보다 광범위하고 체계적이며 공공성을 접목한 통합적 지원을 하는 것은 당연하다. 재난 초기에는 재난피해자의 반응을 정확하게 진단하고, 재난피해자 보호와 안전에 관심을 두며 심리지원이 이루어진다.

재난 트라우마 증상을 다루기에 적절한 집단 환경을 만들고 개인과 개인, 개인과 집단 간 재난과 관련된 이야기를 공유하는 기회를 제공하는 일도 중요하게 다룬다. 지역 공동체 내에 그때그때 발생하는 집단의 이슈와 문제에 개방적으로 대응하고, 책임 있는 성찰과 반성, 애도를 거쳐 집단 트라우마 밑바닥에 깔린 이야기에 관심을 두는 등 공동체 회복에 초점을 둔다.

재난피해자의 생존에 필요한 사회적 자원을 적시 제공하고 재난피해자와 신뢰 관계 및 지지적 관계를 돈독히 유지한다. 사회적·경제적 자원을 많이 잃을수록 재난 트라우마의 충격과 증상은 더 클 수밖에 없어 충분한 자원을 얻을 수 있는 지역사회의 원조와 실질적인 지원에 역점을 둔다. 개인적 차원이 아닌 집단적 차원에서 재난 실체에 대한 기초정보를 제공하고 이를 함께 공유하며, 지역 공동체 구성원 간 이해와 유대감을 유지한다.

2) 재난피해자 분류

재난은 지역사회의 회복 능력을 초과하는 광범위한 손상을 일으키는 위기 상황으로 지진이나 홍수, 산사태와 같은 자연재해와 전쟁, 폭발, 화학물질의 유출과 같은 사회재난이 있다. 재난은 재난 경험자의 생명을 위협하거나 신체 손상을 야기하고 사랑하는 사람을 잃거나 재산, 직업 등 경제적 손실을 가져오게 할 뿐만 아니라 미래, 희망, 소속감 등의 사회심리적 자원을 훼손한다.

재난피해자는 재난의 충격과 상실로 신체적 건강뿐만 아니라 정신건강도 약해져 우울, 불안, 두려움, 공포, PTSD와 같은 트라우마 증상이 나타난다. 신체 통증을 비롯해 근골격계질환, 불면, 피로 등의 신체 증상과 수면장애, 우울증, 불안 장애, 물질 중독, 자살 등과 같은 다양한 외상 후 스트레스(PTS) 후유증을 동반한다.

우리나라 국가 트라우마센터에서는 재난피해자를 몇 가지의 유형으로 구분한다. 1차 재난피해자는 재난으로 인해 직접적인 충격이나 손상을 받은 생존자로 다음과 같은 심리적 반응을 보인다.

- 자신의 기본적인 생존을 위한 걱정
- 사랑하는 사람, 가지고 있는 의미 있는 소유물에 대한 상실감
- 자신과 사랑하는 사람들의 안전에 대한 걱정과 불안
- 악몽, 재난 상황의 재경험으로 인한 수면장애
- 이주와 그에 따른 고립이나 변화된 주거환경에 대한 염려
- 재난 충격 및 상실과 관련된 고통스러운 감정 등

2차 재난피해자는 1차 피해자의 가족이나 친인척, 가까운 지인 등을 말한다. 이들에게 나타나는 심리적 반응은 우울, 불안, 불면 증상을 비롯해 사망 관련 정황에 대한 강박적 반추, 죄책감, 정서적 해리 등의 모습을 보인다.

3차 재난피해자는 재난지원인력을 말한다. 재난 상황에 참여하였던 재난업무 종사자들로 구조 및 복구 작업에 참여한 소방관, 경찰관, 응급구조대원, 의사, 간호사, 사회복지사, 상담전문가 등을 포함한다.

4차 재난피해자는 재난이 일어난 지역사회에 거주하는 주민이 해당한다.

5차 재난피해자는 매스컴이나 대중매체를 통하여 간접적인 심리적 스트레스를 겪는 사람들이다.

6차 재난피해자는 1차 재난피해자가 될 수 있었으나 우연히 재난에서 벗어난 사람을 지칭한다. 이를 표로 정리하면 다음과 같다.

〈표 12-1〉 재난피해자의 분류

구분	내용
1차 피해자	재난 사건에 가장 심각하게 노출된 사람
2차 피해자	재난 사건에 직접 노출되지는 않았지만, 간접적으로 영향을 받은 사람 (1차 피해자와 가까운 가족, 친인척, 동료 등)
3차 피해자	재난이 발생한 상황에서 구조와 복구 일을 하는 사람 (소방관, 경찰관, 의료, 간호, 정신보건, 응급요원 등)
4차 피해자	재난이 발생한 지역에 거주하고 있는 사람들로써, 재난피해자와 함께 슬픔을 나누는 등 이들에게 도움을 제공하는 사람
5차 피해자	재난에 직접적으로 관련되어 있지는 않았지만, 대중매체를 통해 재난을 알고 난 후 심리적 스트레스와 혼란을 경험하는 불특정 다수의 사람
6차 피해자	1차 재난피해자가 될 수 있었지만 우연히 재난에서 벗어난 사람

출처: 국가 트라우마센터(2023).

재난피해자 심리지원은 여러 면에서 심리상담 및 심리치료와 다르다. 심리상담과 심리치료는 주로 상담 기관이나 사설상담소에서 재난 관련 트라우마 증상으로 고통을 겪고 있는 피해자를 대상으로 단기 및 중장기적 측면에서 증상의 진단과 트라우마 요인 분석을 통하여 병리적 상태를 완화하거나 치료한다.

3) 재난 심리지원의 특징

재난 심리지원은 정형화되고 잘 세팅된 장소가 아닌 재난피해자가 평소 생활하고 삶을 유지한 재난 현장에서 다양한 사회적 측면의 지원과 심리적 측면의 조력을 포괄적으로 다룬다. 재난 피해지역의 전통과 관습을 고려하고 재난피해자의 삶과 연계하여 심리지원이 이루어진다.

재난 심리지원은 재난 경험자를 정상인이라는 관점에서 출발한다. 재난을 경험했다고 모두가 트라우마 증상을 보인다거나 부적응의 모습을 보이는 것은 아니다. 재난의 충격으로 개인의 내적 참조의 틀(theory of mind)이 일시적으로 흔들려 제 기능이 제대로 발휘되지 않고, 자신이 믿어 왔던 신념과 가치의 틀이 잠시 혼란하게 된 것이다. 재난이라는 낯선 환경에서 주어진 여러 정보를 처리하는 능력이 제한되어 판단기능이 결함을 일으켜, 다소 혼란스러운 반응을 보이는 것뿐이다.

따라서 재난 경험 이후 재난피해자의 초기 반응이 혼란스럽게 보인다고 해서 이를 병리적 증상으로 평가하는 것은 적절하지 않다. 재난피해자는 스스로 자신에게 심리적인 문제가 있다고 생각하지 않으며, 정신 치료에 대한 오랜 사회적 고정관념으로 도움을 잘 요청하지도 않는다. 재난 심리지원이 이루어질 때는 이 같은 재난피해자의 행동 특성이 고려되어야 한다. 특히, 재난 심리지원과 일반 심리상담(치료)은 개입 방법의 측면에서 차이가 있어 이에 대한 고려가 필요하다.

〈표 12-2〉 재난 심리지원과 심리상담(치료) 비교

구분	재난 심리지원	심리상담(심리치료)
목적	재난의 정신적 충격을 완화하고 재난 이전의 기능 수준으로 회복	재난 관련 트라우마 증상과 병리적인 상태를 적응의 상태로 치료
대상	재난을 경험한 다수의 정상인	트라우마 증상이 있는 재난피해자
개입	재난 초기 즉각적인 위기 개입	단기/중장기적 상담(치료)
중점	지지, 교육, 사회적 자원 발굴	전문적인 심리상담(치료)
활동	방문, 자문, 교육, 초기응급처치 등	개인/집단상담, 심리치료 프로그램 등
방법	교육 및 지역자원과 연계	탐색적/공감적/수용적 심리상담(치료)
장소	가정, 쉼터, 원하는 장소	심리상담소, 상담센터, 개인 병원 등
비용	무료	유료

재난 심리지원은 재난을 경험한 정상인을 대상으로 재난 초기 재난의 충격에서 벗어나도록 각종 트라우마센터 전문가들과 심리지원 자격을 갖춘 전문가들 주도로 재난 이전의 기능을 회복하도록 도움을 주는 조력방법이다. 재난피해자의 트라우마 증상 진단 및 치료와 경제적·물질적 피해 지원이 통합적으로 이루어지는 재난 심리지원이 필요한 이유가 몇 가지 있는데 이를 살펴보면 다음과 같다.

첫째, 재난 경험 이전의 심리적 안정상태를 유지하고, 정상적인 삶으로의 복귀가 요구되기 때문이다.

둘째, 충격적인 재난 경험을 통해 받은 심리적 충격을 완화하고, 재난 트라우마 고통에 적절히 대처해야 하기 때문이다.

셋째, 재난 스트레스를 비롯해 우울, 불안, 수면장애, PTSD 증상 등을 보이는 피해자를 조기에 발견하고, 이를 정확히 분류하여 전문적인 치료를 받도록 하기 위해서다. 재난 현장에서 재난피해자를 구호하는 구호 요원의 심리적 소진 예방과 재난피해자의 심리적 안정 및 기능 회복을 조기에 꾀하여 만성화로 이어지지 않도록 하기 위한 목적도 있다.

넷째, 재난 후 증상의 징후와 진행 과정에 관한 기초적이고 이해하기 쉬운 심리교육이 필요하기 때문이다. 심리교육은 심리적 장애로 이어질 것이라고 걱정하는 사람을 안정시키고, 재난 초기 경험하는 공포와 두려움, 불안 등이 지극히 정상적이라는 점을 인식시키는 데 도움을 줄 수 있기 때문이다.

4) 재난 심리지원의 관심 사항

재난 심리지원은 전문가가 아닌 비전문가가 심리적 조력 및 도움을 주는 경우 재난의 정신적 충격을 다시금 회상케 하여 2차 피해를 유발할 가능성이 있다. 비전문가는 재난피해자의 심리적 불안정한 상태를 안정화하는 작업이 제한되고, 트라우마 증상 진단에도 한계가 있다. 따라서 재난 심리지원은 반드시 전문가의 주도로 이루어져야 하며, 다음과 같은 사항에 관심을 둔다.

(1) 안정과 보호

재난 발생 후 이루어지는 심리지원의 관심 과제는 재난피해자의 심리적 안정을 유지하는 일이다. 충격적인 재난을 경험한 사람에게는 누구나 트라우마 증상이 나타날 수 있으므로 재난피해자의 심리적 안정에 모든 역량을 집중한다. 정서적인 지지와 격려로 재난피해자에게 용기를 북돋워 주고, 재난을 정상적이고 당연한 것으로 받아들이도록 자상하게 설명한다.

재난피해자의 심리적 안정을 위한 따뜻한 격려와 지지는 심리지원 과정의 어느 특정 단계에서만 이루어지는 것이 아니며, 초기에서부터 종결 단계에 이르기까지 계속해서 이루어져야 한다. 재난피해자의 심리적 충격은 시간이 지나면서 점차 안정을 찾아가는 피해자도 있고, 현실적인 문제를 인식하여 증상이 더 심화하는 피해자도 존재하는 등 개인차가 있다.

유독 자기에게만 재난이 닥쳐 피해가 컸다고 생각하거나 혹은 내 가정에만 물질적·경제적 피해가 큰 재난이라고 왜곡되게 생각하지 않도록 하는 것이 필요하다. 재난 경험을 부정적 시각으로 바라보는 것은 트라우마 회복에 도움이 되지 않기 때문이다.

◉ 재난피해자 언론 취재 보호

재난이 발생하면 다양한 언론 매체의 취재가 시작된다. 이 과정에서 재난피해자의 이름이 언론 매체를 통해 외부에 알려지기도 하는데, 이런 경우 재난피해자는 더욱 힘들어질 수 있다. 어떤 재난피해자는 취재가 두려워 전화를 받지 못하거나, 외출도 하지 못하는 등 또 다른 심리적 고통을 받으며 생활한다.

심리지원 전문가는 매스컴이 재난피해자에게 도움이 될 때도 있지만 대체로 치료에는 별 도움이 되지 않는다는 점을 알고 있어야 한다. 재난 심리지원 과정에서 기자회견 요청이 들어오면 매스컴이 재난피해자의 심리적 안정에 부정적 영향을 준다는 점을 이해시켜 취재를 정중히 거절하는 것이 바람직하다.

재난피해자를 보호하는 일은 심리적 안정을 취하는 것과 달리, 재난피해자를 충격적인 자극에 노출되지 않도록 자극을 주는 대상을 차단할 수 있는 안전한 장소로 이동하는 것이다. 신문이나 TV 같은 언론 매체를 통해 재난 상황과 유사한 장면을 접하여 심리·신체적 증상이 더 악화하지 않도록 차단해야 한다. 재난 피해지역의 쉼터나 휴게 장소에서 재난 상황과 유사한 모습을 언론 매체를 통해 보게 되는 경우 또다시 심리적 충격을 받을 가능성이 있기 때문이다.

(2) 진단 및 분류

재난이 발생하면 피해자의 증상 진단보다 사건에 대한 진상조사가 먼저 이루어지는 일이 벌어지기도 한다. 이 같은 경우 조사하는 과정에서 2차 외상을 경험하게 하여 심리적 고통을 더 심화되게 만들기도 한다. 따라서 재난이 발생하면 어떤 유형의 재난이든 원인 규명을 위한 조사나 수사에 앞서 재난피해자의 심리·신체적 증상 진단과 분류가 우선되어야 한다.

재난으로 발생한 트라우마 증상은 눈으로 발견하기가 쉽지 않다. 증상 발현 시기를 찾아내는 일도 어렵고, 재발과 잠재적 후유증을 알아내는 일도 쉽지 않다. 재난 경험자는 대부분 정상 범위의 외상 스트레스를 받지만, 일부는 심각한 트라우마 증상으로 극단적인 행동을 보여 긴급히 대응해야 할 때도 있다. 따라서 심리지원 전문가는 재난피해자의 반응을 주의 깊게 관찰하고 신속하게 진단하여 증상 수준에 따른 분류를 할 수 있어야 한다.

분류는 기본적으로 각성 상태가 정상인 안정된 사람을 비롯해 비정상적인 행동을 보이는 피해자, 심각한 애도 증상이 계속되거나 인지 손상이 있는 피해자, 집중력이나 기억력 손상을 보이는 피해자, 급성 스트레스 반응이 있는 피해자 등 증상의 정도에 따라 분류한다. 트라우마 진단은 각종 측정 도구를 이용한 선별 검사로 증상 정도에 따라 분류하고, 高 위험자를 우선으로 분류하여 치료가 이루어지도록 연계한다. 트라우마 증상이 경미 수준의 피해자는 자연치유가 되도록 안내하되, 회복을 저해할 가능성이 있는 상황이나 자극에 노출되지 않도록 주의한다.

(3) 위기 개입

위기 개입은 재난피해자의 자살 시도가 예측되는 등 위기 상황이 발생하면 즉시 개입하여 빠른 안정감을 찾도록 하는 응급 활동이다. 이러한 위기 개입은 재난피해자의 심리적 안정과 현재의 심리적 문제 해결을 돕는다. 위기 개입이 필요한 응급상태에 있는 재난피해자는 심리지원 전문가가 가능하면 함께 있는다. 재난피해자의 주변 사람과 협력하여 24시간 심리적 상태를 관찰하고 돌보아 자살과 같은 행동으로 이어지지 않도록 하고, 즉각 출동할 수 있는 응급기관의 연락처를 확보하는 등 응급대책을 마련한다.

만약, 심각한 공황에 빠져 있거나 높은 수준의 비탄 행동을 보이는 재난피해자는 전문 병원이나 지역보건소로 후송하여 치료받도록 조치한다. 예컨대, 신체적 강직 증상을 보이는 피해자, 공황에 빠져 숨을 제대로 못 쉬거나 경련을 일으키는 피해자, 심각할 정도로 불안해하고 초조한 행동을 보이는 피해자, 큰 소리로 울부짖으며 과격한 행동을 보이는 피해자 등은 전문 병원으로 연계하여 치료받도록 안내한다.

(4) 전문 서비스

재난이 발생하면 빠른 시기에 심리지원 전문가 주도의 비대면 상담이나 대면상담 혹은 심리치료를 받는 것이 적절하다. 그렇지 않으면 개인의 기능 회복과 사회적응은 물론 가족에게까지 부정적인 영향을 미치며, 사회적 문제를 일으켜 2차 문제로 확대될 수 있다. 특히, PTSD 증상은 조기에 치료받지 않을 경우, 자연 치료율이 낮아 10년이 지나서도 후유증이 지속될 수 있다. 따라서 외상에 직·간접적으로 노출된 재난피해자는 외상 사건이 발생한 1달을 전후해 심리지원 전문가의 상담이나 치료를 받는 것이 바람직하다.

지진이나 홍수 등 자연 재난이 발생하면 1주~3개월 동안은 재난피해자 자신의 생활 재건과 개인적인 문제를 해결하는 과정에서 분노와 화를 내고 싸우는 등 갈등이 발생한다. 사소한 자극에도 예민하고 신경질적으로 반응하고, 트라우마 증상이 표면화되어 외현적 행동으로 나타나기도 한다. 특히, 가족이나 가까운 동료의 사망과 같은 재난은 심리적 충격이 매우 커, 이로 인한 불면증과 공포, 불안 등이 만성화되기도 한다.

2. 심리지원의 중점

재난피해자를 대상으로 국가 기관에서 실시하는 심리지원은 포괄적이고 통합적으로 이루어지는 특징이 있다. 국가 트라우마센터나 광역 트라우마센터 주도로 이루어지기도 하고, 지역사회의 정신보건 관련 기관과 연계된 체계로 이루어지기도 한다. 이러한 재난 심리지원 활동은 주로 기본조사, 방문 활동, 재난 경험 나누기, 교육, 위기 상담 등으로 이루어진다.

1) 기본조사(Survey)

재난피해자의 나이와 성별, 학력, 결혼 여부 등의 개인 정보는 물론 직업, 경제, 건강 상태, 신체적 손상 등에 관한 자료를 수집하여 심리지원 과정에 적극적으로 활용한다. 재난 지역의 기관 관리자와 지역사회의 지도자(이장, 부녀회장 등)로부터 얻은 정보도 확보하여 다용도로 이용한다.

재난피해자에 대한 심리적 안정과 트라우마 증상 완화를 돕기 위해서는 재난 경험 이후 심리적 변화의 흐름과 지원받을 수 있는 사회적 자원을 파악하는 것이 중요하다. 특히, 재난피해자의 정신적 충격과 트라우마 증상의 변화 정도를 계속 관찰하는 등 정신건강과 관련한 기본정보조사가 필요하다.

재난이 발생한 이후의 피해자 반응상태 파악은 가능한 한 피해자가 편안한 상태에서 이루어져야 하며. 개인 특성과 재난사건 자체의 요인에 대해서는 자세한 이야기를 듣는 것이 유용하다. 재난사건 이후의 반응상태 파악은 다음과 같은 세부 항목을 적용한다.

〈표 12-3〉 재난 발생 후 반응상태 파악

개인 특성	재난사건 자체 특성
· 성격특성 · 신념 체계 · 가치체계 · 정서적 상태 · 대처방식 · 방어기제 · 선천적 요인 · 인지구조(자기/타인/세상에 대한 신념)	· 사망자, 애도/상실의 여부 · 예고성 · 지속성 · 임무 수행 중의 역할 · 재난에 대한 물리적 근접성 · 도덕성 갈등 여부 · 생명의 위협 정도 등
재난 이후 반응상태	
· 정서적 혼란과 고통, 정서적 무감각 반응, 정서적 균형 상태 · 부인/회피 반응, 왜곡, 이인화, 침투적 사고 · 가까운 친구, 사랑하는 사람의 죽음 · 재난 직후 상황, 안전성의 확보 여부 · 신체적 질환이나 상해, 정신적 건강 상태 · 극도의 죄책감이나 수치심의 여부 · 자해나 타인을 해치려는 의도 여부 · 사회적 지지의 여부 · 과거 술이나 약물 사용 정도 · 과거 트라우마 경험 여부 등	

출처: 심윤기(2018).

2) 원조 및 지원(Outreach)

충격적인 재난을 경험하면 자기가 살아오던 세계가 갑자기 차단된 것과 같은 생각과 혼자 고립된 느낌을 받기가 쉽다. 따라서 가능한 한 재난피해자가 외로움을 느끼지 않도록 접촉하고, 익숙하고 친숙한 생활과도 계속해서 접촉이 유지되도록 한다. 기쁜 소식과 가까운 이웃의 소식을 전해 주고 재난피해자에게 도움이 되는 연락처 정보 등도 알려준다.

원조 및 지원활동은 재난피해자를 위한 심리지원 과정에서 중요한 역할을 차지한다. 재난 초기 가장 신속하게 이루어져야 하는 원조 및 지원 대상은 재난 사망자 유가족과 부상자, 어린이, 노인, 장애인 등이다. 원조 및 지원 장소는 재난피해자가 주로 활동하며 시간을 보내는 가정과 학교, 직장, 지역 쉼터 등에서 이루어진다.

원조 및 지원은 재난 심리지원이 필요한 대상자를 직접 찾아가 그가 생활하는 장소에서 봉사하고 조력하는 일련의 활동으로 미군의 전투 현장 정신건강관리팀이 전투 현장에서 직접 활동하는 방식과 유사하다. 원조 및 지원목적은 재난피해자가 당면한 가장 시급한 문제가 무엇인지 구체적으로 확인하고 전문 치료가 필요한 피해자가 누구인지를 점검한 후, 그들이 필요한 것을 돕기 위한 것이다. 또한 재난 정보제공과 재난 교육을 시행하고 재난 경험에서 발생한 공포, 불안, 두려움, 스트레스 등의 트라우마 증상을 극복하려는 것에 목적이 있다.

3) 협의(Consultation)

재난피해자를 대상으로 재난 스트레스와 현실적인 문제를 해결할 수 있도록 다양한 자원과 연계하는 활동이 협의이다. 재난 상황을 평가하고 이에 바탕을 둔 적절한 지원활동으로 재난 지역주민을 비롯해 재난 관리자, 지역사회 지도자인 이장, 부녀회장, 구급요원 등과 협력한다.

효율적인 협력 활동이 이루어지기 위해서는 무엇보다도 재난피해자를 돕는 전문가와 자원봉사자를 포함한 여러 관계자와의 신뢰와 협동이 필요하며, 재난 지역의 문화와 전통 및 종교적 관습 등을 고려할 수 있어야 한다.

4) 재난 경험 나누기와 긴장 완화(Debriefing and Defusing)

재난 경험 나누기와 긴장 완화는 재난 트라우마를 극복하는 방법이다. 재난 경험의 개별적인 고충이나 어려움을 다른 사람과 함께 공유함으로써 트라우마 증상을 해소하는 데 도움이 되는 노출 활동이다.

◉ 재난 경험 이야기와 긴장 완화

재난 경험 이야기와 긴장 완화는 심리적 고통과 공포, 불안, 두려움 등을 해소하는 데 도움을 준다. 특히, 재난 이후에 나타나는 트라우마 반응에 대한 지식을 제공하고 재난피해자에게 나타나는 심리적·정서적 어려움이 일반적이라는 사실을 인식하게 한다. 이러한 재난 경험 이야기 나누기와 긴장 완화는 재난이 발생한 직후에 할 수도 있고 혹은 시간 경과를 고려하여 진행하는 것도 적절하다.

재난 경험 후 나타나는 부적절한 심리·신체적 반응이 병리적인 증상이 아니라, 누구에게나 나타날 수 있는 정상 반응이라는 사실을 깨닫게 하여 심리적 안정을 찾아가도록 돕는다. 또한 재난 상황에서 서로 말하지 않았던 감정을 터놓고 얘기할 수 있는 기회를 만들어 주민 간의 갈등 해소와 이해를 촉진한다.

5) 교육(Education)

재난피해자가 심리적으로 위축되고 혼란스러움을 느끼는 이유는 재난의 충격과 앞으로의 경과를 예측할 수 없기 때문이다. 재난 이후에 나타난 감정이 재난 이전과 다르고 조절할 수 없이 발현하는 분노를 어떻게 처리해야 할지 잘 모르기 때문이기도 하다. 따라서 재난피해자의 심리적 안정을 찾도록 하기 위해서는 그들에게 적절한 재난정보를 알려주고 트라우마와 관련한 지식을 교육해야 한다.

이를 통해 재난피해자는 앞으로 일어날 수 있는 심리·신체적 반응에 대응하고 스스로 대처할 수 있다. 재난 관련 교육은 재난피해자뿐만 아니라 재난 관리자, 지역사회 지도자에게도 정기적으로 이루어지도록 하는 것이 바람직하다. 교육은 말로 하는 방법 외에도 교육자료(소책자, 팸플릿 등)를 제작·배포하는 등의 방식을 다양하게 활용한다.

재난피해자는 시간이 지나면서 점차 흥분과 심리적 고통, 혼란 등이 완화된다. 그렇지만 정서적 분노와 두려움, 공포 등은 계속해서 나타날 수 있으며, 죄책감과 억울함 등의 각종 정서적 변화도 일어날 수 있다. 따라서 재난 교육은 시간 경과에 따라 변하는 심리적 특성을 고려하여 단계적으로 하는 것이 적절하며, 안전하게 자기를 보호하는 방법 등을 포함한다.

이 외에도 재난 이후에 나타나는 심리·신체적 변화와 특성에 관한 정보를 비롯해 재난 트라우마에 대처하는 방법, 불안과 긴장을 완화하는 방법 등을 추가로 할 수 있다. 재난 경험 후 나타날 수 있는 여러 부적응적인 행동을 구체적으로 교육하며, 술이나 약물에 의존해서 스트레스를 해소하는 방법은 적절하지 않다는 점도 강조한다. 아울러 가족 및 이웃과의 대화, 상호지지, 관심, 격려 등이 트라우마 해소에 중요한 대처자원임을 강조하여 교육한다.

6) 위기 상담(Crisis Counseling)

재난 심리지원 과정 중 위기가 발생하면 즉시 개입하여 정상 상태의 기능을 발휘하도록 도움을 주어야 한다. 재난 심리지원 과정 중 재난피해자의 심리적 고통을 대수롭지 않은 것으로 간주하거나, 재난피해자의 개인 특성을 고려하지 않은 방법으로 접근하는 것은 바람직하지 않다.

재난 위기 상담은 트라우마 증상을 신속히 진단 및 평가하여 재난피해자의 감정에 민감하게 대응하고, 트라우마 증상으로 억눌린 감정을 풀어내어 자살과 같은 일이 발생하지 않도록 예방하는 데 역점을 둔다. 재난피해자가 자신의 현실을 직시하고 이를 전적으로 수용하며, 다가올 미래를 긍정적으로 설계하도록 도움을 주어야 한다.

재난피해자 스스로 자신의 문제 해결을 위해 적극적으로 도전하도록 촉진하고, 심층 깊은 대화로 여러 부수적인 위험으로부터 대응하도록 안내한다. 재난피해자 스스로 자신의 현재 감정을 받아들이지 못하거나, PTSD 및 해리 증상의 고통을 반복해서 호소할 때는 트라우마 전문 병원이나 센터 등 전문기관에서 치료를 받도록 안내하고 연계한다.

3. 유형별 심리지원

충격적인 재난 상황에서 피해자가 보이는 심리적 혼란은 재난이라는 일상적이지 않은 사건 경험으로부터 비롯된 일시적인 모습이자 지극히 정상의 모습이다. 심리지원 전문가는 치료자라는 입장보다 재난피해자 스스로 회복역량을 강화하도록 도움을 주는 안내자, 촉진자의 역할에 집중한다. 피해자 유형별 재난심리지원 활동이 어떻게 이루어지는지 그 방법을 살펴보겠다.

1) 영아(2세 전)

2세 전 영아는 말을 시작하기 전이라 재난이나 감정을 표현할 수 없어 재난이 아이에게 얼마만큼의 영향을 미치고 있는지 진단하기가 쉽지 않다. 그러나 영아가 말은 할 수 없어도 특정한 장면과 소리, 냄새 등에 대해서는 부분적으로 기억하고 있어 이를 세심하게 살펴볼 필요가 있다. 가령, 평상시보다 더 많이 운다거나 안아 달라고 보채며, 깜짝깜짝 놀라는 반응을 보일 때 유심히 관찰한다. 영아에게서 나타나는 재난 반응은 주로 다음과 같다.

[행동 특성]

- 과도하게 놀란다.
- 잠을 자지 못한다.
- 이전 발달단계로 퇴행한다.
- 신경질적으로 심하게 운다.

- 과도한 분리불안을 보인다.
- 큰 목소리와 행동으로 무서워한다.
- 수동적이고 위축된 모습을 보인다.
- 충격적인 사건 일부를 놀면서 재연한다.
- 새로운 환경과 새로운 사람을 두려워한다.
- 새로운 것을 배우지 못하고 발달과제를 성취하지 못한다.

[심리지원 방향]

- 신체적인 접촉을 자주 느끼도록 한다.
- 부모와 영아가 같은 방에서 잠을 함께 잔다.
- 양육자가 많은 시간 동안 아이와 함께 있어 준다.
- 놀이 재연을 통해 아이의 감정표현을 격려하고 지지한다.
- 언어적, 비언어적 표현으로 심리적 안정을 취하게 한다.

2) 아동(2~6세)

취학 전 아동은 충격적인 재난에 직면하면 종종 무기력하고 어찌할 바를 모른다. 나이가 어리고 체구가 작아 스스로 자신을 보호할 수 있는 능력이 없어 극도의 두려움과 불안을 느낀다. 취학 전 아동이 세상을 이해하는 방식은 매우 제한적이어서 재난 사건에 대한 단편적인 정보들 사이의 비어 있는 공간을 자신의 상상으로 메꾼다. 종종 재난 사건을 원래와 달리 왜곡해서 기억해 말하기도 한다. 따라서 이 연령대의 아동을 다루는 심리지원은 실제로 아이한테 발생한 사실과 아이의 상상 속에서 생겨난 일을 구분하여 도움을 주는 것이 중요하다.

◉ 취학 전 아동

취학 전 아동은 사건의 원인과 결과를 연속적으로 보는 경향이 있다. 그래서 아무런 연관이 없는 사건들을 서로 연결 짓는다. 예컨대, 아빠가 저녁에 화를 내고 다음 날 엄마가 자동차 사고를 난 건 아빠가 화를 내서라고 생각한다. 아동은 자신이 믿고 바라면 그 일이 실제 일어난다고 생각한다. 가령, 동생과 싸우고 나서 동생이 죽으면 좋겠다고 생각했었는데 동생이 정말로 아픈 경우, 자신이 그렇게 생각했기 때문에 아프게 되었다고 믿는다. 또한 취학 전 아동은 세상을 보는 관점이 자기중심적이다. 부모가 이혼하면 이혼한 이유가 자신 때문이라고도 생각한다.

[행동 특성]

· 공격적으로 논다.
· 같은 방식으로만 논다.
· 죽음이란 것을 잘 이해하지 못한다.
· 죽음은 되돌릴 수 있다고 생각한다.
· 말로는 재미있다고 해도 재미없게 행동한다.
· 부모를 잃은 아이는 의기소침하게 행동한다.
· 재난을 자신의 탓으로 생각하고 스스로 비난한다.
· 불안을 느껴 양육자에게 매달리거나 떨어지지 않으려고 한다.
· 퇴행을 보인다(대소변 못 가림, 엄지손가락 빨기, 유아적 언어 사용).

[심리지원 방향]

· 부모 방에서 함께 자는 것을 허락한다.
· 아동이 친숙하고 편안하게 느끼는 사람과 함께 지낸다.
· 평상시의 환경과 비슷하게 만들어주면서 일상생활을 유지한다.
· 재난 후 상황을 전하는 언론 매체에 노출되지 않도록 한다.
· 그림 그리기, 인형 놀이 등을 통해 아이의 감정과 정서를 표현하게 한다.

3) 어린이(학령기)

학령기 어린이는 아동보다 세상에 대해 보다 객관적으로 인식하는 능력이 있다. 현실적인 세계관을 가지면서 세상이 더 이상 안전하지 않다는 것을 알고, 부모도 모든 위험에서 자신을 보호할 수 없다는 것을 인식한다.

일부 어린이는 충격적인 재난의 세부 사항에 극도로 집착하여 그에 대해 계속 이야기하며, 이런 집착은 학업에 지장을 준다. 특히, 학령기 어린이는 재난을 막지 못했다는 죄책감과 분노 반응을 보이고 구조대원의 흉내를 내는 등 다양한 모양으로 반응한다.

[행동 특성]

· 자주 스스로 비난한다.
· 잠을 잘 자지 못하며 악몽을 꾼다.

- 학업이나 놀이에 집중하지 못한다.
- 가장 친한 친구와의 관계에 문제가 생긴다.
- 식욕 변화, 두통, 복통, 수면장애를 보인다.
- 과잉행동, 부끄러움, 공격성 등을 나타낸다.
- 학교 갈 준비나 숙제를 제대로 하지 못한다.
- 위험한 놀이를 하거나 자기 통제력을 잃을 때가 있다.
- 죽은 아빠가 나타나서 말을 걸었다는 초자연적인 말을 한다.
- 위축되었다가 때로는 공격적으로 되는 등 행동에 일관성이 없다.

[심리지원 방향]

- 어린이의 상태를 학교에 알린다.
- 또래들과 자주 어울리며 놀게 한다.
- 친밀한 행동을 자주 느끼도록 한다.
- 평상시보다 어린이에게 더 많은 관심과 주의를 기울인다.
- 놀이나 대화를 통해 생각이나 감정을 표현하도록 한다.
- 집이나 학교에서 행동이 느린 것을 나무라지 않는다.
- 거칠게 행동하거나 외향적인 행동을 꾸짖지 않는다.
- 또래 아이들과 재난 이야기를 할 수 있는 여건과 기회를 마련해 준다.

4) 청소년

청소년은 때로 어린이와 같은 반응을 보이기도 하고 혹은 성인과 유사한 반응을 보이기도 한다. 10대 청소년은 무모한 음주를 비롯해 性的 행동과 같은 위험한 행동을 하며, 가까운 가족조차도 재난 경험 이야기를 나누지 않으려는 특성이 있다. 세상 밖으로 나가고 싶어 하는 평상시와 달리 재난 경험 이후에는 오히려 집 밖에 나가는 것을 두려워하기도 한다. 그 이유는 재난의 충격으로 세상은 위험하고 불완전한 곳이라고 생각하기 때문이다.

[행동 특성]

- 자신을 부정적으로 본다.
- 스스로 무능력하고 무기력하다고 생각한다.

· 특정 행동에 지나치게 몰입한다(예: 게임 중독).
· 또래 친구들로부터 가장 많은 이해와 지지를 받는다.
· 술, 담배, 약물복용, 무분별한 성적 행위와 같은 위험한 행동을 한다.
· 사건을 일으킨 사람에게 복수하는 상상하고 실제 복수하려고 한다.

[심리지원 방향]
· 학업에 대한 성취 수준의 기대를 낮춘다.
· 또래 집단 치료프로그램에 참여하도록 한다.
· 운동, 학교생활, 사회적 활동에 참여토록 한다.
· 재난의 두려움에 대해 말하도록 촉진하되 강요하지는 않는다.
· 또래나 가족 혹은 다른 친한 사람과 재난 경험 이야기를 나눈다.

5) 노 인

노인은 재난을 경험했을 때 오랜 삶의 경험으로 젊은 사람보다 재난의 후유증에서 빨리 회복하리라고 생각한다. 하지만, 실제로는 재난 상황에 더 취약하다. 왜냐하면 나이와 관련하여 인지기능과 운동기능 등 전반적인 기능이 약화된 상태이기 때문이다. 일반적으로 재난 상황에서 노인은 다음과 같은 행동 반응을 보인다.

[행동 특성]
· 반응이 느리고 방향 감각이 둔하다.
· 위험한 상황에 대한 인식이 부족하다.
· 재난을 경험한 사실에 대해 숨기려고 한다.
· 일반인보다 더 많은 고통과 상실을 느낀다.
· 경고나 조심에 대해 주의를 기울이지 못한다.
· 안절부절하고 참지 못하며, 분노와 성마름을 보인다.
· 주의 집중 곤란과 기억력 손상 등이 있지만 치료를 미룬다.

[심리지원 방향]
· 개인적 관심과 배려, 지지를 배가한다.

· 심리치료 프로그램에 참여하도록 격려한다.
· 영적 활동을 통해 죽음에 대한 불안을 감소시킨다.
· 재난 경험에 대해 주변 사람들과 자주 이야기를 나눈다.
· 정기적으로 정신건강에 대한 진단을 받도록 한다.
· 재난정보를 자주 제공하고 대처하는 방법을 알려준다.
· 정서적인 안정을 취하도록 편하게 대하고 이야기를 들어준다.
· 비슷한 연령 집단의 단체 활동에 참여하고 정보를 교환한다.

4. 심리지원의 절차

재난 심리지원은 재난피해자의 행동이 혼란스럽고 판단을 제대로 할 수 없는 인지부조화 상태라는 점을 고려하여 피해자를 친절하고 따뜻이 대할 수 있어야 한다. 재난피해자에게 조언할 필요가 있는 경우에는 명확하고 분명한 어조로 말하며, 대처 방법을 안내할 때도 구체적이고 확실하게 한다. 재난피해자의 감정에 민감하게 대응하고 공감하며, 이들이 하는 말에 적극적으로 경청하여 자살 시도와 같은 부적절한 행동으로 이어지지 않도록 한다.

재난피해자의 트라우마 증상 완화와 재난 충격에서 벗어나 심리적 안정을 찾도록 지원하는 심리지원 활동은 정상의 삶을 유지하는 데 큰 도움이 된다. 재난피해자의 트라우마 증상 완화는 재난 이후의 심리적 변화를 고려하고, 재난피해자의 요구와 특성에 맞게 맞춤형 서비스가 이루어져야 한다. 재난 심리지원은 일반적으로 다음과 같은 절차로 이루어진다.

1) 1단계: 접촉 및 정보획득

재난 발생 후 3일 정도는 재난 현장이 매우 복잡하고 혼란스러운 상태다. 재난 지역에 거주하는 주민의 대부분은 갑자기 닥친 재난으로 갈피를 못 잡고 혼란한 상태가 이어지며, 이후에 또 어떤 일이 벌어질지 모르는 두려움과 불안, 공포 등을 느끼며 지낸다. 사망이나 부상, 재산 손실 등의 현실적인 문제로 극심한 수준의 스트레스를 받으며 생활하기도 한다.

재난이 발생한 날로부터 3일 정도까지는 재난피해자의 생활이 안정되도록 하는데 주안을 두고 재난피해자와 접촉한다. 이때 심리지원 전문가는 형식을 갖추지 않은 편안하고 일상적인 대화로 접촉을 시작하며, 어떤 상황에서도 재난피해자에게 정서적 자극을 주는 말은 피한다.

가령, '여기 있는 사람들은 정말 운이 좋은 거예요.'라는 말은 재난의 힘든 사정을 알아주지 못하고 위로의 말도 되지 못한다. '아까부터 무슨 생각을 그리 골똘히 하는지 이야기를 한번 나누었으면 하는데 어떠신지요?'라고 편안하게 다가가는 말로 접촉하면 무난하다.

재난피해자가 어떤 도움을 받고 싶어 하는지를 찾는 과정은 반드시 거치도록 해야 한다. '지금 궁금하거나 알고 싶은 것이 있으신가요?', '재난 관련 정보를 알고 계시면 좋은 점들이 참 많은데 혹시, 궁금한 점이 있으신가요?'라고 편안하게 질문하여 피해자의 요구가 무엇인지 확인한다.

대화하는 동안에는 자연스럽게 재난피해자가 재난 당시 누구와 있었는지, 어디에서 무슨 일이 일어났는지 등의 정보를 얻는다. 특히, 재난피해자가 가장 충격을 받은 자극과 압도당한 기분, 생명의 위협을 느낀 대상이 무엇인지 확인한다. 가령, '그 일이 일어났을 때 어디 계셨어요?', '처음에는 어떻게 하셨어요?', '그 장면에서 기억나는 것이 있으신지요?,' '직접 본 것이나 냄새 혹은 들은 소리가 있으신가요?', '가족들은 재난이 일어났을 때 어디에 계셨어요?', '다른 사람들도 같이 있었나요?', '그때 누군가 무슨 말을 했는데 그 사람이 기억나세요?', '그 일이 일상생활(작업, 수면, 식욕 등)에 어떤 영향을 주는 것 같아요?' 등과 같은 말로 재난정보를 획득한다.

2) 2단계: 심리적 안정

재난피해자의 심리적 안정은 재난 경험으로부터 발생한 긴장을 완화하고 불안과 두려움, 스트레스 등의 트라우마 증상을 누그러뜨리는 것이다. 이 단계에서의 심리지원은 재난피해자를 안심시키고 보호하는 활동을 주로 전개하며, 재난피해자의 건강한 내적 능력과 회복역량이 발휘되도록 촉진하는 작업이 이루어진다.

재난피해자의 생각을 확인하는 일도 이루어지게 되는데 이는 자기의 생각을 스스로 깨닫도록 하기 위해서다. 가령, '충격적인 재난이 일어났을 때 무슨 생각을 하셨나요?', '재난을 목격했을 때 어떤 생각이 들었어요?', '위험에서 벗어났을 때 무슨 생각을 하셨는지요?', '안전한 곳에 도착했을 때는 무슨 생각이 났어요?',

'혹시 반복해서 떠오르는 생각이 있나요?' 등의 질문으로 피해자의 긴장 해소는 물론 피해 당시 생각을 깨닫도록 한다.

재난피해자의 감정을 탐색하기 위해서는 감정 상태에 관해 자주 질문하여 자기의 생각과 일치시키도록 한다. 생각과 감정을 일치시키면 재난피해자의 격한 감정이 해소되고 처리하기 어려웠던 불안정한 정서를 안정되게 하며, 트라우마 반응이 병리적 증상으로 확장되는 것을 방지할 수 있다.

다음과 같은 질문은 감정 탐색에 도움이 된다. 예컨대, '재난으로 가장 힘들거나 어려운 것이 무엇이었나요?', '그 일이 있고 난 후 지금까지 어떤 감정을 느끼셨나요?', '지금은 어떤 기분이세요?' 등과 같이 묻는다.

◉ 심리적 안정을 위한 TIP

- 상실을 슬퍼할 수 있는 여건을 제공한다.
- 안심하고 편안하게 충분히 쉴 수 있도록 한다.
- 다른 사람과의 접촉을 차단하고 흥분을 가라앉힌다.
- 개인의 비밀을 보호하고 사적인 공간을 마련한다.
- 일상적인 활동이 침해받지 않도록 한다(언론 취재 등).
- 가족이나 친지의 안전을 확인하고 연락할 수 있도록 한다.
- 긴장을 완화하고 불안이나 의존하려는 마음을 줄이도록 한다.
- 외상 경험자의 기본적인 생존과 안전 욕구를 충족시킨다(휴식 공간 제공 등).
- 정상적인 가정생활, 지역사회, 학교생활을 할 수 있다는 믿음을 갖도록 한다.
- 가까운 지역 또는 이웃이 외상 경험자를 장기적으로 도울 수 있도록 협력한다.

재난 심리지원은 재난피해자의 심리적 고통을 줄이고 트라우마 반응이 병리적 증상으로 이어지지 않도록 차단하기 위해 심리적 초기 지원과 피해자 진단 및 분류, 트라우마 및 스트레스 관리 등을 다룬다.

심리적 초기 지원은 재난피해자의 요구에 맞춘 접근을 기본으로 하고, 피해자의 현실적인 심리·신체적 문제 해결에 초점을 둔다. 그래야만 재난피해자와 배우자, 부모, 자녀 등 가족들의 심리적 고통과 갈등을 동시에 줄일 수 있다. 재난으로 인한 부정적 감정을 해소하는 일도 중요하게 다룬다.

재난피해자의 트라우마 증상을 빠르고 정확하게 진단한 결과를 바탕으로 어떤 방식으로 개입하는 것이 적절한지 혹은 안전 보장을 위한 보호는 어느 수준이 적절한지를 판단하는 과업도 이루어진다. 재난피해자의 트라우마 극복 역량을 확인하는 과제는 개인 강점을 포함해 지역사회로부터 지원받을 수 있는 자원 등에 중점을 두는 것이 적절하다.

재난 발생 시 심리적 초기 지원의 목표는 다음과 같다.

〈표 12-4〉 심리적 초기 지원의 목표

목표	· 보호 및 안전 확보 · 재난 트라우마 증상 감소 · 사회적 지지체계 발굴	· 신속한 진단 및 분류 · 휴식 제공과 수면 회복 · 심리적 강점 발굴 등

한편, 사회적 지지는 재난피해자가 혼자 고립된 느낌에서 벗어나 다른 사람과 사회적 교류를 가능케 하고 증상 완화에 큰 도움을 주는 요인으로 다음과 같은 질문으로 확인한다. 가령, '재난 피해를 극복하려면 누구의 도움을 받으면 좋겠다고 생각하시는지요?', '누구와 이야기하고 싶으세요?', '가장 힘들 때 누구의 도움이 필요하다고 생각하시는지요?', '이전에 힘든 일이 있었을 때 어떻게 하셨나요?' 등과 같이 질문한다.

3) 3단계: 진단과 분류

재난피해자의 트라우마 증상 진단은 재난 초기에 다루어지는 중요한 과정이다. 트라우마 진단은 재난으로 발생한 심리적 충격과 고통, 불안, 두려움 등 정신적으로 혼란한 상태에 있는 피해자를 대상으로 행해지는 평가과정이다. 따라서 정확하고 빠르게 진단이 이루어져 어떤 수준의 개입과 지원이 필요한지를 판단할 수 있다.

진단은 기본적으로 스스로 문제를 해결할 수 있는 피해자를 비롯해 비정상적인 행동을 하는 피해자, 집중력이나 기억력 손상을 보이는 피해자, PTSD 증상이 있는 피해자 등을 가려낸다. 트라우마센터나 전문 병원에 입원 치료가 필요한 피해자인지 혹은 자살이나 타살의 위험성이 있는 피해자인지 등을 분류하고 평가하는 일은 모두 재난 현장에서 이루어진다.

만약, 재난피해자의 초기 반응을 정확하게 진단 및 평가하지 못하는 경우는 재난피해자와 심리지원 전문가 모두에게 좋지 않은 결과를 가져다줄 수 있다. 재난피해자에게 초기 진단 서비스가 적절히 이루어지지 못하는 경우 자살과 같은 심각한 문제로 이어질 수 있고, 심리지원 전문가에게는 심리적 소진과 2차 외상으로 이어질 수 있기 때문이다.

◉ 초기 진단의 중요성

재난피해자의 초기 진단이 중요한 이유는 다음과 같다. 첫째, 재난 경험 후 초기에 나타나는 ASD 증상은 1개월 이내에 회복된다는 증거가 있기 때문이다. 재난 초기 피해자를 평가하여 내리는 진단은 재난 발생 후 일주일 뒤에 혹은 한 달 뒤에 내리는 진단과 질적으로 다르다. 둘째, 재난 상황이 중단된 이후 진단이 이루어져야 한다. 실제로 재난은 지속성이 있어 재난 스트레스의 원인이 중지되기 전에 내린 진단은 정확한 진단 결과가 되지 못한다. 셋째, 재난에 노출된 사람을 좀 더 효과적인 방법으로 진단하기 위해서는 상황과 여건에 따라 진단 기간을 융통성 있게 조정해서 실시한다.

일반적으로 재난피해자는 스스로 심리지원 서비스를 요구하지 않는 특징이 있다. 상담센터나 기관 등을 찾아가 도움을 받을 필요성도 잘 알지 못한다. 다만, 가까운 지인이나 친구를 만나 상의하는 것을 선호한다. 그래서 심리지원 전문가는 재난피해자가 찾아오길 기다리기보다 직접 재난피해자를 찾아가야 한다.

일반적으로 재난 후 첫 3~4주 기간은 트라우마 증상이 점차로 회복되지만, 심리적 고통이 더 심화하는 피해자도 존재한다. 따라서 이러한 피해자를 선별하여 그들의 위험 요소와 취약 요인을 파악하고 관리대책을 마련할 수 있어야 한다. 재난 후 트라우마 증상이 심하거나 PTSD 증상이 있는 피해자를 분류하기 위해서는 다음과 같은 요인을 고려한다.

(1) 재난 이전 요인

- 유전적인 취약성
- 재난 경험 전 우울증
- 약물 남용 경험
- 재난 이전의 트라우마 경험
- 안정적이지 않은 가정환경
- 경제적 / 교육적 수준
- 아동기 외상 및 학대 경험의 유무 등

(2) 재난 사건 요인

- 심리적 충격 정도
- 재난에 노출된 정도
- 신체적 손상의 정도
- 생명의 위협 정도
- 재산의 상실 정도
- 가까운 사람의 죽음과 부상 등

(3) 재난 후 요인

- 사회적 지지 수준
- 대처 기술과 자원 능력
- 부가적인 트라우마 증상
- 약물 남용 정도
- 2차 증상 발현 등

재난피해자의 PTSD 조사

재난이 발생한 지구촌 160개 지역에서 재난을 경험한 6만여 명을 대상으로 PTSD에 대한 조사가 이루어졌다. 이 조사에서 유의미한 수준의 PTSD 증상을 보인 사람은 18~21% 수준에 이르는 것으로 조사되었다(Norris et al., 2002). 재난의 직접 피해자는 30~40%의 PTSD 증상을 보였고, 구조대원과 같은 간접피해자는 5~20%의 PTSD 증상을 보인 것으로 조사되었다(Neria, Nandi & Galea, 2008).

4) 4단계: 전문 개입

재난 발생 후 3~7일 정도는 재난의 충격으로 망연자실한 모습을 보이고 공포를 느끼는 등 급성 스트레스 반응이 나타난다. 판단력이나 현실감이 저하되고 정확한 상황판단도 제한되며, 극도의 스트레스 반응을 보이기도 한다. 주로 이런 반응은 재난 발생 후 10일 정도에 해소되기도 하지만 ASD로 발전하는 경우는 1달 정도까지 증상이 지속된다.

재난 발생 후 1주~3개월까지는 물질적 피해를 해결하는 과정에서 울분과 화, 분노 반응을 보이고 주변 사람들과 갈등이 일어나기도 한다. 사소한 자극에도 예민하게 반응하고 신경질적으로 대하며, PTSD 증상과 같은 문제가 표면화되어 나타나기도 한다.

재난 발생 후 3~6개월 정도 지나면 재난 충격에서 대부분 회복되지만, 재난 충격을 심하게 받은 피해자는 침습과 자극 회피 증상이 나타난다. 공포와 불안, 두려움 등을 지속해서 보이고 분노를 표출하며, 죄책감과 우울증 등으로 자살을 시도하기까지 한다. 특히, 화재로 인한 화상과 같이 심각한 신체 손상이 있는 피해자는 심리적 회복이 더디게 이루어지며, 이 과정에서 음주와 약물을 남용하기도 한다.

본격적인 심리지원이 이루어지는 것은 이때부터다. 각종 진단지를 이용한 선별 검사로 증상이 미미한 피해자는 상담과 지지를 통한 자연치유를 촉진하고, 회복을 저해하는 자극이나 상황에 노출되지 않도록 안내하여 트라우마로 이어지는 것을 방지한다.

강한 재난 충격으로 우울장애, 판단력 저하, 인지장애 증상을 보이는 피해자를 포함해 가족 사망으로 심리적 고통이 심하거나 PTSD, 불면증, 불안 수준이 높은 유가족 등은 트라우마센터나 전문기관에서 치료받도록 안내한다.

5) 5단계: 회복

재난 발생 후 피해자가 받은 심리적 충격은 시간이 지남에 따라 적절한 도움으로 점차 심리적 안정을 찾아간다. 이때 심리지원 전문가는 재난피해자가 재난을 현실적인 사건으로 받아들일 수 있도록 조력한다. 충격적인 재난이 자신에게만 일어났다거나 우리 가정에서만 피해가 크게 발생하였다는 부정적인 생각은 회복에 전혀 도움이 되지 않는다는 사실을 깨닫도록 알려준다.

재난피해자의 심리적 회복을 위해서는 변별력 있는 프로그램을 적용하는 것이 바람직하다. 가족이나 친한 친구 등 피해자 주변의 가까운 사람들에게 피해자의 심리적 안정과 회복 방법을 알려주어 트라우마 증상이 악화하는 것을 예방할 수 있으면 더욱 좋다.

PART
4

[부록]
진단 도구

1. PTSD 진단 도구
2. 개인 트라우마 진단 도구
3. 재난 트라우마 진단 도구(아동 · 청소년용)

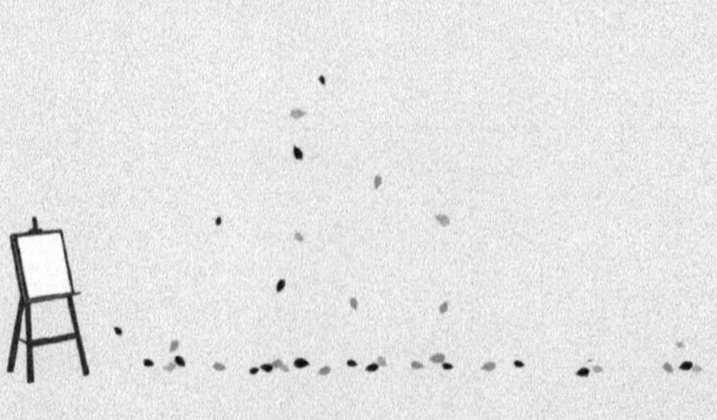

1. PTSD 진단 도구

1) 임상 관리 PTSD 면담 척도(CAPS)

CAPS(Clinician-Administered PTSD Scale-DX)

성명: ______________ 면담자:______________ 날짜:______________

A. 외상 사건:

B. 침습(재경험) 증상들	지난주			지난달			평생		
	빈도	강도	총점	빈도	강도	총점	빈도	강도	총점
(1) 집요한 회상									
(2) 괴로운 꿈									
(3) 마치 외상 사건이 재발하고 있는 것처럼 행동하거나 느낌									
(4) 외상 사건의 단서에 노출 시 심리적 고통을 느낌									
(5) 외상 사건의 단서에 노출 시 생리적 반응이 일어남									
B 증상의 소계(subtotals)									
기준 B의 증상 수 (1가지가 필요함)									

C. 회피와 마비 증상	지난주			지난달			평생		
	빈도	강도	총점	빈도	강도	총점	빈도	강도	총점
(6) 외상 사건에 관한 생각, 느낌, 대화의 회피									
(7) 외상 사건에 관련된 활동, 장소, 사람을 회피									
(8) 외상의 중요한 측면을 회상하지 못함									
(9) 활동에 관한 관심과 참여가 감소함									
(10) 동떨어지거나 격리된 느낌									
(11) 정서의 범위가 제한됨									
(12) 미래가 단축된 느낌									
C 증상의 소계(subtotals)									
기준 C의 증상 수 (3가지가 필요함)									

D. 증가한 각성 반응	지난주			지난달			평생		
	빈도	강도	총점	빈도	강도	총점	빈도	강도	총점
(13) 잠들기 어려움 또는 계속 자기 어려움									
(14) 자극에 과민한 상태 또는 분노의 폭발									
(15) 집중의 어려움									
(16) 지나친 경계									
(17) 놀람 반응의 악화									
D 증상의 소계(subtotals)									
기준 D의 증상 수 (2가지가 필요함)									

빈도, 강도, 총점	지난주			지난달			평생		
	빈도	강도	총점	빈도	강도	총점	빈도	강도	총점
각 증상 소계의 총합 (B+C+D)									

E. 장해의 기간	현재	평생
(19) 적어도 1개월의 장해 기간	아니오, 예	아니오, 예

F. 심각한 고통 또는 기능 장해	지난주	지난달	평생
(20) 전반적 고통			
(21) 사회적 기능의 손상			
(22) 직업적 기능의 손상			
적어도 2가지 이상?	아니오, 예	아니오, 예	아니오, 예

PTSD 진단	현재	평생
PTSD 존재, 모든 기준(A−F) 일치?	아니오, 예	아니오, 예
세분할 것: (18) 지연성(6개월 이상 지연)	아니오, 예	아니오, 예
(19) 급성 (3개월 이하) 또는 만성(3개월 이상)	급성, 만성	급성, 만성

전반적 평가	지난주	지난달	평생
(23) 전반적 타당도			
(24) 전반적 심각도			
(25) 전반적 호전			

부수 증상	지난주			지난달			평생		
	빈도	강도	총점	빈도	강도	총점	빈도	강도	총점
(26) 명령에 대한 행동 또는 태만함에 대한 죄책감									
(27) 생존한 것에 대한 죄책감									
(28) 환경에 대한 자각 감소									
(29) 비현실감									
(30) 이인화									

※ CAPS 기록지 척도
진단 기준시(PTSD 절단점); 45, 증상 소실 시(치료 종료점); 20

2) PTSD 척도(LEC-5, IES-R, PDS, SPAN)

LEC-5(Life Events Checklist for DSM-5)	심각도					
아래 문항을 읽고 해당하는 외상 경험에 체크(√)표시하십시오. ① 본인이 직접 경험 ② 다른 사람에게 일어난 것을 목격 ③ 가까운 가족이나 친한 친구에게 일어난 일을 알게 됨 ④ 업무상 경험 ⑤ 해당 여부 불확실 ⑥ 해당하지 않는 경우	직접경험	목격	알게됨	업무상경험	불확실	해당없음
1. 자연 재난 (예: 홍수, 태풍, 폭풍, 지진)						
2. 화재 또는 폭발						
3. 교통사고 (예: 자동차, 선박, 기차, 비행기 추락)						
4. 직장, 집, 또는 여가 활동 중 심각한 사고						
5. 독성 물질에 노출 (예: 유독성 화학물질, 방사능)						
6. 신체 폭력 (예: 공격당하거나, 가격당하거나, 따귀를 맞거나, 발로 차이거나, 두들겨 맞음)						
7. 각종 무기로 공격당함 (예: 총이나 칼에 맞거나, 칼, 총, 폭탄으로 위협당함)						
8. 성폭력 (성폭행, 성폭행 시도, 완력이나 위협하에 성적 행위에 해당하는 것을 하게 됨)						

9. 기타 원하지 않거나 불편한 성적 경험						
10. 전투나 전쟁터에 노출 (군 근무 또는 민간인으로서)						
11. 감금 (예: 납치, 유괴, 인질, 전쟁 포로)						
12. 목숨이 좌우될 정도의 질병이나 부상						
13. 심각한 인간적 고난 (예: 강제적인 노동, 지속적인 굶주림 또는 식량 부족, 지속적인 노숙 상태, 고문)						
14. 급작스러운 변사 (예: 살인, 자살)						
15. 급작스러운 사고사						
16. 나 때문에 발생했던 다른 사람의 심각한 부상, 상해 또는 사망						
17. 그 밖의 매우 심각한 스트레스 사건이나 경험						

출처: Weathers et al(2013).

IES-R(Impact of Event Scale-Revised)

아래의 문항은 스트레스 사건을 경험한 후 사람들이 겪는 어려움에 관한 것입니다. ( ) 사건과 관련하여 지난 7일 동안 얼마나 경험했는지 각각의 문항에 체크(√)표시해 주십시오.	심각도				
	전혀 없다	약간 있다	보통 있다	많이 있다	매우 있다
	0	1	2	3	4
1. 그 사건을 상기시켜 주는 것들이 그 사건에 대한 감정(느낌)을 다시 되살아나게 한다.					
2. 나는 수면을 지속하는 데 어려움이 있었다.					
3. 나는 다른 일들로 인해 그 사건을 생각하게 된다.					
4. 나는 그 사건 이후로 예민하고 화가 난다고 느꼈다.					
5. 그 사건에 대해 생각하거나 떠오를 때마다 혼란스러워 회피하려고 했다.					
6. 내가 생각하지 않으려 해도 그 사건이 생각난다.					
7. 그 사건이 일어나지 않았거나 현실이 아닌 것처럼 느꼈다.					
8. 그 사건들을 상기시키는 것을 멀리하며 지냈다.					
9. 그 사건의 영상이 나의 마음속에 갑자기 떠오르곤 했다.					
10. 나는 신경이 예민해졌고 쉽게 깜짝 놀랐다.					
11. 그 사건에 관해 생각하지 않기 위해 노력했다.					
12. 나는 그 사건에 관하여 여전히 많은 감정이 있다는 것을 알지만 신경 쓰고 싶지 않았다.					

13. 그 사건에 대한 나의 감정은 무감각한 느낌이었다.					
14. 나는 마치 사건 당시로 돌아간 것처럼 느끼거나 행동할 때가 있었다.					
15. 나는 그 사건 이후로 잠들기가 어려웠다.					
16. 나는 그 사건에 대한 강한 감정이 물밀듯이 밀려오는 것을 느꼈다.					
17. 내 기억에서 그 사건을 지워 버리려고 노력했다.					
18. 나는 집중하는 데 어려움이 있었다.					
19. 그 사건을 떠올리게 하는 어떤 것에도 식은땀, 호흡곤란, 오심, 심장이 두근거리는 것 같은 신체적인 반응을 일으켰다.					
20. 나는 그 사건에 관한 꿈을 꾼 적이 있었다.					
21. 내가 주위를 경계하고 감시하고 있다고 느꼈다.					
22. 나는 그 사건에 관해 이야기하지 않으려고 노력했다.					

PDS(Post-traumatic Diagnostic Scale)

삶을 살아가면서 상당한 사람들이 외상성 사건을 경험하거나 목격하여 고통을 겪습니다. 다음은 외상 사건의 목록입니다. 여러분이 경험했거나 혹은 목격했던 사건들을 아래 중에서 모두 골라 체크(√)해 주시고, 나이와 개월을 기록해주십시오.

구분	사건 유형	경험 있음		당시 나이	경험 기간
1. 전쟁	참전, 전쟁터에서 생활	예		세	개월
2. 강제 수감	인질 경험, 납치당한 경험, 고문 경험 등	예		세	개월
3. 자연재해	홍수, 지진, 태풍, 해일, 산사태 등	예		세	
4. 화재	화재, 폭발 등	예		세	
5. 교통사고	오토바이, 자동차, 비행기, 선박, 기차, 자전거 등	예		세	
6. 건물 붕괴	건물 붕괴, 교량(다리) 붕괴 등	예		세	
7. 질병	에이즈(AIDS), 암, 기타 생명을 위태롭게 한 질병	예		세	
8. 신체 폭력	가정폭력(배우자, 부모, 형제자매에 의한 폭력)	1회	여러 번	세	개월
	학교 폭력(또래로부터 심각한 신체적 폭력)	1회	여러 번	세	
	범죄 피해(강도, 칼에 찔림, 기타 흉기로 인한 폭력 등)	예		세	개월
9. 성적 폭력	모르는 사람으로부터 성폭력 경험 또는 성폭력 위기를 넘김, 가까운 사람이 성폭력 당하는 것을 직접 목격	1회	여러 번	세	개월
	아는 사람(가족, 친지 등)으로부터 성폭력 경험	1회	여러 번	세	개월
10. 기타 사건	산업재해, 익사 사고, 독가스 누출, 자살 목격 등	예		세	

위에서 한 가지 이상의 외상 사건에 응답한 경우, 가장 고통을 주는 사건에 대해 다음의 항목에 답해주세요. 만일 한 가지 사건만 응답한 경우는 그 사건에 대해 다음의 질문에 답해주세요.

가장 고통을 주는 사건: ______________

외상 사건 후 현재까지의 경과 시간은?
☐ 1개월 이하 ☐ 1~3개월 ☐ 3~6개월 ☐ 6개월~3년 ☐ 3~5년

다음의 질문에 대해서는 예/아니오 중 해당하는 것에 체크(√) 하세요.
앞서 언급한 외상성 사건과 관련하여
· 당신 또는 다른 사람이 신체적 상해를 입었나요? ☐ 예 ☐ 아니요
· 당신 또는 다른 사람이 생명의 위협을 느꼈나요? ☐ 예 ☐ 아니요
· 당신은 무력감 또는 극심한 공포나 두려움을 느꼈나요? ☐ 예 ☐ 아니요

충격적인 사건을 경험한 이후에 나타날 수 있는 현상입니다. 지난 한 달 동안에 나타난 것에 체크(√)해 주세요(0(전혀 아니다/또는 1회), 1(주 1회 정도), 2(주 2~4회/또는 1달에 반 정도), 3(주 5회 이상/또는 거의 언제나)	수준			
	0	1	2	3
1. 그 일을 생각하고 싶지 않을 때 불쑥 생각나거나 머릿속에 그려진다.				
2. 그 일과 관련된 악몽을 꾼다.				
3. 그 일이 마치 재현되듯 생생하게 느껴지고, 그때 당시처럼 행동하게 된다.				
4. 그 일을 떠올리면 괴로운 감정이 든다(예: 두렵다, 분노가 치밀어 오른다, 슬프다, 죄책감이 느껴진다 등).				
5. 그 일을 떠올리면 신체적 반응이 느껴진다(예: 진땀이 난다, 심장이 뛴다).				
6. 그 일에 대해서 생각하거나 말하지 않으려 하고, 당시의 느낌조차 떠올리지 않으려고 애를 쓴다.				
7. 그 일을 생각나게 하는 활동이나 사람, 장소를 대체로 피하려고 한다.				
8. 그 일과 관련된 중요한 기억의 한 부분이 도무지 생각나지 않는다.				
9. 지금 내 생활에서 중요했던 것이 흥미가 떨어지고 의욕이 낮아졌다.				
10. 주위 사람들과 멀어지거나 단절된 느낌이다.				
11. 정서가 메마른 것처럼 무감각하다. (예: 눈물이 나지 않는다, 애정의 기분을 느낄 수 없다 등).				
12. 내 미래의 계획이 뜻대로 이루어질 것 같지 않아 희망이 없다. (예: 제대로 된 직장이나 가족을 가지지 못하고 오래 살지 못할 것이다).				
13. 잠이 잘 오지 않고 자더라도 자주 깬다.				
14. 짜증이 잘 나고 신경질을 부린다.				
15. 집중하기가 어렵다(예: 대화 중에 다른 생각을 한다. TV 드라마를 보다가 줄거리를 놓친다, 방금 읽은 내용을 기억하지 못한다 등)				

16. 지나친 긴장 상태에 있다(예: 주위에 누가 있는지 자꾸 확인한다. 문쪽으로 등을 돌리고 있으면 불안하다).				
17. 작은 일에도 쉽게 놀란다(예: 누가 뒤에서 걸어오는 것을 느낀다).				

※ 지난 1개월 동안 위에서 평가한 문제들이 다음에 제시되는 삶의 영역에서 방해가 되는지 예와 아니오 중 해당하는 곳에 체크(√)해 주세요.

내 용	예	아니오
1. 직업		
2. 집안일		
3. 친구 관계		
4. 놀이와 여가 활동		
5. 학업		
6. 가족관계		
7. 성생활		
8. 삶에 대한 전반적인 만족		
9. 삶의 모든 영역에서의 전반적인 기능 수준		

SPAN(Startle, Physiological arousal, Anger, and Numbness)

당신을 가장 괴롭히는 사건을 적으십시오.

(내용 기술)

다음 각 문항은 어떤 증상에 관한 질문입니다. 각 문항에 대하여 지난 한 주간 동안 이 증상이 얼마나 자주 고통을 주었고, 얼마나 심각했는지 생각해 보십시오. 각각의 문항 옆에 있는 심각도 칸에 증상의 심각도를 체크(√)해 주십시오.	심각도				
	전혀 괴롭지 않았다	조금 괴로웠다	어느 정도 괴로웠다	무척 괴로웠다	극도로 괴로웠다
	0	1	2	3	4
1. 당신은 신경이 예민해지거나 쉽게 놀란 적이 있습니까?					
2. 어떤 사건을 생각나게 하는 것 때문에 몸이 불편해진 적이 있습니까?					
3. 쉽게 짜증이 나거나 화가 폭발한 적이 있습니까?					
4. 슬퍼하거나 사랑하는 감정을 느끼지 못한 적이 있습니까?					

3) PTSD 구조화 면담 척도(SIP)

SIP(Structured Interview for PTSD)

환자의 상태를 평가하는데 기준이 되는 기간은 지난 일주일입니다.

A. 사고(Trauma, 외상)

B. 재경험 (Re-experiencing)

B1. 원하지 않지만 떠올리고 싶지 않은 사고의 고통스러운 장면과 생각, 그리고 기억을 경험하게 됩니까? 이런 일이 반복되고 있습니까?

0. 전혀 그렇지 않다.
1. 가벼운 정도(mild): 좀처럼 그렇지 않거나, 약간 귀찮은 정도
2. 중간 정도(moderate): 적어도 일주일에 1번 / 약간의 고통을 준다.
3. 심한 정도(severe): 적어도 일주일에 4번 / 중등도의 고통을 준다.
4. 매우 심한 정도(very severe): 매일 / 일이나 사회생활을 할 수 없을 정도로 심한 고통을 준다.

B2. 꿈

꿈에 대해 질문하겠습니다.

폭력, 상해, 위험, 전투, 죽음이나 사고에 관련된 꿈을 반복해서 꾸게 됩니까? 당신과 관련된 실제 장면입니까? 당신은 꿈에서 사람들을 인식합니까?

사고에 관한 꿈입니까? 이런 꿈을 얼마나 자주 꿉니까? 땀을 흘리거나 소리를 지릅니까? 몸을 떱니까? 가슴이 두근거립니까? 숨쉬기가 어렵습니까?

당신의 배우자가 같은 방이나 침대에서 잠들지 못할 만큼 악몽이 심합니까?

0. 전혀 그렇지 않다.
1. 가벼운 정도(mild): 가끔, 고통스럽지 않다.
2. 중간 정도(moderate): 1주일에 1번 이상, 약간의 고통을 준다.
3. 심한 정도(severe): 1주일에 4번 이상, 중등도의 고통을 준다.
4. 매우 심한 정도(very severe):): 1주일에 6~7회, 심한 고통을 준다.

B3. 사고가 지금 일어난 것처럼 느끼거나 행동하기 (acting or feeling as if event was currently happening)

때때로 사고 당시로 돌아간 것처럼 반응하고 있습니까? 그 사건이 다시 일어난 것처럼 느낍니까? 사고에 대한 환각(hallucinations)에 시달리고 있습니까?

0. 전혀 그렇지 않다.
1. 가벼운 정도(mild): 1주일에 1번
2. 중간 정도(moderate): 1주일에 2－4번
3. 심한 정도(severe): 1주일에 5－6 번
4. 매우 심한 정도(very severe):): 매일

B4. 사고 기억의 노출로 인한 심리적인 고통 (psychological distress at exposure to reminders of event(s))

어떤 일들이 고통스러운 사건을 떠올리게 하면 이러한 증상이 나타나거나 악화됩니까? (TV 프로그램, 날씨, 뉴스, 종전기념일, 사망과 관련된 최근의 재난, 친한 친구의 죽음, 사고를 떠올리게 하는 장소에 있는 것)

(화가 나거나 짜증이 나고 불안하거나 놀라게 됩니까?)

0. 전혀 그렇지 않다.
1. 약간 그렇다(a little bit): 드물거나 그다지 중요하지 않은
2. 때때로(sometimes)
3. 상당한(significantly): 몇 가지 증상이 있거나 매우 고통스러운 증상이 하나 있다.
4. 현저한(marked): 매우 고통스럽다. 입원이나 다른 치료를 받고 있다.

B5. 그 사건을 떠오르게 하는 것들에 노출(exposure)되면 다음과 같은 신체 증상이 나타납니까? (땀이 나거나, 몸이 떨리거나, 심장이 뛰거나, 구역질이 나거나, 과호흡하거나 어지럽습니까?)

0. 전혀 그렇지 않다.
1. 약간 그렇다(a little bit).
2. 때때로(sometimes): 약간 고통스럽다.
3. 상당한(significantly): 많은 고통을 느낀다.
4. 현저한(marked): 매우 많이 고통스럽다. 신체적인 반응 때문에 의사를 찾아갔었다. (예: 가슴이 통증이 심장 질환이라고 확신할 정도로 매우 심했다.)

C. 사고와 관련된 자극의 회피 (avoidance of stimuli associated with trauma)

C1. 사고에 관한 생각이나 느낌을 피하기 위한 노력을 한 적이 있습니까?

0. 전혀 그렇지 않다.

1. 가벼운 정도(mild): 의심스러우나 확실치는 않다.
2. 중간 정도(moderate): 확실히 노력한다. 그러나 직업적, 사회적 기능을 수행할 수 있다.
3. 심한 정도(severe): 어떤 식으로든 생활에 영향을 미칠 정도의 확실한 회피가 있다.
4. 매우 심한 정도(very severe): 생활 전반에 극적인(dramatic) 영향을 미친다.

C2. **사건의 회상을 일으키는 활동의 회피** (avoidance of activities that arouse recollection of the event)

사고를 떠오르게 하는 장소, 사람, 대화, 또는 활동을 피한 적이 있습니까?

0. 전혀 그렇지 않다.
1. 가벼운 정도(mild): 의심스러우나 확실치는 않다.
2. 중간 정도(moderate): 그 상황을 확실히 피한다.
3. 심한 정도(severe): 매우 불편하고, 이런 회피가 어떤 식으로든 생활에 영향을 미친다.
4. 매우 심한 정도(very severe): 집안에서만 지내며, 상점과 식당에 갈 수 없고 중요한 기능의 제한이 있다.

C3. **심인성 기억 상실** (psychogenic amnesia)

사건에 대한 중요한 부분을 기억할 수 없습니까?

0. 아무 문제 없다: 모든 것을 기억한다.
1. 가벼운 정도(mild): 대부분 기억한다.
2. 중간 정도(moderate): 확실하게 기억하기 어려운 부분도 있다.
3. 심한 정도(severe): 몇 가지 사실만을 기억한다.
4. 매우 심한 정도(very severe): 외상에 대한 전반적인 기억 상실을 호소한다.

C4. **흥미의 상실** (loss of interest)

예전에는 즐거웠던 어떤 것에 대해 흥미(즐거움)가 줄어들었습니까? 어떤 것에 흥미가 사라졌습니까? 여전히 흥미 있는 것은 무엇입니까?

0. 흥미의 상실이 전혀 없다.
1. 즐거움이 감소한 한두 개 정도의 활동이 있다.
2. 몇몇 활동에 있어 즐거움이 감소하였다.
3. 대부분의 활동에 있어 즐거움이 감소하였다.
4. 거의 모든 활동에 있어 즐거움이 감소하였다.

C5. **분리/소외감** (detachment/estrangement)

예전보다 다른 사람들과 일 할 때 어려움이 있습니까? 당신은 다른 사람들로부터 소외되었다고 느낍니까?

0. 전혀 문제가 없다.
1. 분리된/소외됨을 느낀다. 그러나 여전히 타인과 정상적으로 만난다.
2. 때때로 정상적으로 참여해야 하는 만남을 피하기도 한다.
3. 예전에 항상 확실한 관계가 있을 만한 사람들을 피한다.
4. 모든 사회적인 만남을 절대적으로 거부하거나, 적극적으로 피한다.

C6. **정동의 제한** (restricted range of affect)

타인과의 친밀함 혹은 따뜻한 느낌이 있습니까? 마비된 것처럼 느낍니까?

0. 전혀 문제가 없다.
1. 가벼운 정도(mild): 의심스러우나 확실치는 않다.
2. 중간 정도(moderate): 느낌을 표현하는 데 다소 어려움이 있ㄷ.
3. 쉬한 정도(severc): 느낌을 표현하는 데 확실한 문제가 있다.
4. 매우 심한 정도(very severe): 아무런 느낌이 없고, 대부분의 시간 동안 마비된 것 같다.

C7. 단축된 미래 (foreshortened future)

당신의 미래에 무슨 일이 일어나리라고 생각합니까? 나이가 더 들었을 때 마음속에 어떤 것이 떠오를 거라고 생각됩니까? 미래에 대한 기대는 어떻습니까?

0. 긍정적 또는 현실적인 미래의 모습을 말로 묘사한다.
1. 가벼운 정도(mild):
   때때로 비관적인 말로 묘사한다. 하지만 사건에 따라 그날그날 다양하다.
2. 중간 정도(moderate): 대부분 비관적이다.
3. 심한 정도(severe): 일관되게 비관적이다.
4. 어떤 미래도 생각할 수 없다. / 일찍 죽을 거라고 생각된다.
   (하지만 합당한 의학적 근거는 없다)

D. 각성의 증가 (Increased arousal)

D1. 수면 장애 (sleep disturbance)

우리는 악몽에 대해 자주 말했습니다. 수면에 대한 또 다른 양상이 있습니까? 잠드는데 곤란합니까? 한밤중에 깹니까? 잠에서 깬 후에 다시 잠들 수 있습니까?

0. 잘 잔다.
1. 가벼운 정도(mild): 가끔 어려움이 있다. 그러나 주당 이틀을 넘지 않는다.
2. 중간 정도(moderate): 적어도 주당 3일 이상 잠들기가 어렵다.
3. 심한 정도(severe): 매일 밤 잠들기가 어렵다.
4. 극심한 정도(extremely severe): 매일 밤 자는 시간이 3시간 이하이다.

D2. 평소보다 과민해지거나 쉽게 골치 아파집니까(annoyed)? 당신의 느낌을 어떻게 보여줍니까? 분노를 폭발한 적이 있습니까?

0. 전혀 없다.
1. 가벼운 정도(mild):
   다른 사람들이 눈치채지 못할 정도의 골치 아픔이나 화를 종종 느낀다.
2. 중간 정도(moderate):
   골치 아픈 정도가 증가하고, 무뚝뚝해지며 따지게 된다.
3. 심한 정도(severe):
   거의 계속해서 과민하거나 화가 난다.
   종종 이성을 잃고 화를 내거나 다른 사람과의 관계에 있어 유의한 장애가 있다.
4. 매우 심한 정도(very severe):
   분노 또는 복수심에 집착하고, 명백히 공격적이거나 또는 독단적이다.
   기능의 현저한 장애가 있다.

D3. 집중의 장애 (impairment of concentration)

집중하는 데 어려움을 느낀 적이 있습니까? 무언가에 몰두하는 것이 힘이 듭니까? 쉽게 집중할 수 있습니까? 독서를 하거나 TV 시청을 할 때는 어떻습니까?

0. 어려움이 없다.
1. 약간의 문제가 있음을 인정한다.
2. 어려움을 설명한다.
3. 일상생활, 일 등에 방해가 된다.
4. 지속해서 문제를 가진다. 단순한 작업도 할 수가 없다.

D4. **과각성** (hypervigilance)

계속 조심해야만 합니까? 경계를 풀지 않습니까? 안절부절 못한다고 느낍니까? 벽에 등을 기대고 앉아야만 합니까?

0. 전혀 문제가 없다.
1. 가벼운 정도(mild): 종종 그렇다 / 방해를 주지 않는다.
2. 중간 정도(moderate): 어떤 상황에선 불편함이 초래되고 / 안절부절 하거나 또는 경계를 풀지 않음을 느낀다.
3. 심한 정도(severe): 대부분 상황에서 불편함이 초래되고 / 안절부절 하거나 또는 경계를 풀지 않음을 느낀다.
4. 매우 심한 정도(very severe): 극심한 불편함을 초래하고 생활 전반을 변화시킨다.
   (계속 조심하고 있음을 느낀다. / 벽에 등을 댄 채 있어야만 한다. /
   안절부절 하는 느낌 때문에 사회적으로 장해를 초래한다).

D5. **놀람** (startle)

쉽게 깜짝깜짝 놀랍니까? 펄쩍 뛰게 되는 경우가 있습니까? 뜻밖의 소음이 난 후에나 또는 사고를 기억나게 하는 어떤 소리를 들었다면 이것이 문제가 됩니까?

0. 전혀 문제가 없다.
1. 가벼운 정도(mild): 종종 그렇다 / 방해를 주지 않는다.
2. 중간 정도(moderate): 확실히 불편하다. 적어도 2주에 한 번은 약화한 놀람 반응을 경험한다.
3. 심한 정도(severe): 일주에 한 번 이상 일어난다.
4. 매우 심한 정도(very severe): 너무 나빠서 직업적, 사회적 기능 수행을 할 수 없다.

E. 얼마나 오랜 기간 이런 상태가 지속되었습니까?

E1. 당신 자신이 묘사했던 증상들이 적어도 4주간 지속되었습니까?

☐ 예 ☐ 아니오

E2. 최초의 사고 후 몇 개월 만에 이런 증상들이 처음 생겼습니까?

( ) 개월

E3. 증상이 시작된 당시의 당신 나이는 몇 세입니까?

( ) 세

F. 면담자가 볼 때, 그리고 환자의 주관적인 반응임을 고려하였을 때, 이러한 문제가 임상적으로 뚜렷한 고통 또는 사회적, 직업적 혹은 다른 중요한 영역의 기능에 장애를 일으킨다고 생각합니까?

□ 예 □ 아니오

총점:

4) 우울, 불안 및 불면 척도(PHQ-9, BDI, HAMD-17, STAI, AIS)

PHQ-9(Patient Health Questionnaire)

당신이 겪은 사건 이후, 아래 나열되는 증상들에 얼마나 자주 시달렸습니까?	전혀 아니다	여러날동안	일주일이상	거의 매일
	0	1	2	3
1. 일을 하는 것에 대한 흥미나 재미가 거의 없음				
2. 가라앉은 느낌, 우울감 혹은 절망감이 있음				
3. 잠들기 어렵거나 자꾸 깨어남, 혹은 너무 많이 잠				
4. 피곤감, 기력이 저하됨				
5. 식욕 저하 혹은 과식함				
6. 자신이 나쁜 사람이라고 느낌 혹은 자신을 실패자라고 느끼거나, 나 때문에 나 자신이나 내 가족이 불행하게 되었다는 느낌				
7. 신문을 읽거나 TV를 볼 때 집중하기 어려움				
8. 남들이 알아챌 정도로 거동이나 말이 느림. 또는 반대로 너무 초조해서 안절부절하고 평소보다 많이 돌아다니고 서성거림				
9. 나는 차라리 죽는 것이 낫겠다는 생각 혹은 어떤 면에서건 스스로 상처 주는 생각들을 함				

한 개 증상이라도 1점 이상으로 체크를 하셨다면 해당 증상 때문에 직장이나 집안일을 하거나 주변 사람들과의 관계에서 얼마나 어려움을 겪으셨습니까?
① 전혀 없었다 ② 조금 어려웠다 ③ 많이 어려웠다 ④ 아주 어려웠다

BDI(Beck Depression Inventory)

지금부터 귀하의 우울 증상을 평가하겠습니다.
우울 증상에 대한 평가는 귀하의 증상과 반응을 보고 치료하는데 귀중한 자료로 사용됩니다. 지난 2주 동안 자신의 상태를 가장 잘 설명한 항목에 체크(√)해 주세요.

1	□ 나는 슬픔을 느끼지 않는다. □ 나는 슬픔을 느낀다. □ 나는 항상 슬픔을 느끼고 그것을 떨쳐 버릴 수 없다. □ 나는 너무나도 슬프고 불행해서 도저히 견딜 수가 없다.
2	□ 나는 앞날에 대해 별로 걱정하지 않는다. □ 나는 앞날에 대해 별로 기대할 것이 없다고 느낀다. □ 나는 앞날에 대해 기대할 것이 하나도 없다고 느낀다. □ 나는 앞날이 암담하고 전혀 희망이 없다고 느낀다.
3	□ 나는 실패감 같은 것을 느끼지 않는다. □ 나는 다른 사람에 비해 실패의 경험이 많다고 느낀다. □ 살아온 과거를 뒤돌아보면 항상 많은 일에 실패했다. □ 나는 한 인간으로서 완전하게 실패했다고 느낀다.
4	□ 나는 전과 다름없이 일상생활에 만족하고 있다. □ 나의 일상생활은 예전처럼 즐겁지 않다. □ 나는 무엇을 해도 만족스럽지 않다. □ 나는 만사가 불만스럽고 짜증이 난다.
5	□ 나는 특별히 죄책감을 느끼지 않는다. □ 나는 때때로 죄책감을 느낀다. □ 나는 자주 죄책감을 느낀다. □ 나는 항상 죄책감에 빠져 있다.
6	□ 나는 내가 벌을 받고 있다고 느끼지 않는다. □ 나는 내가 벌을 받을지도 모른다고 느낀다. □ 나는 내가 벌을 곧 받을 것이라고 느낀다. □ 나는 현재 벌을 받고 있다고 느낀다.
7	□ 나는 나 자신에게 실망하지 않는다. □ 나는 나 자신에게 실망할 때가 많다. □ 나는 나 자신이 지긋지긋하게 느껴진다. □ 나는 자신을 증오한다.
8	□ 나는 내가 다른 사람보다 못하다고 생각하지 않는다. □ 나는 나의 약점이나 실수를 가끔 내 탓으로 돌린다. □ 나는 내가 잘못하는 것은 항상 내 탓이라고 생각한다. □ 나는 잘못된 일은 모두 내 탓이라고 생각한다.
9	□ 나는 죽고 싶다고 생각해 본 적이 없다. □ 나는 가끔 죽고 싶은 생각이 들지만 실행하지 못할 것이다. □ 나는 죽고 싶다고 생각할 때가 많다. □ 나는 기회만 있으면 자살할 것이다.

10	□ 나는 요즘 평소보다 더 울거나 하지 않는다. □ 나는 요즘 전보다 더 자주 우는 편이다. □ 나는 요즘 항상 울고 있다. □ 나는 울고 싶어도 나올 눈물조차 없다.
11	□ 나는 전보다 더 짜증을 내지는 않는다. □ 나는 전보다 더 쉽게 짜증을 낸다. □ 나는 요사이 항상 짜증이 난다. □ 나는 짜증을 내기에도 지쳤다.
12	□ 나는 다른 사람들과 여전히 잘 어울린다. □ 나는 다른 사람들과 어울리지 못할 때가 가끔 있다. □ 나는 대부분 다른 사람들과 어울리지 못한다. □ 나는 다른 사람들에 대해 전혀 흥미가 없다.
13	□ 나의 결단력은 전과 다름없다. □ 나는 전보다 결단력이 다소 약해졌다. □ 나는 전보다 결단력이 훨씬 약해졌다. □ 나는 어찌할 바를 몰라 아무것도 결단을 내릴 수가 없다.
14	□ 전보다 내 모습이 못하지는 않다. □ 내가 늙거나 매력이 없어진 것 같아 걱정이다. □ 내 모습이 변해 매력이 없어진 것이 분명하다. □ 내 모습은 확실히 추해져서 남들이 불쾌하게 생각한다.
15	□ 나는 전과 같이 일을 잘 할 수 있다. □ 나는 이전처럼 일하려면 조금 힘이 든다. □ 나는 무슨 일이든지 시작하려면 무척 힘이 든다. □ 나는 너무 지쳐서 아무 일도 할 수가 없다.
16	□ 나는 평소처럼 잠을 잘 잘 수 있다. □ 나는 평소처럼 잠을 잘 자지 못한다. □ 나는 평소보다 1～2시간 일찍 깨어 다시 잠들기 어렵다. □ 나는 평소보다 몇 시간 일찍 깨서 다시 잠들기 어렵다.
17	□ 나는 별로 피곤한지 모르고 지낸다. □ 나는 전보다 쉽게 피로해진다. □ 나는 사소한 일에도 곧 피로해진다. □ 나는 너무 피로해서 아무 일도 할 수 없다.
18	□ 나의 입맛은 평소와 같다. □ 나의 입맛이 전과같이 좋지 않다. □ 나는 요사이 입맛이 매우 나빠졌다. □ 나는 전혀 입맛이 없다.
19	□ 나의 몸무게는 변함이 없다. □ 근래 와서 몸무게가 3kg가량 줄었다. □ 근래 와서 몸무게가 5kg가량 줄었다. □ 근래 와서 몸무게가 7kg가량 줄었다.

20	□ 나는 건강에 관한 걱정은 별로 하지 않는다. □ 나는 신체적 건강에 대해 걱정이 많다. □ 나는 신체적 건강에 대한 걱정 때문에 제대로 무엇을 할 수 없다. □ 나는 신체적 건강에 대한 걱정 때문에 전혀 아무 일도 할 수 없다.
21	□ 성(sex)에 관한 관심이 전보다 떨어진 것 같지는 않다. □ 성(sex)에 관한 관심이 전보다 약간 떨어졌다. □ 성(sex)에 관한 관심이 확실히 줄어들었다. □ 성(sex)에 대해 전혀 흥미를 느끼지 않는다.

HAMD-17(Hamilton Depression Rating Scale)

지난 2주 동안 자신의 상태를 가장 잘 설명한 항목에 체크(√)해 주십시오.

1. 우울한 기분 (슬픔, 절망감, 무력감, 무가치감)

0. 없다.
1. 물어보았을 때만 우울한 기분이라고 말한다.
2. 자발적으로 우울한 기분이라고 말한다.
3. 얼굴, 자세, 목소리, 쉽게 우는 경향과 같은 비언어적 표현을 통해 우울한 기분을 나타낸다.
4. 오로지 우울한 기분만을 언어적, 비언어적 표현을 통해 나타낸다.

2. 죄책감

0. 없다.
1. 자책하거나 자신이 사람들을 실망하게 한다고 생각한다.
2. 죄를 지었다고 생각한다던가, 과거의 실수나 자신이 한 나쁜 행위에 대해 반복적으로 생각한다.
3. 현재의 질병을 처벌로 여긴다. 죄책감에 대한 망상이 있다.
4. 비난 또는 탄핵하는 목소리를 듣거나 위협적인 환시를 경험한다.

3. 자살

0. 없다.
1. 인생이 살 가치가 없다고 느낀다.
2. 차라리 죽었으면 하거나 죽는 것을 상상한다.
3. 자살 생각이 있거나 자살 기도처럼 볼 수 있는 행동을 한다.
4. 심각하게 자살을 기도한다.

4. 초기 불면증

0. 잠이 드는 데 어려움이 없다.
1. 간혹 잠들기가 어렵다. (잠드는데 30분 이상 걸린다.)
2. 매일 밤 잠들기가 어렵다.

5. 중기 불면증

0. 어려움이 없다.

1. 편하고 깊게 자지 못한다.
2. 한밤중에 깨어 뒤척이거나 잠자리에서 벗어나는 경우 (소변을 보기 위한 경우는 제외된다)

6. 말기 불면증

0. 어려움이 없다.
1. 새벽에 깨지만 다시 잠이 든다.
2. 일단 깨어나면 다시 잠들 수 없다.

7. 일과 활동

0. 어려움이 없다.
1. 제대로 할 수 없다고 느낀다. 일이나 취미와 같은 활동에 대해 피로하거나 기력이 떨어졌다고 느낀다.
2. 일이나 취미와 같은 활동에 흥미를 잃는다. – 환자가 직접 이야기하거나 무관심, 우유부단, 망설임을 통해 간접적으로 나타낸다. (일이나 활동을 억지로 한다고 느낀다)
3. 활동 시간이 줄거나 생산성이 떨어져 있다. 입원환자의 경우, 병동 생활에서의 개인적인 자질구레한 일을 제외한 활동(원내 작업이나 취미)에 보내는 시간이 하루 3시간을 넘지 못한다.
4. 현재의 병 때문에 일을 중단한다. 입원환자의 경우, 병동 생활에서의 개인적인 자질구레한 일 이외에는 전혀 활동하지 않거나 도움 없이는 병동 생활에서의 개인적인 자질구레한 일도 해내지 못한다.

8. 지체 (생각과 말이 느려짐, 집중력 저하, 운동 활성의 저하)

0. 정상적으로 말하고 생각한다.
1. 면담할 때 약간 지체되어 있다.
2. 면담할 때 뚜렷이 지체되어 있다.
3. 면담이 어려울 정도로 지체되어 있다.
4. 완전한 혼미상태에 있다.

9. 초조

0. 없다.
1. 조금 초조한 듯하다
2. 손이나 머리카락을 만지작거린다.
3. 가만히 앉아 있지 못하고 몸을 자꾸 움직인다.
4. 손을 꼬거나 손톱을 뜯거나 머리카락을 잡아당기거나 입술을 깨문다.

10. 정신적 불안

0. 없다.
1. 긴장감과 과민함을 느낀다.
2. 사소한 일들에 대해 걱정한다.
3. 표정이나 말에서 염려하는 태도가 뚜렷하다.
4. 묻지 않아도 심한 공포가 드러난다.

11. 신체적 불안

0. 없다.

1. 경도
2. 중등도
3. 고도
4. 최고도(기능을 전혀 할 수 없을 정도이다.)

12. 위장관계 신체 증상

0. 없다
1. 입맛이 없고 속이 더부룩하다. 치료진의 격려 없이도 먹는다.
2. 치료진의 강요 없이는 먹지 않는다. 소화제 등 위장약을 요구하거나 필요로 한다.

13. 전반적인 신체 증상

0. 없다.
1. 팔, 마비 등 머리가 무겁다 등의 통증, 두통, 근육통, 기운이 없고 쉽게 피곤해진다.
2. 매우 뚜렷한 신체 증상이 있다.

14. 성적인 증상 (증상: 성욕 감퇴, 월경불순 등)

0. 없다.
1. 경도
2. 고도

15. 건강 염려증

0. 없다.
1. 몸에 대해 많이 생각한다.
2. 건강에 대해 집착한다.
3. 건강이 나쁘다고 자주 호소하거나 도움을 청한다.
4. 건강염려증적 망상이 있다.

16. 체중 감소 A 혹은 B로 평가한다.

A. 병력에 의해 평가할 때

0. 체중 감소가 없다.
1. 현재의 병에 의해 체중 감소가 있는 것 같다.
2. (환자에 따르면) 확실한 체중의 감소가 있다.

B. 매주 체중 변화를 측정했을 때

0. 주당 0.5kg 미만의 체중 감소
1. 주당 0.5kg 이상, 1kg 미만의 체중 감소
2. 주당 1kg 이상의 체중 감소

17. 병 인식

0. 자신이 아프고 병들었다는 것을 인식한다.
1. 병들었다는 것을 인정하지만 음식, 날씨, 과로, 바이러스 때문이라고 생각한다.
2. 자신의 병을 전적으로 부인한다.

총점: ______________________

STAI(State-Trait Anxiety Inventory)

1) 상태불안 평가(State Anxiety Inventory, STAI-X-1)

아래에는 사람들이 자신을 표현할 때 사용하는 문항들이 적혀 있습니다. 각 문항을 읽고 자신의 상태를 가장 잘 나타내는 정도에 따라 우측 숫자에 체크 하시기 바랍니다. 질문 문항에는 옳고 그른 답이 없습니다. 어느 한 문항에 답을 하는 데 너무 오랜 시간을 보내지 마시고, 지금 당신의 느낌을 가장 잘 나타낸다고 생각하는 정도에 체크(√)표시하면 됩니다.

문 항	상태			
	전혀 아니다	조금 그렇다	상당히 그렇다	매우 그렇다
	1	2	3	4
1. 나는 평안하다.				
2. 나는 안정된 느낌이다.				
3. 나는 긴장감을 느낀다.				
4. 나는 심하게 긴장된다.				
5. 나는 마음이 편하다.				
6. 나는 속상하다.				
7. 나는 불행이 닥쳐올까 봐 지금 걱정이다.				
8. 나는 흡족하다.				
9. 나는 두렵다.				
10. 나는 편안하다				
11. 나는 자신감을 느낀다.				
12. 나는 안절부절 한다.				
13. 나는 초조하다.				
14. 나는 무엇을 어찌해야 좋을지 모르겠다.				
15. 나는 느긋한 기분이다				
16. 나는 만족감을 느낀다.				
17. 나는 불안하다.				
18. 나는 혼란스럽다.				
19. 나는 마음이 동요되지 않고 안정되어 있다.				
20. 나는 기분이 좋다.				

2) 특성 불안 평가(Trait Anxiety Inventory, STAI-X-2)

아래에는 사람들이 자신을 표현할 때 사용하는 문항들이 적혀 있습니다. 각 문항을 읽고 당신 자신의 성격적인 경향을 가장 잘 나타내는 정도에 체크 하시기 바랍니다. 질문 문항에는 옳고 그른 답이 없습니다. 어느 한 문항에 답하는데 너무 오랫동안 시간을 보내지 마시고, 당신이 일상적으로 흔히 느끼는 자신의 성격적인 경향을 잘 나타낸다고 생각하는 정도의 숫자에 체크(√)를 하시면 됩니다.

구 분	상태			
	전혀 아니다	조금 그렇다	상당히 그렇다	매우 그렇다
	1	2	3	4
1. 나는 유쾌하다.				
2. 나는 초조하고 안절부절 한다.				
3. 나는 자신에 만족한다.				
4. 나는 쉽게 불안해지는 사람이다.				
5. 나는 낙오자처럼 느낀다.				
6. 나는 마음이 편하다.				
7. 나는 느긋하다.				
8. 나는 걱정이 많고 피로하다.				
9. 나는 사소한 일에도 너무 걱정한다.				
10. 나는 행복하다.				
11. 나는 생각들로 마음이 혼란스럽다.				
12. 나는 자신감이 없다.				
13. 나는 안전하게 느낀다.				
14. 나는 마음이 든든하다.				
15. 나는 평온하다.				
16. 나는 만족스럽다.				
17. 나는 대수롭지 않은 일에도 지나치게 괴로워한다.				
18. 나는 낙심하면 심각하게 생각해서 마음에서 떨쳐내지 못한다.				
19. 나는 안정된 사람이다.				
20. 나는 당면한 걱정거리를 생각하면 긴장하거나 혼란스럽다.				

AIS(Athens Insomnia Scale)

다음 질문들은 귀하께서 요즈음 겪고 있는 수면과 관련된 불편을 평가하기 위한 것입니다. 질문을 자세히 읽으신 후 1주일에 최소 3번 이상 경험하였던 잠과 관련된 불편을 나타내는 해당 번호 위에 체크(√)표시하여 주십시오.

1. 잠드는 데 걸리는 시간 (즉, 불을 끄고 잠자리에 누운 후 잠드는 데 걸리는 시간)

⓪ 문제가 전혀 없다.
① 시간이 약간 걸린다.
② 시간이 꽤 걸린다.
③ 시간이 아주 많이 걸리거나 잠이 전혀 들지 않는다.

2. 잠든 후 중간에 깨는 문제

⓪ 문제가 전혀 없다. ① 작은 문제이다.
② 문제가 꽤 많다. ③ 아주 심각한 문제이거나 밤새 잠을 전혀 자지 못한다.

3. 아침에 자신이 잠에서 깨기 원하는 시간보다 더 일찍 깨는 문제

⓪ 일찍 깨지 않는다. ① 조금 일찍 깬다.
② 꽤 일찍 깬다. ③ 아주 일찍 깨거나 밤새 잠을 전혀 자지 못한다.

4. 총 수면 시간(즉, 저녁에 잠들어서 아침에 깰 때까지 잠잔 시간을 전부 합한 시간)

⓪ 충분하다. ① 약간 부족하다.
② 꽤 부족하다. ③ 아주 부족하거나 밤새 잠을 전혀 자지 못한다.

5. 전반적인 수면의 질(즉, 얼마나 오래 자느냐에 관계없이 자신의 수면에 대한 만족도)

⓪ 만족스럽다. ① 다소 불만족스럽다.
② 꽤 불만족스럽다. ③ 아주 불만족스럽거나 밤새 잠을 전혀 자지 못한다.

6. 낮 동안에 느끼는 행복감

⓪ 정상이다. ① 다소 저하되어 있다.
② 꽤 저하되어 있다. ③ 아주 저하되어 있다.

7. 낮 동안의 신체적인 그리고 정신적인 활동상태

⓪ 정상이다. ① 다소 저하되어 있다.
② 꽤 저하되어 있다. ③ 아주 저하되어 있다.

8. 낮 동안에 졸음 정도

⓪ 전혀 졸지 않는다. ① 가볍게 존다.
② 꽤 존다. ③ 아주 많이 존다.

5) 자살 관련 척도 (SSI, BHS)

SSI(Scale for Suicide Ideation)

다음의 질문들은 자살에 대한 것들입니다.
질문을 자세히 읽고 최근 1달 동안 느끼고 있는 바를 가장 잘 나타내는 항목에 체크(√) 표시해 주세요.

1. 살고 싶은 소망이 있습니까?	☐ 0. 보통 혹은 많이 있다. ☐ 1. 약간 있다. ☐ 2. 전혀 없다.
2. 죽고 싶은 소망이 있습니까?	☐ 0. 전혀 없다. ☐ 1. 약간 있다. ☐ 2. 보통 혹은 많이 있다.
3. 살고 싶은 이유/죽고 싶은 이유는 무엇입니까?	☐ 0. 사는 것이 죽는 것보다 낫기 때문에. ☐ 1. 사는 것이나 죽는 것이나 마찬가지다. ☐ 2. 죽는 것이 사는 것보다 낫기 때문에.
4. 실제로 자살을 시도하려는 욕구가 있습니까?	☐ 0. 전혀 없다. ☐ 1. 약간 있다. ☐ 2. 보통 혹은 많이 있다.
5. 별로 적극적이지는 않고 수동적인 자살 욕구가 생길 때는 어떻게 하실 겁니까?	☐ 0. 생명을 위해 필요한 조치를 미리 할 것이다. ☐ 1. 삶과 죽음을 운명에 맡기겠다. ☐ 2. 살기 위한 노력을 하지 않겠다.
6. 자살하고 싶은 생각이나 소망이 얼마나 오랫동안 지속되었습니까?	☐ 0. 잠깐 그런 생각이 들다가 곧 사라진다. ☐ 1. 한동안 그런 생각이 계속된다. ☐ 2. 계속, 거의 항상 그런 생각이 지속된다.
7. 얼마나 자주 자살하고 싶은 생각이 드십니까?	☐ 0. 거의 그런 생각이 들지 않는다. ☐ 1. 거의 그런 생각이 든다. ☐ 2. 그런 생각이 계속 지속된다.
8. 자살 생각이나 소망에 대한 당신의 태도는 어떠합니까?	☐ 0. 절대로 받아들이지 않는다. ☐ 1. 양가적이나 크게 개의치 않는다. ☐ 2. 그런 생각을 받아들인다.
9. 자살하고 싶은 충동을 통제할 수 있습니까?	☐ 0. 충분히 통제할 수 있다. ☐ 1. 통제할 수 있을지 확신할 수 없다. ☐ 2. 전혀 통제할 수 없을 것 같다.
10. 실제 자살 시도를 하는 것에 대한 방해물이 있다면 무엇입니까? (예: 가족, 종교, 다시 살 수 없다는 생각 등)	☐ 0. 방해물 때문에 자살을 시도하지 않을 것이다. ☐ 1. 방해물 때문에 조금은 마음이 쓰인다. ☐ 2. 방해물에 개의치 않는다.
11. 자살에 대해 깊게 생각해 본	☐ 0a. 자살에 대해 생각해 본 적이 없다.

이유는 무엇입니까?	☐ 0b. 주변 사람들을 조종하기 위해서: 관심을 끌거나 보복하기 위해서 ☐ 1. 주변 사람들의 관심을 끌고 보복하기나, 현실 노피의 방법으로 ☐ 2. 현실 도피적인 문제 해결 방법으로
12. 자살에 대해 깊게 생각했을 때 구체적인 방법까지 계획하였습니까?	☐ 0. 자살에 대해 생각해 본 적이 없다. ☐ 1. 자살을 생각했으나 구체적인 방법까지는 생각하지 않았다. ☐ 2. 구체적인 방법을 자세하고 치밀하게 생각해 놓았다.
13. 자살 방법을 깊게 생각했다면 그것이 얼마나 현실적으로 가능하며, 또한 시도할 기회가 있다고 생각합니까?	☐ 0. 방법도 현실적으로 가능하지 않고 기회도 없을 것이다. ☐ 1. 방법이 시간과 노력이 필요하며, 기회가 쉽게 오지 않을 것이다. ☐ 2a. 생각한 방법이 현실적으로 가능하며, 기회도 있을 것이다. ☐2b. 앞으로 기회나 방법이 생길 것 같다.
14. 실제로 자살을 할 수 있는 능력이 있다고 생각합니까?	☐ 0. 용기가 없고 너무 약하고 두렵고 능력이 없어 자살할 수 없다. ☐ 1. 자살할 용기와 능력이 있는지 확신할 수 없다. ☐ 2. 자살할 용기와 자신이 있다.
15. 정말로 자살 시도를 할 것이라고 확신하십니까?	☐ 0. 전혀 그렇지 않다. ☐ 1. 잘 모르겠다. ☐ 2. 그렇다
16. 자살 생각을 실행하기 위해 실제로 준비한 것이 있습니까?	☐ 0. 없다. ☐ 1. 부분적으로 준비했다(예: 약을 사 모으기 시작함). ☐ 2. 완전하게 준비했다(예: 약을 사서 충분히 모음).
17. 자살하려는 글(유서)을 쓴 적이 있습니까?	☐ 0. 없다. ☐ 1. 쓰기 시작했으나 다 쓰지 못했다. 단지 쓰려고 생각했다. ☐ 2. 다 써 놓았다.
18. 죽음을 예상하고 마지막으로 한 일은 무엇입니까? (예: 보험, 유언 등)	☐ 0. 없다. ☐ 1. 생각만 해 보았거나 약간의 정리를 했다. ☐ 2. 확실한 계획을 세웠거나 모두 다 정리해 놓았다.
19. 자살 생각을 다른 사람들에게 이야기한 적은 있습니까? 혹은 속이거나 숨겼습니까?	☐ 0a. 자살에 대해 생각해 본 적이 없다. ☐ 0b. 다른 사람에게 터놓고 이야기하였다. ☐ 1. 드러내는 것을 주저하다가 숨겼다. ☐ 2. 그런 생각을 속이고 숨겼다.

BHS(Beck Hopelessness Scale)

다음의 문항들은 당신이 일상생활에서 경험할 수 있는 내용들입니다. 문항을 자세히 읽고 당신이 일상생활에서 느끼는 바를 가장 잘 나타내면 '예'에, 그렇지 않은 문항은 '아니오'에 체크(√)표시해 주십시오.

문 항	응답	
	예	아니오
1. 나의 미래는 희망이 있어 의욕이 생긴다.		
2. 내 생활을 더 좋아지도록 할 수 없으므로 차라리 포기하는 것이 나을 것 같다.		
3. 일이 잘 안될 때는 항상 이렇지 않다고 생각하면 도움이 된다.		
4. 나는 내가 10년 후에 어떻게 되어 있을지 상상할 수 없다.		
5. 내가 가장 원하는 것을 성취할 수 있는 충분한 시간이 있다.		
6. 장래에 나는 내게 가장 중요한 일에서 성공할 수 있을 것이다.		
7. 나의 미래는 어두울 것이라고 생각한다.		
8. 나는 내 인생에서 보통 사람보다 좋은 것을 더 많이 얻을 수 있을 것이다.		
9. 나는 마음이 편치 않으며 미래에도 아마 그럴 것이다.		
10. 나에게 있어서는 과거의 경험이 장래를 위한 좋은 준비가 되었다.		
11. 앞으로 나에게 일어날 모든 일들은 좋은 일보다 나쁜 일이다.		
12. 나는 내가 정말로 원하는 것을 가질 수 있다고 기대하지 않는다.		
13. 나의 미래는 지금보다 더 행복할 것이라고 생각한다.		
14. 내가 원하는 대로 일이 잘 풀리지 않을 것이다.		
15. 나는 미래에 대해 큰 신념을 가지고 있다.		
16. 내가 원하는 것을 가질 수 없으므로 무엇을 원하는 것은 바보 같은 일이다.		
17. 나는 장래에 진정한 만족감을 느끼지 못할 것 같다.		
18. 나에게 미래는 막연하고 불확실하게 보인다.		
19. 나는 미래에 나쁜 일보다는 좋은 일이 더 많이 있을 것이라고 기대한다.		
20. 내가 원하는 것을 얻기 위해 노력하는 것은 아마 소용이 없는 일이다. 왜냐하면 나는 아마도 그것을 갖지 못할 테니까		

2. 개인 트라우마 진단 도구

1) 우　울

트라우마로 기인한 우울 증상은 대부분 기분, 식욕, 수면 패턴, 활동 수준, 생각에 대한 면담 평가 등을 시행하여 진단을 내린다. 병력 청취 및 정신상태 검사는 일반적으로 기본적인 증상, 생각, 느낌 및 행동 패턴에 대해 질문하고 증상이 시작된 시점과 유발요인, 발병 이후 경과 및 자가 치료 노력 등 증상의 심각도와 일상생활에 미치는 영향을 평가한다.

진단검사는 자기 보고식 척도를 사용해 증상 평가와 함께 방어기제 및 내적 자원을 평가하며, 주요 우울장애의 DSM－5 진단기준은 다음과 같다.

[DSM–5 우울 진단기준]

A. 다음 9가지의 증상 중 5가지 이상이 최소 2주 이상 거의 매일 지속되어야 한다. 최소한 한 가지 증상은 우울한 기분 또는 흥미나 쾌락의 상실이 있어야 한다.

① 거의 온종일 우울한 기분이 거의 매일 이어지며, 이는 주관적 느낌(예컨대 슬픔, 공허감, 아무런 희망이 없음)이나 객관적 관찰 소견(예컨대, 자주 눈물을 흘림)으로 확인
② 거의 온종일 모든 활동에 대한 흥미나 즐거움이 감소한 상태가 이어짐
③ 체중 또는 식욕의 심한 감소나 증가
④ 거의 매일 반복되는 불면이나 과도한 수면
⑤ 정신운동의 초조 (예: 안절부절) 또는 지체 (예: 생각이나 행동이 평소보다 느림)
⑥ 거의 매일 반복되는 피로감 또는 활력의 상실
⑦ 무가치감, 또는 지나치거나 부적절한 죄책감이 거의 매일 지속
⑧ 사고력 또는 집중력의 감퇴, 결정 못 내리는 우유부단함이 거의 매일 지속됨
⑨ 죽음 생각이 계속 떠오르거나, 특정한 계획이 없는 자살사고가 반복되거나, 자살을 시도하거나, 구체적인 자살 계획 세움

B. 임상적으로 의미 있는 고통이나 대인관계, 직업을 포함한 주요 영역의 기능 저하를 가져온다.

C. 약물과 같은 섭취 물질이나 질병으로 인해 야기된 생리적 효과로 나타난 것이 아니어야 한다.

출처: DSM－5(APA, 2013).

[우울 자가 진단지]

문 항	심각도			
지난 2주일 동안 당신은 다음의 문제들로 인해서 얼마나 방해를 받으셨습니까? 각각의 문항에 심각도 점수를 적어 주세요.	전혀 방해 받지 않음	며칠 동안 방해 받음	7일 이상 방해 받음	거의 매일 방해 받음
	0	1	2	3
1. 기분이 가라앉고 우울하고 희망이 없음				
2. 일 또는 여가 활동하는데 흥미나 즐거움을 느끼지 못함				
3. 잠이 들거나 계속 잠자는 것이 어려움. 잠을 너무 많이 잠				
4. 피곤하다고 느끼거나 기운이 거의 없음				
5. 입맛이 없거나 과식함				
6. 신문을 읽거나 TV 보는 일에 집중하는 것이 어려움				
7. 자기를 부정적으로 봄 혹은 자신이 실패자라고 느끼거나 자신을 포함하여 가족을 실망하게 함				
8. 다른 사람들이 주목할 정도로 너무 느리게 움직이거나 말함 또는 평상시보다 많이 움직이고, 너무 안절부절하고 들떠 있음				
9. 자신이 죽는 것이 더 낫다고 생각하거나 어떤 식으로든 자신이 해로운 일을 당할 거라는 생각을 함				
합계	(　　)점			

[진단 결과 평가]

구분	총점	내용
정상	0~4	적응상의 지장을 초래할만한 우울 관련 증상이 없음
경미 수준	5~9	다소 경미 수준의 우울감이 있으나 일상생활에 지장을 줄 정도는 아님
중간 수준	10~14	중간수준의 우울감을 비교적 자주 경험하는 것으로 평가할 수 있음 직업적·사회적 적응에 일부 영향을 미칠 수 있어 관심이 요구됨
약간 심한 수준	15~19	약간 심한 수준의 우울감을 자주 경험하는 것으로 평가할 수 있음 직업적·사회적 적응에 일부 영향을 미칠 경우. 전문가의 도움을 받아 보는 것이 좋을 것 같음
심한 수준	20~27	우울 증상을 매우 자주, 심하게 경험하는 것으로 평가할 수 있음 일상생활의 다양한 영역에서 어려움이 초래될 경우, 전문가의 도움을 받아 볼 수 있기를 권함

출처: Spitzer 등(1999).

2) 불 안

[불안 자가 진단지]

문 항	심각도			
당신은 지난 2주일 동안 아래의 문제들로 인해서 얼마나 방해 받으며 생활하셨습니까? 각각의 문항에 점수를 적어 주세요.	전혀 방해 받지 않음	며칠 동안 방해 받음	7일 이상 방해 받음	거의 매일 방해 받음
	0	1	2	3
1. 걱정하는 것을 멈추거나 조절할 수가 없다.				
2. 초조하거나 불안하거나 조마조마하게 느낀다.				
3. 여러 가지 것들에 대해 걱정을 너무 많이 한다.				
4. 너무 안절부절못해서 가만히 있기가 힘들다.				
5. 쉽게 짜증이 나거나 쉽게 성을 내게 된다.				
6. 편하게 있기가 어렵다.				
7. 마치 끔찍한 일이 생길 것처럼 두렵게 느껴진다.				
합계	(　　)점			

[진단 결과 평가]

구분	총점	내용
정상	0~4	주의가 필요할 정도의 과도한 걱정이나 불안한 상태가 아님
경미 수준	5~9	다소 경미한 수준의 걱정과 불안이 있음. 주의 깊은 관찰과 관심이 필요함
중간 수준	10~14	주의가 필요한 수준의 과도한 걱정과 불안을 하고 있음 추가적인 진단이나 전문가의 도움을 받아 보시는 것이 좋을 것 같음
심한 수준	15~21	일상생활에 지장을 초래할 정도의 과도하고 심한 걱정과 불안이 있음 추가적인 평가나 정신건강 전문가의 도움을 받아 보기를 권함

출처: Spitzer 등(2006).

3) 자살 위험성

[자살 위험성 자가 진단지]

다음 문항을 읽고 해당하는 정도에 답해주세요.	응답		
당신 자신을 정말 해치겠다는 생각을 한 적이 있습니까?		있다	없다
'있다'에 응답한 경우에만 아래 문항 1번~4-1번 문항까지에 답해주세요. '없다'에 응답한 분은 답하지 않으셔도 됩니다.			
1. (자살과거력) 이전에 당신 자신을 위험에 빠뜨리는 행동을 한 적이 있습니까?		있다	없다
2. (자살 계획) 당신 자신을 정말 해칠 방법에 대해 지금도 생각하고 있습니까?		있다	없다
2-1. 있다면 어떤 식으로 하는지 적어 주세요.			
3. (자살 시도 가능성) 생각하는 것과 생각을 행동에 옮기는 것은 큰 차이가 있습니다. 앞으로 한 달 내에는 언제라도 당신 자신을 해치거나 당신의 삶을 끝내겠다는 생각을 행동으로 옮길 것 같습니까?	전혀 아니다	약간 그렇다	매우 그렇다
4. (보호 요인) 당신 자신을 해치려는 당신의 행동을 멈추게 하거나 하지 못하게 막는 것이 있습니까?		있다	없다
4-1. 있다면 그것이 무엇인지 적어 주세요.			

[진단 결과 평가]

구분	내용
자살 위험성 없음	'당신 자신을 정말 해치겠다'라는 생각을 했던 적이 있습니까? 라는 문항에 '없다'라고 답을 한 경우 3, 4번 질문을 중단한다. → 자살 위험성 '없음'으로 평가
자살 위험성 낮음	1, 2번 문항 중 하나라도 '있다'에 응답하고, 3번 자살 시도 가능성 문항에 '전혀 아니다'라고 응답하고, 4번 문항 보호 요인에 '있다'라고 모두 응답한 경우
자살 위험성 높음	3번 자살 시도 가능성 문항에 '약간 그렇다.' 혹은 '매우 그렇다'에 응답하거나, 4번 보호 요인 문항에 '없다'라고 응답한 경우

출처: Dube 등(2010).

4) 기타 증상

(1) 신체화 증상

[진단기준]

① 하나 이상의 신체 증상을 호소한다. 이 증상으로 인해 고통스러움을 느끼

며 일상생활에서의 부적응 문제가 나타난다.

② 신체 증상 또는 관련 건강 문제와 연결된 지나친 생각, 느낌, 행동이 다음 세 가지 중 한 가지로 나타난다.

- 증상의 심한 정도와 관련된 생각이 불균형적이고 지속적임
- 건강과 증상에 관한 불안이 지속해서 높음
- 이들 증상과 건강염려증에 기울인 시간과 에너지가 과도함

③ 한 가지 신체 증상이 지속하지 않더라도 기타 증상은 계속됨(6개월 이상)

[신체 증상 장애 진단지]

문항	심각도		
당신은 지난 4주 동안 다음 증상들에 얼마나 자주 시달렸습니까? 각각의 문항에 점수를 적어 주세요.	전혀 시달리지 않음	약간 시달림	대단히 시달림
	0	1	2
1. 두통			
2. 가슴, 흉통			
3. 팔, 다리, 관절의 통증			
4. 생리 기간 생리통 등의 문제(여성만 해당)			
5. 위통			
6. 허리통증			
7. 어지러움			
8. 기절할 것 같음			
9. 심장이 빨리 뜀			
10. 숨이 참			
11. 피로감, 기운 없음			
12. 변비, 묽은 변이나 설사			
13. 메슥거림, 방귀, 소화불량			
14. 성교 중 통증 등의 문제			
15. 수면의 어려움			
합계	(　　)점		

[진단 결과 평가]

구분	총점	내용
정상	0~4	적응에 지장을 초래할만한 유의한 신체 증상이 없음
경미 수준	5~9	다양한 신체적 불편감이 경미 수준임 신체적 불편감에 영향을 미칠 수 있는 스트레스를 관리할 필요가 있음
중간 수준	10~14	다양한 신체적 불편감이 상당한 정도의 수준임 추가적인 진단이나 전문가의 도움을 받아 보는 것이 좋을 것 같음.
심한 수준	15~30	광범위한 신체적 불편감을 매우 자주, 심한 수준으로 겪고 있음 추가적인 진단이나 정신건강 전문가의 도움을 받아 보기를 권함

출처: Han 등(2009).

(2) 수면장애

[주간 졸림증 자가 진단지]

문 항	졸린 정도			
아래의 상황들에서 당신은 어느 정도나 졸음을 느끼십니까? 각각의 문항에 점수를 적어 주세요.	전혀 졸지 않음	가끔 졸음에 빠짐	종종 졸음에 빠짐	자주 졸음에 빠짐
	0	1	2	3
1. 텔레비전을 볼 때				
2. 앉아서 책을 읽을 때				
3. 점심 식사 후 조용히 앉아 있을 때				
4. 오후 휴식 시간에 편안히 누워있을 때				
5. 앉아서 누군가와 말을 하고 있을 때				
6. 극장이나 회의 석상과 같은 공공장소에서 가만히 앉아 있을 때				
7. 차를 운전하고 가다가 교통체증으로 몇 분간 멈추었을 때				
합계	(　　)점			

[진단 결과 평가]

범위	총점	내용
정상	< 10	유의할 만한 상태가 아님
경미 수준	≥ 10	주간 졸림증이 조금 있어 관리할 필요가 있음
중간수준	14~18	상당한 주간 졸림증이 있습니다. 추가적인 진단이나 전문가의 도움을 받아 보는 것이 좋을 것 같음
심한 수준	≥ 19	심한 주간 졸림증이 있음. 추가적인 진단이나 정신건강 전문가의 도움을 받아 보기를 권함

출처: 국립 정신건강센터(2023).

[불면증 자가 진단지]

문 항		심각 정도				
당신은 어느 정도의 불면증을 느끼고 있는지 각각의 문항에 점수를 적어 주세요.		전혀 없음	약간 있음	보통임	심함	매우 심함
		0	1	2	3	4
1. (최근 2주간) 당신의 불면증에 관한 현재의 정도를 표시해 주세요.	잠들기 이렵다					
	잠자기 어렵다					
	쉽게 잠을 깬다.					
2. 당신은 현재 불면증에 관하여 얼마나 걱정하고 있습니까?		전혀 걱정 없음	약간 걱정	보통 걱정	심한 걱정	매우 심한 걱정
		0	1	2	3	4
3. 당신의 수면장애가 어느 정도나 당신의 낮 활동을 방해한다고 생각합니까?(예. 낮에 피곤함, 직장이나 가사에 일하는 능력, 집중력, 기억력, 기분, 등)		전혀 방해 없음	약간 있음	다소 있음	상당히있음	매우 많이 있음
		0	1	2	3	4
4. 불면증으로 인해 당신 삶의 질의 손상 정도가 다른 사람에게 방해된다고 생각합니까?		전혀 방해 없음	약간 있음	다소 있음	상당히있음	매우 많이 있음
		0	1	2	3	4

5. 현재 수면 양상에 관하여 얼마나 만족하고 있습니까?	만족 없음	약간 만족	그저 그렇다	약간 불만족	매우 불만족
	0	1	2	3	4
합계	( )점				

[진단 결과 평가]

범위	총점	내용
정상	0~7	유의할 만한 불면증이 없음
경미 수준	8~14	약간의 불면증이 있어 관리가 필요함
중간수준	15~21	상당한 불면증이 있음. 추가적인 진단이나 전문가의 도움을 받아 보는 것이 좋을 것 같음
심한 수준	22~28	심한 불면증이 있음. 추가적인 진단이나 정신건강 전문가의 도움을 받아 보기를 권함

출처: 국립 정신건강센터(2023).

3. 재난 트라우마 진단 도구(아동 · 청소년용)

(1) 개정판 아동용 사건충격척도(Children's Revised Impact of Event Scale - Revised: CRIES - R)

CRIES-R은 지난 7일간 아동의 PTSD 증상 심각도를 선별 평가하기 위한 자기 보고식 척도이다. 성인 PTSD 검사용으로 사용되는 사건충격척도 개정판(Impact of Event Scale-Revised: IES-R)의 아동용 버전으로 척도 사용 대상은 만 10~19세이다. 진단 결과 총점이 높을수록 PTS 반응의 심각성을 나타내며, 총점 26점 이상일 때 PTSD 고위험군으로 평가한다.

[척도 질문지]

문 항	정도			
아래 문항은 스트레스를 주는 사건을 경험한 후 사람들이 겪는 어려움에 관한 것입니다. 최근의 충격적인 사건과 관련하여 지난 7일 동안 얼마나 경험하였는지 각각의 문항에 체크(√)해 주세요.	전혀 아니다	거의 아니다	가끔 그렇다	거의 그렇다
	0	1	3	5
1. 그 사건을 생각하지 않으려고 해도 생각날 때가 있다.				
2. 그 사건을 기억에서 지워버리려고 노력한다.				
3. 주의를 기울이거나 집중하는 데 어려움이 있다.				
4. 그 사건에 대한 감정이 세게 밀려오는 것을 느낀다.				
5. 그 사건이 일어나기 전보다 더 쉽게 놀라거나 예민해졌다.				
6. 그 사건을 생각나게 하는 것들을 피하며 지내고 있다.				
7. 그 사건을 이야기하지 않으려고 노력한다.				
8. 그 사건의 장면이 마음속에 갑자기 떠오른다. 또는 평상시보다 많이 움직이고, 너무 안절부절하고 들떠 있다.				
9. 다른 일들이 그 사건을 생각나게 한다.				
10. 그 사건에 대해 생각하지 않으려고 노력한다.				
11. 쉽게 짜증이 난다.				
12. 뚜렷한 이유가 없는데도 주위를 경계하고 조심한다.				
13. 잠을 자는 데 어려움이 있다				
합계	( )점			

출처: 오은아 등(2014).

(2) 개정판 아동용 외상 후 반응척도(Children's Response to Traumatic Events Scale - Revised: CRTES - R)

CRTES-R은 지난 7일간 아동의 PTSD 핵심 증상을 평가하기 위한 자기 보고식 척도이다. 사용 대상은 초등학교 4~6학년이며, 기준점이 존재하지 않는 척도로 총점이 높을수록 외상 후 스트레스 반응의 심각도가 높은 수준임을 나타낸다.

[척도 질문지]

문 항	정도			
지난 일주일 동안 끔찍한 사건을 얼마나 경험했는지 각각의 문항에 체크 해주세요. 그런 적이 없었으면, '전혀 없다'에 체크(√)해 주세요.	전혀 없었다	아주 조금 있었다	가끔 있었다	자주 있었다
	0	1	3	5
1. 생각하지 않으려 했는데 그게 생각이 났다.				
2. 사건이 생각나거나 기억될 때 기분이 안 나빠지게 했다.				
3. 기억하지 않으려고 노력했다.				
4. 그 장면이나 생각이 자꾸 떠올라서 잠이 안 오거나 잠에서 깼다.				
5. 그것에 대해 강한 감정이 느꼈다.				
6. 그것에 대해 꿈을 꾸었다.				
7. 그것을 생각나게 하는 것들을 피했다.				
8. 그것에 대해 얘기 안 하려고 노력했다.				
9. 자꾸 마음속에서 그게 보인다.				
10. 다른 것들이 그걸 계속 생각하게 만든다.				
11. 그것을 생각 안 하려 노력했다.				
12. 그것을 생각나게 하는 것이 있어 그에 대한 감정이 다시 느꼈다.				
13. 쉽게 화나고 기분이 나빠졌다.				
14. 큰 소리가 들리면 깜짝 놀라 뛰게 된다.				
15. 그 일이 다 다시 일어나는 것처럼 행동했다.				
16. 하는 일에 집중하기가 어려웠다.				
17. 그것에 대해 생각하면 가슴이 빨리 뛰었다.				
18. 그것을 생각하면 숨이 잘 안 쉬어진다.				
19. 그것을 생각하면 땀이 난다.				
20. 안 좋은 일이 일어나지 않나 계속 확인한다.				
합계	(　　)점			

출처: 정유리 등(2012).

(3) 한국어판 아동용 역학연구센터 우울척도(Center for Epidemiological Depression Scale for Children: CES-DC)

CES-DC는 지난 1주일간 우울 증상 평가를 통해 일반인의 우울 증후군 역학 연구를 위해 개발된 척도이다. 국내에서 가장 많이 사용되는 우울 검사(CESD-R, CES-D)의 아동용 버전으로 척도 사용 대상은 중학생이다, 총점의 범위는 0~33점으로 기준점은 없으며, 총점이 높을수록 심각한 우울 증상으로 평가한다.

[척도 질문지]

문 항	정도			
아래 문항은 사람들이 느끼거나 행동할 가능성이 있는 방식에 관한 것입니다. 지난 1주 동안 얼마나 자주 이런 식으로 경험했는지 체크(√)해 주세요.	극히 드물게	가끔	자주	거의 대부분
	0	1	2	3
1. 기분이 우울했다.				
2. (세상에 홀로 있는 듯한) 외로움을 느꼈다.				
3. 슬픈 기분이 들었다.				
4. 행복했다.				
5. 즐겁게 지냈다.				
6. 입맛이 없어서 별로 먹고 싶은 기분이 안 들었다.				
7. 내가 하는 모든 일이 힘겹게 느껴졌다.				
8. 잠을 제대로 자지 못했다.				
9. 하루하루 지내기가 힘들었다.				
10. 사람들이 나에게 잘 대해 주지 않았다.				
11. 사람들이 나를 싫어한다고 느꼈다.				
합계	(　　)점			

출처: 허만세 등(2017).

(4) 자살 행동 척도(Suicidal Behavior Questionnaire-Revised: SBQ-R)

SBQ-R은 미래의 자살 가능성과 과거의 자살 행동을 측정하는 자기 보고식 척도로 자살 생각과 시도, 빈도, 의도 전달, 자살 가능성 등을 평가한다(Osman et al., 2001). 척도 사용 대상자는 만 14세 이상의 청소년과 성인이다.

질문은 4개 문항으로 구성되어 있으며, 총점 및 문항별 점수가 높을수록 자살 위험성이 높음을 의미한다. 총점이 환자집단에서 8점 이상일 때, 환자가 아닌 집단에서 7점 이상일 때 고위험군으로 평가한다(1번 문항이 3점 이상일 때 자살위험도가 높은 것으로 평가한다).

[척도 질문지]

다음 질문은 과거의 생각과 행동에 관한 질문입니다. 해당하는 숫자에 √표시해 주세요.

1. 자살하려고 생각해 보거나 시도해본 적이 있습니까?
   1 = 전혀 없다.
   2 = 잠시 생각해 본 적이 있다.
   3a = 자살하려는 계획을 세워본 적은 있지만 실제로 시도는 하지 않았다.
   3b = 자살 계획을 세워본 적이 있고(시도해 본 적은 없지만) 정말로 죽고 싶었다.
   4a = 자살을 시도해 본 적이 있다. 하지만 죽고 싶었던 것은 아니다.
   4b = 자살을 시도해 본 적이 있고, 정말로 죽고 싶었다.

2. 지난 일 년 동안 얼마나 자주 자살하려고 생각해 보았습니까?
   1 = 생각해 본 적이 전혀 없다.
   2 = 드물지만 생각해 본 적이 있다(1번).
   3 = 가끔 생각해 본 적이 있다(2번).
   4 = 자주 생각해 보았다(3~4번).
   5 = 매우 자주 생각해 보았다(5번 이상).

3. 자살하려고 했거나 할지도 모른다는 말을 다른 사람에게 한 적이 있습니까?
   1 = 아무에게도 말한 적이 없다.
   2a = 한 번 있다. 그러나 정말로 죽고 싶었던 것은 아니다.
   2b = 한 번 있다. 그때는 정말로 죽고 싶었다.
   3a = 한 번 이상 있다. 그러나 정말로 죽고 싶었던 것은 아니다‘
   3b = 한 번 이상 있다. 그’ 때는 정말로 죽고 싶었다.

4. 미래에 자살을 시도할 가능성이 얼마나 있다고 생각합니까?
   0 = 전혀 없다.
   1 = 거의 없을 것 같다.
   2 = 별로 없을 것 같다.
   3 = 없을 것 같다.
   4 = 있을 것 같다.
   5 = 꽤 있을 것 같다.
   6 = 아주 많이 있을 것 같다.

출처: 국립 정신건강센터(2023).

참고문헌

■ 국내문헌

경찰청(2013, 2015, 2023, 2024). 「경찰통계연보」.

국가트라우마센터(2022). 비대면 심리지원(상담) 매뉴얼.

국가트라우마센터(2023). 2023년 재난 정신건강 위기 대응 표준 매뉴얼.

국가트라우마센터(2024). 국가트라우마센터 포털 정신건강정보.

국립정신건강센터(2021). 2020년 정신건강실태조사.

국립정신건강센터(2023). 아동·청소년 재난 정신건강평가 도구집.

권석만(2013). 「현대 심리치료와 상담이론」, 학지사.

기광도(2007). "아동 및 청소년 범죄피해에 관한 고찰", 「피해자학연구」, 15(1).

김도균(2011). 「환경재난과 지역사회의 변화: 허베이스피리트호 기름유출사고의 사회재난」, 한울.

김지윤·김성현·허소정·이동훈(2023). "한국 성인의 트라우마 유형과 심리적 증상", 「재활심리연구」, 30(2).

김태경·윤성우·이영은·이새롬(2018). "강력범죄 피해자의 외상 후 스트레스 및 예측요인에 대한 탐색적 연구", 「피해자학 연구」, 26(1).

김태석(2008). "한국판 외상 후 스트레스 장애 척도(K-SPRINT)의 심리적 특성".

김 환(2016). 「외상 후 스트레스 장애: 충격적 경험의 후유증」, 학지사.

남보라(2008). "한국판 외상 후 스트레스 진단 척도의 신뢰도 및 타당도 연구", 석사학위 논문, 고려대학교 대학원.

대검찰청(2024). 「2023 범죄분석」, 대검찰청.

대한정신건강재단(2014). 「심리적 회복을 위한 개입모델」, 재난정신건강위원회.

멕 애럴(2023). 박슬라 역, 「스몰 트라우마. 삶의 면역을 기르는 자기 돌봄의 심리학」, 갤리온울.

미정신의학회(1994). 「정신질환의 진단 및 통계편람」, 제4판, 학지사.

서현주·정승희·임현경·채은숙·이규·백경철 등(2008). "데이비슨 트라우마 척도 한국어판의 신뢰도와 타당도", 「정신의학연구」, 49, 313-318.

송리라·이민아(2016). "아동기 트라우마 경험과 성인기 우울의 관계-사회적 관계의 조절효과", 「한국인구학」, 39(2), 1-24.

스마일센터 총괄지원단(2020). "트라우마 경험자를 위한 몸과 마음의 회복 안내서", 법무부 스마일센터.

심윤기(2013). "군 장병의 자기 복잡성과 자아 탄력성이 군 복무 적응에 미치는 영향", 「상담학 연구」, 14(2), 1265-1284.

심윤기(2014). "군 병사의 자기 복잡성과 심리적 디스트레스의 관계: 개인 자존감과 집단 자존감의 매개효과", 상지대학교 일반대학원. 박사학위논문.
심윤기(2014). "군 병사용 자살 위험성 척도 개발 및 타당화", 「한국심리학회지: 상담 및 심리치료, 상담학 연구」, 26(4), 929-952.
심윤기(2016). 「군 상담학의 이해와 적용」, 창지사.
심윤기 · 정구철 · 정성진 · 전영숙 · 주희헌(2017). 「군 집단상담의 기초」, 창지사.
심윤기(2018). 「외상 후 스트레스 장애와 심리치료」, 창지사.
심윤기 · 정구철 · 정성진 · 김복희 · 김재희 · 김현숙(2020). 「군 위기 상담의 실제」, 창지사.
심윤기 · 정구철 · 정성진 · 박효진 · 손정미 · 차보연(2021). 「병영문화와 군특수상담」, 창지사.
심윤기 · 김관형 · 김수연 · 나경 · 박성철 · 박재숙 · 박희성 · 원진숙 · 최혜빈(2022). 「특수 상담 매뉴얼」, 박영사.
심윤기 · 김수연 · 김현주 · 나경 · 박성철 · 손정미 · 송지은 · 우성호 · 원진숙 · 주지향 · 주희헌 · 최혜빈(2023). 「군 상담학 개론」, 창지사.
심윤기 · 강소현 · 김관형 · 김현주 · 손정미 · 원진숙 · 조현지 · 주지향 · 주희헌 · 차보연 · 최봉희 · 최혜빈(2024). 「위기 상담의 이론과 실제」, 박영사.
심윤기 · 강소현 · 김선경 · 김소정 · 김현경 · 김현주 · 박용철 · 이보람 · 조현지 · 주지향 · 차보연 · 최봉희(2024). 「특수집단상담의 이해와 적용」, 박영사.
심윤기 · 강소현 · 권소영 · 김현경 · 김현주 · 박용철 · 원진숙 · 여명이 · 이현숙 · 조현지 · 최남순 · 최봉희(2025). 「외상 후 스트레스 장애와 외상 후 성장」, 창지사.
안정효(2009). 「하얀 전쟁」, 세경.
안현의 · 한민희 · 주혜선(2013). "외상 후 스트레스 장애의 인지-기억 체계", 「한국심리학회지: 상담 및 심리치료」, 25(1), 111-133.
여성가족부(2021, 2025). 「정책정보」.
오은아 · 박은주 · 이선희 · 배성민(2014). "한국판 어린이용 개정 사건충격척도의 타당도 연구", 「임상정신약리학 및 신경과학」, 12(2), 149-156.
은헌정 · 권태완 · 이선미 · 김태형 · 최말례 · 조수진(2005). "한국판 사건충격척도 수정판의 신뢰도 및 타당도 연구", 「신경정신의학회지」, 44, 303-310.
이나윤 · 하양숙(2012). "소방공무원의 외상 후 스트레스 경험", 「간호학의 지평」, 9(2).
장은량 · 유성은(2014). "외상 경험자의 탄력성과 자살 행동의 관계: 탄력성이 자살행동의 보호 요인이 되는가?", 「한국심리학회지: 임상」, 33(2), 299-314.
정유리 · 김대호 · 배활립 · 김석현 · 고복자 · 김선현(2012). "개정판 외상 사건에 대한 아동 반응척도의 요인타당도 및 정신측정학적 성질 연구", 「신경정신의학」, 51(4), 185-191.
최광현(2009). "부모 상실의 트라우마에 대한 트라우마 가족치료 사례 연구", 「한국가족치료학회지」, 17(2), 23-41.

최광현(2019). 「상처 입은 내면 아이」, 한국 인형 치료 연구회.

최경숙 · 임채기 · 최재욱 · 강성규 · 염용태(2002). “산업재해 환자의 외상후 스트레스 장애”, 「대한신경정신의학회지」, 41, 461-471.

켈러만 피터 펠릭스(2016). 「소시오 드라마와 집단 트라우마」, 시그마프레스.

한국보건사회연구원(2021). 「사회정신건강연구센터 운영-한국인의 트라우마와 회복력 증진 전략」.

한국형사정책연구원(2014). 「범죄피해자 심리지원체계의 구축과 치료프로그램 개발위한 연구」, 경성문화사.

한태근 · 정윤수(2009). “PKO활동과 전장스트레스관리에 관한 연구”, 2009년 한국정책학회 학술대회.

허만세 · 이순희 · 김영숙(2017). “한국어판 CES-DC 11 의 개발: 신뢰도 및 타당도 분석을 중심으로”, 「정신건강과 사회복지」, 45(1), 255-285.

APA(2015). 권준수 외 역. 「정신질환의 진단 및 통계편람」, 제5판, 학지사.

Julian D. Ford.(2012). 김정휘 등 공역. 「진단명: 외상 후 스트레스 장애」, 시그마프레스.

Pieper, G.(2012). 유영미 역. 「쏟아진 옷장을 정리하며: 힘들고 아픈 나를 위한 치유의 심리학 」, 부키.

Shapiro, F., & Forrest, M. S.(1998, 2008). 강철민 역. 「눈 운동 민감소실 및 재처리: 불안, 스트레스, 충격적 사건 극복을 위한 치료법」, 하나의학사.

■ 국외문헌

Allen B., Brymer, M. J., Steinberg, A. M., Vernberg, E. M., Jacobs, A., Speier, A, H., & Pynoos, R. S. (2010). “Perception of psychological first aid amonf providers responding to Hurricanes Gustav and lke”, *Journal of Traumatic Stress*, *23(4)*, 509-513.

Alexander DA, Klein S. (2001). “Ambulance personnel and critical incidents”, *British Journal Of Psychiatry*, *178*, 76-81.

Asbury, K., Fox, L., Deniz, E., Code, A., & Toseeb, U. (2021). “How is COVID-19 affecting the mental health of children with special educational needs and disabilities and their families?”, *Journal of autism and developmental disorders*, *51(5)*, 1772-1780.

APA(American Psychiatric Association). (2013). *Diagnostic and statistical manual of mental disorders*(5th ed.), Arlington, VA: American Psychiatric Association.

Astur, R. S., Tropp, J., Ssva, Constable, R. T., & Markus, E. J. (2004). “Sex differences and correction in a virtual Morris water task, a virtual radial arm maze, and mental rotation", *Behavioural Brain Research, 151*, 103-115.

Augustine, J. (2014). "Predictors of post-traumatic growth among adult tsunami survivors: The role of employment, religion, and family attributes", *Journal of 136 Social Service Research, 40(4)*, 491-507.

Blake, D. D., Weathers, F. W., Nagy, L. M., Kaloupek, D. G., & Chamey, D. S. (1995). "The development of a clinician-administered PTSD scale", *J Trauma Stress, 8*, 75-90.

Bonanno, G. A. (2004). "Loss, trauma, and human resilience: have we underestimated the human capacity to thrive after extremely aversive events?", *American Psychologist, 59(1)*, 20.

Bonanno, G. A., & Gupta, S. (2009). "Resilience after disaster", *Mental health and disasters*, 145-160.

Brewin, C. R., Andrews, B., & Valentine, J. D. (2000). "Meta-analysis of risk factors for post-traumatic stress disorder in trauma-exposed adults", *Journal of Consulting and Clinical Psychology, 129*, 52-73.

Clair, M. E. (2006). "The relationship between critical incident, hostility and PTSD symptoms in police officer (Doctoral dissertation, Drexel University)", *Dissertation Abstracts International, 67(06)*, 3443.

Colizzi, M., Sironi, E., Antonini, F., Ciceri, M.L., Bovo, C., & Zoccante, L. (2020). "Psychosocial and behavioral impact of COVID-19 in autism spectrum disorder: An online parent survey", *Brain sciences, 10(6)*, 341.

Connor, K. M., Davidson, J. R. T. (2001). "SPRINT: A brief global assessment of Post-Traumatic Stress Disorder", *Int Clin Psychophama cology 16*, 279-284.

Davidson, J. R. T., & M, A., Travers, J. (1997). "Structured for PTSD(SIP): psychometric validation for DSM-Ⅳ criteria", *Depress Anxiety, 5*, 127-129.

Ditlevsen DN, Elklit A. (2010). "The combined effect of gender and age on post traumatic stress disorder: do men and women show differences in the lifespan distribution of the disorder?", *Ann Gen Psychiatry, 9*, 32.

Dogan, A. (2011). "Adolescents' posttraumatic stress reactions and behavior problems following Marmara earthquake", *European Journal of psycho-trauma tology, 2(1)*, 5825.

Dube P., Kurt K., Bair MJ., Theobald D., Williams LS. (2010). "The p4 screener: evaluation of a brief measure for assessing potential suicide risk in 2 randomized effectiveness trials of primary care and oncology patients", *Primary care companion to the Journal of clinical psychiatry, 12(6).*

Foa, E. B., & Riggs, D. S. (1993). "Post-traumatic stress disorder in rapevictims", In J. Oldham, M. B. Riba, & A. Tasman (Eds), *Annual Review of Psychiatry, 12* (pp. 273-303), Washington DC: American Psychiatric Association.

Foa, E. B., Dancu, C. V., Hembree, E. A., Jaycox, L. H., Meadows, E. A., & Street GP. (1999). "A comparison of exposure therapy, stress inoculation training, and their combination for reducing post-traumatic stress disorder in female assault victims", *J Consult Clin Psychol*, *67*, 194-200.

Green, B. L., Wilson, J. P., & Lindy, J. D. (1985). "Conceptualizing post-traumatic stress disorder: A psychosocial framework", In C. R. Figley (Ed), *Trauma and its awake: The study and treatment of post-traumatic stress disorder*, New York: Brunner/Mazel.

Han C, Pae CU, Patkar AA, Masand PS, Kim KW, Joe SH, Jung IK. (2009). "Psychometric properties of the Patient Health Questionnaire-15(PHQ-15) for measuring the somatic symptoms of psychiatric outpatients", *Psychosomatics, 50(6)*, 580-585.

Haskell SG, Gordon KS, Mattocks K, Duggal M, Erdos J, Justice A. (2010). "Gender differences in rates of depression, PTSD, pain, obesity, and military sexual trauma among Connecticut War Veterans of Iraq and Afghanistan", *J Womens Health (Larchmt)*, *19*, 267-271.

Herman, J. (1992). "Complex PTSD: A syndrome survivors of prolonged- 224 and repeated trauma", *Journal of traumatic stress*, *5(3)*, 377-391.

Horowitz, M., Wilner, N., Alvarez, W. (1979). "Impact of Event Scale: a measure of subjective stress", *Psychosom Med*, 209-218.

Horowitz, M, J. (1986). "Stress response syndromes: A review of Post-traumatic and adjustment disorders", *Hospital and Community Psycbiatry*, *37*, 241-249.

Hoven, C. W., Duarte, C. S., Lucas, C. P., Wu, P., Mandell, D. J., Goodwin, R. D., Cohen, M., Balaban, V., Woodruff, B. A., Bin, F., Musa, G. J., Mei, L., Cantor, P. A., Aber, J. L., Cohen, P., & Susser, E. (2005). "Psychopathology among New York City public school children 6 months after September 11", *Archives of general psychiatry, 62(5)*, 545-551.

ICD-11. (2022). "The ICD-11 Classification of Mental and Behavioral Disorder

Diagnostic Criteria for Research", *Geneva: Switzerlan.*

Janoff-Bulman, R. (1989). "Assumptive worlds and the stress of traumatic events: Applications of the schema construct", *Social Cognition*, *7*, 113-136.

Johannesson, K. B., Arinell, H., & Arnberg, F. K. (2015). "Six years after the wave. Trajectories of posttraumatic stress following a natural disaster", *Journal of anxiety disorders*, *36*, 15-24.

Kessler R, Sonnega A, Bromet E., Hughes M, Nelson C. (1995). "Post-traumatic stress disorder in the national co-morbidity study", *Archives of General Psychiatry*, *52*: 1048-1060.

Kinzie, J. D. (1986). "Sever post-traumatic stress disorder among Cambodian Refugees: Symptoms, clinical course, and treatment approaches", In J. H. Shore (Eds), *Disaster stress studis: New methods and findings* (pp. 1122-1140), Washington, DC: American psychiatric press.

Kobasa, S. C. (1982). "Commitment and coping in stress resistance among lawyers", *Journal of Personality and Social Psychology*, *42*, 707-717.

Lai, B. S., La Greca, A. M., Brincks, A., Colgan, C. A., D'Amico, M. P., Lowe, S., & Kelley, M. L. (2021). "Trajectories of posttraumatic stress in youths after natural disasters", *JAMA network open*, *4(2)*, e2036682-e2036682.

Lang P. J. (1979). "A bio-informational theory of emotional imagery", *Psychophysiology*, *16*, 495-512.

Lowe, S. R., Godoy, L., Rhodes, J. E., & Carter, A. S. (2013). "Predicting mothers' reports of children's mental health three years after Hurricane Katrina", *Journal of applied developmental psychology*, *34(1)*, 17-27.

Maguen, S., Neria, Y., Conoscenti, L. M., & Litz, B. T. (2009). "Depression and prolonged grief in the wake of disasters", *Mental Health and Disasters*, 116-130.

Meewisse, M. L., Olff, M., Kleber, R., Kitchiner, N. J., & Gersons, B. P. (2011). "The course of mental health disorders after a disaster: Predictors and comorbidity", *Journal of Traumatic Stress*, *24(4)*, 405-413.

Meltzer-Brody, S., Churchill. E., Davidson, J. R. T. (1999). "Derivation of the SPAN, a brief diagnotic screening test for Post-Traumatic Stress Disorder", *Psychiatry Res*, *88*, 63-70.

Mills, M. A., Edmondson, M. A., & Park, C. L. (2007). "Trauma and stress response among Hurricane Katrina evacuees", *American Journal of Public Health*, *97(Suppl. 1)*, 116-123.

Mitani S, Fujita M, Sakamoto S, Shirakawa T. (2006). "Effect of autogenic training on cardiac autonomic nervous activity in high-risk fire service workers for post-traumatic stress disorder", *Journal of Psychosomatic Research, 60*, 439-444.

Mollica RF, Wyshak G, Lavelle J. (1987). "The psychosocial impact of war trauma and torture on Southeast Asian refugees", *Am J Psychiatry, 144*, 1567-1572.

Moreno, C., Wykes, T., Galderisi, S., Nordentoft, M., Crossley, N., Jones, N., Cannon, M., Correll, C. U., Byrne, L., Carr, S., Chen, E. Y. H., Gorwood, P., Johnson, S., Kärkkäinen, H., Krystal, J. H., Lee, J., Lieberman, J., López-Jaramillo, C., Männikkö, M., Phillips, M. R., Uchida H., Vieta E., Vita A., Arango, C. (2020). "How mental health care should change as a consequence of the COVID-19 pandemic", *The lancet psychiatry, 7(9)*, 813-824.

Morris, W. (1982). "American Heritage Dictionary (2nd ed.) Boston: Houghton Miffin Company", *Disasters, 22(1)*, 5-34.

Mowrer, O. H. (1960). *Learning theory and the symbolic processes*, New York: Wiley.

Neria, Y., Nandi, A., & Galea, S.. (2008). "Post-traumatic stress disorder following disasters: a systematic review", *Psychological Medicine, 38*, 467-480.

Norris, F., Friedman, M. J., Watson, P. J., Byrne, C., & Kaniasty, K. (2002). "60,000 Disaster Victims Speak: Part I. An Empirical Review of the Empirical Literature, 1981 - 2001", *Psychiatry, 65(3)*, 207-239.

Norris, F., Baker, C. K., Murphy, A. D., & Kaniasty, K. (2005). "Social support mobilization and deterioration after Mexico's 1999 flood: Effects of context, gender, and time", *American Journal of Community Psychology, 36*, 15-28.

Norris F. H., Stevens S. P., Pfefferbaum B., Wyche K. F., Pffefferbaum R. L. (2009). "Community resilience as a metaphor, theory, set of capacities, and strategy for disaster readiness", *American Journal of Community Psychology, 41*, 127-150.

North, C., Nixon, S., Shariat, S., Mallonee, S., McMillen, J., Spitznagel, E., et al. (1999). "Psychiatric disorders among survivors of the Oklahoma city bombing", *Journal of the American Medical Association, 282*, 755-762.

Oltmanns, T. F., & Emery, R. E. (2001). *Abnormal psychology* (3rd ed), Upper

Saddle River, NJ: Prentice Hall.

Peek, L., Abramson, D. M., Cox, R. S., Fothergill, A., & Tobin, J. (2017). Children and Disasters. In H. Rodríguez, E. L. Quarantelli, & R. R. Dynes (Eds.), *Handbook of disaster research* (pp. 243-262), Springer International Publishing.

Pfefferbaum, B., Jacobs, A. K., Houston, J. B., & Griffin, N. (2015). "Children's disaster reactions: the influence of family and social factors", *Current psychiatry reports, 17,* 1-6.

Phifer, J. (1990). "Psychological distress and somatic symptoms after natural disaster: Differential vulnerability among older adults", *Psychology and Aging, 5,* 412-420.

Picou, J. Steven, Brent K. Marshall and Duane A. Gill. (2004). "Disaster, litigation and the Corrosive Community", *Social Forces, 82(4),* 1493-1522.

Piyasil, V., Ketuman, P., Plubrukarn, R., Jotipanut, V., Tanprasert, S., Aowjinda, S., & Thaeeromanophap, S. (2007). "Post traumatic stress disorder in children after tsunami disaster in Thailand: 2 years follow-up", *Medical journal of the Medical Association of Thailand, 90(11),* 2370.

Plough, A., Fielding, J. E., Chandra, A., Williams, M., Eisenman D., Wells, K. B., Law, G. Y., Fogleman, S. & Magana, A. (2013). "Building Community Disaster Resilience: Perspectives from a Large Urban County Department of Public Health", *American journal of public health, 103(7),* 1190-1197.

Prins A. Ouimetie PC, Kimerling RE, Cameron RP, Hugelshoper DC, Jennifer SH. (2003). "The Primary care PTSD screen(PC-PTSD): development and operating characteristics", *Prim Care Psychiatry, 9,* 9-14.

Ramirez, M. & Peek-Asa, C. (2005). "Epidemiology of traumatic injuries from earthquakes", *Epidemiologic Reviews, 27(10),* 47-55.

Regehr C, Bober T. (2005). *In The Live of Fire.* Oxford University Press.

Ruggiero, K. J. (2001). "Trauma Criterion A, and Posttraumatic Stress Disorder Scientific Utility and Definition Validity", *West Virginia University Department of Psychology Dissertation,* 56.

Sadat Z, Abdi M, Aghajani M. (2015). "Prevalence of posttraumatic stress disorder and related factors among patients discharged from critical care units in Kashan", Iran. *Arch Trauma Res, 4.*

Shaw, J. A., Espinel, Z., & Shultz, J. M. (2007). "Children: Stress, trauma and disasters", *Disaster Life Support Publishing.*

Schnurr, P. P., & Green, B. L. (2004). "A context for understanding the physical health consequences of exposure to extreme stress", In P. P. Schnurr & B. L. Green (Eds.), *Trauma and health: physical health consequences of xposure to extreme stress* (pp. 247-275), Washington, DC: American Psychological Association.

Smid, G. E., van der Valden, P. G., Lensvelt-Mulders, G. J,. L. M., et al. (2012). "Stress sensitization following a disaster: a prospective study", *Psychological Medicine, 42,* 1675-1686.

Spitzer RL., Kroenke K., Williams JBW. (1999). "Validation and utility of a self-report version of PRIME-MD: the PHQ primary care study", *The Journal of the American Medical Association, 282(18),* 1737-1744.

Spitzer RL., Kroenke K., Williams JB., Lowe B. (2006). "A brief measure for assessing generalized anxiety disorder: the GAD-7", *Archives of internal medicine, 166(10),* 1092-1097.

Stephens and N. Long. (2000). "Post-traumatic stress disorder in the New Zealand Police: the moderating role of social support following traumatic stress", *Anxiety, Stress, & Coping, 12,* 247-264.

Storr, C. L., Ialongo, N. S., Anthony, J. C., & Breslau, N. (2007). "Childhood antecedents of exposure to traumatic events and post-traumatic stress disorder", *American Journal of Psychiatry, 164,* 119-125.

Tedeschi, R. G., & Calhoun, L. G. (2004). "Postmumatic growth: Conceptual foundations and empirical evidence", *Psychological Inquiry, 15(1),* 1-18.

Terr, L. C. (1991). "Childhood Trauma: An outline and overview", *American Journal Psychiatry, 148,* 10-20.

Tol WA, Komproe IH, Thapa SB, Jordans MJ, Sharma B, De Jong JT. (2007). "Disability associated with psychiatric symptoms among torture survivors in rural Nepal", *J Nerv Ment Dis, 195,* 463 - 469.

United Nations Development Programme: UNDP (2014). Disaster and Climate Risk Reduction Project (Phase II).

United Nations Office for Disaster Risk Reduction: UNISDR (2015). https://www.unisdr.org/who-we-are/what-is-drr.

Vlahov, D., Galea, S., Resnick, H., Ahern, J., Boscarino, J. A., Bucuvalas, M., & Kilpatrick, D. (2002). "Increased consumption of cigarettes, alcohol, and marijuana among Manhattan residents after the September 11th terrorist attacks", *American Journal of Epidemiology, 155(11),* 98.

Walsh, F. (2007). "Traumatic loss and major disasters: Strengthening family and community resilience", *Family Process, 46(2)*, 207-227.

Weathers, F. W., Blake, D. D., Schnurr, P.P., Kaloupek, D.G., Marx, B.P., & Keane, T.M. (2013). *The Life Events Checklist for DSM-5 (LEC-5).* https://www.ptsd.va.gov/professional/assessment/te-measures/life_events_checklist.

Weiss D, S, Marmar C, R. (1996). "The Impact of Event Scale-Revised", In: Wilson J, Keane TM, editors. Assessing psychological trauma and PTSD, *New York: Guilford*, 399-411.

Williams, M. B., & Poijula, S. (2002). *PTSD workbook*, Oakland, CA: New Harbinger Publications.

Wilmer, H. A. (1982). "Post-traumatic stress disorder", *Psybiatric Annuals, 12(11)*, 995-1003.

Wilkinson, C, B. (1983). "Aftermath of a disaster: The collapse of the Hyatt Regency Hotel Skywalks", *American Journal of Psycbiatry, 140(9)*, 134-1139.

WHO. (2022). *ICD-11*(정신 및 행태 장애).

Woods, S. J., & Wineman, N. M. (2004). "Trauma, post-traumatic stress disorder symptom clusters, and physical health symptoms in post abused women", *Archives of Psychiatric Nursindg, 18*, 26-34.

Yule, W. (2006). "Theory, training and timing: Psychosocial interventions in complex emergencies", *International Review of Psychiatry, 18(3)*, 259-264.

Zubin, J., & spring, B. (1977). "Vulnerability: A new view of schizophrenia", *Journal of Abnormal Psychology, 86*, 103-106.

사 항 색 인

ㄱ

가정폭력 상담소 71
가족 트라우마(Family Trauma) 14
간접 노출 200
간접 트라우마 17
감각 운동 정신 치료(SP) 286
감정전이 15
개인 트라우마(Individual Trauma) 8, 9, 13
경찰공무원 43
고전적 조건형성 95, 96
공간 전이 14
과도한 경계 130
과도한 놀람 131
과민성 군인의 심장 87
관계적 외상 112
관찰 자아 259
광역 트라우마센터 66
광주 트라우마센터 66
국가 트라우마센터 62
국가 폭력피해자 67
국립 군의관 의과대학교 78
국제질병분류 8
국제 중대 재해 스트레스 재단 78
군 의료 운영기구 78
군인 49
근거 기반 치료법 286
근육 이완훈련 224
급성 스트레스 장애(ASD) 6
긍정 정서 92
기억상실증 123
긴장 완화 301
길가메시 서사시 85

ㄷ

단기 절충적 정신 치료 286
단서 회피 122
단일 트라우마 18
단축형 PTSD 평가면담 150
대면 상담 166
대면 상담 절차 175
대인 관계적 외상 112
데이비드슨 외상 척도 151
DSM－Ⅰ 137
DSM－Ⅱ 137
DSM－Ⅲ 137
DSM－Ⅳ 138
DSM－5 8, 11, 135, 138
DSM－5 진단기준 139

ㄹ

라포(rapport) 176

ㅁ

마음 안심 버스 63, 66

마음 행동센터 48
메타포(metaphor) 182
면담 도구 146
물리적 근접성 108
미 국립 PTSD 센터 77
미래 틀 266

ㅂ

반복적 외상 112
반응성 128
범죄 트라우마 272
범죄 피해자 271
범죄 피해자지원센터 76
범죄 피해자 지원제도 73
베트남 전쟁 후 증후군 89
보상신경증 87
복합 트라우마 18
부적 강화 99
부정 정서 92, 125
부정적 신념 124
불안 장애 32
비 대인 관계적 외상 112
비대면 상담 156
빅 트라우마 9

ㅅ

사건 외상 112
사건충격척도(IES-R) 40, 150, 257
사회적 트라우마 12
상상 노출 200
선별 검사 도구 150
성인용 진단기준 139
세대 전이 13, 14, 15
소방공무원 38
수면장애 34, 132
수의사 57
스마일센터 73
스몰 트라우마 9, 10
스키너 상자(Skinner Box) 97
스트레스 7
스팬(SPAN) 151
시신 처리 종사자 58
신념의 붕괴 102
신체 기반 접근 치료(SE) 286
신체화 장애 33
심리·사회적 모형 108
심리상담 155, 276
심리적 거리 107
심리지원 65, 276
심리치료 276

ㅇ

아동용 진단기준 143
아동·청소년의 트라우마 23
ICD 6
ICD-11 8, 134
안구운동 둔감화 재처리(EMDR) 201
안구운동 민감소실 및 재처리 252
안구운동 민감소실 및 재처리 요법 (EMDR) 286
안정화 기법 288
애착 외상 112
ASD 29
ASD 진단기준 30
여성 긴급전화(1366) 70
여성 폭력피해 트라우마 67
역사적 트라우마 12

연합 97
완전 경향성 101
왜곡된 인지 124
외상(Trauma) 111
외상적 결합 275
외상 초점 인지행동치료(TF-CBT) 284
외상 후 스트레스 장애(PTSD) 6
외상 후 진단 척도 149
우울장애 31
의료쇼핑(doctor shopping) 34
이동 건강 임상센터 78
이야기 노출 치료(NET) 285
EMDR 프로그램 252
2요인 학습이론 95
2차 외상 17
인위적 외상 112
인지 도식 100
인지 오류 196
인지 재구조화 196
인지 처리 치료(CPT) 285
인지 타당도 척도(VoC) 254, 257
인지행동치료(CBT) 196, 204
1차 외상 17
일회적 외상 112
임상가용 PTSD 척도 257
임상 관리 PTSD 척도 146

ㅈ

자극 회피 121
자기 개방 183
자기 보고식 도구 149
자기 파괴적인 행동 129
자기효능감 92
자살 35
자연적 외상 112
자원개발 및 주입 261
잠재의식 4
재난 경험 나누기 301
재난 심리지원 프로그램 65
재난 트라우마 12, 291
재난피해자 291
전장 스트레스 49, 54
전쟁신경증 88
전투 스트레스 반응 89
전투 피로 88
접수 면접 174
정서적 마비 127
정신장애의 진단 및 통계편람 89
정적 강화 99
조작적 조건형성 95, 97
주관적 고통 점수 척도(SUDs) 228, 254
지속 노출 치료(PE) 200, 286
지속 노출 치료프로그램 214
직무스트레스 38
직접 노출 200
직접 트라우마 17
진행 외상 112
집단상담 180
집단상담 프로그램 187
집단역동 183
집단 트라우마(Group Trauma) 11, 13

ㅊ

차단 믿음(blocking belief) 261
책망 124
철도 척추 86, 87
철도기관사 59
체르노빌 원자전소 폭발사고 14

취약성-스트레스 모형 106
침습(Invasive) 116
침습 증상 101

ㅋ

카타르시스 182
코르티솔 결핍 105

ㅌ

탄환 충격(shell shock) 5
트라우마 3, 7
트라우마 경험률 18
트라우마 고위험 직군 37
트라우마 반응 21
트라우마 사건 6, 8
트라우마센터 61
트라우마 스트레스 연구소 80
트라우마 치유 67
트라우마 회복프로그램 64
특수임무자 57

ㅍ

파블로프(Ivan Pavlov) 95
포탄 충격 88
폭력 42
프로이트 94
플래시백(flashback) 118, 230
피드백 183
PTSD 7, 29, 30, 89, 90
PTSD 구조화 면담 148, 257
PTSD 대처 방법 92
PTSD 보호 요인 92
PTSD 선별 검사 151
PTSD 심리치료 195
PTSD 위험요인 93
PTSD의 원인 91
PTSD의 특징 112
PTSD 증상 면담 척도 148
PTSD 진단 도구 145
PTSD 진단체계 134
PTSD 체크리스트-5 149

ㅎ

한국 피해자지원협회 77
해리(dissociation) 118
해바라기센터 68
행동주의 이론 95
현장 노출 200
호흡 이완법 201
호흡 이완훈련 216, 219
히스테리(hysteria) 3

저자 소개

■ **심윤기**

상지대학교 교육학 박사(상담심리전공)
전) 한국 청소년 상담학회 부학회장
현) 육군협회 지상군연구소 전문위원
현) 삼육대학교 군 상담학 교수

■ **강소현**

삼육대학교 상담심리학 박사(수료)
심리상담사(1급), 위기전문상담사(1급) 등
현) KCCI 한국위기상담협회 전문상담원

■ **권소영**

상지대학교 교육학 박사(상담심리전공)
현) 한국 군 · 경 · 소방 상담학회 육군 위원장
현) 육군 교육사 리더십센터 인성/상담 교관

■ **김성호**

상지대학교 교육학 박사(상담심리전공)
전) 상지대학교 상담교육연구원 전임연구원
현) 해와 달 심리발달센터 전문상담원

■ **김소정**

삼육대학교 상담심리학 박사(과정)
임상심리사(2급), 군 전문상담사(1급) 등
현) 시립 강북청소년 드림센터 상담사

■ **김현경**

삼육대학교 상담심리학 박사(수료)
임상심리사(1급), 심리상담사(1급) 등
현) 그림 숲 치유아카데미 센터장

■ **김현주**

삼육대학교 상담심리학 박사(수료)
위기전문상담사(1급), 중등정교사(2급) 등
현) 강북 삼성병원 코호트연구소 연구원

■ **원석인**

삼육대학교 상담심리학 박사(과정)
현) 경기도 의정부시 청소년 상담사
현) 삼육대학교 웰빙건강심리연구소 연구원

■ **이우성**

삼육대학교 상담심리학 박사(과정)
전) 삼육대학교 교육혁신단 연구원
현) 삼육보건대학교 교수학습지원센터 연구원

■ **조현지**

삼육대학교 상담심리학 박사
현) 건양대학교 연구원
현) 파인드 심리상담센터 센터장

■ **차보연**

한국외국어대학교 국제관계학 박사
삼육대학교 상담심리학 박사(수료)
현) KCCI 한국위기상담협회 전문상담원

■ **최봉희**

경북대학교 문학치료학 박사
삼육대학교 상담심리학 박사(수료)
현) 독서치료 연구소 알움 대표

현대 트라우마 심리학의 이해와 적용

2026년 1월 5일 초판 인쇄
2026년 1월 10일 초판 1쇄 발행

공 저 심윤기·강소현·권소영·김성호
김소정·김현경·김현주·원석인
이우성·조현지·차보연·최봉희

발행인 배 효 선

발행처 도서출판 法 文 社

주 소 10881 경기도 파주시 회동길 37-29
등 록 1957년 12월 12일/제2-76호(윤)
전 화 (031)955-6500~6 FAX (031)955-6525
E-mail (영업) bms@bobmunsa.co.kr
(편집) edit66@bobmunsa.co.kr
홈페이지 http://www.bobmunsa.co.kr
조 판 법 문 사 전 산 실

정가 29,000원 ISBN 978-89-18-91650-7